本书的翻译、出版得到日本笹川和平财团的资助

日本复兴大战略

일본은 지금 무엇을 생각하는가?

与日本高层战略家的深层对话

일본 최고 전략가들이 말하는 일본의 본심

〔韩〕文正仁 〔韩〕徐承元／著

李春福 李成日／译

社会科学文献出版社
SOCIAL SCIENCES ACADEMIC PRESS (CHINA)

中文版自序

如同世界著名人类学家鲁思·本尼迪克特在其巨著《菊与刀》中指出的，一般来说日本具有表面行动（建前）和内心世界（本音）不相一致的双重性格。尤其是安倍政府再次掌权后表现出极端的右倾倾向。不仅是中日关系，韩日关系也正面临着重重困难，从这一点上来看，再次理性地审视和剖析日本真实的一面是十分重要的。本书便执笔于这种环境下。

2013年初，本书在韩国出版，囊括了14名代表日本知识精英的战略家的信念、哲学和言行观点，并对这些内容进行了剖析，这是一本记录精英们深层对话的对谈集。我们可以肯定，本书对改变韩国人对日本的认识将起到可观的作用。与中国"大国崛起"的气势不同，日本经历了经济不景气和2011年的东日本大地震，我们跟踪记录了日本高层人士强烈的危机感。通过日本知识人士的视角，本书记述了正经历着战败以后最大危机的日本目前情况以及对将来的展望。本书的出版对于掌握日本坚固外表之下隐藏的内心世界是十分有意义的。

尤其是，本书可以说是《中国崛起大战略——与中国知识精英的深层对话》的日本版。《中国崛起大战略——与中国知识精英的深层对话》2010年在韩国出版以后改变了韩国对中国的看法，2011年该书翻译成中文并在中国出版，出版后受到诸如"韩国学者整理了中国人没有想到的部分"的好评，至今在中国境内多次再版，很有影响力。我们期待本书的出版也会得到好评。

本书共由四个部分十四章组成，囊括了日本的国家战略、东亚共同体构想、对朝政策和对中国政策、美日韩关系、全世界关注的钓鱼岛和北方领土问题以及日本军慰安妇和独岛问题。作者就与日本有关的各种热点话题进行提问，从而帮助读者从不同的侧面观察问题，进而全面掌握日本真实的一面。同时，作者对各个主题的过去、现在、将来的发展进行了具体的分析，有助于读者加强理解。我们期待本书成为希望了解并理解日本的读者的重要参考和研究材料。

另外，我还要提到一点，中国读者将会发现不仅在中日关系部分，而且在此外的几乎所有章节中都存在的有趣的一点，即中国的崛起。日本人士无一例外地指出，在日本的对外战略中，中国是最重要的国家。当然中国的崛起对日本人来说不是晴天白云，而是乌云罩顶。日本人比韩国人更强烈地担忧中国的原因是什么呢？日本的民众意识负面化表现得日趋强烈，中国应该注意这一点。

最后，我要对欣然同意出版本书中文版的中国社会科学院所属的社会科学文献出版社表示衷心的谢意。同时，还要对本书的译者南开大学李春福副教授和中国社会科学院亚太与全球战略研究院的李成日博士，以及支持本书中文版翻译、出版的亚洲研究基金和日本财团负责人表示谢意。日本财团尾形武寿理事长的关心和支持使本书的翻译更有意义。总之，我们希望中国读者能够通过本书得到全面理解现代日本的机会。

文正仁　徐承元

韩文版致谢

在准备和出版本书的过程中我们得到了诸多帮助。首先要感谢支援本研究课题的财团法人亚洲研究基金（Asia Research Fund，ARF）的郑求铉前理事长，研究委员会委员长金基正教授，秘书长裴钟尹教授，以及理事会的各位工作人员。另外，ARF的崔惠琳干事对本次研究的顺利进行做出了很大的贡献。本书作为ARF促进"韩日两国知识精英对话"的一部分，日方庆应义塾大学的添谷芳秀教授正以相似的形式进行着与韩国知识精英的访谈。同时，在这里我们要对本书的访谈对象表示感谢。他们都是现在日本社会的上层人士，非常感谢他们能在百忙之中接受访谈。2011年末金正日去世之后，2012年东亚局势很不稳定。尤其是韩日关系的变化较大。参与访谈的各位对与此有关的追加提问也诚恳地加以回复并亲自修改了初稿。他们诚实和追求完美的精神值得我们尊敬。在日本进行访谈期间，庆应义塾大学东亚研究所、明石康事务所、财团法人日本重建主导、防卫大学、政策大学院大学、日本综合研究所下属国际战略研究所、新潟县立大学、竹中平藏事务所等在各方面给予我们大力支持，在此深表谢意。

同时，还要向平时对日本问题十分关注，并且给予我们极大援助和鼓励的东亚财团孔鲁明理事长和洪亨泽事务局长，延世大学政治外交学系和高丽大学日语日文系的各位教职员表示感谢。此外，还有很多人给我们提出了建议，给予了帮助。在这里我们向国际韩国研究院的崔书勉院长，东西大学的张济国校长和日本研究中心郑求宗所长，延世大学的金相俊、柳相荣教授，高丽大学的廉战镐副校长和文科学大学长朴吉声，日本研究中心所长崔官、郑炳浩教授，首尔大学的日本研究所所长朴喆熙和南基正教授，国民大学的李元德教授，世宗研究所的日本研究中心陈昌洙所长，国立外交院的尹德敏教授，表示感谢。在进行本次研究期间，两位作者的研究助教也发挥了很大的作用。尤其是高丽大学研究生院中·日语文学系的硕士毕业生、现在作为日本文部科学省公费留学生在日本庆应义塾大学就读的许元宁做出非常重要的努力。许元宁不仅负责调查资料，而且以突出的英语和日语实力以及诚实的精神详细地翻译、整理了录音资料。另外，就读于高丽大学研究生院的硕士研究生崔霞兰也做出了不少贡献。延世大学的申铉锡、朴智铉助教在整理资料方面做出了贡献。在这里对他们的努力表示真诚致谢。

我们还要对帮助出版此书的三星经济研究所郑琪荣所长、任振铎部长表示深切的致意；向李由京编辑表示特别的谢意，如果没有他的真诚鼓舞、精确校正和对内容结构的建议，以及其他的各种关怀和指点，本书很可能难以出版。另外，对在出版、印刷过程中给予帮助的各位表示感谢。

最后，要把这本书献给深切理解本书作者文正仁的家人在玉、基贤、慧妍，以及给予作者徐承元深切关怀的熙贞、东铉和在礼山的父母。

韩文版序言

执笔此书：重视具有两面性的日本。

日本一直具有如杰纳斯（Janus）的双脸般的两面性。一面是作为过去殖民和侵略历史凶手的日本。我们对杀害朝鲜王朝明成皇后、《乙巳保护条约》和韩日强行合并、36 年的殖民统治、强行征兵以及慰安妇的悲剧仍记忆犹新。日本掠夺了我们的主权和领土，将我们推入战争的旋涡，日本帝国主义和军国主义曾在我们民族的脑海里留下了强烈的烙印。这也是改编历史教科书、参拜靖国神社、独岛领土主权等问题出现时韩国国民愤怒的原因。站在受害者的立场上，要宽容和饶恕加害者绝不是一件容易的事情。长久岁月里形成的反日情绪似乎已经融入韩国人的 DNA。但无法忽视具有这种负面形象的日本是韩国所面临的现实。

然而，日本还有另外一面。不论是否接受殖民地近代化论，日本在韩国经济发展过程中的作用都是无法否定的。1965 年韩日建交以后，日本赔偿资金和大规模投资给韩国经济带来新的转机。日本曾是韩国实现高速增长的发达国家模型，并且其出口导向工业化战略、战略产业政策、财阀等都是模仿并向日本学习的结果。日本的综合商社曾经是作为外协企业的韩国企业走向国际市场的窗口。更重要的是，日本的成功模式有力地激励了韩国人。到 20 世纪 80 年代为止日本是亚洲唯一的发达国家和经济大国。如果没有追赶（catch - up）日本的全民心理，韩国就不会在这么短的时间里取得如此快的经济增长。不仅如此，举办了奥运会的日本，整洁又正直的日本人，有条不紊的"Japan Inc."，等等，都成为我们模仿的典范。

这两种相互抵触的侧面由于 1998 年金大中—小渊惠三共同宣言（21 世纪的新韩日合作关系宣言）而发生了巨大的变化。这是两国清算历史，并怀着对未来合作的期待，在将纠纷降低到最小程度，最大限度地加强合作问题上达成一致的原因。韩日两国的经济合作日趋扩大，韩国开放了文化市场，而日本作为对此的回报则成为韩流的中心。2002 年两国共同举办了世界杯足球赛。在这种趋势下，两国的社会、文化、人力交流也随之增大。韩日两国共享以美国为媒介的准同盟关系和在东亚罕见的人权、民主主义、市场经济普遍价值的状况，成为韩日两国这种正面关系改善的背景。

然而，2012 年情况又突然发生变化。小泉纯一郎固执地进行靖国神社参拜的场景还历历在目，最近独岛随军慰安妇等问题几乎每天都出现在互联网和常规媒体上。领土问题可能引起军事冲突等悲观预测虽然没有根据，却使我们迷惑，并不寒而栗。此外，还出现了不明来历的携带桩子和贴纸背包的"新型游击队"。他们不仅在韩国而且在美国等其他国家游荡，留下标记之后神秘消失。让人好像重新看到了第二次世界大战时的"大陆浪人"。政治家的状况也与此类同。

韩国政府缺少一贯性的态度也是关系恶化的一个原因。现政府一直在"价值同盟"的框架下谋求缔结韩日军事情报保护协定和军需协定，以及美日韩三国的军事协作。但是在这种情况下又突然扬言"日本的国际地位今非昔比"，并要求"日本天皇如果要访问韩国首先要向独立运动中的牺牲者诚恳道歉"。虽然表面上听似合理又痛快，但对赢取日本公民，尤其是有见解的公民的人心并孤立极右主义者起不到任何作用。其原因在于，日本天皇的存在对日本社会来说不仅仅是一种单纯的象征。对此，日本的反应非常强硬，并且表明了要将独岛问题提交国际司法审判机关的立场。由此，1965 年韩日建交以后两国关系再次跌入谷底。

这是一种进退两难的状况。即使考虑国民的情绪，是否也不应该与日本形成尖锐的对立和敌对关系呢？日本对我们来说是一个重要的近邻，两国关系的恶化对韩国的利益也是没有任何好处。现在两国应该考虑的是，G2 时代在这一地区形成地缘政治学上的不安定性，这才是两国面临的最大挑战。中美的 G2 体制不再是假设，它们的战略布局决定了东北亚的命运和历史。美国和中国一旦发生军事冲突，韩国和日本将全被卷入战争的巨大灾难，相反，中美联手构筑两极领导体制也同样令人担忧。在 G2 体制完全定型之前韩国和日本应协力营造新的地区未来秩序，决定我们命运的东北亚秩序应由我们来决定。在这一点上，韩日两国之间的合作或许可以说是历史的使命。在军事上超越个别同盟而构筑多角安全保障协力体制，在经济上扩大中日韩 FTA，由此深化合作建立共同体将会成为具体目标。在这个过程中，如果加深信赖，我相信领土和历史问题也会随之得以解决。建立韩日关系新里程碑的创意才是决定今后百年历史的关键。

在韩国构筑东亚未来新战略的出发点问题上，不论如何强调对邻国的确切理解和分析的重要性都不为过。从《不存在日本》到《日本的存在》，国内已介绍过很多关于日本的书籍。在韩国对外国的研究中，研究人员的数量和实力最为雄厚的领域可以说是日本。然而这样就足够了吗？大部分研究都不是从日本的角度进行的，也就是说，我们没有摆脱观察者的角度。即，对真实并深层地揭示日本知识人士的心理的努力是不足的。本书试图弥补这些缺陷。作者与日本当代最高水平的知识人士进行坦诚的交谈，通过深度访谈来了解他们对历史的评价、对现在的分析，以及对未来的展望，并欲掌握其中的含义。

本书共四个部分，由十四章组成。

第一部分论述了关于日本中长期战略构成的内容。在第一章中，作者与因提出"中间势力外交"而受瞩目的庆应义塾大学东亚研究所所长添谷芳秀就日本的外交战略问题进行了深度访谈。在第二章中，作者与陆上自卫队中将出身的、有代表性的知识将士及军事战略家、防卫大学山口昇教授就日本的防卫战略问题进行了讨论。在第三章中，作者与前联合国事务次长明石康就日本的国际贡献战略问题进行了集中访谈。

第二部分深入地论述了日本对主要国家的外交战略。在第四章中，作者与自由主义的国际主义者、前《朝日新闻》主笔兼财团法人日本重建主导理事长船桥洋一就美日关系问题交换了意见。在第五章中，作者与日本的中国研究权威、防卫大学校长国分良成就未来的中日关系问题进行了交流。在第六章中，日本最权威的东南亚研究家、政策研究大学院大学校长白石隆在东亚大框架下对日本和东南亚关系进行了分析。在第七章中，京都产业大学国际问题研究所所长东乡和彦对日本与俄罗斯的关系进行了精确的分析。

第三部分集中论述了我们最关心的主题，即日本和朝鲜半岛的关系。在第八章中，庆应义塾大学名誉教授小此木政夫深刻地分析了韩日关系的过去、现在和未来。在第九章中，静冈县立大学伊豆见元教授深度分析了为何日朝关系中日本对朝鲜采取敌对态度。在第十章中，曾任外务省审议官，并深层参与制定日本对朝政策的日本综合研究所下属国际战略研究所理事长田中均，就2002年小泉访朝问题留下了生动的实录访谈，并就朝鲜核问题提出了有说服力的协议方案。

第四部分是对日本综合安全保障和未来秩序构想的探索。第十一章中，东京大学名誉校长猪口孝（现任新潟县立大学校长）对日本未来国际秩序的构想阐述了独特的见解。第十二章中，被称作"行动的良心"的东京大学名誉教授和田春树提出了与猪口孝完全相反的主张，即东北亚共同体构想才是最适合日本的模式。在第十三章中，作者与东日本灾害复兴促进委员会委员长五百旗头真就最近给日本带来巨大冲击的2011年3月的东日本大地震以及灾害克服方案等问题交换了意见。最后，在第十四章中，作者与小泉内阁的结构改革先锋、庆应义塾大学教授竹中平藏探讨了陷入停滞的日本经济是否有反弹可能性的问题。

这次访谈的企划目的是试图通过日本知识人士的视角更深层地了解停战以后经历了整体危机的日本之现在及未来，并力图通过揭示当代水平最高的日本战略家内心世界来掌握日本的本意。我们认为策划初衷基本得以达成。我们采访的人士都没有带着日本人特有的假面而是真诚地与我们交换了意见。我们从各个角度感受到了他们坚定的信念、哲学的深度、洞察力和诚恳。我们对此感到幸运。

还有一点，即他们在分析日本现实的时候，观点相近得令人吃惊。他们始终如一地认为日本现在正处于严重的政治、经济、社会、外交危机时期。持续了 20 年以上的平成危机、失去了活力的低出生率、老龄化社会、被中国赶超的经济大国地位、自然灾害的恐怖、由于历史和领土问题与周边国家的纠纷，以及政治的无力、国家经营体系的混乱，这一切都使日本的未来看似暗淡。另外，访谈对象几乎异口同声地表明，没有任何一个日本公民希望修改和平宪法和吉田政策。尤其是他们确信美日同盟关系的程度令我们震惊。这使我们看到，"没有美国的日本是无法想像的"这种认识在日本知识人士社会内部仍然根深蒂固。

"中国威胁论"已成为日常化了的老生常谈。他们认为中国的崛起和由此形成的威胁是日本面临的最大挑战。为了有效地应对中国的崛起，日本一方面强化与美国的军事同盟，另一方面深化与韩国、俄罗斯，以及东盟国家之间的合作。但是也有意外的几点，如上文中提到的，主张中国的崛起并不会顺利、反而统一的朝鲜半岛将会给日本造成最大威胁的船桥洋一理事长的观点很有代表性。国分良成校长虽然没有明确主张朝鲜半岛威胁论，但是他强调从中长期来看中国的崛起在结构上有着一定的局限性。

他们对现实的分析大同小异，但对日本未来应采取的战略却百家争鸣。添谷芳秀主张，在日本和平宪法和吉田政策的制约下走"中间势力"的路线才是高明的战略决策；猪口孝则主张，如果日本不能成为像新西兰或澳大利亚那样的"中间势力"，那么就应力求强化军事力量。明石康表示，未来日本应成为以联合国为主的、为国际社会做贡献的国际主义的典范；和田春树认为参与韩国主导的"东北亚共同的家园"才是日本地区主义战略的正确方向。然而，从整体上来看，与包括东亚共同体在内的地区主义构想或"中间势力"战略相比，日本知识人士更倾向于走以美日同盟为基础形成正常国家的路线。

我们在与这些日本知识人士的访谈中沉重地感到希望不大，前景不容乐观。参与访谈的人士虽然都从政治领导力方面寻找日本危机的本质，但是他们忽视了政治领导者是由国民选出的这一点。在期待有领导风范的政治领导人出现的同时又瞧不起政治家，这一点才是日本知识人士真正的谬误。另外，不幸的是，即使著名的日本战略家也未能提出明确应对危机的方案。或许这是因为他们没有敞开心扉？不是这样的。作者的结论是，他们都没有明确的战略。至今还没有从"Japan, Number One"的迷茫中解脱出来，仍然留恋过去，采取渐进式的适应方式，这便是日本现在的真实情况。

这些真实的情况看起来都无法使"失去的二十年"得以重来。我们认为这些都是在与和平主义或自由主义势力相比保守主义右派得势的日本政治土壤中形成的。自民党在极端保守主义的座右铭之下执权，若依据桥本—石原联合的"日本维新会"形成制度化政治力量，日本的国内政治构思便会急剧右倾化，同时对外政策也会更具攻击性。我们所担忧的也正是这一点。正如五百旗头真的主张一样，我们真心希望日本走出混乱的时代，获得克服问题的智慧，并像生于淤泥中的荷花一样看到新的希望，从而走向世界。

一如既往，最后总结教训。从日本的今天可以看到韩国的明天。事实上，我们一直沿着日本的轨道走到今天。所以，我们担忧重蹈日本沦落的覆辙。老龄化社会、经济的低增长、不透明的未来、分化无力的政治、两极化的未来前景，这些都预示着韩国的未来。我们无法保证三星和 LG 的明天不会像夏普或松下的今天一样。这些便是现在推动韩国发展的人们，尤其是推动韩国发展的年轻人要注意观察今天日本的缘由。我们希望本书能在这一方面起到积极作用。

目　录

第一部分　日本的战略构想

第三章　日本的国际贡献：能否创造更美好的

第二部分　日本对主要国家的外交战略

第四章　日本与美国：是同盟的持续？还是改变？

第七章　日本与俄罗斯：北方领土问题能否得到解决

第三部分　日本与朝鲜半岛

第八章　日本与韩国：能否实现真正的"和解"？

第九章　日本与朝鲜：日本对朝政策变化的可能性

第十章　朝核问题与六方会谈

第四部分　日本的综合安全保障与未来秩序构想

第一部分

日本的战略构想

即使日本的国力到达全盛期的时候，日本也没有采取过大国战略。如果追溯其根源，就在于日本对过去军国主义的历史包袱。军国主义的包袱是极其沉重的。所以，尽管出现多种复古议论，但以和平宪法与美日安保条约为基础的所谓'看不见的手'依然很坚固。

第一章

战后日本的外交现实与中等国家构想

添谷芳秀

添谷芳秀 (Soeya Yoshihide)

1955 年出生，毕业于上智大学外国语学部和国际关系学硕士课程，1987 年获得美国密歇根大学政治学博士学位。1995 年开始在庆应义塾大学法学部任教，曾担任该大学东亚研究所所长，现兼任现代韩国研究中心主任。他还曾经担任过 "21 世纪日本的构想恳谈会" 委员、"经济产业省结构审议会"（地球环境小委员会）委员、"防卫设施中央审议会"委员、"新时代关于安全保障与防卫力量的恳谈会"委员、日韩新时代共同研究项目第一分科会委员长等职务，多次为日本政府提供咨询。另外，他还担任过日本国际政治学会理事、亚细亚政经学会评议员、英文学术刊物 *International Relations of Asia - Pacific*（Oxford Journals, SSCI）主编等职，精力旺盛地举办学会活动。主要研究成果有《日本外交与中国（1945～1972 年）》（1995 年）、*Japan's Economic Diplomacy with China, 1945 - 1978*（1998 年）、*United Nations Peace - Keeping Operations：A Guide to Japanese Policies*（合著，1999 年）、《冷战后的国际秩序：实证、政策及理论》（主编，1998 年）、《记录与考证：中日邦交正常化与中日和平友好条约的签署谈判》（合编，2003 年）、《日本的东亚构想》（主编，2004 年）、《日本的中等国家外交：战后日本的选择与构想》（2005 年）、《日本的世界贡献与市民社会》（主编，2008 年）、*Japan as a "Normal Country"? A Country in Search of Its Place in the World*（主编，2011 年）等。

引　言

最近看韩国的报纸和电视，就容易感觉到 20 世纪 80 年代中期论调和气氛的再现。那是因为，对日本的右倾化乃至军事大国化的担忧之声再次高涨。其实，此种现象在一定程度上也可以理解。二战日本战败以后，长期禁止海外派兵，但冷战结束以后曾首次派遣自卫队参加联合国维和行动（PKO），还作为多国部队一员派兵到伊拉克和阿富汗等地。

如果把眼光放到东北亚地区亦如此，为应对朝鲜核导弹等大量杀伤武器（WMD）的开发和试验等动向，日本也积极加入美国主导的美日军事同盟。同时，日本增加购置侦察卫星费用、实行武器体系的尖端化、参加构筑导弹防御系统（MD）等，进一步增强了军备态势。目前，日本政界和舆论对现行和平宪法，尤其是对修改宪法第九条的呼声日益高涨，甚至出现直接打击朝鲜导弹基地的"敌方基地攻击论"等极端的言论主张。

那么，21 世纪日本所向往的国家发展方向是什么？是军事大国化还是向二战以前军国主义的回归？是战败以后一直坚持下来的"和平国家"的另外一种版本？还是追求第三条道路？如果面对当今日本，还得增加对我们自己的提问，就是"我们对日本变化的观点是否客观而合理"？那是因为韩国社会对过去的殖民地经历、战争慰安妇、独岛（日本称竹岛）问题等的对日警惕和反日情绪依然牢固。

添谷芳秀教授是讨论 21 世纪日本全面外交的代表人物之

一。他在日本被称为最为均衡的外交战略学者，也是国际上知名度很高的政治学者。添谷教授主张，在宪法第九条和"吉田路线"的框架下，构筑日本的未来外交战略，而且作为其应对方案，提出了日本的"中等国家外交论"，受到国内外的高度关注。

2012 年 1 月 10 日，作者在庆应义塾大学东亚研究所对添谷芳秀教授进行了采访，后来又通过书信追加了一些提问和回答。在采访过程中，围绕"日本到底是个我们所想的大国，还是中等国家？"及"其中等国家外交的实体是什么？"等议题，进行了激烈的对谈。对今后日本国家发展道路的提问，他如此给我们解答："即使日本的国力到达全盛期的时候，日本也没有采取过大国战略。如果追溯其根源，就在于日本对过去军国主义的历史包袱。军国主义的包袱是极其沉重的。所以，尽管出现多种复古议论，但以和平宪法与美日安保条约为基础的所谓'看不见的手'依然很坚固。从这种意义来讲，日本外交的现实以及基础立足于对军国主义的反省，而且今后也不会发生变化。如果这一点韩国人能够理解，就会实现韩日之间真正的和解与合作。"

对日本的国力如何评价？如何理解日本的国家战略？从外交及安全领域如何重新定位韩日关系？对此的判断最终还是取决于我们。

日本外交的两大基轴是"和平宪法第九条"和"美日同盟"

问：您在百忙之中能够抽出时间，非常感谢！曾经拜读过添谷教授的著作——《日本的中等国家外交》①，感到很有意思，富有逻辑性和一定的说服力。但是，始终觉得有些混乱。添谷教授从现实主义角度分析从吉田茂②首相时期一直到现在日本的外交政策，但是其作为"处方"具有非常浓厚的自由主义倾向。因此，添谷教授是如国际社会所认为的无政府状态而重视国家利益和势力均衡的现实主义者，还是认为通过经济以及文化上的相互依存和交流能够实现和平的自由主义者，或者是两者皆是？其理由是什么？

添谷：对日本的外交政策，尤其是议论日本的安全保障时，如果采用国际社会通用的现实主义和自由主义的两分法标准，就不太适用。在日本，任何议论的标准首先来自于"1955 年体制"③这一左右对立轴，而且设定问题的轴和热点也起因于日本的特殊性。例如，按国际社会的常识来看，自卫队参加联合国维和行动（PKO）是自由地行使军事力量。但是，在日本国内，则认为这是个激进的大国政治（power politics）行为而遭到批判。如果赞成自卫队参加维和行动，那就被认为是现实主义主张。与此相反，以宪法为前提，反对自卫队的海外派兵，就是日本国内所说的自由主义主张。

问：对添谷教授所主张的日本外交政策的"双重认同感"，

---

① 添谷芳秀教授的《日本的"中等国家"外交：战后日本的选择与构想》韩文版已经在韩国翻译出版（朴喆熙等译，ARUM，2006 年出版），中文版已经在中国翻译出版（李成日译，社会科学文献出版社，2015 年出版）。

② 吉田茂在日本战败以后美军占领时期（1946 年 5 月~1947 年 5 月）和"旧金山和约"（1951 年 9 月 8 日签署）为前后的重大时期（1948 年 10 月~1954 年 12 月），曾经两次担任过日本首相。在这时期，形成了以轻武装、通商国家为基调的所谓"吉田路线"的基础，由此把国家安全依靠于美国，而把经济发展当作国家的优先目标。

③ "1955 年体制"是指 1955 年进步阵营的左派社会党和右派社会党实现联合，保守政党日本民主党和自由党联合为自由民主党（简称自民党），从而自民党和社会党的左右对立结构。在这体制下，自民党保守阵营的政治统治结构得到了巩固，而且左右对立一直维持到 20 世纪 90 年代中期，相对于经济问题，主要以宪法和美日同盟等外交安全问题为中心展开了议论。

其一由来于"和平宪法"第九条①，其二是《美日安保条约》②。这种双重认同感已经体现在添谷先生的分析框架里。

添谷：是的，那就是我本人所研究的出发点，也是分析日本外交的前提。我对"吉田路线"的定义为："把战后日本和平宪法与美日安保条约绑成一套体系。"如我在《日本的中等国家外交》一书里所提到那样，战后日本宪法制定于 1946 年，当时冷战还没有开始。与此相比，《美日安保条约》签署于 1951 年，正处于冷战之中。从国际政治的逻辑关系来看，宪法第九条在冷战以前的战后处理逻辑中具有自身意义。但冷战开始以后，就产生了与战后处理完全不同的国际政治前提。尽管如此，日本在没有修改宪法的状态下，接受了冷战的产物——《美日安保条约》。因此，在两个很相近的时期，选择两个矛盾的体系，从而产生结构性矛盾。

战后日本把这两种不同的逻辑当作"吉田路线"的基础，这就导致分裂日本的政治行为者（actors）和议程（argument）的结果。一方面，从拥护和平宪法的立场上主张；另一方面，在冷战现实下拥护《美日安保条约》，议论修宪。"吉田路线"的这种基础始终延续下来，而且在那种情况下，以《美日安保条约》为前提的议论就是现实主义，而以宪法为前提的主张就是自由主义。这就是日本的结构（structure），但与国际政治中的现实主义和自由主义相比，就具有完全不同的意义。

---

① 1946 年 11 月公布，1947 年 5 月开始施行的日本国宪法在总纲里阐明和平主义，而且在第二章第九条里规定放弃战争、不拥有战争力量、否认交战权等，被称为"和平宪法。"其内容就如下。第二章放弃战争第九条 第一款 日本国民衷心谋求基于正义与秩序的国际和平，永远放弃以国权发动的战争、武力威胁或武力行使作为解决国际争端的手段。第二款 为达到前项目的，不保持陆海空军及其他战争力量，不承认国家的交战权。

② 《美日安保条约》，在 1951 年 9 月 8 日签署《旧金山和约》的同一天签订，正式名称为《日本国与美利坚合众国之间的安全保障条约》，其核心内容就是美军的驻屯日本。该条约区别于 1960 年 1 月签订的《日本国与美利坚合众国之间的相互合作及安全保障条约》而被称为"旧安保条约"。

问：从结果来看，添谷教授是否认为日本的大战略（grand strategy）受到结构性限制？一方面，和平宪法规定不能拥有正常的军事力量；另一方面，日本自身的安全保障依靠于美国，在美日同盟体系内日本的海外军事行动在一定程度上可以得到允许。但是，日本不能具有独自的大战略。

添谷：是的，这就是日本的现实。

问：尽管如此，看到日本政治家的主张和一些知识分子的评论，都在议论大战略，这是为什么？

添谷：那是因为，没有大战略，所以人都希望拥有它。实际上，如果日本存在大战略，谁也不会议论日本的国家大战略。在以往的议论里，大都谈到大战略的必要性，这些都起因于结构性制约。

右派的大战略，例如军事上的自立，如果不修宪，解除美日安保体系，就不可能成立。另外，左派的大战略主张，既不修宪，又要拥有大战略，例如"非武装中立论"①。我个人认为，两者都不现实，两者都难以成为日本社会的共识（consensus）。因此，虽然左、右两派都议论大战略，但都不现实，这就是我主张的第一要点。

问：日本只要固守"吉田路线"，就不能拥有独自的大战略？那么，日本是否只是美国战略的"部分集合"（subset）？

添谷：那也不一定。我主张，日本只能把这两种体制接受为历史的命运，从现实上很难改变宪法与《美日安保条约》的内容。当前，在日本社会难以形成共识，而且在国际社会上也难以得到理解。那么，只有把这两种主张作为前提来构思大战略，只能是我以前提议的"中等国家外交"，这就是我的基本立场。

---

① 冷战时期，日本社会党等左派势力根据和平宪法，主张废除自卫队和美日安保条约。但是冷战结束以后，他们也终于承认自卫队的存在。

被误解的"正常国家论"不能成为解决方案

问：您对前民主党代表小泽一郎先生的"正常国家论"如何评价？是否认为是个大战略？

添谷：不是。

问：为什么不是大战略？从 20 世纪 90 年代初开始，小泽一郎及其追随者们一直主张日本的大战略。

添谷：小泽一郎并未把"正常国家论"作为外交议论提出，包括国家的重大政策决定和行政制度等在内，都记述在他的著作——《日本改造计划》①里。这本书不仅仅议论外交，并且未把重点放在大战略上，就是为了修改战后日本的"非正常"（abnormal）部分，并用了"正常"（normal）一词。

海湾战争时期，日本没有把自卫队派到联合国维和行动中②。在国际社会上，作为主权国家理所当然采取的行动，日本不能行使，所以，改变这种非正常状态就是正常国家主张的核心。因此，"正常国家论"并不主张日本走向军事化路线或者参与力量政治，而且在日本几乎没有人明确提出这种主张。

问：最近，安倍晋三等自民党内部分政治家和保守倾向的知识分子主张修改宪法第九条，而且日本已经具备巨大的军事力量。对此，您如何看？

添谷：即使日本要修改宪法第九条，在现实中也很难实现，

① 1993 年，日本讲谈社出版的《日本改造计划》里，小泽主张政治改革、国际贡献、经济以及社会的自由化。尤其是在"第二部 要成为正常国家"里主张，为了维持国际秩序，日本应担负起与其经济实力相应的国际责任。

② 1991 年 1 月，海湾战争当时，日本政府虽然为了派兵参与维和行动而提出了"联合国维和合作法"，但社会党以及自民党内的一部分的反对而没有得到通过。后来，日本在战争费用上向多国部队支援了 130 亿美元，但是美国等参战国家批判日本只出钱。

那是因为难以形成共识。如果现在修改宪法第九条，日本就会很危险，这是国际社会的一种常识，而且在日本国内大多数人也这么想。无论如何，主张维护宪法的人还是很多。

在日本，议论修宪的人里几乎没有人主张先制定大战略，再来修宪。提出修宪主张的人，只是因为宪法第九条使得好多事情不可行，或者美国制定宪法草案的理由而议论修宪。当然，宪法第九条的相关问题也不少。但是，议论修宪的时候，虽然主张修宪，但谁也不议论修宪以后如何做的事情。

问：如果日本走向"中等国家"，您是否主张采取修宪立场？

添谷：当然，修宪以后的日本应采取"中等国家"战略，这就是我的理论观点。那么，修宪以后，日本改变了什么？首先，可以自主地参加联合国维和行动，而且根据联合国的决议也能够行使武力。目前，这种事情是不可能的。

另外，在日本，自卫队的存在本身就是争论的对象。如果按照宪法第九条的文字意义来解释，日本的宪法学者中十之七八会主张"自卫队违背于宪法第九条"。东京大学法学部宪法论课程里也如此解释。当初，根据宪法论，判断自卫队违宪也是不无道理。由此，修宪就改正这些复杂的部分。因此，如果不议论修宪以后的日本所要采取的战略，那么修宪是根本不可能实现的。

问：日本为什么需要美日同盟？为什么对美国那么依附？"没有美日同盟的日本，连想想也是不可能的（unthinkable）"，这种想法是否已占据日本社会的主流？

添谷：只要存在宪法第九条，就没有其他的解决方案。

问：日本既是大国，又没有面临的重大威胁。那么，为什么需要美日同盟？其理由是什么？或者说是一种惯性？

添谷：美日同盟不仅仅为日本防卫而存在，通常来讲，美国在日本设置军事基地，并不只是为了日本防卫，还考虑地区的稳定（regional stability）。美国以横须贺港为母港的第七舰队管辖到印度洋①，如果撤走驻日美军，很难制定美国的亚太战略。如果仅仅为了日本的防卫，美国的海军陆战队没有必要驻扎在冲绳。战后驻扎在冲绳的美军，一直针对"朝鲜半岛有事"进行训练。换句话说，如果没有美日同盟，韩国的国防战略也难以完全成立。

冷战结束后，驻日美军的辐射范围扩展到中东地区。从结果来看，日本为了稳定地区局势，让美军驻扎在日本。这相当于《美日安保条约》功能中的90%。实际上，《美日安保条约》的内容也如此。日本的防卫以与美国分工（division of labor）的形式，由自卫队负担一部分。如果美军撤走，也不修改宪法，日本本身难以填补空白（vacuum）。因此，美日同盟具有这些意义。

问：那就是所谓的"瓶盖论"②？

添谷：并不一定如此。但是这种议论既不同于现实，在逻辑上也没有意义。即使日本没有《美日安保条约》，也难以跳到所谓的"瓶"外。那是因为，日本人不会修宪。另外，包括中国在内的周边国家经常提出，日本以《美日安保条约》为借口试图增强自卫队，这也是与现实相反的逻辑。日本由于能够独自做到的事情而受到限制，所以需要美国。因此，在美日同盟范围下，日本做出自己能够做的事，那就是在《美日安保条约》框架下努力实现日本自卫力量的自主。对这种逻辑，似乎韩国人和中国人并没有充分理解。

问：已经过了20多年，周边国家为什么对20世纪90年代初出现的小泽一郎的"正常国家论"，及日本的正常国家化仍存在担心？

添谷：在这里重复强调的是，日本人已经放弃了那种议论，虽然日本以外仍在议论那些话题。周边国家认为，"正常国家论"意味着日本的军事化，这与日本人的想法完全不同。周边国家所意识

---

① 在中东地区，美国以巴林为母港的第五舰队进行管辖，请参考。

② "瓶盖论"主张，驻日美军的存在能够遏制日本的军事大国化或者回归到军国主义的瓶盖作用。据传，1971年美国国家安全顾问亨利·基辛格秘密访问中国的时候，同周恩来总理举行会谈中对此达成了一致意见。

到的那种正常国家论，大多数日本人从来没有提出过。正常的主权国家日常不能做到的事本身就是不正常，所以，改变这些不正常状态的就是日本人所说的"正常国家论"。其核心并不在于对外军事行动，而是想参与以联合国维和行动为代表的国际和平活动。

应警惕"大国论"和"核武装论"

问：您对船桥洋一先生主张的"世界民生大国（global civilian power）论"①如何评价？能否成为大战略的应对方案？是否过度空想而导致理想主义？

添谷：船桥先生的逻辑也是以"吉田路线"为前提的战略，既不会修宪，又重视美日同盟。在此基础上，日本能够发挥主体作用，这便是"世界民生大国论"。尽管如此，船桥的逻辑并不否定美日同盟那样的硬性安全（hard security）。由于这是基于日本战略的"基础"而维持，并不一定是日本人的认同意识。

问：您在专著《日本的"中等国家"外交》里，提出了"缝隙外交"（niche diplomacy），船桥的构想也同您所说的那样，是不受两种限制的一种"缝隙外交"，您是否同意？

添谷：我同意。从某种意义上讲，船桥的构想和我的想法有相似之处。两种主张有相似之处的理由就是，都把"吉田路线"作为前提。这并不是修宪论，也不是护宪论。船桥在《美日安保条约》和战后和平宪法的前提下，把世界民生大国当作日本新外交应发挥的角色之一。

---

① 是指日本《朝日新闻》评论员、财团法人日本重建倡议理事长船桥洋一在专著《日本的对外构想：评述冷战后的前景》（岩波新书，1993年出版）里提倡的冷战后日本的新国家形象。虽然日本难以直接介入他国之间的纠纷，但是纠纷结束以后为了构建和平或预防纠纷而建设和平环境，应做出积极贡献，而且主张否定军事大国、在国际机构里发挥与经济实力相应的政治作用、坚持和平宪法等。详细内容参考本书第四章。

　　但是，船桥把日本当作国际主要行为者（global player），这一点与我的观点不同。坦率地说，那种主张实际上是一种"大国论"。虽然在经济、金融领域里，日本承担着部分全球作用，但实际上在构建全球性结构（architecture）过程中日本的作用并不是很大。我的主张就是，希望从日本邻近的地区开始稳固根基，同样的"缝隙外交"，在全球范围和地区范围内的差异也很大。

　　虽然"中等国家论"和"世界民生大国论"是基于相似前提的大战略，但是日本人的心里始终存在不愿放弃大国的心理。对此，我认为这就是妨碍日本战略论的因素，也是我跟船桥观点的本质差异。

　　问：最近，有些极右政客主张日本也应成为独立的核武装国家，对此，您同意吗？尤其是在面临所谓朝鲜核威胁的情况下，日本国内对这种主张的支持情况如何？

　　添谷：除了前航空自卫队幕僚长田母神俊雄和东京都知事石原慎太郎等以外，几乎没人明确主张日本实现核武装而获取战略上的独立。提出这种主张，是个非常例外且极少数的现象。例如，1995 年日本国会批准无期限延期《不扩散核武器条约》（NPT）时，曾经由于发生争论而延迟，对此有些人认为这是日本愿意拥有核武装的证据。但是，当时日本国会的议论并不是那样，而是如果放弃"选择"核武器，日本将永远沦为"二等国家"。这也是一种大国意识在起作用，内藏着一种拒绝放弃核武器的意识。但这与日本进行核武装的战略逻辑截然不同，而且围绕核武器的议论并不等同于大战略。

　　问：但是，也出现日本应具备能够攻击朝鲜导弹基地的"敌方基地攻击论"①，对此您如何评价？

　　添谷：即便具有一部分攻击能力，实际上也没有多大意义，所

――――――――

　　① 2009 年 5 月，朝鲜进行第二次核试验以后，日本政府以及自民党内出现一些主张，在朝鲜发射导弹之前，利用巡航导弹等事先攻击朝鲜的导弹基地，引起了一时轰动。

以说这是一种荒唐的议论。如果日本真正要进行敌方基地攻击，应该预料到第二次朝鲜战争的爆发，而且要考虑美国因素。归根到底，这种议论是一种比较狭窄的想法，如果日本不具备攻击能力，就不能对朝鲜采取杠杆手段。而且，作为综合且有体系的战略论而考虑核问题和军事力量的日本人，几乎没有。因此，不可能成为战略论。

问：那些主张的支持者认为，通过六方会谈不能解决朝核问题，都悲观地展望朝鲜实际上将变成"完全的"（full‒fledged）核国家。那么，韩国也可能推行核开发，如果这样，朝鲜和韩国都会拥有核武器。此时，日本的战略选择是什么？能否选择核武装？

添谷：这种结果绝对不会发生。这并不是日本所选择的方案，也不会得到大众的支持（public support）。如果看到日本大多数人对这次"福岛核电站事故"的反应，就可以知道日本民众连对核的和平利用都显示出否定态度。虽然没有围绕核武装对日本人进行舆论调查，即使进行那种调查，支持核武装的日本人也绝不会超过10%。况且，如果日本拥有核武装，NPT体制就会崩溃。因此，大多数日本人不会支持那种激进的言论。其实，一直以来，战后日本外交为了实现核不扩散和无核化付出了很多努力。

问：2009年民主党掌权以前，有一个周刊对国会议员当选者进行了舆论调查，其中60%左右赞成日本拥有核武装。对此，您如何评价？

添谷：国会议员的外交论是行不通的，这可能是因为对朝鲜的反感。这也与"敌方基地攻击论"一样，不可能成为战略论。

问：是否来自于一种"被害意识"？

添谷：过去左派那样，现在日本的右派也不具有任何战略论。如果对此认为是个战略论，那就是外部世界对日本的错觉。他们只是发泄不满（frustration），所以盲目地提出"拥核论"。

问：日本是否"情景主义（situationalism）国家"①？虽然不

---

① 情景主义国家是指没有言行和主张的一贯性，随着当时的情况和氛围而采取行动的国家。

是战略论，但是那种不满得到积累，一旦遇到偶然机会形成舆论，能否存在突然改变方向的可能性？

添谷：如果日本是个集权国家，不能完全排除那种可能性。但是在目前的民主主义体制内绝不会形成那种共识。首先，舆论不会接受，而且在国会里也不会得到强行突破。从日本形成议论的通常方式来看，无责任地议论时，出现许多主张，而一旦接近到实际可能性，那种意见就减少。虽然议论纷纷指出宪法有问题，但实际上，一旦涉及修宪，而且自卫队在海外行使军事力量的可能性越大，我相信多数日本人会表示反对。

"中等国家论"里我所主张的修宪，是在现实中难以实现的。目前，澳大利亚、韩国等国家已经参与美国主导的战争，这就是在"同盟体系"内"中等国家"考虑时机和状况而"理应发挥"的作用。其实，韩国也如此。但是，我个人看，日本国民很难支持那种行动。修宪以后，若日本自卫队作为美国的盟军而想参与实际战争，那么大部分日本人会表示反对。

问：如何评价内田树著的《日本边境论》①？船桥洋一等把日本看成大国（big power），而您认为是"中等国家"。与此相比，内田树则强调"内向而小的日本"，主张优先考虑国内问题。

添谷：以前，石桥湛山②曾经批判历史上日本对朝鲜半岛和中国的扩张主义。这是在过去提起过的议论，与现在的议论脉络有所不

---

① 内田树在《日本边境论》（新潮社、2009 年出版）里，将日本人规定为始终必要世界中心的边境的国民，而且主张在日俄战争到太平洋战争期间，日本人丧失了边境人本身的特性。

② 石桥湛山作为言论人出身的自由主义者，在自民党政权内担任过总理（1956年 12 月 – 1957 年 2 月）。他作为自民党内亲中派的代表人物，在就任首相期间，主张同社会主义国家实现邦交正常化、废除靖国神社、构建中日美苏和平联盟等。另外，批判当时主流的"大日本主义"，提倡放弃殖民地和军备为主要内容的"小日本主义"。

同。最近，先驱新党代表武村正义①提出过"小而闪亮的国家"。这些作为一种小国论，是个孤立主义的主张。我所说的"中等国家"是指国际国家，即在国际社会里寻求能够发挥的作用，从中发现自己的认同感。

从大国论来看，可能认为大致相同，但我并不如此认为。如果议论大国论，日本不能提出国际贡献，这反而给周边国家提供误会的借口。如果继续把"吉田路线"当作前提，发挥典型的国际性中等国家的作用才是日本的理想战略目标。从这种意义来讲，"中等国家论"完全不同于"小国论"。

日本即使拥有硬性力量，也不能行使

问：已经议论了大国论、中等国家论、小国论等，但是应该明确的是，从国家能力来看，日本毫无疑问是个大国，而且不可能成为中等国家或者小国。您如何评价日本的国力，尤其是对军事力量等硬性力量（hard power）而言？

添谷：日本并没有具备硬性力量。

问：很难同意您的观点。日本作为世界第三大经济体，仍然发挥经济上的重要作用，而且自卫队的军事实力也很强。从某种意义上讲，日本是否处于与中国相比优势的地位？

添谷：尽管如此，日本的军事力量不能作为解决国际问题的手段。

问：虽然不能立即使用力量，那是否具有相当的潜在力？例如，假设某一天日本修改宪法第九条，那么日本是否可以在国际舞台上使用军事力量？

添谷：并不会发生那种情况。

问：如何确定？

---

① 先驱新党党首武村正义，曾经在村山富市内阁里担任过大藏大臣。他继承石桥湛山的"小日本主义"，作为所属政党的口号而提出了"小而闪亮的国家"。武村正义：《小而善良的国家：日本》，光文社，1995。

添谷：我认为，在现实中修宪不可能实现。如果没有对修宪以后的战略形成共识，就很难实现。

问：在这里似乎存在一种很有意思的差异。韩国、朝鲜、中国，甚至美国人也认为日本是个大国，而且是具备挑战霸权地位的国家。您是否同意？

添谷：那就是一种错觉。

问：根据您的意思，日本虽然拥有经济实力和军事实力，但不能具体行使，所以即使具有一定的国力，也没有用处。这是否形式主义的解释？

添谷：虽然对日本拥有实力的问题存在议论的余地，但是认为不拥有作为国际政治工具（tool）的军事实力就比较合理。既没有辐射到别国国力的能力，也没有做出必要的军演，所以实际上日本即使修宪，仍难以使用军事力量。目前，配合美国参与战争也不可能。虽然议论日本的潜在力，但是其潜在力难以转化成现实，这从过去50年以上的日本历史中可以看出。

其实，日本能够发挥那种能力的时期恰恰是在20世纪70年代和80年代，即日本一跃成为第二大经济大国的时期。但是，那时候日本并没有实现军事正常化。而且，到现在，那种可能性日益减少。展望未来，更是如此。因此，日本实现军事大国战略，重新崛起的可能性没有任何现实性。虽然不能修宪也是个重要原因，我认为，即使修宪，也不可能实现军事化。

问：对此部分，仍有议论的余地，但所谓"外部认识"和"内部认识"之间存在很大的隔阂。

添谷：那就是问题。日本到底是国际上何种行为者（actor），周边国家的认识及观点和日本现实之间存在很大的差异。因此，韩国和日本相互合作，能够做出好多事情，但我们并不重视其潜在力。由于威胁认识之不同，中日关系也相当恶化。这并不是新的问题，而是战败以后一直存在的。由于种种原因，日本已经不可能实现军事化，所以周边国家也应改变那些认识。

问：其实，不管对日本的认识如何，日本的力量（power）是客观存在的。日本无论在经济能力上，还是在军事实力上，都是个大国。那么，日本拥有这些力量的目的（purpose）是什么？日本外交政策的意图（intention）是什么？只是为了生存吗？

添谷：对那些部分，还没有形成共识。

问：那么，对日本意图的各种解释相互对立的理由是什么？韩国还没有完全摆脱"大东亚共荣圈"历史的阴影，好多人也认为日本回归到军国主义只是时间问题。换句话讲，日本已经具有能够成为大国的基本因素。

添谷：那是韩国的问题，就是毫无疑问地认为，日本怀有一种意图和战略。实际上，对不存在认为存在，那么只能是个想象。韩国和中国都认为这些是日本的战略。但是，从日本的立场来看，并不存在那种战略。由于存在那种错觉，把眼光转向靖国神社、钓鱼岛、历史问题、反华感情等，就是"把没有相关的东西连接的典型例子"（the typical case of connecting unconnected dots）。

"吉田路线"是日本外交"看不见的手"

问：那些发言和您在书中的内容有些矛盾。您在那本书里主要涉及"吉田路线"、佐藤荣作的"对美协调"、田中角荣的"紧张缓和（detente）"外交、中曾根康弘的"无核中级国家"等①。另外，对于小泉纯一郎，甚至安倍晋三和麻生太郎，认为

---

① 佐藤荣作（1964年11月～1972年7月）就任首相以后，虽然一开始对核武器表示关心，但到1967年12月，阐明了作为日本国事原则之一的"无核三原则"（不允许制造、保有、搬运核武器）。通过美日协商实现了冲绳返还，也取得了实现韩日邦交正常化等一些外交成果。田中角荣（1972年7月～1974年12月）在美苏紧张缓和以及中美和解的状况下，实现了中日邦交正常化。身为自民党内最大派阀的首长，提倡了"日本列岛改造论"。另外，中曾根康弘（1982年11月～1987年11月）的"无核中级国家论"是指自主防卫和无核三原则的一体化，主张在美日安保体系内确立日本固有的防卫体系。

他们具有一定程度上的战略，您是否这么认为？

添谷：他们虽然具有政策议题（agenda），但没有国家战略（national strategy）。

问：能否设定没有目的和意图的议程？虽然不是明确的战略，但是国家大政方针的脉络中是否具有鲜明的方向性？

添谷：日本的政治家没有那种设想，从研究者的立场来看就是那样。安倍也曾经有过修宪的议程。但没有包括那种议程在内的国家战略。因此，只能提出像"美丽的国家"那样的主张。

问：麻生太郎的"自由和繁荣的弧（the Arc of Freedom and Prosperity）"构想是如何的？

添谷：其实，那是来自于日本外务省的想法。

问：如果外务省发挥作用，那种想法能否成为日本的意图？

添谷：那些想法是从好多地方提出来的，所以，过了一段时间以后，又出现新的想法。其实，"自由和繁荣的弧"就反映了当时外务省政策负责人的想法。后来，这种构想没有得到实质性进展。如果政权更迭，那么谁也不提以前的政策。在日本，至今没有能够超越这种局限的大战略。例如，对待东南亚政策，日本经济产业省和外务省地区政策局的意见也不同，这是个官僚主义碎片化（bureaucratic fragmentation）的典型例子。通常来讲，日本首相的外交方针演说是由外交官僚来写的，而首相照稿子念就可以了。虽有像中曾根首相那样偶尔自己写出原稿，但大部分政治家平时对外交没有多大考虑。最多，部分性地选择自己取向的部分。日本就是这种国家。

刚才您提到，认为相互矛盾的原因是存在"看不见的手"（invisible hand）。没有一个人考虑综合性战略，或者国家目标以及国家战略。前面已经提过，日本处于意识形态的分裂状态，所以议论的形式也表现出两极化现象，就是左、右两派互相攻击的样式。这并不是战略，只不过是日本国民的消耗性争论而已。

问：根据您的回答，是否可以认为对日本完全不用担心？也就是说，日本既没有政治领导力，也没有明确的国家战略？日本首相并没有政治意图和意志，而外务省和其他外交相关机关采取官僚政治，那么也认为，日本这个国家是个非常混乱的国家。那么，日本是否处于或接近于无政府状态？

添谷：是的。所以对日本的意图和战略没有担心的必要。我的观点就是存在能够制约日本（pushing Japan）的"看不见的手"。

问：那"看不见的手"是指什么？

添谷：就是"吉田路线"。

问：那并不一定是"看不见的手"，而可能是一种惯性（inertia）？

添谷：也可以说是"路径依赖性"（path dependency）①，像您所指出的那样，具有强烈的惯性。日本外务省一直强调《美日安保条约》，这是一种明确的惯性。虽然一部分优秀的精英谈到其战略上的意义，但是大部分人仍陷入战后惯性。结果，一旦重视《美日安保条约》，政策决定者就容易理解。例如，20世纪80年代日美经济关系一度处于困难的时候，日本外务省的一位局长曾经说过，"虽然目前情况存在困难，但必须回到原来的位置"。这并不是逻辑推理出来的，而是根据感觉说出来的。后来，他的话被实现了。

我所说的"看不见的手"包括和平宪法和《美日安保条约》，而且现实中难以改变，所以日本的一切外交行为就在这两个框架内运行，谁也不愿意跳出这一框架。其实，自卫队参加联合国维和行动，也是在"吉田路线"的框架内发生的变化。所以，这并不是能够打破"吉田路线"框架的重大变化。"正常国家论"也是指在"吉田路线"框架下做出可能的事情。另外，包括韩国、中国甚至美国在内，都担心"正常国家论"意味着日本的军事大

---

① 路径依赖性是指制度或框架拘泥于过去的经纬和历史的偶然等。

国化，就是因为担心可能打破"吉田路线"的框架。这就是非常重要的差异。即使日本的防卫厅升格为防卫省①的时候，也出现过向"正常国家"迈进一步的批判，我个人看这也是在"吉田路线"框架下所发生的变化，并不是根本性的变化。

问：但对日本国内的民族主义倾向和进攻性外交态势，不一定那么看，您如何看？

添谷：在"吉田路线"外部确实存在一些因素，能够冲击这种框架的冲动（urge）。例如，安倍晋三或麻生太郎的民族主义冲动就是如此。毫无疑问，虽然外部的一些冲击刺激框架的变化，但不可能发生能够打破框架的变化。那是因为，这只"看不见的手"实在太坚固。重复强调一遍，日本的战略只能把和平宪法和《美日安保条约》作为其前提。因此，应该把"吉田路线"的框架变得更加透明，就能够看得见，从而形成日本人所共识的一种战略。从这种意义上来讲，日本只能选择"中等国家"战略，也就是最现实的日本的未来展望。

唯一的解决方案就是"中等国家"外交战略

问：您主张，只有"中等国家"才能够实现日本的战略，那么，战略的具体特性是什么？而且又如何得出"中等"概念？

添谷：为了便于说明日本外交的矛盾而采用"中等"概念。如前所述，日本的现实主义和自由主义不同于国际政治理论中所说的概念，"中等"概念要在这种脉络中考虑。我个人这样解释可能被认为不负责任，但"中等国家"定义本身并不重要。如果采取这种视角，就容易接近日本外交采用的用语，也可以被理解

---

① 2007 年 1 月，安倍内阁当时作为总理内阁府外局的防卫厅（Defense Agency）升格为防卫省（Ministry of Defense）。

为一种参考点（reference point）。在我的书里也谈到，如果"中等国家"用语带来混乱，可以用其他用语来替代，但实在找不出更合适的用语，所以就采用"中等国家"用语。不管怎样，与其"表述"相比，更重要的是实际"内容"。

问：对"中等国家"下定义有多种方式：一种是根据 GDP 和军事实力等国力，区分为大国、中等国家、弱小国家等；另外一种则是根据对外行动形态而推论。例如，加拿大、澳大利亚、阿尔及利亚等在国际社会设定议题，积极参与解决纠纷仲裁，对这些所谓"软性均衡"（soft balancing）国家可以认为是"中等国家"。从这种标准来看，您所说的"中等国家"的实体是什么？

添谷：根据您所讲的区分方式，比较接近于根据外交形态而做的区分。换句话讲，日本是个大国还是中等国家，这一问题并不重要，而是关系到"外交质量"（quality）的问题。战后日本外交的大部分属于"中等国家"，而且从安全保障层面上看，还没有达到"中等国家"水平。从这种意义上讲，"正常国家论"可以认为是个迈向"成熟的中等国家"外交的步履。如果日本一直参与联合国维和行动（PKO），能够成为"中等国家"，但过去并没有那么做。

问：即使弱小国家也可以派出军队参加联合国维和行动，例如蒙古等国家积极参与联合国维和行动。您如何看？

添谷：日本长期以来很难做出那些行动。冷战结束以后，自卫队才开始训练，才开始准备和拥有相关装备。

问：您对"中等国家"下定义的时候，是否联系到联合国常任理事国——英国和法国，考虑日本的外交模式？涉及法国和英国，而假定的"中等国家"的作用是什么？

添谷：由于澳大利亚、加拿大等国家的存在，议论的幅度变大，但重要的是日本在国际舞台上放弃了单边主义（unilateralism）。尤其是作为大国政治的单边主义绝不是选择方案。战后日本的外交几乎合乎这种情况。日本根据权力政治没有一次试图实行过单边主义，冷战结束后也如此。

那么，现今日本为什么要实现"入常"？对此，不同的人，认识也相异，但我看来，是因为在日本外交中联合国所占的地位非常重要。首先，日本在联合国担负着很多的分担金。虽然有些人批判在联合国以及属下机构里工作的日本人为数不多，但是在联合国成立"人类安全（human security）① 基金"时，日本提供资金，做出了实际举动。从那种意义来讲，日本实际上花费了钱，也投入了人力。简单地说，在多边制度（multilateral institutions）下发挥应有的作用，就是"中等国家"外交的重要特征之一。

问：前面已经讲过，船桥洋一的"世界民生大国"立足于大国论，并把全世界当作对象，而您的"中等国家"论把焦点对准地区。但是，现在所描述的"中等国家"的内容与其说是地区，不如说是全球范围，您看是否矛盾？

添谷：现在谈到的是联合国，所以如此。日本可以接受并不像法国、英国那样具有否决权的作用。因此，日本的"入常"并不认为是大国主义的表现。如果查看日本外务省的预算，就可以知道日本深入介入世界各地的问题。船桥洋一先生所主张的"世界民生大国"的形象就来自于日本外交的现实。而且日本为了发挥这种作用，花费了很多钱，这也是事实。

我所主张的"中等国家"外交，是指日本在国际和地区社会里发挥更多建设性的外交作用。尤其是这种外交的宗旨并不是日本独自的外交，而是同中国、韩国等国家实现共同合作。例如，"福田主义"② 基本上利用经济实力，援助越战结束以后的印度支

---

① "人类安全"是相对于"国家安全"的概念，主张要保障破坏环境、难民、贫困等人类的安全，是一种新的安全概念。

② 是指 1977 年 8 月时任首相福田赳夫（1976 年 12 月～1978 年 12 月）巡访东南亚国家的时候所阐明的对东南亚外交三原则。具体内容如下：第一，日本不做军事大国，要为世界的和平及繁荣做出贡献；第二，建立心心相通的互信关系；第三，以对等合作者的立场，努力促进东南亚地区的和平与繁荣。

那地区的复兴，推动东盟和印度支那地区一体化，这也是当时日本外交的倡议。这就是典型的"中等国家"外交。对亚洲地区的经济援助也是如此。因此，日本不可能有大国"野心"。当然，每个人所想到的形象可能不同，所以，当时有些人认为"福田主义"是日本企图重新在东南亚地区恢复霸权。但是，"看不见的手"始终约束着所谓"大国外交"的现实化。

"中等国家"外交和东亚地区秩序

问：那么，日本的"中等国家"外交如何应对中国的崛起？从"吉田路线"的角度来看，对中国采取"对冲"（hedging）战略，是否只能加强美日同盟？另外，有没有其他应对方案？

添谷：如果以那种逻辑来讲，日本没有选择的余地。"中等国家"里也有中等国家的选择。那是因为，没有自身的选择就是最坏的状态。由于中美对立，日本可能跟随美国，但这并不一定是理想的选择。首先，包括朝核问题在内，如果没有美国，就难以成立日本的安全保障。但这并不是"中等国家"外交的目的。美国也是一种保险（insurance）。如果考虑到日本能够采取"中等国家"外交，那么同韩国、澳大利亚、东盟等的关系就非常重要。从表面上看，中美两个大国在两边存在，与它们的关系也很难控制。但是，如果中美两国携手介入（engage）而展开东亚战略时，日本也要同韩国、东盟、澳大利亚等国家和机构合作构筑东亚地区的基础，中美两国也不得不重视。这就是我所提议的"中等国家"战略的焦点。在该书的结尾里谈到"中等国家网络"，日本应该同韩国、澳大利亚、东盟等国家和机构合作，从能够实现的部分开始构建东亚地区秩序的基础。

问：那些"合作网络"虽然在经济、环境等低级政治（low politics）领域里能够发挥作用，但在军事安全等高级政治（high politics）领域里，是否很难发挥作用？

添谷：从高级政治来看，就存在中美两国。日本只能对中美两国讲述自己的意见，而且也可以主张自己的偏好（preference）。同时，并不只依靠于一个国家，而且，如果几个国家联合发言，其影响力就会加强。在中美两国时代里，日本、韩国、澳大利亚等都具有相同的利害关系和议题。如果这些国家联合向中美两国发言，那将变成强有力的主张，而且能够推动东亚地区的"中等国家"外交。"中等国家"的最大特征就是不能依靠一个国家，要联合起来合作。

日本的问题就是已经发挥那种"中等国家"外交，但至今没有认真考虑过同其他国家进行如何合作，就像日本独自推行东南亚政策一样。从这种意义上讲，日本在没有设计好战略的情况下，就推行了具体政策。实际上，日本把主要精力集中在构建同东盟国家的网络上，而且日本企业逐渐发展成东盟地区生产网络的重要部分。这是日本政府提供间接支援的结果之一。如果日本更加明确地说，这些都是由"看不见的手"形成的"战略"，那么日本和其他国家之间的关系就会发生变化，日本在地区内的作用也会更加明确。

问：从日本安全层面上看，如何处理主要关心的事情之一——领土问题？

添谷：最佳的方法是搁置领土问题或尽量不要争论化。当前国家之间的关系，并不因传统的领土问题而左右，而且以自由且国际性议题的合作方案为中心，推行对外政策。领土争端越大，越难以找出解决方案，所以尽量不要触动问题。与此同时，一旦形成东亚地区秩序的氛围，"领土"逐渐变成次要（secondary）问题。虽然领土问题不会消失，但变成次要问题，已经是很大的进展。换句话讲，使这种传统的安全问题在我们的意识中消失，就是一种解决方法。

问：您的"中等国家"外交把"和平宪法"和《美日安保条

约》的维持作为前提，而且在这一基础上的联合国维和行动或者人类安全以及东亚共同体等领域里寻找"缝隙"，尤其是在著作里，甚至采用"大国幻想"的表述，对大国的情感发出警告。但是，日本国民和政治精英以及官僚能否接受日本地位的降低（downgrading）？

添谷：如果存在大国情感，则可能认为"中等国家"意味着日本地位的降低。但是，我的逻辑就是，只有采取"中等国家"战略，才能够提高日本的国际地位，在东亚地区发挥更加有意义且实际性的外交。我认为，"中等国家"外交意味着日本外交的升级（upgrading）。

问：换句话说，与"大国政治"相比，是否更加现实而有利？

添谷：也有那种意思。即将来临的未来并非大国政治的时代，日本既没有推行过大国政治，也不可能实行大国政治。相反，没有推行大国政治，就是日本外交的实际情况。日本既没有参与过中苏之间的对立，也没有参与过朝鲜半岛的对立，也跟朝鲜保持了联系。战后日本一直采取这种外交。冷战时期发展成为经济大国，大部分人认为日本取得了成功，但冷战结束以后，前面所述的"矛盾"重新显现出来。对此不能简单地划归为右倾化或者日本民族主义的抬头。其实，在冷战时期，日本国内的左派势力一直发挥了重要的作用。冷战结束以后，中国的崛起、朝核问题的爆发等导致国际政治发生了变化，传统安全问题开始出现。在左派占优势的时代，日本所采取的方式已经不能通用，所以，右派大举反攻，主张改变现状。但是，我认为左派或者右派都是不现实的，两派都陷入空想之中。因此，那些主张不能成为战略，这就是我讨论的大前提。

"中等国家"外交和日本国内政治

问："吉田路线"是否由于"1955 年体制"而成为可能？

"1955 年体制"已经被瓦解了，外交政策是国内政治的延续（extension）。但是，日本国内政治结构变化似乎对外交政策发挥很大影响。自民党或者民主党，无论是反对党还是执政党，始终显示出保守倾向。

添谷：并非如此。那是韩国的认识。为什么把民主党说成保守主义？

问：像前原诚司①那样，采取保守立场的人在民主党内有不少。

添谷：那里有日本特殊的脉络。对日本自我主张（self-assertiveness）的议论并不是战略。前原诚司也同样如此。他的主张有重要的前提，认为日本应该主张的东西，至今没有主张过，所以主张要毅然应对。前原诚司担任民主党党首的时候，访问华盛顿，在美国报纸上提出了"中国威胁论"。他在发言中指出，中国军队的现代化可以引起担忧，而且其他人也那么认为。前原所提到的问题，日本一直沉浸于那些"事实"。如果是事实，必须讲明白。这就是他的全部，而且后续的内容也没有任何战略论。

问：但是在 2010 年 9 月，钓鱼岛附近中国渔船与日本海上保安厅的巡逻船冲撞的时候，前原诚司作为国土交通省长官显示出强硬的姿态，对此您如何看待？

添谷：2010 年围绕钓鱼岛发生纠纷的时候，他作为国土交通省长官发挥了一定的影响力。这次事件中，日方扣押了中国渔船的船长，所以事情变大了。这也是前原诚司式思维方式的典型例子。之前，日本一直采取"稳健"的方式。但是，前原诚司等认为不能继续"放纵"，所以为了"堂堂"地应对，就采取了国内法的处理方式。

他并没有考虑到这种行为对中日关系产生多大影响，也没有仔细思考中国会如何应对。从外部来看，可能解释为日本转向对

---

① 前原诚司，毕业于京都大学，曾经在松下政经塾学习过，民主党国会议员，担任过党代表和外务长官。他作为外交安全问题专家，主张对华牵制论、集体自卫权等，被称为党内强硬派。

华强硬态势，但日本政治家却没有那种战略，这几乎是很难想象的。目前，许多日本政治家并没有做好外交上的考虑，时常吐出强硬发言。他们只是说出冲动，并没有战略考虑。换句话讲，日本政治里没有任何战略意图和共识。

问：反过来讲，在那期间是否没有必要深入考虑？

添谷：是的。迄今为止不考虑也可以，因为"看不见的手"发挥了引导作用。这就是"只依靠官僚所说的就可以的"自民党时代的政治。大家都不想为什么那样。尽管如此，偶尔还是会出现不能过度依赖美国的发言。

问：那就是问题。

添谷：在这里出现"怪异"（weird）的疑问，即："尽管如此，日本为什么取得一定的成功？"对此的回答就是，这是"看不见的手"的作用。既然有和平宪法和《美日安保条约》，那么只能在那个框架下采取行动，这种结构至今没有改变。

问，好像觉得，您认为在那种框架下比较安全？

添谷：是的。那就是日本外交的现实。

问：是否比较愚蠢的想法？

添谷：从那种意义来讲，日本的政治家是比较愚蠢的。您认为能够跟日本的政治家进行像样的议论吗？我认为不可能。

问：那么日本的政治家是否既没有战略，也没有构想？

添谷：是的，那就是现实。尽管如此，由于认为存在某种东西，所以中国和韩国对日本始终怀有担忧和疑虑。

问：通过您的谈话，了解了日本为什么不能采取主导权的理由。但是，到20世纪90年代中期，也有过"国际贡献国家"构想等外交上的种种努力，您如何评价？

添谷：那些都是完成"吉田路线"框架的努力。例如，参与联合国维和行动或者"国际贡献议论"也都如此。所以，不管日本国内的种种议论，日本外交的实际样式是"中等国家"外交，而且"看不见的手"一直发挥牵制作用。我认为，比较合理的学者大体上都是"中等国家"国际主义者（internationalist）。

问：那么，为何没有学者提出过"中等国家"现实主义观点？

添谷：其实在"中等国家"外交里也包括美日同盟那样的现实主义因素。那是因为，如果不考虑那些因素，不可能取得成果，韩国作为中等国家，也想取得成果，但不得不考虑朝鲜因素。

问：在韩国得到东亚基金的后援，首尔大学教授朴喆熙等翻译出版了您的《日本的"中等国家"外交》，当时对书的内容进行过讨论。有几位学者提出，您实际所向往的是"大国"，而"中等国家论"只不过是自我降低（self – demotion）日本地位的虚饰，即一种外表装饰。您如何看？

添谷：我说的是自己的真心话。

日本外交的四大基轴

问：如果日本采取"中等国家"战略，与韩国能够推动何种合作？

添谷：从真正意义上讲，韩日两国的基本目的相同，而且两国之间存在共同议程，从而可能形成未来东亚秩序的共识。

问：对共同议程能考虑什么？安全或者同盟也可能吗？

添谷：从逻辑上讲都有可能。但考虑到感情和认识，虽然非常遗憾，但安全和同盟层次上的合作在现实中是不可能的。

问：那么，应对朝鲜的突发事态，韩日两国的合作是否也难以实现？

添谷：虽然在现实中难以推动，但理论的潜在力还是很大的。另外，韩日两国都被夹在中美两国之间，而且对美保持同盟关系也都是两国的相近立场。同时，对朝鲜半岛问题、美国的地区作用以及中美关系等也是如此。对这些问题，美国到底发挥何种作用？其意义是什么？而且与此相关美国所采取的政策是什么？面对这些问题，韩日两国需要进行真诚的战略对话。虽然在现实中存在困难，但逻辑上充分可能，这就是我个人的想法。

今后的对华关系以及中国的未来也是韩日两国要共同讨论的议题。朝鲜的将来也是如此。如果朝鲜半岛发生变化，日本要采取何种政策，现在韩日两国有必要开始进行真诚的讨论。虽然统一以后的朝鲜半岛可能反日，或者日本不愿意看到朝鲜半岛的统一，等等，但在半岛统一过程中日本应该采取何种战略，而且根据当时韩日关系状况，东北亚地区将迎来决定性变化。因此，应该从现在开始着手准备一些工作。

如何维护东亚地区秩序，也关系到韩日两国的利害关系。如果没有形成共识，那么什么变化也不会发生。若要酿成变化的氛围，最重要的是像这种对谈一样的"知识层面的尝试"。

问：虽然韩国在一定程度上认同日本的政策，似乎还没有真心理解，好像是一种"单相思"。您如何看？

添谷：虽然一部分已经开始了相关议论，但政府之间还没有正式达成协议。日本外交也在这种前提下实行对韩政策，在短期内难以实现，而且难以驱动韩国的舆论。从可能实现的部分开始，逐步构建合作机制，同时向两国国民提示，从而不断地推动相关议论。虽然可以理解韩国学者对"中等国家论"在更高的知识层面上发出挑战。如果一直持续努力，会逐渐改变现实。当然，近期内两国关系难以发展成那样，但发展的方向已经很明确。

过去，与日本安全保障相关的议论主要考虑了三大支柱：第一，"国际社会"的存在，日本到底能够发挥何种作用，即所谓参与维和行动的议论；第二，美日同盟；第三，自卫队的作用，即日本的自助努力。其实，自卫队的作用，如果没有美日同盟的前提，大部分没有实际意义，所以两者始终形成一套体系。这三大支柱是过去日本安保的议论。后来，我参与鸠山内阁"安全保障恳谈会"的时候，追加了第四个支柱，就是同韩国、澳大利亚等国家之间的安全合作。这些议论已经得到了较多人的认同，所以影响正逐步扩大。中美两国时代里，日本必须跟其他国家一起共同行动的认识已经在国内社会被广泛接受。

问：中国在日本外交里占据何种地位？

添谷：恐怕对中国的认识进行调整是最困难的课题。在日本认为"韩国重要"的人中有一半以上会考虑中国因素。这就是所谓对华战略的一环，同韩国结成连带的设想，是不可能的。如果从这种设想出发，不仅不能驱动韩国，而且也是不可持续的。但是，日本的反华感情很浓厚，所以难以开展正常的议论。首先难以让政治家理解。如果以韩国重要的理由来讲，大部分都可以接受。而且，有时候一旦议论中国或朝鲜，过去不可能的事情在国会也容易得到通过，这并不是个好现象。

问：您的"中等国家"外交论里中国是否存在"威胁"？

添谷：虽然存在威胁的可能性，但其之前中国的存在是个"现实"。

问：朝鲜如何？

添谷：那也是现实。两者都可以成为威胁，但没有必要事前认为是个威胁。况且，如果中国真正成为威胁，亚洲将会分裂。那是因为，如果中国变成威胁，那么日本、韩国都得把对美同盟作为外交的基轴，所以从"中等国家"论来看，就得出"亚洲分裂"的结论。

另外想提到的是，在日本国内，反华情绪越来越强烈。但需要注意的是，这并不意味着日本采取反华战略。如果日本独自采取反华战略，结果必然会输掉（self - defeating strategy）。虽然日本没有采取反华战略，但议论本身带有反华倾向。因此，在话语（discourse）和政策之间的间隔，导致官僚们的苦恼。

问：对美日韩三国协调，乃至加强美日韩三国之间的"同盟关系"，您如何看待？

添谷：从安全领域考虑，可以支持。但这种问题，应该静悄悄地进行，没有必要大声宣传。

问：能否静悄悄地推行导弹防御系统（MD）？

添谷：那些"硬性安全"也可以静悄悄地进行。

问：在金大中、卢武铉时期，虽然配合美国的 MD 战略，韩国政府也没有大力宣传，所以中国和朝鲜也没有表达很大的不满。但到了李明博政府，似乎并非如此，您对此如何评价？

添谷：日本也存在那种问题。当局者没有明确的战略目标，重视 MD 而发出大声言论。在国际社会，日本应该先摆好对自己优势的明确定位，而且以此为基准树立外交方针，然后才向那个方向集中精力。因此，与传统安全相关的问题，应该要静悄悄地进行。

"中等国家"战略的未来

问：您认为，在日本的新政治领导人中，哪一位能够把"中等国家"外交作为日本的主要战略？

添谷：虽然难以实现，但"看不见的手"将继续发挥作用。

问：如果"看不见的手"持续存在，那么日本的选择只能是您所说的"缝隙外交"的探索，而且不能形成大战略，您如何看？

添谷：并非如此。日本人有意识地认为这是个战略，而且集中投入资源，那么也可以形成战略。我希望出现那种情况而写了那本书。但是非常遗憾的是，至今还没有得到实现。

问：如果把维持现状（status quo）认为是"看不见的手"或惯性，而且在那种框架下寻求一种小的"缝隙"，是否可以认为这是过度的保守姿态？

添谷：但是，如果不从那个地方开始，就难以解决日本外交所具有的不明确的部分。

问：那么，您所考虑的战略最终结果是什么？50 年后日本能够期待的结果是什么？

添谷：虽然难以确定实现的可能性，但我的构想里有几个基础：首先，寻找对"中等国家"外交构想战略上的合意。这不仅包括日本国内，也涉及周边国家。其次，为了能够完成"中等国家"战略，需要修改宪法第九条，但对韩国人来讲，这就是"本心"，将会受到批判。

问：我们也不反对您所主张的和平宪法第九条第二款的修改。韩国的卢武铉总统也表示过类似的立场。他曾经说过，日本通过修宪实现正常国家化，并不存在问题，关键是如何解决过去的历史问题，贡献于地区和平。

添谷：我也同意您和卢武铉总统的看法。

问：好多韩国人也那么想。但问题是，通过修改和平宪法第九条第二款，重新武装自卫队，改成正规军的名称。对此，一些知识分子认为是军国主义的回归。

添谷：韩国的舆论也采取那种观点。我认为，如果修改和平宪法第九条，日本也会变成比较容易理解（straight forward）的"普通的中等国家"，就像德国那样。

问：斯蒂芬·克拉斯纳（Stephen Krasner）教授也把和平宪法第九条第二款问题认为是主权的"组织化的虚伪"（organized hypocrisy）①。其实，自卫队的名称就改变为正规军。

添谷：为了能够实现对修宪以后日本未来的把控，就要形成合理的共识。但是，目前谁也没有把修宪议论和未来规划联系起

---

① 克拉斯纳教授主张，《威斯特伐利亚条约》的主权原则和国际法上的主权原则经常被协约、契约、强制、强迫等所违背，所以把近代主权制度认为是"组织伪善"。Stephen D. Krasner, *Sovereignty: Organized Hypocrisy*, Princeton, N. J.: aprinceton University, 1999。

来谈论，只是对现行体制问题提出不满而已。这就是在日本国内进行修宪议论的实际情况。这些议论在一定程度上得到人气，但不会走远。重要的是，把日本的修宪议论和《日美安保条约》的修改联系起来进行考虑。如果修改宪法第九条，美国肯定提出签署新的安保条约。因此，当议论日本宪法修改的时候，至少考虑到美日同盟的相关性。

问：理查德·阿米蒂奇（Richard Armitage）和迈克尔·格林（Michael Green）等美国人也指出过那样①，他们希望日本作为"中等国家"发挥更大的作用，从而支持修宪。

添谷：是的。在议论修宪的日本人的头脑中几乎没有那种想法。

问：在那里有一种恐怖（fear）。在美国也有日本的正常国家化议论。阿米蒂奇、格林等"知日派"认为，美国有能力充分控制修宪后的日本。

添谷：我也认为，他们的想法是对的。修宪以后的日本可能实现军事上的自立，对日本的这种认识就是个问题。所以，我有意识地使用"中等国家"用语，而且我也想发出对大国情感的挑战。

问：但是，您所说的"中等国家"假定为普通国家，就是指正常的"中等国家"（normal middle power）？

添谷：是的。换句话讲，修改宪法第九条并不是走向再军备或军国主义的问题。

---

① 阿米蒂奇和格林都是美国代表性的亚洲问题专家，也被认为是个有名的"知日派"。阿米蒂奇在小布什政权里担任过副国务卿（2001 年 3 月～2005 年 2 月），而且在 2000 年跟约瑟夫·奈（Joseph S. Nye Jr）等一起，主导制作了包括日本的有事法制整顿等在内的所谓"阿米蒂奇报告"（The United States and Japan: Advancing Toward a Mature Partnership）。格林是乔治敦大学教授，研究领域是日本政治以及安全政策。曾经担任过美国国防部亚太部特别助理（1997～2000年）、国家安全会议（NSC）日本及朝鲜半岛担当部长（2001～2004 年）、NSC 亚洲上级部长兼东亚负责总统特别助理（2004～2005 年）等职务。

问：您百忙中抽出这么长时间接受采访，非常感谢。最后请您谈一谈对日本外交未来战略的看法？

添谷：这是一场非常有趣的对话，我也想表示谢意。在议论过程中，有一种观点指出，日本的国力就相当于大国水平。如果追溯查看其根源，就在于过去军国主义的历史。军国主义的经验是极其沉重的。之所以尽管出现多种复古议论，但和平宪法与美日安保为基础的所谓"看不见的手"依然坚固。从那种意义来讲，日本外交的现实以及现实立足于对军国主义的反省，今后也不会发生变化。如果韩国人理解，韩日之间的合作就容易解决。在此基础上，作为日本长期的战略，东亚地区真正的地区一体化基础就是韩日两国之间和解的基础。就像德法之间的关系导致欧盟的引爆那样，在亚洲韩日之间的合作是非常重要的。

战后日本外交简史

1945 年 8 月 15 日，日本战败。

1946 年 11 月 3 日，公布日本国宪法。

1950 年 6 月 25 日，朝鲜战争爆发。

1951 年 9 月 8 日，签署《旧金山和约》与《美日安保条约》。

1952 年 4 月 28 日，签署"日台条约"。

1955 年 11 月 15 日，自由民主党创建。

1956 年 10 月 19 日，日苏建交，发表联合宣言。

1956 年 12 月 8 日，日本加入联合国。

1960 年 1 月 19 日，签署新的《美日安保条约》。

1964 年 4 月 28 日，日本加入经合组织（OECD）。

1965 年 6 月 22 日，签署韩日基本条约，实现邦交正常化。

1969 年 11 月 21 日，发表《尼克松—佐藤联合声明》。

1971 年 6 月 17 日，美日签署"冲绳返还协定"。

1972 年 9 月 29 日，中日建交，实现邦安正常化。

1974 年 1 月 7 日，日本首相田中角荣访问东盟国家。

1977 年 8 月 18 日，发表"福田主义"。

1978 年 8 月 12 日，签署《中日和平友好条约》。

1979 年 1 月 1 日，中美建交。

1979 年 6 月 28 日，西方七国集团会议在东京举行。

1982 年 8 月 26 日，官房长官宫泽喜一发表"关于历史教科书的政府见解"。

1983 年 1 月 11 日，首相中曾根康弘访韩。

1987 年 1 月 24 日，日本政府废除防卫费 1% 框架。

1989 年 1 月 7 日，昭和天皇去世。

1989 年 6 月 4 日，1989 年政治风波发生。

1989 年 12 月 2 日，布什—戈尔巴乔夫举行马耳他会谈，宣布冷战结束。

1991 年 1 月 17 日，海湾战争爆发（2 月 27 日结束）。

1992 年 6 月 15 日，日本制定国际维和合作法（PKO 合作法）。

1992 年 9 月 17 日，日本自卫队向柬埔寨派兵，参与 PKO。

1994 年 6 月 13 日，朝鲜宣布退出"核不扩散条约"（NPT）。

1994 年 7 月 20 日，首相村山富市承认，自卫队合宪以及美日安保的必要性。

1995 年 11 月 28 日，内阁会议决定新的《防卫计划大纲》。

1996 年 4 月 16 日，克林顿—桥本举行首脑会谈，签署《美日安保共同宣言》。

1997 年 7 月 2 日，东亚金融危机爆发。

1997 年 9 月 23 日，克林顿—桥本举行会谈，达成新的"美日防卫合作指针"。

1998 年 10 月 8 日，金大中—小渊发表"联合宣言"。

1999 年 5 月 24 日，制定"美日新防卫合作指针相关法"。

1999 年 11 月 28 日，举行"10 + 3（中日韩）"峰会。

2000 年 6 月 13 日，韩国总统金大中访问平壤，举行南北首脑会谈。

2001 年 8 月 13 日，首相小泉纯一郎参拜靖国神社（之后每年参拜一次）。

2001 年 9 月 11 日，美国同时多发恐怖事件。

2001 年 11 月 9 日，自卫队三艘护卫舰为支援美军派往印度洋。

2002 年 5 月 31 日，韩日共同举办世界杯（6 月 30 日结束）。

2002 年 9 月 17 日，首相小泉纯一郎访朝，签署《朝日平壤宣言》。

2003 年 1 月 10 日，朝鲜再次宣布退出 NPT。

2003 年 3 月 15 日，伊拉克战争爆发。

2003 年 8 月 27 日，在北京举行六方会谈。

2003 年 12 月 8 日，小泉内阁决定，向伊拉克派遣自卫队。

2004 年 5 月 22 日，小泉第二次访朝。

2005 年 4 月 9 日，中国发生大规模反日示威游行。

2008 年 7 月 8 日，在北海道洞爷湖举行西方八国集团首脑会议及中日韩峰会。

2010 年 9 月 7 日，在钓鱼岛附近，中国渔船与日本巡逻船发生冲撞。

2011 年 3 月 11 日，东日本大地震发生。

我始终坚持一个理性的立场，即"日本不能拥有核武装"。当被问到"日本能否实现核武装的可能性"的时候，我会坦白地回答："我也不知道。"日本国民可能因为"一时的情感"做出错误的决定，这种危险性是无法完全否认的。

第二章

日本的军事战略：专守防卫、动态防卫以及文官控制

山口昇

山口昇 （Yamaguchi Nobori）

1951 年出生于东京，1974 年防卫大学（第 18 届）毕业后，被分配到陆上自卫队航空科部队。在任期间留学美国塔夫茨大学弗莱彻法律外交大学院，取得硕士学位，并在哈佛大学约翰·奥林战略研究所进修国家安全项目的研究课程。在自卫队内被派到外务省，负责《美日安保条约》，还担任统合幕僚会议（联合参谋本部）事务局的军备管理科科长、陆上幕僚监察部（陆军参谋本部）防卫协调官、日本驻美大使馆首席防卫常驻官员、陆上自卫队航空学校副校长、防卫研究所副所长、陆上自卫队研究本部长等，2008 年退休。之后，在防卫大学任教，教授美日同盟、军事史、战略论等课程。

主要研究成果有：《日本与中国：从政治冷淡、经济友好关系向以战略利益为目标关系的转变》（*Japan and China*：*Towards a "strategic relationship fou Mutual Benefit" from "Politically Cold but Economically Warm" Relations*，2007 年）；《美国民主党的重新挑战：面向新外交安全政策》（合著，2007 年）；《和平构建与自卫队：以伊拉克人道复兴支援为中心》（2006 年）；《美国的防卫转变与日本的防御政策》（*US defend Transfomation and*

Japan's Defence Policy，2006 年)；《转变中的美日安全关系》
(*The U. S. – Japan Security Relationship in Transition*，2005 年)；
等等。

引 言

山口昇出身于日本陆上自卫队，做过直升机驾驶员，后提升为中将，是日本具有代表性的"知将"。在自卫队工作期间，他是一个众人认可的"美国通"。特别是在担任日本驻美使馆武官期间，他与美国民主党、共和党的议会领导，以及国防部、国务院等高官保持了紧密的联系。山口昇长期致力于研究日本的防卫政策，2000 年以后在研究陆上自卫队本部的创办与运营上发挥了重要作用。他自称"军人学者"，任职期间发表了很多评论和论述，现在仍然积极参与日本防卫政策研究、美日同盟相关会议、演讲以及媒体投稿等活动。2001 年东日本大地震以后担任内阁官房参事（相当于顾问），负责危机管理工作。

2012 年 1 月 12 日，作者在东京 ANA 酒店对山口昇教授进行了采访，之后的 7 月、8 月又通过书面联系补充了一些内容。通过书面往来，他阐述自己的信条："日本的防卫政策受制于宪法在内的很多制约，虽然处于这些制约下，我提出的与防卫政策相关的、自己的信条，从长期来看，应朝着理想化的道路发展，但在具体的政策实行过程中，应该采取现实的姿态。总而言之，我们不会追求过高的理想而失去改善当前问题的机会，尽管如此，忘记理想而安于现状是不能容许的。并且，为了追求理想和解决目前面临的问题，我们应该保持一定的灵活性和均衡。"

最近通过舆论报道了解，对日本右倾化和军事大国化言论怀有忧虑的韩国读者来说，能否如实地接受还存在未知数，但山口昇教授一贯强调的是，美日同盟、专守防卫、文官控制都是稳健的政策。他还提出，不能过度夸大朝鲜和中国的所谓威胁，要十分重视美日同盟以及与日韩之间的安全合作。

对于核武器，山口昇教授的立场也是意味深长的：对于"日本会发展核武器吗？"他的回答是："日本不能发展核武器。"但是如果继续问他："日本能否发展核武器？"他会说："我们已经拥有发展核武器的技术和能力。"至于"日本有没有发展核武器的可能性？"他会回答："我不能确定。"虽然我们目前还无法看出日本有意图发展核武器，但如果一时"感情冲动"，可能做出错误的决定，这是很危险的。如果不让日本发展核武器，这就是我们要共同完成的课题。

朝鲜、中国、日本三国对威胁的认识程度

问：感谢您在百忙之中接受采访！长期的自卫队生活结束以后，作为一名民间学者，您在防卫大学执教的感觉如何？

山口：卸任后在家休息 4 个月左右，之后以防卫大学教授的身份开始了普通民间人的生活。自卫队的生活可以分为教官、指挥官、幕僚等部分，但现役期间没有担任过教官，现在能够在母校教课，觉得无限感慨。

问：现在您在防卫大学教授什么课程？

山口：包括美日同盟在内的日本防御政策以及军事史、战略论等。

问：身为教授的生活您觉得开心吗？

山口：非常愉快。我此前不知道自己会这么热爱教学工作。

问：防卫大学规模有多大？

山口：四年制本科，一个年级的学生有四五百人，包括研究

生院，总共有两千多名学生。

问：今天想跟您讨论的议题是日本的军事战略。要谈论军事战略，就要先说一下日本的安全环境和威胁认识。现在日本的威胁认识如何？对周边安全形势，您如何评价？

山口：从我个人的角度来看，日本周边既有朝鲜，又有中国在崛起。如果眼下对中国的崛起认为是直接威胁，我认为有点操之过急。在今后，日本如何判断中国向何处发展，目前下结论为时尚早。朝鲜对日本的威胁中，如导弹问题、绑架问题等低强度威胁或一些破坏活动等，这些都令我们担忧。

问：其中对朝鲜的"劳动号"导弹，您觉得威胁有多大？

山口：是的。朝鲜为了打击远程目标而开发了远程导弹——"大浦洞"导弹，而对于日本使用该导弹是比较不合理的。因此，日本处于"劳动号"导弹的射程范围之内，就觉得更加危险。

问：您认为朝鲜会攻击日本吗？

山口：朝鲜曾频繁侵犯过日本的领海，20世纪70年代还绑架了日本国民，进入90年代以后，还有不明目的的武装船只，甚至在朝鲜的工作船与日本保安厅的船舶之间发生过枪击事件。虽然目前难以明确工作船的意图，但今后也会发生类似的事情。以后这样的事情还会再次发生。

问：您是否认为朝鲜核武器是个威胁？

山口：核武器是另一种威胁。它不仅对日本是个问题，对世界也是个重大问题；它不仅是物理性攻击，从世界范围来看，核武器或与此相关的技术扩散也是令人担忧的问题。

问：如果站在日本自卫队的立场，对威胁进行排序评价，那么导弹威胁能否占据首位？

山口：说实话，我很难回答这个问题，也不给这些危险进行划分。我觉得与对这些威胁因素进行排序相比，更应该研究如何回避这些威胁，或者研究出应对手段。在日本，不仅自卫队，还包括外交、警察、情报等都是国家资源。这些资源都应该用于预防和防御现实可能性的国家安全威胁。而且，日本需要与美国采取共同行动，所以也具有"美日同盟"这一重大资源。

问：至于朝鲜的威胁，除了导弹、核武器以外，也存在像绑架日本人那样的低强度威胁。您如何认识朝鲜再次绑架日本人此类挑衅的可能性？

山口：希望不要再次发生。

问：但仍然需要保持警惕吗？

山口：我们有保护国民的责任。因此，无法排除这种危险的可能性，仍然有必要严阵以待。

问：那么中国是不是个威胁？我们所见到的大部分日本学者都明显地认识到，中国既是潜在的，又是现实的威胁。尤其是面对中国的崛起，他们都深感担忧。那么，您认为这个观点跟他们不同的理由是什么？

山口：从通常逻辑来看，日本和中国可能互为威胁，但两国都不希望见到这样的关系。如果中日双方都互不当作威胁，形势对各自来说反而更好。我认为，从日本的立场来看，目前还无法判断中国是否走上成为日本威胁的这一条道路。换句话讲，中国也没有放弃对两国发展都有利的道路。

问：最近在钓鱼岛周边上空，中日两国空军紧急飞行的次数有了明显的增加①。如果考虑到这种情况，日本自卫队是否可能把中国当成一种威胁？东中国海、南中国海问题亦如此，尤其是在日本国内已经形成，罗伯特·D.卡普兰所主张的第一岛链、

---

① 据日本《朝日新闻》报道，为了应对中国战斗机接近日本领土，航空自卫队自 2011 年 4 月到 12 月开展了为期 9 个月的紧急飞行，此次飞行次数激增到 143 次，远远高于 2010 年的 96 次。

第二岛链类似的共识①。中国的海洋发展可能会对日本的重大利益构成潜在威胁，对此您如何评价？

山口：如果中国走向那种方向，必然给日本带来威胁。但是我们必须回避那种局面。

问：那么您认为中国已经下定决心了吗？

山口：我认为还没有。

问：那么钓鱼岛争端能否成为真正的威胁？

山口：其实，这个问题由于牵扯到民族主义，所以相当复杂。因此，钓鱼岛问题使中日两国容易牵涉不必要且不健全的民族主义。然而，我认为中国也不会希望出现这种局面。目前，两国都不希望钓鱼岛争端进一步升级而继续恶化。关于钓鱼岛，我有一位中国朋友说过，中国也一直在努力控制事态恶化。2010年，中国渔船与日本海上保安厅的巡视船在钓鱼岛附近发生了冲撞事件，起因并不直接跟中国政府有关，而是因为中国渔船的船长个别行为而致②。如果两国政府都能够认真管控这一问题，就能堵住可能导致国家间争端的一些行为。我一直告诉中国的朋

---

① 中国的海洋海域扩大计划中提出了岛链战略。其中，第一岛链为千岛群岛—日本—中国台湾—菲律宾—马六甲海峡连成的近海；第二岛链是指连接小笠原群岛—关岛—塞班岛—巴布亚新几内亚的公海。罗伯特·D. 卡普兰撰写的美国外交专著《外交》中，描绘了"中国影响范围地图"，并表示，中国影响力正向韩国、俄罗斯等远东地区，中亚和南中国海，一直到印度洋及东南亚地区不断扩大。Robert D. Kaplan, "The Geography of Chinese Power: How Far Can Beijing on Land at Sea?" *Forsign Affairs*, Vol. 89, No. 3.

② 钓鱼岛领有权的问题在 1972 年中日邦交正常化当时达成政治上的协议，暂时搁置争议，留给后代来解决。20 世纪 90 年代中期，日本的右翼团体和香港的民间团体连续登上了钓鱼岛，导致了事件的一时恶化。2004 年，中国开始对东海大陆架天然气进行开采，中日之间开始出现一些商业纠纷。2010 年 9 月，在钓鱼岛水域附近，中国渔船与日本巡视船发生了冲撞，使该事件使局势进一步恶化。2012 年 9 月日本政府"非法"决定对钓鱼岛实行"国有化"，之后，中国大陆和台湾的捕鱼船队在该地区进行了抗议活动。在这过程中，中国派出了军舰，与此同时，日本和美国也进行了联合军事演习，使得局势十分紧张。

友，各国要对本国的渔船管理承担责任。事实上，"冲撞事件"以后，中国方面也一直在努力。

如果这样的事态再次发生，我们需要继续努力控制局势的恶化。也就是说，两国需要建立起 2010 年当时没有的对话渠道。自民党执政时期，一直和中国保持着密切的非正式渠道。但到了 2009 年民主党执政以后，特别是钓鱼岛争端以后，没有通过非公开协商或者正式渠道进行对话。中国正在摸索新的对话渠道，日本也需要认真地考虑。例如，为了避免自卫队和中国人民解放军之间不必要的冲突，就要解决彼此之间的信赖问题。韩国空军和日本航空自卫队之间设置了热线电话，一旦出现需要协商的事情，就可以通过此种渠道进行沟通。今后，自卫队和中国人民解放军之间需要建立协调机制，这是一个非常重要的课题。

潜在的威胁和日本的应对

问：除此之外，俄罗斯对日本是不是很大的威胁？

山口：对于俄罗斯也同样如此，我并不希望把它看成威胁。现阶段应该认为已经不是威胁。

问：国家安全威胁里既有现实的威胁，也有潜在的威胁。而且，所有的国家都考虑潜在的威胁和制约。但是，除了朝鲜以外，您对其他国家都没有看成现实的威胁。由于日本跟中俄两国都保持外交关系，所以不能对这两个国家使用"现实威胁"，对此可以理解。但是在紧急状态下考虑国家安全的时候，俄罗斯到底居于何种地位？

山口：我认为大概和中国同样的程度。冷战以后，日本一直跟俄罗斯保持着良好的关系，俄罗斯是除了美国以外，日本首次举行联合军演的国家之一。俄罗斯的空军和海军都各司其职，日本自卫队也同样如此。因此，彼此相遇的机会很多，偶尔也可能产生不必要的紧张。我认为，应该避免这种局势的进一步恶化。

问：那么您曾经是否考虑过韩国的潜在性威胁因素？围绕独岛问题的争端能否扩大到武力冲突？您是否考虑过对这种事态的应对方案？

山口：一般市民中可能会有这样考虑的人。但是和我同样的国防问题专家都是为国家利益服务的。我认为，围绕独岛相互武力对峙，无论是对韩国，还是对日本，都不会有好处。

问：那么对于日本来说，其他国家都算是低强度威胁的国家吗？按照您的主张，日本只需要关注朝鲜，这么理解对吗？

山口：为了营造不让中国和俄罗斯这两个邻接大国构成威胁的国家安全环境，与单纯地应对朝鲜威胁相比，需要更广范围、更长期的努力。除了朝鲜以外，还应该关注因各种各样的非国家行为者所引起的低强度威胁。假设在西南群岛①发生非法入境或在领海内进行违法活动等行为，也可能导致国家之间紧张局面。从鹿儿岛县下甑岛到与那国岛的西南地区，与从本州青森县到山口县地区有着相似的地理范围。这个地区分散着众多岛屿，如果没有采取措施而放弃那些地方，就容易引发一些违法行为。这种违法行为虽然没有得到政府的背后支持，但是不论哪国国籍，例如酗酒渔民或者拥有过激行为民族主义者可能引发国家之间的冲突。应该防止这种事态的发生。2010 年 12 月 17 日修改的《防卫计划大纲》里，提出了非静态而动态的防卫指针。由于之前的《防卫计划大纲》主要关注击败入侵日本本土的敌人，所以各个部队只注重守卫自己所负责的区域，因此可以说是静态的。西南地区尽管范围广阔，但平常部署的部队兵力极其微弱。如果保持对那些地区的领空、领海及其周边公海海域的优势而保护国民，需要准备紧急事态时对所需地区能够部署的兵力，例如海上以及航空的机动力量。因此，为了实行这种作战模式，机动性变得更

---

① 日本九州南端与中国台湾间呈弧状排列的岛屿，包括冲绳群岛。

重要。

问：通常的军事战略是以应对威胁意识和威胁评价而显示出来的。根据日本和平宪法第九条，日本自卫队不能使用"军事战略"用词。如果以您的评价为基础，那么日本的军事战略是什么？

山口：日本并没有军事战略。即使在和平宪法的政治及法律制约下，如果想要对国家安全做出最大贡献，应该拥有军事战略。从那种意义来讲，不能只应对单纯的军事威胁，不谋求对应方案是行不通的。另外，由于国家的经济活动或其他行为里都存在威胁与危险，通过军事力量而对这些活动可以起到保护作用。应对其他国家也是如此。日本自卫队在遥远的索马里和苏丹也进行活动，这种作战更加有利于维护日本的安全。如果对方对日本进行攻击，日本也应该给予反击，但这不仅仅是军事作战的范围。钓鱼岛和西南诸岛的安全也不能只从军事角度来判断，而且海上保安厅或者警察也应该担负一定的责任。此外，当强烈的传染性病菌扩散的事情发生的时候，以厚生劳动省为中心的相关机构也应提供支援。根据不同性质的威胁，必须应对各种各样情况的发生。

"专守防卫"、机动性遏制是战略原则的基础

问："专守防卫"① 是否仍然是日本防卫战略的基础？

山口：是的。冷战时期"专守防卫"与日本的军事战略有着密切的联系。

———————————

① 佐藤荣作内阁于 1970 年 10 月 20 日发表了《防卫白皮书》，并阐明了防卫政策的立场。其内容如下：第一，通过拥有防卫力量，事先预防侵略；第二，依据传统武器的小规模侵略和间接侵略用自卫力量进行防卫；第三，包括核武器的大规模全面战争，主要依存于美日安保体制。

问：现在如何？

山口：冷战时期，西方阵营对苏联采取封锁战略，主要应对来自北方的攻击，这成了日本防卫的重点。假如苏联海军和空军进入太平洋，就只能通过日本的津轻海峡、宗谷海峡以及对马海峡。因此，日本固守"专守防卫"从而守卫本国安全本身，对于西方盟国具有十分重要的意义。现在也如此，从保卫日本的意义上讲，仍然坚持"专守防卫"的框架。然而，有时候要向非洲派遣 P-3C 反潜哨戒机，或者向东帝汶派遣工兵部队，这些任务并不以行使武力为目的，所以没有超出"专守防卫"的原则。尽管如此，在"专守防卫"原则下，只以防守日本的任务在国际社会中活动，尤其是与对西方世界做出贡献的冷战时期相比，国际形势已经发生了重大变化。

问：那么，您认为日本的基本战略是什么？如果说"专守防卫"是过去的战略，那么现在的日本面临新的威胁环境，能否拥有新的应对策略？

山口："专守防卫"作为一种理念，是指对他国不采取攻击性姿态。这种理念本身至今没有变化。另外，日本为了防卫，并为地区及国际社会的和平与安定做出贡献，2010 年《防卫计划大纲》所提到的"动态防卫"（dynamic defense）是一个很重要的概念。

问："动态防卫"是指什么？

山口：对其含义需要谨慎解释。我曾在东京财团网站上撰写了一篇文章《解析防卫计划大纲的关键词》（*Deciphering Keywords of New Defense Program Guideline*）① 来阐明这个问题。

问：那么能否详细地解释一下？

山口：对这次《防卫计划大纲》里提到的"动态防卫"，不能只从字面意义来分析。在这里可以分为两个方面来分析。一方

---

① 全文请参考东京财团网址：http://www.tkfd.or.jp/research/project/news.php?id=709。

面，日本的防卫力量不只是负责实际部署的地区。例如，派遣到西南群岛等地区或者把活动重点转移而显示出保卫本国的待备状态，能够防止外部威胁变成现实。这与过去美国使用的"灵活性威慑战略"（flexible deterrent option）的表达意思相近。当特定威胁明显增大的可能性存在时，能够以回避、威慑为目的，向处于危险的盟国派遣部队、舰队，或者通过联合军演等，从而向对方传递相关信息。

从此种观点出发，在日本《防卫计划大纲》中就如此说明："这并不是单纯地拥有防卫力量，而是在平时通过包括情报收集、警戒监视、侦察活动等的及时、适当运用，明确日本的意图和较强的防卫能力，从而为日本周边地区的稳定发挥积极作用，同时提高对其威慑力的信赖。为此，我们需要提高装备的运用能力，扩大其使用范围，发挥更大的威力。因此，这样防卫力量的运用应着眼于重视机动威慑力量的增强。"

另一方面，为了利用有限的预算而顺利完成各种任务，如何决定优先顺序是个重要问题。例如，为了完成维和活动、复兴支援活动等任务，与为了防卫国土而直接击退侵略活动不同，需要具备其他形式的能力。这里，在日本的防卫和国际任务的应对上，有必要回答哪一个优先的问题。对此，我的主张是，应把焦点放在能够同时完成两项任务的领域（dual capable）。"战略机动性"就是典型的例子。例如，自卫队的运输机、大型直升机、运输船等机动能力较强，并能够在本州和冲绳岛之间灵活地移动兵力。这种能力为应对国际灾害而迅速运用。自卫队本来是以国土战为前提，所以基本上依存于国内的社会基础设施，与部队的规模相比，后方支援能力相对脆弱。而且，没有事前预定实行远程作战，所以不适合于应对国际性任务或防卫离岛。

自卫队是否真正的"自卫队"？

问：从日本的立场来看，虽然所谓朝鲜威胁存在，但根据本国的军事实力，而且得到美国的一些帮助，这能否有效应对大部分的威胁？那么，目前美军需要大规模驻扎在日本的理由是什么？

山口：如果实现确保日本的安全和繁荣的目标，需要采取多种手段。首先，需要日本自身的努力，军事上首要的就是自卫队。其次，通过和美国结成同盟关系，与盟国美国一起追求共同目标。再次，要努力和地区友好国家以及与美国结成同盟关系的国家推行积极合作。例如，韩国、澳大利亚等。另外，对于海啸等自然灾害以及更加严重的问题，彼此间的合作与协调就十分重要。最后，把这种合作扩大到贡献于国际社会乃至世界和平与安定的领域里，还应该通过联合国等国际机构进一步付出更多的努力。因此，只有综合运用能够动员的手段和资源，才能实现国家防卫目标。驻日美军也是为了此种目标而必不可少的因素。

问：在大部分国家，战略和战术是根据威胁意识、威胁评估以及国力可用性等因素来决定的。然而，日本存在两个方面的制度性制约：一是和平宪法第九条；二是《美日安保条约》。这两种制度性框架限制了日本军事战略的选择范围，您如何评价？

山口：当然，我基本同意这一观点。在制约中，日本应该追求其目标，同时要充分认识，美日安保体制是日本安全的巨大财富。

问：从退役将军的立场出发，这种制约是否可以看成一种问题？事实上，日本是否应成为"正常国家"？其实，即使日本实现重新武装，也不会直接走向军国主义的道路。况且，日本自卫队的力量已经很强大。修改和平宪法第九条第二款，不能成为

"正常国家"的理由是什么？

山口：我并不喜欢用"正常"这个词。哪一个国家是"正常国家"？

问：可以说，"正常化"就意味着日本恢复军事上的主权。日本在约半个世纪以前的二战中战败，付出了沉重的代价。那么，现在能否恢复和维持正常的军事主权？

山口：在宪法的政治性制约以及对于美日同盟的依存下，目前日本已经是世界第三大防卫费用支出的国家。日本的陆上、海上以及空中自卫队具有能够和世界最高水平军队比肩的能力，日本的军备也没有处于很严峻的状况。

问：美国斯坦福大学斯蒂芬·卡拉斯纳教授曾把这些问题叫作"组织化的虚伪"（organized hypocrisy）。日本已经拥有强大的军事力量，还拥有较高水平的、应对战斗态势的自卫队。但是为何不把他们称作"正规军"？我觉得这就是"制度化的虚伪"，您如何看？

山口：从其他国家视角来看，可能是虚伪，但"自卫队"名称的组织就是日本的"正规军"（regular forces）。

问：那么是否需要改变名称？

山口：这不是我能做的事。

问：如果参与联合国维和行动的常规作战（jornal operation），需要修改和平宪法第九条，您如何评价这种观点？

山口：我的同事中有很多对于宪法的制约、修改以及解释变更等问题发表了言论，但这些不是他们能做的事情。我虽然不反对他们的观点，但我相信，在现在的宪法和政治的制约下，日本扩大行动的可能性依然很大。这也是我在自卫队努力工作的重要理由之一。虽然主张宪法和法律条件的不充分是重要的，但在这种条件下，为了发展日本的政策和战略，探索能够做出的事情更加重要。我仍然认为存在很多可能性。

问：您曾经提到，在国防预算方面，日本已经是军事大国，而且拥有最尖端的武器系统。这样，您是否认为充分？

山口：任何国家都不可能拥有完全能够安心的防卫能力。

问：守卫日本及其附属岛屿的工作并不是简单的事情，那么日本的"合理的充分性"（reasonable sufficiency）① 是什么？

山口：这就像硬币的一面。从外国的立场看，占领属于日本的特定岛屿，并一直保卫是十分困难的。但在日本的立场上看，对很多岛屿固守到最后很困难。不论我们，还是其他国家，都会说军事力量不够充分，甚至连美国也不说自己的军事力量很充足，日本也是如此。但是问题在于，自卫队说明自己哪些方面还不足，哪些方面可以做到，在这一点上并不熟练。例如，两个岛屿作为目标被导弹袭击的时候，可以断定能够防卫，但是受到三次攻击时，未具备防御能力，这件事就不能如实地公开。若要保卫第三个岛屿，则需要分配预算或者放弃，这就要诚实决断。然而在现实中，无论是防卫省，还是自卫队，都无法熟练处理这样的事情。

问：就像大部分民主国家那样，日本要确保防卫预算也不是一件容易的事。日本的官僚政治是否已经有明确的结论？

山口：确实如此。实际上，防卫省和财务省之间的预算协调结束以后，防卫省通常不说自己的预算不充分，这已经成为一种惯例。我在防卫研究所（National Insititue fou Defense Studies，NIDS）的时候，制定防卫预算以后，防卫省也给驻日外国使馆的武官做过预算说明。当时有一位武官向防卫省官僚提出疑问，即预算是否不充分，其回答是很充足。后来，那位武官找到我的办公室，面露疑色地说，日本的防卫水平绝对不足，他们为什么不实话实说？因此，在现有预算下可以做什么，不能做什么，需要明确，而且要形成公开商议的习惯，这些都是很重要的。例如，

---

① 苏联领导人米哈伊尔·戈尔巴乔夫在《关于外交政策的新思考》一书中，关于克服核武器竞争的恶性循环，而采用的对防御政策的表现用语，即为了维持国家防卫，需要依靠必要的、最低限度的武器力量基轴。

20世纪90年代，美国曾提出目标，即"同时在两个地区应对大规模常规战争"，当时对于这个目标是否可以实现，是否妥当，在美国展开过深刻的讨论。我认为，最好能够进行坦率的议论。

问：日本的国防预算是依据官僚渐进主义（incrementalism）决定的，防卫省是个例外吗？

山口：在有些方面确实如此。但是一旦防卫省说明预算的必要性，财务省就会主张因经费不足而削减预算。那么，防卫省就会主张削减一部分，并回应这已是最小限度的必要预算，而且强调，如果继续大量削减，国防运营就无法进行。当然，这种主张的根基里有军事上的依据。但是，最后实际得到的预算会更少。因此，不得不决定预算的排序。

日本的战力结构、武器体系以及军力部署

问：您认为自卫队最适合的规模是什么程度？现在的24万人是否充分？因考虑到新的安全要求以及缩减驻日美军等情况，部队最适合的规模应该是什么程度？

山口：24万人的自卫队规模和日本1.3亿的人口相比，可以说规模很小。韩国人口约5000万人，拥有62万人的军队。将日本和韩国、中国台湾相比，也就一目了然了。但是从我个人的角度来说，现在的自卫队没有必要扩充规模。因为预算的制约，无法充分地使用资源。

问：自卫队的编制如何？您觉得陆、海、空自卫队的比率令人满意吗？

山口：这是个敏感的问题。

问：有人认为，与海上、航空自卫队需求很大相比，陆上自卫队的兵力有些过多。您是否同意这一说法？

山口：问题并不是那么简单。如果削减陆上自卫队，就可以

向海上、航空自卫队发展现代化投入更多的资金，但是即使陆上自卫队的兵力缩减 20%～30%，也无法满足需求。而且，因为陆上防卫还是需要依赖人力，所以人员减少会给陆上防卫态势带来重大影响。问题是防卫自身的预算规模很小。

问：自卫队军官薪金占的比重是否很大？

山口：人力费用很高的首要原因是预算规模很小，装备和相关需要使用的费用就得减少。而且，F-2 战斗机和 F-35 战斗机价格暴涨，导致能够购买的装备也随之减少。同时，陆上自卫队的战车价格也在上升。

问：常规战争中战车能用于哪些方面？事实上，假想敌国向日本投入地面部队的可能性很小，这一问题和"动态防卫"有一定的联系。

山口：英国陆军出身的前北约欧洲联军副司令罗伯特·史密斯（Rupert Smith）将军撰写了一部著作《军事力量的实用性》（*The Utility of force*）。他在该书中写到，现在世界正发生着翻天覆地的变化。拿破仑战争时期开始的"工业化国家之间战争"（Inter-state industrial war）范式已经结束，进入"人们之间的战争"（War amongst people）范式阶段。"人们之间的战争"特点之一就是与武器及设计的时候不同，完全可以用于其他目的和方法。例如，冷战时期，在欧洲的平原地带，战车是为了应对对方军队的战车部队而设计，而如今在阿富汗、伊拉克等国家的街头战斗中，战车可以发挥其实用性。面对带有狙击枪、反坦克火箭而隐藏在街头的敌人，战车用厚实的装甲武装，具有强力并精确的攻击力，因此，与任何载人工具相比，战车都更加安全且方便。另外，战车可配备强大的无线通信功能，对于在周边作战的步兵来讲，战车也可以成为情报通信的据点，即战场的"现场服务器"。其实，由 30 名步兵组成的一个小分队最多能够防卫正面200～300 米的范围，而战车作为信息通信、射击支援的据点，可以使步兵正面防卫扩大到数千米的范围。这说明战车能够产生缩减人力的效果。

再次回答前面的问题，即使减少战车、装甲车的数量，其节省的金额也不是很大。有些主张提出缩减陆上自卫队的预算，提高海上、航空自卫队预算，却忽视了预算整体水平提高的必要性。

问：韩国和其他国家也都在议论陆、海、空三军战力结构的适合性问题，这已经成为一直议论的话题。

山口：结果，防卫省的负责人认为预算总额不合理。一方面，陆上自卫队内部为了裁减人员和经费扩充而希望提出相关逻辑性的主张，事实上这并非简单事情。任何国家都不愿意裁减陆军兵力。麦克阿瑟将军在一战从军以后，20 世纪 30 年代就任陆军总参谋长。他通过一战目睹欧洲先进的陆军，认识到美国陆军已落后于时代，必须发展军队现代化。然而，由于预算有限，他改变了想法，决定保留更多的训练兵力。通常来讲，保持人员熟练是陆军的普遍倾向。

问：日本的武器来源，值得关注。最近日本决定购置 F - 35 战斗机，海上自卫队也成功引进以宙斯盾驱逐舰（Aegis destroyer）为代表的电子监控系统。而且，日本还拥有空中预警机（AWACS）。最近日本也在斥巨资引进航空宇宙监控侦察系统。日本经常表示自身拥有能够防卫的能力，但是引进如此高价的最尖端武器，对此，韩国和中国无法理解。我很担忧这种举措隐藏攻击意图，您如何评价？

山口：无论哪一种武器，都会有一定程度的攻击性特征。如何使用这些武器，就是更重要的问题。日本的宪法与政治体系限制自卫队的战略思考和武器的运用方法。而且，正如您刚才讲的那样，日本的战力规模还很小。然而与“量”相比，更应该关注“质”。从这种意义来讲，我个人对陆上自卫队现状不满意。海上、航空自卫队的现代化计划正在比较顺利地进行，并谋求质的发展。但是陆上自卫队执着于兵力水平的倾向越来越明显，而且明显落后于提高质的方面。

东日本大地震发生之后，陆上自卫队在三个月时间内，动员将近一半的兵力，投入东北地区的灾害救助。当地居民对此表达了感谢，并给予了高度评价。陆上自卫队为了响应这种必要性，提出主张扩大规模的需求。然而，尽管得到如此高的评价，一旦议论扩大规模的问题，其可能性就变得微乎其微。

问：正如您指出的那样，最近日本北部的兵力正逐渐向南方移动，钓鱼岛、东中国海和日本周边岛屿也逐渐受到更多关注。日本军事力量在部署上发生了哪些根本性的变化？一般来讲，这些动向与军事战略相联系……

山口：这就是我所要阐述的"机动威慑"概念。冷战时期，日本 13 个师中，有 4 个师部署于北海道。从人数上来讲，就相当于陆上自卫队总人数的 1/3，主要战斗部队就是驻扎在北海道的陆上自卫队。如今，唯一的机甲师就部署在那里。冷战结束后，派遣到北海道的机甲师和重步兵师需要转移到其他地区，事实上很难调动。最近因为展开从北海道转移到九州的工作，开始对战略机动性进行认真思考，这也是值得肯定的。

东日本大地震以后，自卫队在当天派遣了 8400 人的部队，3天后达到 5 万人，一周以后超过 10 万人，这些人参加了救助活动。这个数字相当于自卫队总数的 40%。大规模部队可以在东北地区短时间内展开救助工作，并能持续三个月，这与能够使用受灾地区周边约 20 处自卫队基地与营地网络有关。在救助活动中，这些网络以部队为首，包括受灾地区居民在内，都成为兵站据点。如果没有这些据点，就不可能迅速移动和维持如此多的兵力。为了作战以及便于开展工作的步行桥的搭建，就需要兵站支援网络的存在，这些都是很重要的。

即使只从陆上自卫队来看，受灾地区周边原先存在不到 2 万人的部队。但是，从开始作战以后，规模就扩大到原来的 4 倍。救助部队得到原先驻屯部队的支援并采取行动。例如，一个驻地的后方部队平常能够支援大约 500 名队员，但到了救助部队以后，支援增加到 2000 多人。虽然作为支援部队能力有所吃力，但由于存在原先的驻屯部队，才能够勉强地应对。

如果没有这些支援据点，难以迅速地展开大规模行动。其实，这种状况也可以在西南群岛等地方。在西南群岛部署的部队规模较小，自卫队活动据点的基地和驻地除了冲绳岛以外，其他岛屿几乎没有。我认为，很有必要确保最低限度的"垫脚石"。就这一点来讲，在与那国岛上配备陆上自卫队监视部队计划的想法是很好的。另外有新闻报道，为应对国际性的灾害救助，打算在其他岛屿上建立补给仓库。尽管这些都不是很充足，但总比没有的情况好得多。

问：虽然自卫队的作用很重要，但是我觉得美国也在灾难救助中做出了很大的贡献。

山口：其实，美国的帮助特别大，而且日本也在美军的救助活动中学习到了很多东西。美军将近 2 万人的兵力和 15～16 艘以上的舰船投入到灾害地区。海军陆战队将母船作为后勤基地的同时，恢复了受到海啸破坏的仙台机场的功能，从而作为兵站据点使用。在仙台机场，美军空军特殊部队、陆军部队和机场当局以及周边地区建设公司进行合作，仅仅用了几天时间，就把覆盖在机场的残骸处理干净，恢复了机场的正常功能。另外，给机场当局和地区建设公司提供支援，清除了 3000 米长跑道的残骸，确保能够使用 1500 米的跑道。2011 年 3 月 16 日，美军在恢复使用的机场跑道上着陆了 C－130 战略运输机，并提供了推土机等装备，使得跑道剩下的残骸几乎在一天之内被清理干净。3 月 19 日，机场跑道整段得到了恢复，部署了为其他运输机而执行集散任务的部队，凭借携带型无线电、移动式雷达等装备进行航空管制任务。到 4 月 14 日为止，美军几乎恢复机场的全部功能，转交给日本政府。当时美国的能力令人瞩目。那是因为对阿富汗和伊拉克的敌军机场进行轰炸并占领以后，美国空军对恢复机场功能的使用方式已经很熟练了。美军使用的装备，如 C - 130、移动式雷达以及其他的设施装备，自卫队也都拥有。因此，只要好好学习美军的专业技巧，自卫队也可以做到像美军那样。尤其是在西南群岛，如果基地数量有限，必要的时候效仿美军的想法也是很重要的。总归有两个要点：第一，为了保护日本周边的岛屿和居民们，需要建设更多的基地；第二，在必要的时候，应该确保建造基地的能力。

问：但是，从北海道、东北地区到九州重新部署兵力的真正原因是否担心跟中国发生潜在性冲突？

山口：1995 年，时任韩国国防研究院军控研究中心院长车荣九（音译）先生也问过我同样的问题。我们在东京的一个会议上第一次见面，他当时是陆军大校，和我的职位相当。他问我："今天《朝日新闻》上说，陆上自卫队要从北海道向九州重新部署兵力，这个行动是否针对韩国？"当时我对他说："北海道适合军事演习，人口也稀少，而且冷战时期从战略上重视北方，因此，将陆上自卫队的主力部署到北海道。"

冷战结束后，特别是在冬季，北海道的生活环境很不适合，部署很多队员的必要性也就减少了。事实上，冷战时期有很多部队战士在大阪、九州地区应征，被派遣到北海道，而退伍之前被派到老家所在的部队已成为惯例。20 世纪 80 年代，要是到九州地区部队看看，即将退伍的排长和下士有很多，就会感到十分吃惊。换句话讲，九州出身的队员中有很多人员在被派到北海道之前，一直服役到退伍之前。由此，现在没有必要像过去那样无理派遣，所以把北海道部队转移到其他地方。后来车荣九大校问我，如果把韩国的主力部队部署到济州岛，日本有没有戒心？我回答没有任何问题。

问：20 世纪 90 年代后期，军事评论家田冈俊次提到了自卫队的高龄化和自卫官招募困难问题，并对日本自卫队的未来表示了消极的展望。您如何评价？

山口：田冈俊次先生的担心有些杞人忧天，现在很多优秀的青年志愿加入自卫队。当然，自卫队员的平均年龄和其他国家相比的确高一些。这里有两方面的含义：第一，高年龄在现代战争中并不是一个严重的问题，高年龄者与年纪轻的人相比反而更有能力，也更有丰富的经验和更高的教育水平。因此，士官集团（noncommissioned officer，NCO）的存在有利于提高部队的战斗力；第二，随着人员年龄的增加会导致薪金提高。如果派遣需要特定地位以上能力的队员，就容易降低经济上的效率。因此，若要增加年青一代的职位，这一问题有待思考。

问：那么，高失业率能否对自卫队员募集产生影响？

山口：这也是其中的一个原因，自卫队在国民眼中一直是个保护伞。例如，1992 年柬埔寨维和行动以及 1995 年阪神、淡路大地震时，自卫队的作用受到高度评价。后来，对年轻人来说，加入自卫队成为很好的选择之一。

问：最近听说，日本自卫队在社会上赢得了尊敬，那么政治上的地位如何？据说，自安倍晋三首相时期开始，允许自卫队出身的人员穿上制服出席会议。现在自卫队官僚穿上制服参加国会以及内阁会议已成自然。

山口：那是另外一个问题。

问：这是什么意思？对制服着装的允许，可以看出对自卫队政治家认识的变化？

山口：与其他原因相比，自卫队在柬埔寨、阪神和淡路大地震、伊拉克等行动中取得令人瞩目的成果。在这里，经验丰富的士官作用比较活跃。虽然难以确定从何时开始，我也记不清，但从自卫队员（二等陆海空士官，相当于二等兵）的募集情况来看，竞争率达到 4∶1 或 5∶1。甚至在有些地方已经开设了为加入自卫队的预备学院。我还记得五六年前，新募集的二等兵中就有15% ~20% 是大学毕业生，现在大学毕业生的数量会更多。

文官控制和美日同盟的未来

问：下面谈一谈对军部的文官控制。日本军部回到20世纪30年代的可能性几乎没有吗？其原因是什么？韩国的读者对这个问题比较疑惑，因为在韩国有这样的倾向，即日本的重新武装可能走向军国主义道路。

山口：过去因为军国主义，日本与周边邻国引发过很多问题，这是日本应该反省的问题，日本与邻国都不愿意再次遭到之前的灾难。政治给自卫队提供行动的目标，自卫队作为政治的手段而应忠实地服从政治上的控制。目的与手段是各自区分的。日本的防卫省和自卫队不仅要理解在政治控制下行动的必要性，而且要深刻地认识到，只有通过这种方式的控制，才能够更加明确和有效地实现其目的。我们也明白，只有确保对军事政治优势的原则，才能够把日本打造成更好的国家。所谓文官控制作为日本的一个重要特征，不能轻易消失，而且今后也会继续保持并发展。过去文官控制是为了防止自卫队消极行动，不仅对其采取监视，而且使自卫队不能显示出所谓"必要恶"的形象，尽可能地避免引起国民的关注而掩盖。然而，现在如何为国民和国家有效运用自卫队，则需要积极地思考。这是因为人们通过维护和平、灾害救助等行动，提高了对自卫队的信任度，并认可其行动成果。

问：例如，就像国家安全保障会议（NSC）那样，自卫队和政治领导人之间是否存在一种制度机制，能够进行坦诚而开放的讨论？

山口：最近，与其他政府机构一样，在防卫省下有不少通过政治任命的官僚。日本的文官控制经常被误解为依据官僚的"对制服组①的控制"。然而，现在防卫省内部官僚担负着支援政治家控制的角色。防卫省跟其他部门不同，已经形成政治领导人和官僚之间的协调关系。原防卫省长官北泽俊美②在任职期间灵活运用防卫省、自卫队组织与官僚及"制服组"自卫队的能力，立下很多的功劳，从这一点上讲，我认为他是历任长官中最优秀的。

问：这是向日本历任领导人经常提出的问题。您能否想象"没有美日同盟的日本的未来"？

山口：我们应该考虑"无法想象（unthinkable）的事情"。

问：我认为您的视角很重要。如果考虑到美国的国防预算削减、茶党运动（Tea Party Movement）③的兴起、日益增加的美国孤立主义等，我也有同感，即使对于"无法想象的事情，也应该有所思考"。

山口：从最好到最坏之间存在很多情况和可能性。最坏的情况是，在十分混乱的状况下，日本无法独自应对国际性问题，那么将十分糟糕。最好的情况是，日本没有必要结成军事同盟，能够达到一种类似于理想型的境界。这种可能性也无法否定。

问：依据您的观点，最理想的情况是没有必要联盟，最坏的情况就是日本处于孤立状态。在这两端之间，能否存在其他可能性？

山口：同盟的必要性固然存在，但是没有必要过度地依赖。即使处于中间状态也是值得感激的。虽然也存在威胁，但通过与

---

① 这是对防卫省职员中自卫官的俗称，与此相比，其他民间出身的职员，如事务次官、参赞、内部局员、事务官、教官等，通常被称为"西服组"。

② 北泽俊美，从2009年9月到2011年9月，担任防卫省长官2年。

③ 茶党运动是美国保守主义市民运动，其名称来源于1773年针对英国租税抵抗运动的发源地——波士顿倾茶事件。为了抗议奥巴马总统对于华尔街亏损企业的救济金融支援，茶党在2009年发动集会，标榜转型的保守主义，向往小型政府。

美国结盟，可以应对的情况也是属于中间情况。许多人担忧中国海军力量的增强。其实，我也担心，但是从美国、日本和韩国的立场上看，中国海军要达到能够产生严重威胁的水平，还需要很长的时间。未来某个时点，如果中国向美日采取攻势，而且堵截南中国海的海上交通要道（SLOC），那么将会陷入严峻的困境，美国海军与日本自卫队就会共同采取应对措施。但是，这对于中国来说，也是最坏的打算。最好的结果是，中国向国际社会确保南中国海海上交通的安全，从而能够批判日本届时的"免费搭乘"（free riding）的情景。

问：中国和日本能否可以合作？

山口：是的。但现实正处于最好和最差之间的中间状况。日本无法确信中国今后的动向，也是从这个意思出发的。我并不想断言，中国根本没有可能背离本国利益而选择最差的情况，但这种可能性确实很小。另外，实现最好的情况也是十分困难的，但是朝着最好和最差之间能够选择更好的方向去发展，我认为这种努力仍然存在很大余地。

日本核武装的可能性

问：2011 年 11 月，我参加了在东京举行的核裁军会议。在那次会议上，任职于联合国裁军负责机构的、日本出身的一位人士提到，如果朝鲜继续发展核武器，韩国也拥有核武器，日本也将不得不进行核武装。这说明，首先，他相信"核多米诺"理论；其次，他对美国的核保护伞和"扩大威慑战略"效果没有给予高度评价；最后，日本也能够走向核武装的道路。他的发言被认为是向中国和其他国家发出的一种信号。作为日本外交官出身，他发表如此言论，令人十分惊讶。您如何评价？

山口：我的观点只限定于军事领域。根据他的这种观点，如

果日本的安全以及军事战略选择拥有核武器，那么其造成的逆效
果会更大。

问：原因是什么？

山口：原因当然有很多。首先，"相互保证毁灭"（MAD）
的结构是以相互对峙的两个国家都具有相互类似水平的脆弱性为
前提。因此，当与对方国家发生核战争的时候，应该思考失去多
少。日本与韩国一样，都是一切过度集中的社会。特别是东海
道①地区，集中了日本经济体系的重要部分，不必使用核武器，
就可以摧毁，所以非常脆弱。

问：如果利用常规武器攻击核电站，能够存在应对方法吗？

山口：是的。如此脆弱的国家在核武器上无法与其他国家
拥有同等的效应。然而，因为广阔的领土、相对分散的人口以
及距离遥远等，如果存在对核武器相对强硬的盟国，也可以依
存。虽然并不明确一次核战争要花费多少，但从像日本这样脆
弱的国家来看，核战争的耗费不会得到收益，这一点是显而易
见的。

第二个理由与依靠同盟国威慑的信赖性相关。如果日本拥有
核武装，那么美国是否维持扩大威慑的可信赖性，这一点难以确
定，而且政治上的费用也消耗很大。况且，常规作战的能力越
大，对核武器依赖的必要性越弱。由于北约组织的常规作战能力
落后于苏联，所以在欧洲战场战术上要依赖核武器。目前在亚太
地区，美国及其同盟国拥有的常规作战能力具有压倒性优势。因
此，日本对核武器的依赖性很小。

问：那么，是否可以认为核武装不能成为日本的军事对策？

山口：1996 年，我曾参加过一次国际会议，会议主题是"日
本能否（will）发展核武装"。我曾经提到过，从军事角度来看，
日本走核武装的道路并不是很好的想法，而且我的结论是，日本

---

① 指包括东京在内的太平洋沿岸一带。

不能拥核的想法，要孜孜不倦地坚持到底。如果在会议上遇到
"日本能否发展核武器？"这种问题，我的回答是："当然有必要
发展核武器的技术和能力。"

问：我也同意您的观点。事实上，日本拥有资金与技术，甚
至拥有制造核武器的钚，是吗？

山口：我始终坚持一个理性的立场，即"日本不能拥有核武
装"。当被问到"日本能否实现核武装的可能性"的时候，我会
坦白地回答："我也不知道。"日本国民可能因为"一时的情感"
做出错误的决定，这种危险性是无法完全否认的。

韩日军事合作的未来

问：您对韩日军事合作如何评价？李明博政府为了韩日之间
的军事合作而不遗余力，已经逐渐开始军事情报的合作。当然，
据我所知，韩日间的安全合作自从金大中总统时期就已经开
始了。

山口：20世纪80年代韩日政府之间曾经有过军事上的合作。

问：那次合作是通过美国，还是韩日两国之间的直接合作？

山口：我认为，美国夹在韩日两国的中间，韩日之间的直接
合作也会存在的。日本警察等部门通过在日本居住的"朝鲜居
民"，可以收集关于朝鲜的高质量情报，这些情报对韩国也是非
常有用的。不过即使这样，合作并不一定那么突出。20世纪90
年代中期，韩日国防当局之间开始合作，1994年，韩国、美国、
日本三国在夏威夷举行了双轨会议。那年秋天，韩日两国的国防
当局开始了相关政策对话。

问：那些举措是否有利于维持与韩国军方之间的健康渠道？

山口：我也如此认为。现在防卫大学的硕士学位课程中，到
日本来留学的韩国陆军、海军的大尉、少校等军官，都十分优

秀。另外，在学部层面上，防卫大学的学生和士官候补生也可以互派留学。

问：尽管有些言论进行了煽情的报道，但是韩日两国军方还是保持很好的关系，并且其合作也顺利进行，您认为如何？

山口：两国的军事专家彼此都互相敬重，并且我们也都知道，搞政治的人和国民都很容易冲动。当然，军人有时也会感情用事，但是和一般人相比，我认为军人还是理性一点为好。

问：最近两国的关系急剧冷却，那么韩国国防部和日本自卫队还能否继续保持很好的关系？

山口：是的。两国都不想突出表现的理由各不相同。日本由于和平宪法，不希望和韩国共同行使集体自卫权的行动。同时，韩国军方因为历史问题等，并不愿意和日本有过度亲密的关系。

问：非常感谢您的坦诚回答，您的见解对于韩国的读者来说将是十分宝贵的信息。

我对日本减少政府开发援助（ODA）感到十分遗憾，对于这样的趋势感到深深的忧虑。现在日本的政府开发援助政策与20世纪80年代初期世界第一的水平相比，还不到当时的一半。日本是在"9·11"以后政府开发援助减少的唯一发达国家。这样的国家是否有资格成为联合国安理会常任理事国，应该扪心自问。

第三章

日本的国际贡献：能否创造更美好的未来？

明石康

明石康 (Akashi Yasuji)

　　1931 年出生于秋田县。东京大学教育学系毕业，作为福布莱特奖学金生被派往美国留学，在弗吉尼亚大学获得硕士学位，1957 年在塔夫茨大学佛莱契学院攻读博士学位，后来成为第一个到联合国工作的日本职员。曾担任驻联合国日本政府代表部参赞、公使、大使，历任联合国宣传事务副秘书长、裁军事务副秘书长、联合国柬埔寨临时统治机构秘书长特别代表、前南斯拉夫问题联合国秘书长特别代表、联合国秘书长特别顾问、人道问题负责副秘书长等职务，1997 年 12 月卸任。

　　回国后历任广岛市立大学附属广岛和平研究所所长、东京外国语大学经营协会委员、特定非营利法人日本纠纷预防中心会长、名城大学亚洲研究所名誉所长等职务。现任国际合作 NGO财团法人日本家族计划国际协力财团（JOICFP）会长、公益财团法人国际文化会馆理事长，还代表日本政府负责斯里兰卡的和平构筑、恢复及复兴等事宜。

　　主要著作有：《联合国大厦之窗：一个生活在国际社会的日本人的意见与回忆》（1984 年）；《生活在联合国：日本职员的体验记》（监修，1984 年）；《联合国：光与影》（1985 年）；《从联合国看世界：寻找国际社会的新秩序》（1993 年）；《充满希望的议程：新时代的联合国》（1993 年）；《忍耐与希望：柬埔寨的560 天》（1995 年）；《架起和平之桥》（1996 年）；《武士与英语》（合著，2004 年）；《联合国：轨迹与展望》（2006 年）；《战争与和平的隔阂：超越国境的群像》（2007 年）；《和"独裁者"的谈判术》（2010 年）；《战争与和平之谷：名人/会晤》（In the Valley between War and Peace：Personalities/Met）（2011 年）；等等。

引 言

明石康理事长无论是在日本，还是在国际社会，都是众人皆知的"联合国先生"。他在联合国本部工作时参与了波斯尼亚、斯里兰卡等地发生的纠纷调停、维护和平、战后恢复等任务，业绩卓越。明石康理事长在国际上的贡献是国际化的日本人中前无古人、后无来者的。

明石康理事长的采访于 2012 年 1 月 11 日在东京六本木所的明石事务所进行。采访之后又通过书面联系补充了一些提问和回答。在采访中，我感受到明石康先生是具有柔中带刚的哲学与信念的人。他既没有否定联合国的局限性，也坚信联合国要持续地贡献于国际和平和安定的可能性。而且，对于潘基文秘书长，他也毫不保留、尽心尽力地提出助言。

明石康理事长一方面对最近日本国际贡献能力的降低表示担忧，并主张作为"全球性国家""负责任的国家"，应该挺身而出，做出积极的贡献。他提到，日本成为放弃行使否决权的联合国安理会常任理事国的可能性越来越小，而且美化日本过去历史的错误行径是无法回避的。

明石康强调，东亚地区不能再次像 20 世纪 30 年代那样重蹈军备扩大竞争。从他在联合国进行纠纷调停任务的经历可以看出，他曾经受过相当大的压力。他提出，核武器越多，世界就越不稳定，作为曾受核武器摧残的日本应该为核裁军以及防止核扩散做出努力。为了不再重复 20 世纪 30 年代的愚昧选择，日本还应该以透明性和相互交流为基础，共同打造一个新的安全体制。

然而不遂他愿，现在东亚地区正在奔向与裁减军备相反的方向。目前，以军事力量增长为基础，从而激化不安定因素爆发的现实该如何缓和，值得深入思考。

走向联合国之路

问：明石康先生 26 岁就开始担任联合国国际公务员的工作，可能当时您是联合国中唯一的亚洲人吧？

明石：我从 1957 年 2 月进入联合国工作。当时除了我以外，还有中国台湾的工作人员。

问：您决定在联合国工作的理由是什么？

明石：当时我在美国留学的时候拿到了福布莱特奖学金，在弗吉尼亚大学取得国际关系学硕士学位以后，有了在塔夫茨大学佛莱契学院攻读博士学位的想法。然而到了 1956 年夏天，我参加了在威斯康星州举办的国际学术研讨会。在那次研讨会上，我没有得到提前通知就被当场要求做一个关于远东地区政治的即兴演讲。听众中有一位任职联合国政治安全局的英国官员，他对我的演讲表现出很大的兴趣。他说不久以后日本也将加入联合国，所以届时想选拔一名日本人担任政务责任官，建议我考虑一下。当时我说还没有那个想法。

到 1956 年 12 月，我参加了佛莱契学院定期举办的联合国参观活动，目睹了日本加入联合国激动人心的场面。当时日本外长重光葵非常明确地提出日本今后国际外交的方针。他在演说中讲到，《联合国宪章》精神与日本的新宪法精神是完全一致的，在今后，日本也会以联合国为中心开展外交，鲜明地展现日本和平外交的理念。听到重光葵外长的演说后，我与那位联合国英国官员见面，他再次问我是否愿意进入联合国工作。

当时我也见到了联合国政务局的负责人、来自前南斯拉夫的副秘书长。之前提到的英国官员与当时我所在的佛莱契学院国际政治研讨会的指导教授诺曼·法德尔福特关系密切。诺曼教授也推荐了我，认为我是一名优秀的学生。最后，我在三位应试者中脱颖而出，通过面试。我问联合国相关工作人员，是否可以先在佛莱契学院学习，一年后再去工作，他们拒绝了我的请求。后来，联合国同意了我一边在联合国工作，一边去哥伦比亚大学攻读博士学位的请求。我从 1957 年 2 月就开始在联合国工作了。

问：您曾在联合国担任负责宣传事务的副秘书长（1979 年）、负责裁军事务的副秘书长（1987 年）、人道主义问题事务的副秘书长（1996 年）等职务。18 年间担任的都是副秘书长级的重要职务，今天能否请您讲述在联合国的历程，什么时候给您留下最深的记忆？

明石：只讲一件故事难以讲清楚。联合国生活对我来说，每次都是挑战的延续。除了刚才说到的宣传事务的工作，综合联合国信息的工作也相当辛苦。况且当时处于冷战时期，在联合国已经扩大了第三世界非同盟国家的发言权，这使得第三世界国家在联合国大会上占据多数。另外，联合国安理会五个常任理事国都努力避免出现不利于本国的情况。冷战时期，联合国大会上时常通过对美国不利的决议，从联合国秘书处的角度来说，安理会固然很重要，但是不服从联合国大会的决议也是行不通的。

因此，我们多次遭到美方的抗议。在中东特别是巴勒斯坦相关问题上，美国都支持以色列的立场。每到联合国秘书处开始执行阿拉伯国家主导的联合国大会决议时，美国就会施加强大的压力。安理会常任理事国虽然拥有否决权，能够发挥强大的影响力，但在联合国大会上，中小国家团结起来，它们有时也无法随意操纵权势。联合国秘书处需要对这些矛盾进行协调，这是一件非常艰难的事情。联合国秘书处经常处于被夹在常任理事国和其他会员国之间的局势。幸亏我有不少的美国朋友。尤其是从美国国务院派遣来的布冯（BefCun）副秘书长经常教我跟美国进行协调的方式。由于我跟他建立了彼此信赖的关系，所以能够解决很多问题。

问：我知道，您在担任负责裁军事务的副秘书长的时候，也曾发挥过很大的作用。

明石：裁军事务副秘书长的工作也很有意义。当时是戈尔巴乔夫执政时期，也是冷战走向结束的解冻期。裁军任务与各国的军事安全有密切的联系，所以，联合国秘书处能够做的事也有很多的制约。但是我考虑过这样一种想法，如果开展新的局面，从联合国的角度进行客观性的研究也可以构筑裁军的基础，因此多次进行政策指向性研究。各国代表、外交官，学者在纽约附近集会，进行非公开讨论，这种工作虽然脱离了联合国的基本工作范畴，但联合国秘书处支持经费，美国非政府组织"联合国协会"（United Nations Association）主持相关会议。参与者中有研究苏联大型军需产业和平转换方式、获得诺贝尔奖的美国经济学家。联合国在莫斯科也举行了几次大规模会议，对此，戈尔巴乔夫的得力助手亚历山大·雅科夫列夫（Aleksandr Yakovlev）也十分高兴。这就意味着，为了冷战时期的和平转变，我们进行了一种过渡的缓冲工作。

问：据我了解，您在联合国维和行动（PKO）工作中也表现了出色的能力，那时您得到的经验是什么？

明石：1992年初，布特罗斯·布特罗斯·加利（Boutros Boutros Ghali，1992～1996年任职，出生于埃及）担任联合国秘书长。他的前任，哈维尔·佩雷斯·德奎利亚尔·德拉格拉（Javier Péfez de Cuéliar de la Guerra，1982～1991年任职，出生于秘鲁）也是一位优秀的人。但是最让我尊敬的联合国秘书长是曾留下丰功伟绩的达格·哈马舍尔德（Dag Hammarskjold，1953～1961 年任职，出生于瑞典）先生，其次是加利，再次是德奎利亚尔。德奎利亚尔虽然没有很大的名气，口才也并不出众，但是很擅长幕后谈判，善于把握联合国最佳时机取得主导权。

1991 年 12 月 31 日，第二天就是布特罗斯·加利就任联合国秘书长的日子。在那一天，我被加利提议负责柬埔寨维和行动，开始我犹豫了一会儿。在 20 世纪 60 年代，我曾在柬埔寨参与泰国和柬埔寨之间大约 1 年半的调停行动，但是那次行动并没有成功。当时泰国外交总负责人是曾担任 10 年以上外交部部长的他纳·科曼（Thanet Kohman），而柬埔寨负责人是西哈努克（Norodom Sihanouk）国王。他们两人彼此相互不信任。其实，两国都把这次纠纷和国内政治的联合问题牵扯在了一起。联合国无论怎样努力，如果当事方不改变宪法，就很难解决问题。当时，我的上司一直坚持调停泰柬两国之间的纠纷，但我提出停止行动。结果，我的意见被接受，调停被中止。当时，我切身感受到联合国的局限性。

问：您对布特罗斯·加利的评价和平常人理解的并不太一样。加利秘书长是否因为领导力不足而没有连任？

明石：我并不同意那种说法。加利秘书长非常有能力。联合国安理会 15 个理事国中，有 14 个国家都赞成加利秘书长的连任。只有美国投了反对票，行使了否决权。我非常喜欢并尊敬现任秘书长潘基文先生，但毕竟这个职位不是那么容易。联合国秘书长不仅仅是五个常任理事国，也是整个联合国的代表。潘基文秘书长竭尽全力协调各种对立的利害关系。但是，无论谁担任联合国秘书长，都必定要面临大国施加的种种压力。

问：那么，科菲·安南（Lofi Etta Ahnam，1997～2006 年就任，出生于加纳）呢？他被称作"美国的贵宾犬"，有人批判他过分地站在美国的利害关系一边。

明石：我并不那么认为。他曾反对伊拉克战争，因此和华盛顿的关系也变得很微妙。联合国前秘书长哈马舍尔德也曾被苏联认为是敌对关系，而加利被美国认为是敌对关系。

联合国的过去、现在和未来

问：您从 1950 年到现在，可以被称为是目睹联合国变迁的"见证人"。过去联合国处于荣誉的地位，拥有神圣的光环。但是到了现在，那种高度的地位已经被逐渐弱化了。特别是 1991 年第一次海湾战争，多国部队以胜利告终后，美国总统乔治·布什在演说中讲道："现在通过联合国，开始了世界和平。"但是之后联合国逐渐走向边缘化。您如何评价联合国过去 50 年的变迁？

明石：我相信联合国会辩证地发展下去。为了建设更加美好、更加强大的联合国，其发展道路并不是一帆风顺的，总会经历一些波折。在短时间内，我们会遇到很多失望与挫折，甚至有可能会绝望。但重要的是历史的观点。从长远的眼光来看，就会发现其前途是光明的。我有时候也对联合国很失望，但是面向未来，从未感到绝望。

问：其根据是什么？现在有 G2、G7 以及包括中国在内的 G8、G20①，甚至还有达沃斯论坛等很多对话渠道。例如每年一月举行的达沃斯论坛，潘基文秘书长都会出席，并做主题发言。我作为出席者，也会觉得联合国的地位多少有所下降。您对联合国秘书长的地位如何评价？

明石：那并不意味着地位下降。联合国不是世界政府或世界联邦，而是最重要的政府间组织（inter‑government organiza-

---

① G2 指美国、中国两大强国。G7 指 7 个发达国家：美国、法国、英国、德国、日本、意大利、加拿大。G8 是指 G7 国家加上俄罗斯。G20 是指 G7 国家加上欧盟（EU）议长国，还有新兴 12 国（以韩国为首，包括阿根廷、澳大利亚、巴西、中国、印度、印度尼西亚、墨西哥、俄罗斯、沙特阿拉伯、南非共和国、土耳其）等世界主要 20 个会员国组成的国际机构。

tion）。而且秘书长是《联合国宪章》第 97～99 条规定的最出众的公仆（disringuished public servant）。根据《联合国宪章》第 99 条，秘书长对于自身认定威胁国际和平安全的事案，可以引起安全理事会的注意。秘书长担任着十分重要的职责和任务。当然，最终的结果取决于安理会的决定，但是秘书长可以发挥的主动作用也不小。因此，秘书长要经常考虑，自己受到何种制约，以及可以发挥何种作用。

当时潘基文还是韩国外交通商部部长，在成为秘书长之前，他曾邀请我去首尔并向我寻求建议。在那时候，我对潘基文说："您也知道'联合国秘书长'（secretary - general）简称为'SG'。但是'SG'真正的含义是什么呢？就是'替罪羊'（scapegoat）的意思。"他听完之后放声大笑。其实，我很想告诉他，要成为联合国秘书长，会经历很多挫折。他实际能做的事情和世界各国国民与政府所希望的根本不一致。当时我也很想问他，在期待与能力之间是否具备机智灵活的体力和脑力。我的著作中曾有一章专门写对联合国历任秘书长的评论。据说，潘基文秘书长曾把它翻译成韩文并阅读过。

我深知他夜以继日专心于工作。2011 年 11 月，我和他在纽约见面，就斯里兰卡问题等许多事务进行了讨论。到了讨论收尾的时候，我问他是否享受在联合国工作的快乐，他微笑地回答到，应该把自己的事（即过多的任务）提交给联合国人权理事会。他具备如此出色的幽默感，也是在行使秘书长职责时所必须拥有的能力。

问：您是从 20 世纪 50 年代以来在联合国工作的极少数的亚洲人之一。其实，当时亚洲的存在感极其缺乏，欧洲和美国处于支配地位。但是我们知道，21 世纪的前景正在发生重大变化，亚洲的经济实力和地缘政治的重要性在不断增强，G20 里有亚太地区七八个国家参加。在联合国，亚洲国家的影响力正在发生哪些变化？联合国的框架里亚洲可以起到何种作用？我们想听听您的见解。

明石：当然，亚洲国家的影响力在联合国已经相当大了。但是在世界经济和联合国两个方面，亚洲的影响力存在巨大的差异。这种差异尽管在逐渐缩小，但正如你所说的，与目前阶段亚洲国家的经济影响力增加相比，亚洲国家在联合国还不能起到很大的作用。众所周知，亚洲国家目前还没有整体性的地区机构，就像欧盟和非洲联盟这样包括地域整体的机构也没有。尽管有东南亚国家联盟（ASEAN）和南亚地区合作联盟（SAARC）等区域性（subregional）组织，但东北亚地区除了六方会谈之外没有整体性的机构。

我认为，各种各样的区域组织和联合国之间并不是矛盾的关系，而是需要互相发挥自身的作用。《联合国宪章》第6章、第7章提出对包括安理会在内的联合国自身的活动给予相关规定。从开始就计划为了共同的目标而分担责任，共同行动。亚洲至今没有真正符合《联合国宪章》第8章精神的地区组织，但是从方向性来看，包括亚太经济合作组织（APEC）和东南亚国家联盟地区论坛（ARF）的各种组织重叠，会形成巨大的地区合作组织。我认为这种组织应该与联合国携手，共同处理并解决国际性问题。从这种意义上讲，地区组织作为一种工具，应该被充分利用。

问：但是到现在为止，西欧国家在联合国仍然占据着支配地位吧？

明石：我认为，现在的联合国已经不是西欧国家所支配的体系。

问：在联合国组织中来自欧洲以及美国的人士担任着重要的职位，您如何看待？

明石：我觉得这种情况也正在慢慢改变。

问：问题就是这个过程很慢。另外，我们对潘基文秘书长的期望很高。尤其是在朝鲜半岛问题上，原来以为联合国会发挥很大的作用，但是到目前为止，依然没有看到那种迹象。这是为什么？

明石：这需要等待并进一步观察。我认为今后潘基文秘书长会在朝鲜和韩国关系的恢复（rapprochement）上发挥重要的作用。

问：对于这个问题，他也非常努力，但不能不看美国的脸色。李明博政府对联合国介入南北关系问题上，表现出强烈的反对态度，那么在这种情况下潘基文秘书长能否发挥很大的作用？

明石：目前只能谨慎一些。2009 年在首尔围绕东北亚地区和平举行了联合国协会世界联合会（WFUNA），当时日本的联合国协会针对联合国问题，提议中日韩三国进行密切协议。之后，2010 年开始，中日韩三国的联合国协会会长团会议首次在东京召开。2011 年和 2012 年分别在中国成都和韩国首尔举行。中日韩三国通过这种方式，可以加强次区域之间的纽带，而且对于这种趋势，潘基文秘书长也十分欢迎。

日本的国际贡献正日渐衰退吗？

问：现在我们谈一谈日本。目前如何确定日本的认同意识？是全球性国家，还是地区国家？因"3·11"东日本大地震等国内问题，日本是否正变成小国（pigmy power）？对于这个问题，有很多的说法。庆应义塾大学添谷芳秀教授曾说过日本不能成为一个全球性国家，但是《朝日新闻》的船桥洋一先生就指出，日本能够成为全球性国家①。如果回到 20 世纪 90 年代，小沢一郎曾经提出过以联合国中心主义为基础的"正常国家论"，也有"国际贡献国家"，而且武村正义也提出过"虽小却闪亮的国家"。日本的许多政治家和知识分子相信，日本可以成为全球性国家，

---

① 添谷芳秀和船桥洋一的观点可参考本书第一章和第四章的采访。

而且通过美国能够做出国际贡献。但是，在这次采访过程中，我感觉这种说法脱离了日本的现实，您如何评价？

明石：从长期来看，相比通过美国做出的国际贡献，通过联合国做出的贡献更有意义。如果那样，日本实现"入常"就是重要的一步，但是这毕竟不是一个简单的议题。前不久，我在首尔演讲的时候，一位年轻的女政治学者向我提出这样的问题："您在日本《外交论坛》杂志上发表的论文内容与现在在韩国的发言内容之间存在矛盾。您在论文中写到，日本具备成为安全理事会常任国的资格，但目前还不够充分。现在您在演讲中说日本应该成为常任理事国，这难道不矛盾吗？"我十分惊叹这位女士尖锐的分析。其实，向日本国民说明的时候，与对外发表的内容相比，需要更严谨的表述。

新的安理会常任理事国，不只是日本，还得包括其他国家。特别是 G20 里的好多国家都主张"入常"资格。但是因担心新的安理会过度庞大而无法迅速应对，所以不正常的扩大也不符合成员国的全体利益。即使扩大到 20 个国家组成的安理会，也需要限定 25～26 个国家。常任理事国也是在目前 5 个国家的基础上再扩充 3～5 个。在这种情况下，我认为日本是成为常任理事国最有力的竞争者之一。但是，日本作为一个全球性、负责任的国家，应该做出"中等国家"以上（middle power plus）的各种国际贡献。事实上，战后日本作为和平国家，一直重视国际合作，但是最近这种努力有所减少。我认为，日本通过联合国能够更加积极参与解决和平、裁军、预防纠纷、环境、福利、开发等领域的事务。

问：日本内部也存在长远规划的问题，但是周边国家对此持消极态度。您对这一点是怎样想的？

明石：就像您所指出的那样，对日本加入安理会问题，周边国家的态度并不友好。因此，应该和拥有共同目标的国家进行合作，避免出现无谓的竞争关系。首先，日本如果成为常任理事国，韩国不会乐意支持。我希望韩日间的相互信赖更加深入发展。韩国也在统一以后主张拥有进入常任理事国的权利，印度和巴基斯坦、德国和意大利、巴西和阿根廷、墨西哥等，都不希望对方先加入常任理事国，这种邻国关系是十分不幸的。如果各个区域以及次区域更加团结，那么地区内一个国家因突出的形态而被选出的可能性就会消失。

冷战时期的瑞典、最近十几年欧洲的小国挪威，还有20世纪70~80年代的加拿大，作为"中等国家"所发挥的作用，都不能忘记。冷战时期加拿大最早关注裁军、人权和非洲问题等。日本作为在国际舞台上负责任的角色，今后在很多事情上也会有发挥重要作用的空间。我们把亚洲的紧张缓和、军备裁减、防止地球环境恶化等作为今后的课题，并将继续为之努力。日本不能做单纯的地位追求者（status seeker），沉浸在进入常任理事国的竞争中，而应该谋求为了建设安定的亚洲和世界，做出建设性的具体努力，否则无法得到周边国家和国际社会的尊重。

问：我们回到20世纪50年代，当时日本政府阐明了三个外交方针：第一，日本是全球共同体成员和西方社会的一员；第二，日本将更多的精力集中到联合国，推行以联合国为中心的外交；第三，日本是亚洲的一员。这三点中，第一点和第三点有所结合，但是以联合国为中心的外交反而有衰退的趋势。您如何理解？

明石：我们应该记住，日本在加入联合国后仅仅两三年就提出了这三条外交方针。后来，日本对该方针进行了大幅度的修改。所谓"日本外交三原则"有些过于理想，并且以冷战时期过分忽视权力政治为理由提出了修正。二战以后，日本不能放弃和平主义，但是需要立足于现实的富有政策具体性的思考方式。因此，日本不能懈怠，需要耐心地与多数国家进行坦诚对话。

问：您认为"日本外交三原则"已经作废了吗？是因为美日同盟，日本需要听从美国的要求吗？

明石：当时的"日本外交三原则"，特别是"联合国中心主义"无法现实化。联合国应该为了尽可能实现全体成员国的利益而努力，但是成员国为了本国利益把联合国当作手段而利用。如何协调这两者之间的关系，并不是一件容易的事。在这一过程中，一部分国家通常强调，为了联合国的大局利益而支持自己的主张，实际上这只不过是一种名分而已。我在经历"中国代表权"这一纠纷的时候，当时日本外长主张摸索出联合国能够"祝贺的解决办法"，这使我感到失望①。与此相反，我认为，加拿大、瑞典、挪威等国家，应该在联合国中为了整个国际社会而获得主动权。日本也应该更多、更坦诚、更深入地付出努力。日本也应该试图推动与韩国等周边国家进行实际意义上的合作。

问：如果就对联合国的贡献来讲，日本是代表性的模范国家。您如何看？

明石：一段时期是这样的。

问：那么现在就不是吗？

明石：是的。

问：理由是什么？

明石：我对日本减少政府开发援助（ODA）感到十分遗憾，对于这样的趋势感到深深的忧虑。现在日本的政府开发援助政策与20世纪80年代初期世界第一的水平相比，还不到当时的一半。日本是在"9·11"以后政府开发援助减少的唯一发达国家。这样的国家是否有资格成为联合国安理会常任理事国，应该扪心自问。玄叶光一郎外长对包括我在内的很多人说，他的业绩之一就是最近十年来第一次成功地增加政府开发援助的金额。我想对他的领导力表示高度称赞（见图1）。

---

① 1971年10月联合国大会通过决议，决定将台湾地区驱逐出联合国，使得中华人民共和国行使中国代表权，并成为安理会常任理事国。当时日本和美国都在驱逐台湾地区的决议上投了反对票，但在最后表决中被否决。

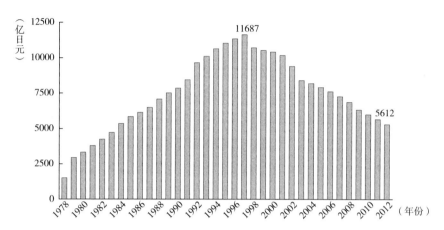

图 1　日本政府开发援助的预算总额趋势（1978～2012 年）

资料来源：日本外务省政府开发援助网页。

问：从国际上看，日本已经取得举世瞩目的成就。例如，国际原子能机构（IAEA）和联合国教科文组织（UNESCO）的秘书长都是日本人，很多日本人担任要职。您认为对于联合国来说，日本的贡献与会费的比例是什么？现在仍然感到不足吗？

明石：日本人在联合国以及下属的国际机构中担任重要职务，并不只是和日本的国际地位和影响力有关，也与他们的个人能力有密不可分的关系。松浦晃一郎在联合国教科文组织留下了辉煌的功绩，我也期待天野之弥在国际原子能机构中发挥更大的作用[1]。还有，绪方贞子作为联合国难民署（UNHCR）高级专员也出色地执行了任务。对世界卫生组织（WHO）前秘书长中岛宏的评价有些分歧，我没有什么可评价的信息。尽管不是联合国的下属机构，但是亚洲开发银行（ADB）总裁一直是由日本人来担任。我相信在主要国际组织任职的日本人大都有着出色的工作能力与成绩。然而最近主要组织中 D 级以上的岗位中，日本官员的数量已开始减少。对此我深感忧虑。

---

① 松浦晃一郎于 1999～2009 年担任联合国教科文组织秘书长，天野之弥在 2009 年就任国际原子能机构秘书长。

问：另外，还有历任国际法院（ICJ）院长的小和田恒。

明石：这个职责特别重要。小和田恒先生既是杰出的审判官，也是一名学者。我在联合国卸任以前两次负责过大规模维护和平行动。第一次是担任联合国柬埔寨临时权力机构的秘书长特别代表，第二次是担任联合国驻南斯拉夫地区维护和平部队的秘书长特别代表。联合国维护和平行动是在武力纠纷结束后，以当事人之间的全部政治协议为依据派遣相关人员。在南斯拉夫民族纠纷还没有结束之前，联合国派遣了维和部队，所以没有取得很好的效果。但是，我们在该地区的人道救助与市民保护等方面，尽了自己最大的努力。后来，联合国在索马里等地也做过很多人道问题上的工作。

日本参与维护和平行动的时候，也与韩国派遣部队进行过密切的合作。在东帝汶和海地等地也维持了友好的合作。我也期待韩日间在南苏丹也能在联合国维护和平行动的框架内促成真正的合作。这种责任是韩国和日本这样"中等国家"或者大国所不能推卸的。

问：和美国不同，日本在按时缴纳联合国会费这一点上是模范国家。而且就像我刚才提到的，有许多日本人活跃在联合国的舞台上。但是日本有没有提出过新的想法，或者制定议程呢？我们曾经在人类安全相关领域做了很多事情，但是在最近"人类安全"的议程问题上并没有提出来。维和行动实际上不是日本自己的想法，只是联合国的提案，日本参与而已。然而，人类安全和联合国大学（United Nations University）则是来自日本的倡议。我还记得，小渊惠三首相提出人类安全的观点，当时在国际社会上得到了广泛的认可。但是现在日本这种议论几乎消失了。从这种视角来看，日本是否已经丧失提出想法以及设定议程的能力，您如何评价？

明石：对于这种说法我并不完全赞同。2010年12月潘基文秘书长任命高须幸雄大使为"人类安全联合国特别顾问"。在联合国内设立了"人类安全相关委员会"。2005 年联合国特别大会的最终报告也涉及人类安全问题。当然，明确定义人类安全的工作仍然要继续进行。在吴丹（U Thant）秘书长的领导下，我多年从事联合国大学筹办与协调工作。联合国大学的设想尽管不错，但是设立以后还没有找到合适的校长人选。

问：我记得，前澳大利亚外长加雷斯·埃文斯（Gareth Evans）与加拿大共同合作，在"保护的责任"（responsibility to protect）相关工作上发挥了有效的作用。

明石：埃文斯发挥了十分突出的作用。他在核扩散防止及核裁军国际委员会（International Commission on Nuclear Non - proliferation and Disarmament）里曾经与日本外相川口顺子一起工作过。这也是日本与澳大利亚共同推行倡议行动的原因之一。对此，您的批判可能正确，但是我觉得有些严格。当然我提到的是否属于戏剧性的，或者具有野心的倡议，都很难说。但是 20 世纪 70 年代日本在发展中国家和发达国家之间的对立中，尽力弥补着二者的差距，并为此付出了最大的努力。例如，与自然资源相关的运转基金（revolving fund）提案就是代表性的例子。在世界银行，日本作为国际投资保证组织（MIGA）的一员，制定了为激励投资发展中国家的特别措施。另外，日本在成立国际原子能机构的过程中也发挥了一定的主导权。我认为，日本人不仅代表日本这一国家，而且作为国际组织的代表以及核心参谋，在国际舞台上发挥了重要作用。但是现在日本年轻人的内向化倾向日益显著，我们对全球化人才缺失的状况表示担忧。

由于批判越南战争，吴丹遭到了美国白宫的反对。哈马舍尔德也因为刚果问题成了大国政治的牺牲品。科菲·安南虽然受到了"美国的当差"的批判，但是在伊拉克战争问题上，他站在反对美国的阵营里。从个人来说，这是关系名誉的事情。日本人也可能经历过类似的情况。在前南斯拉夫，我和当时联合国秘书长布特罗斯·加利一起成了西欧和伊斯兰国家批判的对象。但是过多地超前于时代要付出不必要的自我牺牲，即使是英雄主义，可能最终也不会被称赞。

日本能否成为联合国安理会常任理事国？

问：日本有意向成为联合国安理会常任理事国，理由是什么呢？

明石：如果日本成为常任理事国，不仅有利于维护本国的安全，而且能够为国际社会的整体和平与稳定做出可以信赖的贡献，这本身有助于联合国的发展壮大。我认为，日本在要求增加安理会理事国过程中，可能会同意出任放弃"否决权"的常任理事国。如果日本在安理会获得地位，日本和日本人会摆脱狭隘的国家利益的观点，从更加广阔的地区利益观点出发，从而容易持续保持关心并参与地区乃至国际事务。

问：但是，日本对联合国特别是对安理会常任理事国否决权行使问题上，一直在要求改革，这又如何解释？

明石：日本对行使否决权一直没有提出过异议，相对于反对否决权，适用范围过度庞大就需要限制。例如，在任命联合国秘书长以及根据《联合国宪章》第 6 章和平处理争端的相关问题中，"行使否决权"是否需要，就存在疑问。

问：从这种思路出发，您曾主张，安理会常任理事国应该只在战争与和平的相关问题上行使否决权。我觉得，在其他的问题上不应该行使否决权，请您更具体地说明一下。

明石：是这样的，你说得很对。换句话讲，应该把否决权的行使限定于《联合国宪章》第 7 章相关的问题上。我们应该同意，安理会常任理事国在维护国际和平与安全上担负着重要责任。常任理事国都是在政治上、经济上、军事上十分重要的国家，需要倾听其利害关系及其意见。因此，我把否决权称作联合国的"必要恶"。否决权的适用范围需要缩小，但是《联合国宪章》第 7 章的强制措施和相关措施也应该接受行使否决权，否则就会遇到像国际联盟（League of Nations）那样的情况，可能出现美国退出的现象。国际联盟时期苏联因为侵犯芬兰而被驱逐，日本、德国、意大利也各自退出。因此，国际联盟的力量大大减弱。我认为，与大国在联合国之外行动相比，还是在内部行动会更好。

问：但是，如果安理会的制度不改革，日本成为常任理事国就会非常困难吧？那么我们需要什么方式的改革呢？

明石：日本不能单独成为常任理事国。因此，日本在 2005 年和印度、德国、巴西一起打算进入常任理事国，也邀请了非洲国家。只有在广泛的国际协议下，才可能对《联合国宪章》进行修改，也会改变安理会的组织结构。

问：那么，实现的可能性到底如何？现在包括五个常任理事国在内，其他国家可能会表示反对。

明石：2005 年，当时有许多国家为日本、德国、印度、巴西四国决议（four - power package）投票，尽管没有达到全体的 2/3，但还是接近于目标①。我认为，考虑到逐渐变化的国际形势，最容易接受的是今后继续试图提交"四国决议案"乃至其他修改方案。

日本不应该美化现代史

问：在韩国和中国，反对日本加入安理会常任理事国的声音从未减小，他们反问日本，至今没有彻底清算过去的历史问题，领土所有权的问题也没有解决。在这样的情况下，日本如何拥有

---

① 由于考虑到非洲联盟（AU）一体化决议案计划失败，以及美国和中国的反对，2005 年 8 月 20 日，日本政府决定放弃联合四国共同提出决议案。

"入常"的正统性？您曾指出，日本的历史问题可以借鉴德国式的处理方式，具体内容是什么？

明石：这也是我认为十分重要的问题。我现在是公益财团法人国际文化会馆（International House of Japan）的理事长，到2012年，国际文化会馆已成立60周年。这个会馆的创始人——松本重治深深相信，如果没有实现日本与美国、中国之间的理解与和解，那么在东亚绝不会构筑和平。我认为，日本不仅要和太平洋彼岸的美国维持坚固的联盟，同时，为了实现和解，同韩国、中国、东南亚国家以及俄罗斯等周边国家一起做出努力。在此基础上，东亚地区才会更加和平，日本也能够为联合国做出更大的贡献。而且，我觉得应该与这些国家敞开胸怀，积极对话。专家和历史学家在过去举办了多种多样的研讨会，但是还应该筹划共同研究。这不仅仅为了"新闻报道"，而是要达成真正的和解和相互信赖，共同进行商讨。即使不是官方的正式活动，只要坦诚地交换意见就可以了。与在人类无法生存的岛屿上进行领土纷争相比，我更关心该如何做才能寻求与相关国家共同友好地发展渔业、开采海底资源、安全航海、维持自然环境等共同利益。

问：尽管很遗憾，但我还是要说，我们希望能够审视过去围绕领土问题的争论。所有的问题不都是因日本而起的吗？日本的强硬派和极右派参拜靖国神社，每5年进行初高中历史教科书的修改，立足于修正主义历史观的"新历史教科书"采用率的增加，等等，都是问题所在。这样的行径，不论对韩国左、右派民族主义者，还是对朝鲜来说，都会成为纠纷的导火线。另外，从这些关系中可以发现令人注意的"敌对性提携关系"。在这种情况下，还能否实现真正的理解和相互信赖？

明石：因果关系绝对不是你所说的，何况韩中日三国的稳健派与理性的中立势力之间存在具有很大影响力的联合关系。我不认为只有日本处于极端民族主义的危险中。我知道，在韩国有与独岛问题相关的学术性研究，这些研究没有反映你所支持的内容。韩国的媒体非常活跃地报道，但日本包括岛根县等地区在内的大众传媒也是如此。进入 21 世纪，中国在经济、文化、政治和军事上正逐渐强大，我估计日本国民也会对本国安全形势感到日渐不安，并且，在他们中也会有感到忧虑而过度冲动的人。因此，东北亚各国的知识分子应该联合起来，共同讨论所有的利害关系。共同的利害关系愈明确，就愈能够从理性的、大局的角度出发防止诸多事态的恶化。

问：就是说矛盾最小化、合作最大化？

明石：是的。日本和中国正试图共同研究该议题，但双方还没有达成共识。另外，我认为靖国神社的问题与真相相比有些夸大了。对于甲级战犯合祀的秘密处置，我感到很遗憾①。但是，同时日本人相信靖国神社供奉着自己的祖先，我们也应该尊重他们的感情。因此，甲级战犯和靖国神社应该需要明确地区别看待。

问：靖国神社的游就馆②也是一个问题。您对此如何评价？

明石：游就馆展示的问题有很多。对此我也同意。

问：与甲级战犯合祀相比，访问靖国神社的韩国人和中国人会更把游就馆的存在视为问题。卢武铉前总统也曾指出这一点。但是日本政府认为，靖国神社不是政府机构，属于非营利组织，政府对其无法实行强制政策。这个问题该如何解决？

明石：日本宪法规定政教分离，这反映了战后日本人的希望，所以要解决问题不是那么容易。我担忧的是，把日本人本

---

① 日本靖国神社是为日本主要战争中死去的 246 万余名军人进行神化奠祭的神社。1978 年，对以东条英机为首的二战 14 名甲级战犯进行秘密合祀，这引起了巨大的争议。而且执政者以此为由参拜靖国神社也引发了周边国家猛烈的抗议。日本历任首相中，1975 年三本武夫首相第一次参拜靖国神社。之后中曾根康弘在 1985 年、小泉纯一郎在 2006 年 8 月 15 日分别参拜了靖国神社。

② 游就馆是靖国神社内设置的与战争相关的博物馆。1882 年明治维新时期首次对外开放。这里面展示了与战争相关的物品，对日本发动的几次战争进行了美化，对亚洲太平洋战争中死去的士兵进行了神化。日本把这些侵略行为加以粉饰，引起了很大的争议。

身，或者日本国家想象成历史上"受害者"的一种"执着心理"。当然，日本近代确有作为"受害者"的时期，但日本同时也是"加害者"。因此，评价现代史应该运用慎重、平衡的视角。但是，只试图美化现代史中与本国相关的事情是非常危险的。日本对邻国与历史，应该形成更加广阔范围的共识。所幸的是，专家们正在努力形成关于现代史的共同见解。到目前为止，不仅在韩日之间，而且在中日之间，进行了多次对话，但还没有做出果断决定的对话。然而，就像邓小平先生曾说过的那样，如果这个问题过于棘手，在当今时代无法解决，那么留给今后拥有更多智慧的后代来解决。我认为，今后东亚人应该拥有历史的灵活性和宽容性，西欧国家和解中的经验也有很多值得我们学习的地方。

日本的未来、日本的全球战略

问：在今后20～30年，您认为日本面临的最富有挑战性的课题是什么？

明石：应该是环境和核武器扩散这样的国际性议题。我们对于这些问题应该尽可能地共同采取应对措施。东北亚地区最重要的就是朝鲜核武器开发、核武器扩散以及导弹问题。环境问题需要突破国境，打造全新的共同利害关系。在继承《京都议定书》框架原则的前提下，包括最应负责任的美国和中国在内，应该制定新的议定书，否则很难期待会有一个美好的未来。潘基文秘书长也在努力解决这个问题。

2012年以韩国为首的世界主要国家都确定了选举日程。2012年下半年，中国最高领导层也要换届，11月美国举行总统选举。这些国家因为选举，会忽略国际性的议题，把注意力更集中在国内的利害关系上。这时候，邻国的知识分子聚在一起保持冷静，同时潜心于议论全球化问题及相关的利害关系。国家的资源问题与全球化问题并不是对立的，有很多重叠的部分。因此，更加频繁地推动跨国合作是十分重要的。

问：对于中国崛起，您不感到担心吗？

明石：我认为中国崛起（China's rise）的说法不太确切，应该是中国的现实化（China's realization）。中国一直到 19 世纪初都是十分重要的大国，但是随着后来的衰退，经历了大约一个世纪的衰落期。我们应该对中国再次成为强大的国家表示欢迎。中国不仅在经济层面，而且在文化、政治等层面上都对亚洲乃至世界做出了巨大的贡献。当然，和其他大国一样，中国能够在国际政治上实现自己的需求，但是这种实际需求需要慢慢实现。我们应该同中国进行持续对话、协商、说服，最终实现坦诚友好的讨论。

问：我采访日本的许多知识分子以后，得出的结论都是"方向感的失去"。我们不知道日本的政治领导人对日本的未来抱有什么样的意图。另外，日本应该推进的全球战略是什么？想听听您的想法。

明石：在不久的将来，很无奈地说，日本在世界上的影响力将逐步减弱。但是日本对于世界贡献的余地和可能性仍然很大，尤其是在和平与安全领域里。作为曾经"被核攻击的国家"，日本应该持续呼吁世界禁止使用具有攻击性、危险性的核武器。日本正在像澳大利亚一样，与其他国家共同致力于核裁军及核扩散防止工作。我确信韩国也会加入进来。多数欧洲国家也正在与日本合作。如果核武器逐渐增多而扩散，世界会变得更加不安定。而且，日本也在努力清理地雷等小型武器和非人道武器。20 世纪30 年代东亚军备扩大竞争不允许再次愚昧地上演。因此，要以透明性与相互交流为依据，为了构筑新的安全合作机制而付出共同的努力。

另外，日本应该继续努力构筑纠纷以后的和平。世界纠纷有一半都是在平息后由于经济社会支援的不足而再次发生的。为了构筑和平，成立了新的联合国委员会议，第一任委员长是由日本人担任的。日本继续强调这个问题的重要性，持续确保主动权。日本在阿富汗也取得了非军事层面上的许多主导权。2011 年 11 月，我见到潘基文秘书长的时候，他向我表示对预防外交的深切关心。这也是日本在联合国框架中与以韩国为首的其他国家共同合作的领域。我们应该努力在纠纷爆发之前阻止其发生。

此外，为了调停与和解，应该开发新的技术性方法。与国际刑事法院（International Criminal Court，ICC）处罚引起纠纷的犯人相比，需要通过"真相与和解委员会"（Truth and Reconciliation）找到可以和解的办法。该委员会以地域的、民族的传统为根据，解决纠纷并达成和解问题，这已经成了更有效的手段。这是由南非总统纳尔逊·曼德拉首次提议的。这种方式同样适用于缅甸和东帝汶等地。我曾对斯里兰卡人运用了斯里兰卡方式的提案，这对真相与和解委员会也有促进作用。不使用军事手段，不依存于欧美式的外交，也可以应对纠纷。而我们更应该努力找到有效的方法。这样，日本和亚洲国家可以在更多领域确保积极的主动权。

问：日本的政治领导人更换过于频繁，而政治领导人也显得没有尽力。特别是发生外交问题的时候，日本的政治领导人经常把美日同盟而非联合国视为中心。您认为"吉田主义"能够一直持续下去吗？

明石：日本在今后也应该重视和美国的同盟关系。但是美国今后只会缩减军事规模，我希望美国充分关注亚洲形势，慎重执行军事力量的裁减。并且我们也应随时留意和中国保持平衡关系。美日同盟是日本能够维持较小规模军事能力的好办法，这一点我们不能忘记。如果没有美国的"核保护伞"，日本会感到十分不安，希望拥有更强大的防卫力。如果这样，就会破坏现今亚洲的势力均衡，对谁都不是一件好事，日本也得不到任何好处。对于这样的问题，需要进行地区性共同对话，并推动以共同利益为基础的合作。我们应该描绘未来的蓝图，同时也应该脚踏实地。

　　我以民间人士身份拜访印度时，曾见过印度外交部副部长。他说他没有发现日本外交有哪些战略。我同意他的观点，但也觉得他的话有点冒犯。因此，我回答："从日本的立场看，印度除了外交政策以外，什么也无法找到。"国家一定会拥有所谓的战略，但为了执行战略还应具有各种成熟的手段。日本无论在文化上还是在习俗上都不喜聒噪。我认为日本即使并不富有戏剧性，也在相当积极地做好事情。例如，我去斯里兰卡的事情在媒体上几乎没有报道过，而英国和法国的外交部部长去斯里兰卡批判当地的人权状况，空手而归。作为一名友好的使者，我每次去都会见到总统、外交部部长，并能够向他们表达自己的想法。我并没有批判和责难斯里兰卡政府。我只是几次提议需要为斯里兰卡政府与泰米（Tamil）少数民族之间打造沟通的桥梁。

　　日本能够协调全球、亚洲乃至日本本身价值之间的微妙差别，通过具体的形式融合在一起。我认为可以不损害对方的自尊心和颜面，探索出亚洲式互相交流模式，从而找出更好的接近方法。对缅甸问题也是如此，缅甸自己会通过决议而走上国际舞台，外界的批判并不一定是最好的办法。

　　问：感谢您长时间分享宝贵的经验与见解。这是一次十分有意义的采访。

第二部分

日本对主要国家的外交战略

一旦朝鲜半岛实现统一，极有可能成为敌对日本的国家。朝鲜半岛的统一是日本国家安全最大的潜在威胁……但是，我并不是说日本应该在朝鲜半岛统一这个问题上持反对态度……日本应确保朝鲜半岛在建立民主体制、维持韩美同盟的同时，不会将"反日民族主义"作为统一的手段。

第四章

日本与美国：是同盟的
持续？还是改变？

船桥洋一

船桥洋一（Funabashi Yoiichi）

船桥洋一，日本战败前夕的 1944 年 12 月出生于北京。1968 年毕业于东京大学人文学院（1992 年获得庆应义塾大学法学博士学位），之后进入朝日新闻社，先后任北京分社和华盛顿分社特派员、财经版编辑、美国分社总社长等职务。2007 年，船桥洋一就任已空缺 30 年的朝日新闻社总编一职，引发广泛关注。2010 年退休后，船桥洋一出任"重建日本倡议基金会"理事长，在任期间成立"福岛核事故独立验证委员会"，并任项目总策划人。作为日本著名的新闻工作者，通过积极向美国的外交与国际安全专题杂志《外交》投稿等方式，向全世界介绍日本的外交立场。船桥洋一身兼日本记者协会理事、亚太论坛理事、国际亚细亚共同体学会顾问等职务，积极参加亚太地区未来相关的各种活动；同时，在哈佛大学、哥伦比亚大学、美国布鲁金斯学会等机构担任过客座研究员，其研究成果在学界也受到很高的评价。

主要著述包括：《内部报告——对中国一种报告》（1983年，获三得利学艺奖）；《通货烈烈》（1988 年，获吉野作造奖，英文名为 *Managing the Dollar*；*from the Plaza to the Louvre*）；

《亚太融合——亚太经济合作组织与日本》（1995 年，获亚洲太平洋大奖，英文名为 *Asia Pacific Fusion*；*Japan's Role in APEC*）；《同盟漂流》（1997 年，获新潮学艺奖，英文名为 *Alliance Adrift*）；《如何认识日本的战争责任——历史和解研讨会报告》（合著，2001 年）；《当今，如何面对历史问题》（合著，2001 年）；*Reconciliation in the Asia - Pacific*（合著，2003 年）；《日本的孤立》（2007 年）；等等。另外，曾获波恩·上田纪念国际记者奖（1986 年）、石桥湛山和平奖（1992 年）、日本记者联合会奖（1994 年）等荣誉。

引　言

船桥洋一理事长广受赞誉，被誉为"日本最权威的评论员"、"交友遍天下"以及"天生的战略家"等。他不但具备记者的热情和敏锐度，也拥有学者的观察力以及知识分子的真知灼见，称其为现代日本的头面人物也不为过。他针对朝核问题鞭辟入里的大作《朝鲜半岛问题——第二次朝核危机》被译成韩文，并以《金正日的最后一搏——朝鲜核试验的台前幕后全故事》为名在韩国出版发行，由此，他在韩国也为大众所熟知。

2012 年 1 月 12 日，笔者在位于东京赤坂的"重建日本倡议基金会"的会议室里对船桥理事长进行了采访。之后，在 2012 年夏天又对他进行了书面采访。之所以向船桥先生采访有关美日关系，特别是冷战结束后的美日关系等内容，除了考虑到他长期以来在美日关系方面的活动经验外，更为根本的原因是他有别于其他学者出众的能力，具体来讲，就是他在分析问题时高屋建瓴的视野以及用简单扼要的语言直击问题核心的能力。在这几次采访当中，船桥理事长针对当前日本所面对的国内外形势，进行了深入的分析并提出了自己独到的观点。

采访主要以美日关系为主题，船桥理事长针对"民主党当政以后，美日关系是好转还是恶化"、"如果朝鲜半岛统一，是否会成为敌对日本的国家"、"美日同盟将来会持续多久"、"最近国际社会上，日本的外交存在感衰弱是何种原因"、"针对迅速崛起的中国能否采取有效的牵制对策"、"作为日本永久的同盟国，美国是否可信"等问题一一进行了回答。

特别值得一提的是，船桥先生在采访中提到，今后日本的国家安全政策将与中国的海洋政策以及韩国的未来密切相关。这两个国家将对日本在东北亚地区的国际地位和国家安全影响最大。

另外，通过对船桥理事长的采访，启发我们思考一个重要的课题，即一旦朝鲜半岛统一，韩国应当如何重新定位韩美同盟和美日同盟，更进一步而言，韩国应当如何更好地利用美日同盟。

美日同盟的现状正在逐渐减弱

问：在您卸任朝日新闻社总编职务之后，出人意料地出任"重建日本倡议基金会"理事长，那么能否请您介绍一下"重建日本倡议基金会"通过何种变革（transformation）来实现重建日本的目标和使命？

船桥：现在的日本经济正处于严重的停滞状态，在世界舞台上的地位也不太明确。实现全球化的日本（Global Japan），正是基金会的目标和使命。我们计划主要通过三个方面的努力来达成这一目标。第一，创建智库。第二，打造公开讨论的平台，让政治家、学者、记者、法律专家能公开、自由地进行讨论；令人遗憾的是，在我看来目前日本并不存在类似的平台。第三，打造日本的世界级媒体，有效利用社会网络媒体。为此，"重建日本倡议基金会"的最终目标则是将这三方面有效地结合起来，实现全球化的日本。

问：这一说法是不是您曾经提出过的"世界民生大国"（Global Civilian Power）构想的延伸？或是针对东日本大地震而提出的呢？

船桥：东日本大地震只是契机索（trigger）之一，并非主要目标。

问：这个想法应该是很好的创意，但是现在看起来是否太晚？日本在外交方面是否已经变成"矮子"？

船桥：我同意你的说法。现在国际社会上，已经很难感觉到日本外交的存在。

问：作为美日同盟的研究专家，您如何评价当前美日关系？是好，是坏，还是维持现状（status quo）？

船桥：我认为美日关系已经呈现出逐渐下滑的趋势（status quo minus）。

问：为什么如此评价？能否请您举例说明一下？

船桥：首先就以普天间军事基地为例，普天间军事基地是1995年以来影响美日关系的痼疾[1]。日本政府曾多次提出将普天间军事基地移至冲绳县内的其他地区，但之后并未就此采取任何措施，所以现在搬迁的可能性已经微乎其微，这一问题可能变成"固化"。然而，这个问题已经成为日本反对美军基地运动的象征，今后也将是政治议论的焦点，而且会威胁到美日同盟的遏制能力。如果没有这一隔阂，美日之间无疑可以进行更富成效、更

---

[1] 1995年，在日本，针对驻日美军士兵轮奸12岁冲绳少女事件爆发了大规模反对美军的市民抗议示威。紧接着，1996年春天，美日两国政府达成普天间军事基地搬迁协议。2006年夏天，民主党党魁、时任首相鸠山由纪夫宣布无法实现美日两国就普天间军事基地搬迁问题所达成的协议，并宣布将把普天间军事基地"至少移至冲绳县以外"，结果造成美日间摩擦不断。

有战略意义的对话。因此，普天间军事基地问题极有可能成为影响美日关系的一个非常大的负面因素。特别是在民主党执政的这两年间，日方不恰当的战术性行动导致美日关系进一步恶化。另外，很遗憾的是，美国政府围绕国家安全问题，对日本民主党政府并没有给予足够的重视。

中国的迅速崛起、朝鲜的新领导体制及其今后路线、欧美国家的债务危机（sovereign debt risk）、全球通货紧缩等一系列问题使得国际局势越来越复杂。在如此动荡多变的局势下，日本甚至都没能进一步密切与其同盟国——美国的关系。回顾过去的一个世纪，凡是成功地与美国打造坚固而信赖关系的国家，纷纷以较少的费用有效地实现了本国的发展目标。英国通过两次世界大战与美国结下了非常密切而特殊的关系，并因此获得巨大的利益。对日本而言，很幸运的是，在二战中战败后与美国缔结了《美日安保条约》，之后美日关系的构建成了日本战后重建和重新进入国际社会的重要基石。继日本之后，中国通过改革开放加强了与美国的联系。现在，印度也开始模仿这些国家与美国保持密切关系，通过与美国的联系来谋求国家的发展。其实，韩国也同日本一样与美国建立了安全合作关系，从而成了既得利益方。然而近年来，日本似乎忘记这个成功的模板（formula），看不到美国对日本有利的部分。在小泉卸任以后的几年里，美日两国都没能为两国关系的进一步发展做出努力，对此我深表忧虑。

问：鸠山由纪夫首相与冈田克也外相的举措是不是一种权宜之计（ad hoc）？还是真正打破了日本内在的倾向和惯性？

船桥：这个问题问得很好。我担心这些举措是否代表或反映了日本社会的一些心理躁动（impulse）。日本社会从心理上普遍想要与美国保持一定距离。尽管针对中国崛起而非常担心对日本产生的负面影响，日本民众依然想要向东亚国家靠拢。在日本民众间存在着一种根深蒂固的全民心理（national psyche）与认知，那就是将东西方明确区分开的"二分法"观点。这种倾向在左派学者间尤为突出，这一点从鸠山内阁提出的东亚共同体构想中就能够看得出来。最近，这种长久以来深植于日本社会的心理又再起波澜，尤其是对那些感受到美国主导下的全球化威胁的年青一代而言，这种观点是非常有吸引力而且易于被接受的。我担心，美国以及美日关系会成为那些处于社会弱势或由于没有竞争力而感到被社会所排斥的年轻人攻击的目标。这些年轻人或是转向亲中国，或是表现出尽管不反美也想要跟美国保持距离的情绪和渴望，而且这种倾向比较浓厚。

问：您在1997年出版《同盟漂流》① 一书时，美日两国之间已经产生了裂痕，当前现状与当时相比发生何种变化？

船桥：当时的日本尽管正从顶峰滑落下来，但其自信心仍在。与应对美国相比，当时的日本人更关注如何维持日本在国际社会上的竞争力，以及如何获取东亚地区的主导权。然而，当前的日本人已经没有那份自信心了，剩下的只有对未来的不安与恐慌。我认为这是20世纪90年代的日本与现在最大的差异。还有，在现在日本人的眼中，中国的崛起比那时更具威胁性，这不仅体现在经济方面，也体现在军事方面，尤其是在海洋问题上。随着中国的崛起，考虑到对日本国家安全的重大影响，日本与美国缔结了强大的军事安全联盟，而这一事实也得到了日本民众的普遍理解。但是，我认为，如果美国方面在对待美日关系，尤其是美军基地的问题上失去信心，那么随时有可能放弃日本进而转向韩国、澳大利亚或其他新兴国家。

---

① 本书的观点认为，冷战后美日同盟面对美日同盟经济（特别是亚太地区经济上的联系）、朝核问题、中国崛起、冲绳美军基地问题四大矛盾时，其根本结构发生了动摇。书中对四大矛盾内容和同盟关系的动摇进行了详细的分析。

统一的朝鲜半岛可能对日本造成威胁

问：这是不是因成功而带来的一种惩罚（penalty）？日本已经习惯于将美日同盟的存续看作理所当然，这种心理又被称为"搭便车"心理或"吉田主义"的惯性（inertia），从未考虑过两国同盟的性质会发生改变。日本将美日同盟看作空气一样的客观存在，并且满足于现状，也不心存感激。对于这种情况您如何评价？

船桥："吉田主义"目前还是日本的官方路线。当然，在过去的十年间，独立心理膨胀所引起的社会冲动已经渐渐显露出来。特别是 1998 年，朝鲜发射"大浦洞导弹"事件可以看作一个分水岭。2005 年，中国爆发了大规模反日示威，紧接着 2010 年又发生"钓鱼岛争端"。我认为正是这三次事件的影响，引发了日本社会修改"吉田主义"传统的呼声。但是，日本人从根本上并不支持修改宪法，大多数人还是倾向于维持现行宪法。年长者尤其如此，而且他们的呼声在选举中更有影响力。现在的日本社会要求维持现状的意见相当有力，以至于未来十年间快速摆脱这种思想潮流的可能性很小。"吉田主义"仍将在日本国家安全理念中处于核心理论的地位。但是，所有的这一切都与中国的海洋政策和韩国的未来密切相关，这两个国家对日本在东北亚地区的国际地位和国家安全影响最大。

问：中国的海洋政策和韩国的未来会对日本造成重要的影响是什么意思？是否意味着中国和韩国未来会对日本构成威胁？一旦如此，那么这种威胁是客观存在，还是主观设定（contrived）？

船桥：两方面都存在。日本政治家们对这些威胁是有所认识的，美国方面也是一样。一旦美日同盟产生裂痕，可能会向中国的军事战略家们发出错误的信号。所幸的是，奥巴马政府在钓鱼岛问题上给予日本政府强有力的"支持"。美国政府表明立场，称"日本施政（administer）下的领土如果受到军事攻击，美国将出面保护"。尽管美国在中日领土争端中采取中立态度，但根据《美日安保条约》第五条，日本政府施政下的"领土"如果受到攻击，美国有义务（obligation）进行保护。这是美国向中国发出的非常明确的信号，我认为美国采取的这种态度令日本人振奋。但是，要维持美国对日本的支持就需要日本政府强有力的政治领导和对美日同盟的悉心经营。在我看来，一直以来，所谓的"朝鲜半岛问题"（Peninsula Question）才是日本国家安保最大的困境。

问：这是什么意思？

船桥：一旦朝鲜半岛实现统一，极有可能成为敌对（adversary）日本的国家。朝鲜半岛的统一是日本国家安全最大的潜在威胁。因此，与韩国维持友好关系对日本国家安保来说是极为必要的。对日本来说，一旦韩日关系恶化，日本必须倾尽全部力量进行恢复。而从中国方面来看，虽然20年之后，中国会发展得比现在更加完善，但是当前，中国还有很多矛盾和紧急的课题需要解决，目前还不能构成对日本的威胁。

问：统一的朝鲜半岛怎么会构成威胁？您的意思是说，由于朝鲜半岛构成对日本潜在的威胁，所以日本需要美日同盟吗？

船桥：我想说的并不是这样的，请不要误会。我并不是说日本应该在朝鲜半岛统一这个问题上持反对态度。相反，我认为日本应当促进和支持朝鲜半岛统一。换句话说，日本为了继续赢得美国的安全保护，就希望朝鲜半岛统一，这是日本重要的目标和课题。我相信，从长远来看，朝鲜半岛问题的解决不仅对日本国家安全有利，对东北亚地区的和平和稳定更有利。但是，日本应确保在统一的朝鲜半岛上建立民主体制、维持韩美同盟的同时，不会将"反日民族主义"作为统一的手段。

如果没有美日同盟，就很难想象日本的未来

问：两年前，我在华盛顿参加美国国家情报委员会（National Intelligence Council）举办的以"未来世界的预测"为题的研讨会。会议中有一个主题是"日本可不可以没有美日同盟？"。与会者们争论的基本结果是，不能排除这种可能性。后来，我在东京访问时任日本防卫相的林芳正时，提出了同样的问题。他的结论是，如果没有美国以及美日同盟，日本的未来是不可想象的。对他而言，美日同盟本身已经不仅仅是手段，更是目标。他的说法既令人印象深刻，又让人疑惑不已。同盟难道不是为了生存而采取的手段？怎么可能成为目标？您对此怎么看？

船桥：这同样也是困扰我的问题。一方面，同盟当然不是目的，而是手段。但是，另一方面，同盟又是实现日本国家目标的非常有效的方法。如果考虑到日本最后发动的战争，那么保持与美国坚实的关系是日本打造与周边亚洲国家关系的最有效的方法，尤其是那些与美国关系密切的国家，例如韩国就是个具有代表性的国家。1972 年中日邦交正常化也是中美关系缓和所带来的结果之一。从站在侵略过其他亚洲国家的日本的立场上，与这些国家的和解是非常困难的。我认为，日本与美国的联系并不是单纯的军事方面的联系，更是政治制度上的联系。通过美日同盟，日本得以逐步重建与其他国家的关系。但是，日本与这些国家之间的问题已经得到真正解决了吗？日本可以不用再顾虑这一点了吗？事实并非如此。日本与这些国家并未实现真正意义上的完全和解，要彻底解决这个问题依然需要很长的时间。

问：您认为美日同盟还能维持多久？

船桥：英葡同盟维持了 600 多年。我不确定美日同盟是否也

能走得那么远，但是我想美日同盟应该会比我们预想得更久。

问：您 2007 年 5 月 28 日发表在《朝日新闻》专栏的文章中称，"美日同盟是 20 世纪日本外交留下的最大财富，也将成为 21 世纪日本外交的基础"，但同时主张日本要从美日同盟中"独立"出来。事实上，您希望日本能够自己掌握主导权，并进一步成为世界的领导者，您的这种构想表达得非常直白。况且，美国不可能一直充当日本通向世界的窗口（window）。在日本的形象里存在两面性：一面是已经"独立"的全球化国家，另一面是继续寄生在美国身上的附属物（parasitical appendage），您认为，日本应如何协调这两方面？

船桥：日本应当以全世界的和平和福祉为己任，并通过有效的方式来达成这一意义深远的目标，而且应尽早确定这种战略目标。这是我早年间的构想，并通过"世界民生大国"这一构想得以发布出来，虽然并不伟大，但这是非常重要的努力。国家目标的设定就是一个历史性的任务，这个目标必须在政治上和社会舆论上都有所追求。在追求这个目标的过程中，日本可以进一步夯实与其他友好国家，特别是加强与美国在国家安全和政治体制方面的联系，这是我一直坚持的观点。这一想法的实现与维持美日之间的密切联系并不矛盾。尽管日本的目标有时会对美日关系产生一定影响，但是，由于两国都是民主国家，一个国家可能参与其他国家的政治进程，并在双方的讨论中提出意见或是提供方法。因此，我是信仰"民主和平论"（Theory of Democratic Peace）① 的。在思考美日关系时，韩国与日本是"民主和平论"最成功的案例。从这个角度来看，我并不认为日本在很多方面受到限制。日本不仅能够巧妙地制定国家目标，而且也可以同友好国家和同盟国交换意见。尽管双方可能存在分歧，但即使发生分

---

① 民主和平论是指民主国家之间不会发生战争的理论。这一理论以康德的"永久和平论"为理论依据，随着 90 年代初苏联和社会主义阵营的解体而受到了世界的瞩目。

歧也是很自然的事情。这是各国的国家目标和利益不同、国内政治情况不一而造成的。

问：您是如何定义日本的国家目标和国家利益的？而且，什么能够保障日本和美国关系的协调？

船桥：美日两国为了加强自由主义（liberal）国际秩序，就必须做出共同努力。而且，不应针对中国进行过度的意识形态斗争，否则可能产生更大的负面影响。中国渐渐富裕起来，产生了数以百万计的中产阶级。列宁曾说过："革命靠的不是穷人，而是新生的中产阶级和年轻的知识分子。"我们必须拓宽国际视野，积极争取这些新生人群的响应。这符合中国中产阶级自身的利益，并将成为新的亚太地区的基础。如果说不仅美日两国，包括韩国都是新亚太地区的一个组成部分，那么中国的中产阶级也很有必要成为其中的一部分。也许我的想法有些天真（naive），但我认为这应该成为日本的国家目标。在这种大环境下，美日关系能够且必须扮演非常重要的角色。我想这是在日本国力下降、人心渐渐内敛的现状下，日本必须扮演且能够扮演的角色。

问：这是非常重要的观点，可以反映出目前正在进行的权力转移（power transition）的状况。20 世纪 90 年代初猪口孝教授曾提及美日两极体制（bigemony）的可能性。另外，我看到很多文章中提到，您是七国集团（G7）的强力支持者。但是，这些预测都没有实现，现在我们说是美国和中国的两国集团（G2）模式。而且，共同参与的 20 国集团（G20）中，日本的角色则被大大地减弱了。最近甚至还有 G0① 的说法。再加上，日本试图加入联合国安理会常任理事国的努力并没有得到任何进展。考虑到这些国际势力构图的变化以及日本的国际地位，我个人觉得日本正处于

----

① G0，即"Global Leader Zero"，指的是没有任何一个国家或国家联盟有能力制定并执行全球经济议程的状态。"G0"这一概念最早是由美国的欧亚研究所的所长伊恩·布雷默（Ian Bremer）提出的。

非常困难的境地。您对此有何看法？在迅速变化的国际体制中，日本应采取怎样的战略定位？

船桥：不论是美日两极体制还是中美两国集团（G2）模式，这些概念我都不支持，也不可能实现。在当前社会，任何国家都不可能独自完成本国的自我认知和联系（affiliation）。简单说，只属于一个集团的国家是不存在的。很多国家都属于数量众多、各式各样的国家集团，这就是世界。这个世界比我们创造它的时候变得更加多极化（multipolar），并且形成了更加多样化的多边机制。日本自然也被包含在美日同盟、七国集团、亚太经济合作组织（APEC）、20 国集团等国际组织中。日本并不是孤立存在的，因此必须学习在这个新的世界中生存的方法。这就是我强烈主张重新搞活七国集团的理由。

问：您指的是七国集团？还是包括中国在内的八国集团（G8）？

船桥：就是七国集团。基本上，比起政治层面，我更加注重宏观经济政策方面。目前，发达国家都面临着类似的问题，比如民主、国家负债、通货紧缩、人口老龄化等。我认为，在七国集团中的各国纷纷面临这些问题的时候，中国和其他新兴国家尚未跟上这一步伐。眼下，中国还需将注意力集中在人口问题上，解决人口问题对中国经济、政治的未来有着非常重要的意义。因此，在知识、公共政策层面上，七国集团的作用依然非常重要。但这也不是说要取消 20 国集团或是日本要脱离 20 国集团，20 国集团也有其巨大的潜力。但是，面对全球经济失衡（global imbalance），20 国集团尚未提出有效且有连贯性的纠正或金融管制政策，也就是说，20 国集团尚未发展到成熟阶段。当然，20 国集团是非常重要的新生力量，这一点是毋庸置疑的。无论是亚太经济合作组织还是东亚峰会（EAS）等亚洲地区组织（Asian regional architecture）也都非常重要。在 21 世纪，亚太地区将占绝对优势，可能成为世界地缘政治的中心。如果我们不妥善处理与亚太地区主要国家的关系，这一地区可能会变得比现在更加不安定。目前，这一地区仍存在着像朝鲜半岛那样处于分裂中的国家。在美国深深介入该地区事务的现状下，日本应努力尝试与更多的亚洲国家建立密切的关系，在地区事务中扮演更重要的角色。

没有存在感的日本外交的领导力

问：您刚才提到，在七国集团、20国集团，甚至是亚太经济合作组织中，都越来越难听到日本的声音。最近关于参加"跨太平洋伙伴关系协定"（TPP）① 的协商议论中，日本也没能做出积极的回应（reactive）。在国际舞台中，日本外交的存在感越来越低。这种情况未来有可能得以改善吗？

船桥：虽然感到难过，也很伤害自尊心，但我非常同意这一说法。

问：产生这些问题的原因是否起因于日本的国内政治？

船桥：我个人认为从根本上说是国内政治的原因。

问：这是因为日本外务省的士气低落吗？

船桥：现在外务省的官员都非常专业，其中也有很多人拥有很强的能力。然而，由于缺少优秀的政治领导力，所以才无法提出更合理的政策。回顾过去的50年，在1965年韩日邦交正常化和1972年中日邦交正常化的时期，日本采取了积极的外交政策，

---

① 跨太平洋伙伴关系协定（Trans - Pacific Partnership），也被称为跨太平洋战略经济伙伴关系协定（Trans - Pacific Strategic Economic Partnership），是以建立亚太地区经济统一体为目标的多边自由贸易协定。2005年6月，由新西兰、新加坡、智利、文莱四国发起，创建初期并未形成较大的影响力，但随着美国宣布积极参与其中而开始受到瞩目。奥巴马总统称其为促进亚太地区经济一体化的最有力的手段，也是将美国和全世界发展最迅速的地区连接起来的重要一环。

同时日本政坛时常涌现出优秀的政治领导人。因此，如何提升政治领导力才是日本目前面临的最关键问题。我认为，日本的官员相对而言还是比较清廉的，但他们不能改变政治领导力。在日本积极规划国家战略目标，并发挥突出外交作用的时期，是政治领导力发挥了至关重要的作用。例如，田中角荣、大平正芳、中曾根康弘、吉田茂等多位首相就是如此。

问：那么，为什么现在的日本缺乏政治领导力？

船桥：这个问题很难回答。非常遗憾的是，就这个问题我也没能做出很有说服力的答案。

问：这是因为日本社会安于现状并且相信国际局势将长期稳定吗？

船桥：我认为从某种程度而言，这可以说是日本实在太过适应于现状所造成的。日本的过去相当成功，因此现在想要改变则变得非常困难。由于日本无法快速适应处于剧烈变化的地缘政治，其结果导致日本的国力萎缩也在所难免。过去的奥斯曼帝国、威尼斯、中国封建王朝也都如此，这些帝国衰亡往往都是由于未能有效应对巨大的地缘政治变化而开始。现在我们大概每个世纪都会经历一次地缘政治的剧烈变动，在这个关键的当口，我们绝不能踟蹰不前，而应当下定决心全力应对。最近，通过观察日本社会的趋势发现，年轻学生们对是否要去海外留学纷纷产生迟疑，特别是过去十年，赴美留学的日本学生数量减少了一半。这从一个侧面反映出日本民众安于国内生活的心理倾向。

问：商业界称这种现状为"加拉帕戈斯化"（Galapagos syndrome）现象①，您是否同意这种进化停滞的见解？

---

① 加拉帕戈斯群岛，位于南美大陆以西1000公里的太平洋海面上，被称为"自然历史博物馆"。加拉帕戈斯化，是指在孤立的环境下发展出只适应本地市场的特有服务或产品，而被隔绝于世界市场之外的现象。以日本的IT产业所处的现状为代表。

船桥：我同意这种说法。"加拉帕戈斯化"现象给了我们一个教训，就是一定要追求多样性，多样性是最重要的。怎样才能打造一个更加全球化的日本？这个问题的答案就是需要通过多样化（diversify）的实现来解决。日本要保持多样性，要在学习如何利用多样性的同时学习实现多样化的方法。我认为这才是日本需要学习的经验。

牵制中国，不应成为解决方案

问：您在2008年《外交》（*Foreign Affairs*）杂志上发表的文章中曾提到，为了应对中国的崛起，美国应参与到"10 + 3"或东亚峰会（EAS）中去。从这一角度来看，您似乎认为中国的崛起对日本而言是潜在的威胁和隐忧。同时，您又说中国本身存在严重的问题，因此不可能构成日本的威胁。关于这个问题，您真实的想法是怎样的？

船桥：现在的中国内部的确有很多矛盾和问题，今后也将会如此，要解决这些问题需要很长的时间。但是，中国本身不会分裂（implode），尽管未来的事情谁都无法预测，但是至少一两个世纪内中国会维持当前的国家体制。在未来的数十年间，中国的力量和其在国际社会中所发挥的作用不会得到削弱，我们必须接受这个现实。我认为，美国积极介入亚太地区，尤其是东亚地区事务，将有助于中国更加平等地参与地区事务。在这一点上，"跨太平洋伙伴关系协定"可以视为美国深入亚太地区事务和中国加入亚太地区一体化的非常有效的手段。您提到的这两点并不是互相排斥的，中国社会现在相当活跃，将来也必然会变得更加多样化。日本有很多机会跟中国合作。

问：您的主张好像与亨利·基辛格（Henry Kissinger）在他

的《论中国》① 中主张的美中"共同演进论"（co - evolution）有异曲同工之妙。那么，您对约翰·米尔斯海默（John Mearsheimer）、斯蒂芬·沃尔特（Stephen Walt）以及阿龙·弗里德伯格（Aaron Friedberg）等主张"中国威胁论"的美国鹰派人物如何评价？尤其是他们主张通过与日本的合作来牵制中国，您同意他们的观点吗？奥巴马总统的"重返亚洲战略"（Pivot to Asia）是否已经体现了这种态势？

船桥：我并不同意他们的观点。在我看来，这种观点只是反日、反美民族主义者为了本国的统治和体制稳定，因此使中国的所谓"旧体制"得以延续而已。对中国不能采取"持久战"（protracted war）的战略，而要采取"持久和平"（protracted peace）的战略。

问：您出生在北京，曾任《朝日新闻》北京特派记者。在您看来中日关系现状如何？我在采访国分良成教授时，他曾提到中日关系发生了"断绝"，这是事实吗？如果是事实，那么是什么原因导致这种事情发生的呢？

船桥：这是事实。中日之间的人际网络出现了"断绝"，并产生了"外交隔阂"。韩国与中国的关系源远流长，中韩关系一直以来都有两个层面的交往：一个是正式途径，另一个是非正式途径。有些人认为，非正式途径一味配合中国的步调，而这种想法是不好的。尽管对这种感情可以理解，但在事实上，中国的国力正在崛起，但是中国人和中国文化不会轻易改变。中国人、韩国人、美国人都有其各自不同的情感和文化。我一向认为，日本在与中国正式和非正式两个层面的交往中都应当维持友好的关系。然而，最近 10～15 年，尤其是在政治上，中日两国之间的关系并不友好（rapport），甚至在经济领域的关系一度处于停滞状态。结果，2010 年"钓鱼岛争端"发生时，中国和日本两方面

---

① 韩国版译为《亨利·基辛格的中国故事》，权基大（音）译，2012 年出版。

都没有人站出来尝试改善两国关系。由我担任理事长的"重建日本倡议基金会"近年来正在与中国方面发展友好的关系。

美国仍然是日本值得信赖的伙伴

问：考虑到"茶党运动"等一些动向，对现在的美国究竟是否值得信赖？托马斯·弗里德曼（Thomas Friedman）认为"茶党运动"使得美国政府功能减退。那么在美国政治系统退化、华盛顿整体错误频出的现状下，日本是否仍然能够信任美国是永远的同盟国？美日同盟能否维持100年？

船桥：我也不能确定美日同盟能否持续100年，但是美国无疑是日本最值得信赖的朋友。

问：这一点我能理解。我指的是美国的结构功能。

船桥：要分析国家功能，美国要比日本强得多。我坚信美国是会复苏的。美国拥有世界前十的大学，企业家精神也很强。北达科他州和宾夕法尼亚州都发现了新的油页岩（oil shale），即蕴藏石油的岩层。美国人口仍呈增长势头，现在比10年前增长了3000万人口，涨幅约为10%。美国的优势是数不胜数的。

问：美国当然具有很多优势，但那些优势并非美国政府在政策运用方面有过人之处（smartness）所带来的。对此，您如何评价？

船桥：您说得很对。但是，美国仍然拥有最大的资产（asset）和最先进的基础设施，这些都是客观存在的。那么，美国要再次成为受人尊敬的全球领导还需要什么呢？答案就是卓越的政治领导力。遗憾的是，布什政府以后，就再没有优秀的政治领导力了。但是我始终相信，总有一天美国还会再出现优秀的政治领导力，这一点我毫不怀疑。例如，卡特总统之后有里根总统，胡佛总统之后有罗斯福总统，布坎南总统之后有林肯总统。美国依然是一个非常有活力的国家，这一点大家有目共睹。当然，我也确实担心美国华盛顿的最近动向。我在华盛顿区的时候，有幸作为海外记者多次受邀到凯瑟琳·格雷厄姆（Catherine Graham）①家中。她的家住在乔治城，距离我住的地方并不远。每次受到邀请参加晚宴至少能遇到 4 ~ 6 名上院议员，共和党和民主党的都有。她是 20 世纪 90 年代中后期华盛顿社交界的女王。金里奇受伤后，减少了与外界的联系，到布什政府执政时与外界完全隔绝了。现在华盛顿已经没有什么有名的社交人士了。这一点不禁令人扼腕。美国外交政策的制定需要超越党派的协商，阿富汗战争、伊拉克战争都说明了这一点。美国要恢复需要时间，但是我们不能对美国失去信心。

问：奥巴马总统非常重视亚洲。这对我们是好事还是坏事？有观点认为奥巴马政府重视亚洲，对亚洲国家来说有可能并不是一个好消息。这种观点认为只要美国介入，到处都有可能成为战场，伊拉克和阿富汗都是如此。所有美国深入干预的国家都陷入战争的泥沼，充满流血和冲突。您对此如何看待？

船桥：我并不同意这种观点。亚太地区与中东地区的情况并不相同。美国对待亚太地区的问题要更加慎重。中东地区尽管也关系到美国重要的切身利益（vital interest），但是亚太地区将来会成为比中东地区更重要的地区。未来数十年间，美国要谨慎处理对华关系，既不能疏远中国，更不能包围中国。还有，除了中国以外，包括韩国、印度尼西亚、越南，以及 15 年后的缅甸等国在内的其他亚洲新兴势力，也需要采取全新的外交方式来应对。如果美国不能采取恰当的行为来应对当前的局势，那么美国的国际地位和声望随时有弱化的可能。

---

① 凯瑟琳·格雷厄姆（Catherine Graham, 1917—2001），《华盛顿邮报》的名誉主席，因报道"水门事件"而蜚声世界。

日本的国内政治可能危及美日同盟的未来

问：日本的未来是光明的吗？

船桥：很难说是光明的。虽然我也不想将未来想得过于悲观，但未来肯定不是一帆风顺的。过去的50年间，日本的政治领导人在"乌拉圭回合"、"多哈回合"、亚太经济合作组织问题、贸易和冲绳问题，特别是历史问题上一直在拖延时间，不肯做出艰难但意义重大的决定。这些悬而未决的问题渐渐累积，如今已经成为日本政府的沉重包袱。未来新的领导人要想将这些问题解释清楚，并且顺利解决将会是非常困难的。

问：您认为美日同盟的未来前景如何？如果说日本国内政治的未来是暗淡的（gloomy），那么能否对美日关系产生负面影响？

船桥：对此我也深感忧虑。

问：像鸠山首相、冈田外相等人，能否再次出现政坛？

船桥：将鸠山首相和冈田外相看作一类其实是不对的。冈田外相是更加理性、更有内涵的政治领导人，我希望他能够回到政坛。

问：您看，东亚地区秩序的未来会怎样？是好，是坏，还是无法预测？

船桥：我对东亚的经济增长和发展以及中产阶级的成长等趋势，持正面的观点。海洋和领土问题虽然带来严重的地区局势紧张，但我认为与其他地区相比，亚太地区仍是发展潜力最大的地区。在这种意义下，我认为东亚地区秩序的未来是相当光明的。

问：您于2001年9月刊登在《世界》杂志的文章中提出要克服过去的政策，这一观点令人印象非常深刻。尤其您提到，此前国会议员和国家公务人员在公开场合一直代表日本政府，对历史问题采取全面否认的态度，今后对此类发言和行动应当加以约束，这一"国家利益条款"主张非常具有现实意义。如果日本政治家接受了您的意见，那么韩日、中日关系就不会像现在这样恶化下去，因为只有那样的提议才能成为道歉应有的真正态度。当时日本的政治家对您的观点持怎样的态度？将来您的这个想法是否有可能被采纳？

船桥：当时日本并没有积极反应，而反对的声音却很高。民主党政府尽管成就不大，但对于历史问题相对认真地考虑过，冈田外相、鸠山首相无不如此。因此，关于这个问题，我不想对民主党多加指责。

问：最后，我想再问一个问题。假如韩国和日本能够克服历史问题和领土问题，那么，能够像北大西洋公约组织（NATO）那样建立韩美日三国同盟吗？

船桥：这有可能。但不应将解决历史问题和领土问题作为日美韩三国同盟的条件，而应当在认真探讨历史问题和领土问题的过程中，探讨韩美日三国同盟的可能性。将来，为了实现朝鲜半岛的统一，韩国有可能需要日本的帮助。韩日自由贸易协定（FTA）和韩美日合作机制是韩国统一战略的根本。为了实现统一的宏愿，韩日两国都必须做出战略性的抉择。

中国虽然强调第三世界外交，但实际上采取行动的时候主要还是针对超级大国和发达国家。中国内部最近对日本的评价也在改变。日本一直以来都被定义为成功的国家，但最近却变成"失败国家"的例子。

第五章

日本与中国：是合作？
还是对立？

国分良成

国分良成 (Kokubun Ryosei)

1953 年出生于东京，1976 年毕业于庆应义塾大学法学部政治学专业。曾经到哈佛大学和密歇根大学留学，于 2002 年取得庆应义塾大学政治学博士学位。师从日本中国现代史研究权威、原庆应义塾大学校长石川忠雄教授，从 1981 年开始担任庆应义塾大学法学部专任讲师，继承石川教授开设了现代中国论等课程。之后 30 年间任职于庆应义塾大学法学部，主要从事现代中国的政治和外交研究，发表了丰硕的学术成果。还在北京大学、台湾大学、复旦大学做过访问学者，曾经担任过亚洲政经学会理事长、日本国际政治学会理事长等社会职务。另外，还长期担任英国伦敦大学《中国季刊》（China Quarterly）的编辑委员。2012 年 4 月受日本政府邀请就任防卫大学校长，引起广泛关注。

国分良成自从第一部著作《中国的政治和民主化——改革开放政策的实证研究》（1992 年）出版以来，笔耕不辍，连续出版《原点中国现代史》（第一卷·政治）（合著，1994 年）；《亚洲时代的检验——来自中国的视点》（1997 年，亚洲太平洋特别奖）；《中华人民共和国》（1999 年）；《现代中国的政治与官僚制度》

（2004 年，Suntory 学艺奖）；《中国的统治能力——政治、经济、外交的相互关联分析》（主编，2006 年）；《现代东亚——朝鲜半岛、中国大陆、中国台湾、蒙古》（主编，2009 年）；《党和国家——政治体制的轨迹》（合著，2009 年）；《中日美"战略三角"——三国合作之路》（主编，2010 年）；《中国的现在》（主编，2011 年）；等等。另外，还与北京大学王缉思教授、哥伦比亚大学杰拉尔德·柯蒂斯（Gerald Curtis）教授等合作，共同执笔英文著述。

引 言

国分良成教授是日本的中国研究专家代表之一。作为一名学者，他的研究除了深受恩师石川忠雄教授的影响外，还曾在密歇根大学迈克尔·奥克森伯格（Michael Oksenberg）教授指导下进行了学术深造，并从中学习到关于现代中国政治研究的方法论。尽管国分教授对中国的研究观点很有一贯性，但大体上可看出，他的研究风格在上海复旦大学做访问学者时发生了重要的变化，这是因为亲临中国使他认识到从书中读到的中国和实际中的中国有着巨大的差异。当时的中国正处于自由开放讨论的氛围，知识分子和学生们针对中国的将来展开了热烈的讨论。正是在这一时期，国分教授认识到"现场感觉"的重要性。这段时间他的研究主题是毛泽东时代中国的政治体制。赴美留学期间，国分良成教授的研究重心又转到中国的官僚体制和民主化方面。

一方面，国分良成教授曾通过多种方式向历任日本首相提供政策咨询和建议。2003～2008 年，国分教授在日本外务省任"新中日友好 21 世纪委员会"的日方秘书长。他从民间的立场出发积极倡导中日之间的"战略互惠关系"，同时与中国的政要保持密切的人际关系。另外，他还积极参与公众活动，出席包括日本放送协会（NHK）在内的电视讨论会和政治解说节目等。尤其是在邀请专家针对时事问题发表 10 分钟意见的节目"视点·论点"中，他从 20 世纪 90 年代中期开始总共参与 50~60 期节目，创下出场次数最多的纪录。除此之外，他还积极向月刊、日刊投稿，并且举行演讲活动，在日本国内知名度颇高。

另一方面，国分教授还花费大量心血培养了大批研究中国政治外交的专家。2012 年 4 月 1 日，国分教授决定入职防卫大学，也是因为那里是战后时代的士官学校，培养的都是将来保卫日本的国防和和平的核心人才。在防卫大学培养更多的优秀人才，这一希望成为他离开执教 30 多年的母校庆应义塾大学最大的理由。此外，尽管入职防卫大学会在一定程度上影响其个人自由的社会活动，但从学术研究的层面上来看，就进入了与政府政策制定更加接近的领域，所以此举也可以认为是对国分良成教授个人一次很好的机会。2012 年 5 月 30 日，在他就任防卫大学校长以后，他在日本记者协会举办的讲座上，同与会者分享了恩师石川忠雄教授教会他的，作为一名在大学任教的学者应当注重的五个方面，即研究、教育、行政、社会活动和培养后代[1]。

2011 年 10 月 21 日，在庆应义塾大学三田校区科研楼会议室，笔者对国分良成教授进行了采访。在之后编辑的过程中笔者对他的原稿稍稍进行了加工和修改。

1972 年体制仍在发挥作用

问：国分先生，您作为中日关系方面很重要的人物，在中国学者间也广受关注。然而从前段时间开始，偶尔会听到中国的日本研究学者发出了"国分教授以前对中国非常友好（pro－Chi-

---

[1]　演讲的影像资料见 http://www.youtube.com/watch? v = f4Y0PQ7bmc。

nese），但最近好像发生了变化"的声音，您是否同意这种说法？
您的中国观是否发生了变化？还是没变？

国分：我的中国观基本上具有一贯性。我开始着手进行中国
研究是在 20 世纪 70 年代，当时中国正处于"文化大革命"末
期。当时我对中国，尤其是对中国的政治体制持非常批判的态
度。然而，跟随我的导师石川忠雄教授的脚步，渐渐地我也学会
了像导师一样用现实主义者（realist）的视角来观察中国。20 世
纪 80 年代，我亲自到了中国，在现场看到的中国与我之前想象
中的中国完全不同。中国社会本身与社会主义理论中所描述的不
同，是非常"现实"的社会。虽然表面上看起来国家管控得很严
格，但是在私下可以进行批判，我周围的中国人都可以旁若无人
地公然批评政府。对此，我感到很惊讶。但是，比起我个人的变
化，这个世界的变化显然更大。举个例子，20 世纪 80 年代在日
本进行的一项舆论调查显示，日本人觉得最亲密的国家不是美国
而是中国。然而在 20 世纪 80 年代，其实真正的"中日友好"尚
未实现，因为当时只有高层政治家之间联系密切，一般民众之间
并没有建立联系。那么，怎样才能建立真正的友好关系呢？我认
为，如果两国间只有某一部分人通过特定的途径来友好，那么这
种友好一定是非常不自然的。后来，中国和日本逐步发展成了相
互依存的关系，接触变得广泛，摩擦逐渐增多，彼此在对方心目
中的形象也渐渐变差了。现在，中国反而成了日本人最没有亲近
感的国家。但是，现在的中国比起"文化大革命"时代明显开放
了很多，发展了很多。

问：1972 年 9 月以田中角荣访华为契机，中日关系终于实现
了邦交正常化。从此以后，中日关系的基本框架就被称为"1972
年体制"。这一体制有何特征？能够走多远？

国分：大框架到现在仍然持续。"1972 年体制"是以冷战格
局的存在，也就是苏联这一假想敌的存在为前提的，这个大前提
就是重视中日之间的友好关系。日本在中国台湾问题上坚持"一

个中国"的原则到现在也没有改变，这是两国经历过战争的政治
领导人之间共同协商而达成的共识。但是，随着中国台湾"民主
化"进程的推进，日本对中国台湾的态度也有所变化。再次重申
一下，时至今日，1972 年中日开始发展友好关系的前提状况已经
大大改变了。现在，只追求"双边友好"已经不能满足两国的需
要，稍有不慎就有可能因为历史问题等，使得双边关系转向不好
的方向。2006 年，以"战略互惠关系"（我个人称之为"2006 年
体制"）的建立为契机，"1972 年体制"得到了加强。中日两国
应当立足历史，发展更有建设性和面向未来的双边关系。而且，
我们不应只盯着中日关系本身，应当从共同应对东亚地区共同课
题角度出发，结合东亚地区发展脉络，从战略高度重新认识中日
关系的重要性。

中国国内政治对中日关系的影响

问：您曾提到过，20 世纪 90 年代中日关系恶化是因为当时
的中国国内政治状况。现在您还是这样认为吗？如果那样，其原
因又是什么？

国分：从日本角度看来，当时中国过分纠结于日本的历史问
题和过去的"军国主义"历史，因此在日本非常不受欢迎。中国
从 1992 年开始实行市场经济体制，诸多问题渐渐暴露出来。因
此，20 世纪 90 年代前半期，中国突然开始加强爱国主义宣传。
之后，报纸、电视等媒体中爱国主义和抗日战争的内容激增。可
以说，从 20 世纪 90 年代中期以后，日本形象在中国变坏了。

问：您曾经对之后的中日关系做出过这样的预测：第四代领
导人执政以后，中日关系将向更加积极的方向发展。但事实上，
第四代领导人时代的中日关系也没有什么特别大的进展，您如
何看？

国分：并不尽然，事实上取得了显著的进展。中国时任国家主席胡锦涛上任后，尤其是时任总理温家宝2007年访日之际，他在日本国会演讲时曾指出："中日邦交正常化以来，日本政府和日本领导人曾多次在历史问题上表明态度，公开承认侵略并对受害国表示深刻反省和道歉。对此，中国政府和人民给予积极评价。……日本战后选择和平发展道路，成为世界上主要的经济大国和国际社会有重要影响的一员。作为贵国的友好邻邦，中国人民支持日本人民继续沿着这条和平发展道路走下去。"此番讲话通过网络在中国进行了直播，并成为中日关系的重要转折点。

2006年9月，小泉首相卸任以后，继任的安倍晋三首相在就职后一个月就访问中国，并与中国时任国家主席胡锦涛达成协议，双方建立"战略互惠关系"。正是以安倍首相此次访华为契机，日本拉近了中日关系，并促成了中方上述的对日姿态。然而，建立"战略互惠关系"之后，中日关系仍然没有就此稳定下来。

问：自民党当政时期，除福田康夫内阁外，小泉纯一郎内阁、安倍晋三内阁、麻生太郎内阁全都是"亲美政府"。另外，也有观点认为日本曾借用自由市场经济和民主政治等来包围（encircling）中国。正是因为日本采取这样的对华政策，才使得中国的领导人和群众敌视日本，从而使得中日关系日渐恶化。对于这种观点，您有什么看法？

国分：如果日本政府的执政态度比较坚固，对华政策就可能会更有一贯性。然而，这正是日本政治制度所产生的结果。正如前面提到那样，中国的对日政策与国内政治是密切相关的。因此，2005年春天的反日示威虽然是由小泉首相参拜靖国神社引起的，但也有其他原因。

2006年，安倍首相提出中日之间的"战略互惠关系"以后，中国的反日情绪有所缓和。2008年5月，中国时任国家主席胡锦涛对日本进行国事访问。在他回国两天后的5月12日，四川省发生了汶川大地震。中国当时首先接受了日本救援队，中国的报纸和电视还大力报道日本救援队救出受灾地区儿童的事迹。

这样看来，中日两国战略互惠友好关系的第一阶段应当说是2006～2008 年。2010 年底，中国国内生产总值（GDP）首次超越日本成为世界第二大经济大国，"北京共识"等观点云起。同时，中国的外交政策总体而言采取积极姿态，并引起全世界的广泛关注。

问：您如何看中国国内政治的变化？

国分：中国国内的政治状况比世界上其他任何国家都复杂，所以观察起来也比其他任何国家都困难。因此，只通过"战略互惠关系"是无法从根本上改善中日关系的。当然，这跟日本政界的动荡不平也密切相连。一旦中日关系发生恶化，必然导致中日两国对对方政策的混乱。

日本人的对华认识：20 世纪 90 年代以后持续恶化

问：最近，中国学者和政治家对日本的关心普遍不高。有些人认为只有美国才是中国的对手。中日两国之间在相互认知上存在很大的差异，这一点非常有意思。一方面，日本由于中国的崛起以及所谓"中国威胁论"所掀起的反华情绪非常强烈；另一方面，在中国的精英阶层之间，对日本的存在感非常小。中国和日本之间相互认知的现状是非常奇妙的。您对此现象如何评价？

国分：中国虽然强调第三世界外交，但实际上采取行动的时候主要还是针对超级大国和发达国家。中国内部最近对日本的评价也在改变。日本一直以来都被定义为成功的国家，但最近却变成"失败国家"的例子。2000 年，日本的国内生产总值是中国的四倍。十年后，情况发生逆转，中国超过日本。怎么会发生这样的情况？当然最重要的原因是中国本身的发展。但是，同样重要的原因是日本的经济长期处于停滞状态。

那么，中国是怎样发展的呢？当然是借了"开放"的东风。中国作为社会主义国家，就像一张白纸，外界的一切都可以引进来，通过国外的资本来发展自身。相反，日本有很多世界级的大企业，国内的竞争已经非常激烈，国外企业根本无法进入日本市场。加上日本社会出生率低，社会老龄化现象比较严重，社会问题愈演愈烈。另外，日本国内市场的外国资本少，金融领域的国际化水平落后。结果，造成日本经济的走向与世界经济的走向并不一致。日本本来对中国在现实上和精神上都有相当大的优越感，但在最近十年，在所有国际标准下，这一优越感已经开始被推翻。

在过去的十年，中日两国都陷入更大权力更迭（power shift）之中。日本必须认真看清剧变中的世界秩序和中国的现实状况。日本现在欠缺的是带着全球视野进行战略思维。中国发生问题就只看中国，这种"头疼医头、脚疼医脚"的处理方法肯定是不行的。遗憾的是，日本对此至今还未找到合适的突破口。

问：一段时间以来，"中国威胁论"在日本不断被提起，我认为其中不乏被国内政治误用和乱用的成分。对此，您怎么看？

国分：我本人从来没有明确地将中国看成日本的威胁。美国具有世界上最强的军事实力，而日本民众却不认为美国是个威胁，这是因为美日之间有同盟关系的存在。对"威胁"二字的认知是随着双方关系的发展而变动的。日本民众对中国认知的改变是在1989年政治风波之后。20世纪80年代衡量中国的标准仍然是人权、民主等。随着中国在国际社会的存在感逐渐增大，中国的政治体制导致了一系列影响，其中包括中国军情的变化，也导致日本最近对中国的警惕性日增。当然，中国本身还是有所改变的，也看得出中国政府正有意缓和对日关系。然而，中国在各个领域（包括军事领域）的对外行动和发言中，尤其是对日行动中都采取了强硬态度，因此，日本民众对"中国威胁论"的认同度飙升也是事实。

近年来，日本积极推进与亚洲其他国家友好关系的努力并没有获得显著的成果。其实，认真回顾小渊惠三首相、桥本龙太郎首相时期的亚洲外交以及冲绳美军基地问题，就不难总结出解决问题的方向。美日同盟无疑是非常重要的，但同时也要强调与亚洲其他国家的关系。然而，进入 21 世纪，小渊首相以后的外交政策由于日本政局动荡不平、首相频繁更换等原因无法扎根。日本外交在非常重要的时期也未能与亚洲其他国家建立充分密切的外交关系，这一点不禁让人扼腕。

问：2011 年，我在夏威夷火奴鲁鲁召开的美国亚洲学会年会上听到东京大学北冈伸一教授的演讲。他认为，现在的中国与 20 世纪 30 年代的日本很相似。东京大学名誉教授和田春树也曾发表过类似看法。对于这种现象应该怎么理解呢？

国分：本来日本民众对中国的认识就非常理想化。之前也提到过，1980 年，对中国有亲密感的日本人占 80%。然而，现在近 80% 的人对中国没有亲密感。20 世纪 80 年代的中日关系全靠政治领袖和经济巨头来主导，两国间不存在相互依存的关系，日本对中国的印象也相对较好。当时中国刚刚结束一场名为"文化大革命"的斗争，内部情况完全不被外界所了解。但那时，两国的领导人之间是高举酒杯齐唱友好之歌的。当时日本的领导人由于历史问题，对中国怀有强烈赎罪心理的也大有人在。20 世纪 80 年代便是那样的时代。

现在，如果没有中国这个巨大的市场，日本是无法生存的。中国的立场也是一样，日本的资本和技术对中国还是很有吸引力的。正是在双方的相互依存关系日渐深化、日本在经济上非常需要中国的当下，日本对中国的印象是最差的，不得不说这种关系是非常不平衡的。20 世纪 80 年代的情况虽然也不平衡，但是现在的情况更加奇怪。与此同时，两国间的交流也急剧减少。

问：日本人对华印象非常负面这一点我们都能理解。但是在您看来，中国有可能像 20 世纪 30 年代的日本一样走军国主义路线吗？

国分：中国政治体制的特征是党、政、军三位一体，其中党的领导高于一切，这是中国政治体制的大原则。在中国是由党来指导军队，党指挥枪。20 世纪 30 年代日本的失败其实与国内政府和军队首脑的想法无关，是在中国东北当地的关东军一味蛮干并且任由事态发展到无法收拾的境地所造成的。再看中国的情况，现在党的领导力仍然发挥作用，所以很难与过去日本的情况相比较。

随风而逝的中日两国间的人际网络

问：正如您曾指出的，到 20 世纪 90 年代初为止，两国之间存在着强大的人际关系通道。然而现在，这种联结网已经很难看到了。这是为什么呢？

国分：关于这一点，有必要观察日本国内政治的变化。所有人都曾以为自民党的一党专制会一直维持下去。中日关系是由自民党内部最大派系"田中派"和之后的"竹下派"，也就是"经世会"来维持和发展的。然而，日本社会对于派系政治的批判声越来越高，同时政界接二连三地爆出贪污腐败的丑闻，造成自民党统治的空城计崩塌，1993 年自民党终于下台。之后，自民党只能通过联合政权的形式继续执政。但是，小泉执政时代是个例外，小泉首相能够在日本民众间聚拢人气是由于他打出"粉碎旧自民党"的口号，并以此建立打破派别政治的形象。其结果固然整理了日本政官财界的关系，使之变得更加简单，但同时也导致中日政界的沟通交往通道变窄。20 世纪 70 ~ 80 年代，对中国来说，日本是一个特别的国家。而现在，中国受到了全世界的瞩

目，站在中国的立场上，对日本的重视程度肯定比以前相对变
少了。

问：这是因为日本的政经勾结消失了吗？

国分：是的。韩国的徐承元教授针对日本政府对华开发援助
（ODA）的研究将事实明了地摆在我们的面前①。自民党政权的
"竹下派"等人当时以对华开发援助为媒介，与中国建立强大的
人际关系网。然而这种情况只延续到 20 世纪 80 年代末。20 世纪
90 年代以后，中国经济转而以市场为导向，开始发展市场经济。
日本政治方面，1993 年自民党政权短暂下野，之后进入联合政府
时代。同时，1989 年政治风波以后，针对日本对华开发援助的批
判论调逐渐高涨。中国转向市场经济并不影响政府主导的大框
架。全世界经济都是市场导向的，日本企业也是随着市场主导
的，而中日关系却依然是政府主导的。在这种状况下，是否继续
推行政府对华开发援助这一问题随着自民党派别斗争，其意义变
得越来越小。最终导致在世界经济市场化的趋势越来越明显的大
背景下，中日两国之间的政经关系网络日渐稀疏。最终，自民党
内的亲华派（China-hands）几乎都是"竹下派"。

问：我曾经访问过起草邓小平先生南方讲话②的郑必坚教
授③。他认为，对于中国的经济实力（power）和能力（capabili-
ty）不能过高评价。维持经济增长并不容易，尤其是要保持 8%
以上的经济增长率更加不易。但是如果做不到一定程度上的经济
增长，必将引发失业等社会问题。中国政府同时还需要面对收入
和财富分配不平等问题、腐败问题、沿海地区和内陆地区之间的
两极化问题等。2011 年中国的国内生产总值（GDP）超过 7 兆美

---

① 见于徐承元著《日本的经济外交与中国》（庆应义塾大学出版社，2004 年）。
　关于这一说法可以参考徐承元著《北风与太阳——日本的经济外交与中国，
　1945~2005》（首尔高丽大学出版社，2012 年）。
② 邓小平的南方讲话指的是邓小平先生从 1992 年 1 月末至 2 月初前往上海、深
　圳、珠海等南方地区巡视，并主张要加快改革开放步伐的重要讲话。
③ 访谈见于文正仁著《试问中国的明天》（三星经济研究所，2010 年）。

元，但是人均国内生产总值却刚刚超过 5000 美元，排名世界第 84 位。郑必坚教授提到，中国的经济实力虽然看似很强，实际上并没有那么强，中国共产党正在与收入分配问题、腐败问题、提高人民生活质量等一系列问题角力。同时，还必须面对公共债务、通货膨胀、房地产投机等诸多问题。那么，您对中国的经济实力怎样评价？

国分：我认为，现在中国的经济实力与邓小平时期已经大不相同了。那时的中国是发展中国家。但是随着经济的增长，中国社会渐渐陷入两极分化的泥沼之中。其中，当今中国最大的问题是地区之间的差距。举例来说，中国沿海一部分地区早已发展成为发达地区，人均国内生产总值达到 1 万美元以上。尽管邓小平时期的"先富论"① 发展理论到现在也没有改变，然而发达地区和欠发达地区的资源分配应当如何平衡，分配机制现在显得尤为重要。另外，各社会阶层收入和贫富两极化也是很大的问题，尤其是以国有企业为代表的既得利益（vested interest）阶层，他们在中国被称为"特殊利益集团"。

中国共产党党员职业构成（见图 1）

问：如果说经济增长是目标之一的话，那么经济稳定无疑也是一个非常重要的目标。您认为中国在保持 8% 的经济增长率的同时能否维持经济稳定？

国分：这是一个非常重要的论题。中国模式（China model）究竟是什么？这个问题的答案就是中国共产党领导下的市场经济。只是，中国经济增长的原因，简单地说，就是将中国放入欧

---

① "先富论"是指，20 世纪 80 年代中期，邓小平为了提倡改革开放，主张允许有能力的那一部分人先富起来。

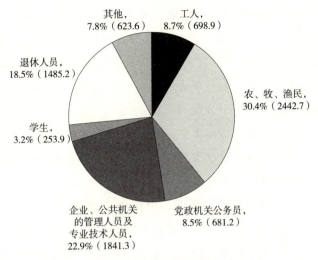

图1　中国共产党党员职业构成（万人）

资料来源：中国共产党新闻网，2011年6月24日访问。

美的资本主义市场体制下来发展。中国经济增长的基础是中国进入国际社会，而国际市场和国际资本也同时进入中国。也就是说，现在的中国经济如果离开国际市场和国际社会，是无法独立存在的。一旦世界经济恶化，中国也会受到影响。例如，1997年亚洲金融危机时，中国虽然对外宣布"中国没有受到影响"，但是一年后，还是受到金融危机影响经历了经济的萧条。这是因为中国经济本身也依赖于国外资本。因此，中国经济发展的关键在于将来中国必须形成自己的经济增长推动力。众所周知，经济增长源于扩大现有的消费，即扩大内需（internal demand）。但是现在，中国仍是一个收入分配机制尚不健全的社会，在这样的前提下要扩大内需并不容易。

　　问：2010年1月，时任总理温家宝在达沃斯论坛年会上发表特别致辞并提出，为了从全球维度上调整资金组合（rebalancing），必须提高中国的国内消费水平。演说之后，某位与会者这样问道："如果不增加工人和农民的收入，要怎么提高平均消费水平？这部分人占中国人口的90%，中国政府要采取怎样的战略方针呢？"对这一提问，温家宝当时未能给出充分的回答。世界经济看中国，尤其是依靠中国的国内消费和内需来拉动。然而，总数约有10亿的中国农民的富裕程度并没有达到能够满足近期消费的程度。您对此如何评价？

国分：这其实是个分配问题。

问：是这样的。实际上中国的很多知名学者也将子女送到美国的知名大学或法务学校去留学深造，其中甚至包括一些在政治上或学术上采取反美立场的人物。

国分：正如前面提到过的，中国相当关注美国这个超级大国。20世纪80年代，中国人对日本也是很尊敬的，认为只要向日本学习，中国的未来也会变得光明起来。实际上当时有很多优秀的人才都到日本来学习。然而，日本经济的泡沫崩溃之后，日本经济一直都很萧条，没有好转的趋势。这样的日本失去了作为榜样的魅力，中国的日本留学派也不再有很大市场了。

问：所以才有"时移世易"这样的说法。十年内，如果中国经济变差，全世界所有的中国研究所都会关门，是这样吗？您怎么看？

国分：以前，中国人普遍都对美国式的竞争社会抱有幻想。然而，这个梦想在金融危机以后被彻底打碎了。危机以后，美国也暴露出严重的问题，无法再充当榜样了。那么要以中国为榜样吗？我并不这么认为。

问：那么，您对最近沸沸扬扬的"北京共识"怎么看？

国分："北京共识"本来并不是中国制造出来的概念。它最早是在美国的论坛上被提出来的，指的是中国的发展使得全世界感受到市场万能主义的局限性和国家资本主义的优越性。实际上，中国的市场经济跟早年的韩国等发展中国家和地区的体制有什么大的差异吗？它们为了将发展正当化，容忍权威主义支配国家，并采取以制造业为中心刺激出口的产业政策来谋求发展。采

用这种被称为新兴工业化经济体（NIES）[①] 型发展方式的国家和
地区，由于中产阶级力量会随之崛起，本应伴随着民主化进程的
推进，但是中国无论从哪个层面看都太庞大，不太可能轻易发生
根本性变化。但是，在此过程中，中国社会的确变得多样化，人
民的价值观也变得多样化了。

中国的公共安全支出超过国防支出

　　问：您对中国的军事实力如何评价？现在国际上对中国军事
实力的评价是否有夸大的成分？

　　国分：从统计数据上来看，中国的公共安全支出超过了国防
支出。但是，现在中国的军事实力跟国家安全密切结合在一起。
长久以来，除了中国人民解放军之外，在军队和警察之间还存在
着另外一支军事力量——人民武装警察部队。过去他们主要负责
边境防卫的任务，现在则主要负责国内治安。

　　问：这个组织的支出是由中国人民解放军来负担吗？

　　国分：关于预算支出的方面有很多情况都是不得而知的。
人民武装警察部队的预算支出大概也是从上述的公共安全支
出当中支取的，与"国防"属于两个不同的部分。在中国，
军警势力的发言权很强，他们的影响力也不容小视，这从航
空母舰的建造上便能看出端倪。如果发生战争，航空母舰固
然会立刻成为攻击的目标，但在平时，航空母舰相当于海上
"能够移动的岛"，建造航空母舰是非常有意义的。现在看来，
中国的社会保障，如教育、社会福利、医疗等方面的需求要
比公共安全和国家安全重要得多，也迫切得多。为了解决这

[①]　新兴工业化经济体（NIES），也就是 Newly Industrializing Economies。这一概
念最早提出是 1988 年 6 月在加拿大多伦多举行的七国首脑会议上，用来代指
包括韩国、中国台湾、中国香港和新加坡等在内的新兴工业国家和地区。

一问题，中国目前最需要解决的应该是政治体制以及社会治理体系的改革。

这样看来，中国的军事实力正在增强，部队的影响力也随之得到加强。绪方贞子教授的博士学位论文就是用日文加工、修订了《满洲事变及其政策的形成过程》一书，最近这本书由岩波书店重新出版①。我和我的学生一起阅读了这本书，觉得该书的内容非常引人入胜。

问：是哪方面引人入胜呢？"满洲事变"（又称九一八事变）当时的日本与现在中国的情况相似吗？

国分：当时，虽然日本政府对外极力倡导和平与国际合作，但是日本军方的态度，尤其是大本营强调日本的立场，从而主张为了应对可能发生的紧急情况而大幅增强军事实力。尽管关东军内部也有过主张国际合作的声音，但遭到少壮派军官们的激烈反驳，他们开始"暴走"。就这样，软弱的日本政府虽然意识到国际社会而强调国际合作，但结果只能是被这些自作主张的主战分子牵着鼻子走。"满洲事变"当时，英国称能够理解日本的立场。在那种氛围下，平民大众大多顺应局势，往往造成民粹主义的横行。

问：美国国防专家对中国军事实力的评价的确存在一些夸大的倾向，客观上说，中国海军要超过美国的太平洋舰队还是非常困难的。但是，最近中国接连研发成功歼－20隐形战斗机、东风反舰弹道导弹等先进武器。对在太平洋地区有利害关系的美国来说，这一系列动作激发了中国有可能成为其主要威胁的疑惧心理。在这个角度上，您对中国的军事实力如何评价？

国分：在目前情况下，中国要在军事上与美国竞争还是很难的。但是长远来看，如果中国的军事实力保持和现在一样的发展

---

① 《满洲事变及其政策的形成过程》，［绪方贞子（Obata Sadako），1964 年］，英文书名 *Defiance in Manchuria：The Making of Japanese Foreign Policy* 1931 ~ 1932，加利福尼亚大学出版社。本书已于 1966 年由原书房翻译出版。

趋势，那么其结果是很令人担忧的。最近美国和日本之间的关系由于冲绳美军基地问题陷入僵局。一旦中国要在军事上与美国竞争就必须充分分析苏联解体的原因。苏联的解体正是不重视国内的社会保障，而只集中于军事方面的发展，才导致的结果。

中国人必须重新学习鲁迅

问：到现在为止我们都在讨论中国的硬实力（hard power）。那么，您对中国的软实力（soft power）又怎样评价？最近，中国国家主席胡锦涛发表演说，称中国要提升软实力，中国政府在海外各地开设孔子学院，甚至在冰岛首都雷克雅未克（Reykjavik）也设立了孔子学院。国际社会对中国这样的行动怎么看？

国分：当前中国最需要的就是学习鲁迅。鲁迅对孔子采取的是批判和否定的态度。大部分中国人就像《阿 Q 正传》① 中的主人公阿 Q 一样，社会上层往左就跟着往左，社会上层往右就跟着往右，没有自己的主见和信念，只是随着环境的变化而采取行动。这是中国人典型的精神状态，其基础就是儒家思想，而鲁迅批判的正是这种心态。中国现在面临的最大问题之一就是在国家层面上没有长远的规划。中国的未来要走向何方，针对这一问题没能找到答案。当然我相信，所有国家的目标都是相同的，那就是和平、安定和繁荣。但问题是在中国，基本价值观（basic value）作为长远规划的基础而长期缺失。信仰是什么？这种意识在中国很淡薄。目前在重仁备德的人越来越少的情况下，中国社会在很多方面都需要儒家思想，尤其要反对一味追求"拜金主义"

---

① 鲁迅的小说《阿 Q 正传》是中国现代文学的代表作之一。描写连姓名都不知道的雇农阿 Q，无法进入革命势力内部，只能在革命的外围游荡，最终却被当作革命党被枪毙的故事。鲁迅通过"阿 Q"的命运，对辛亥革命的本质和进行过程进行了批判。

的社会现象。

问：北京大学王缉思教授也曾强调过，共同价值观（common values）的缺失是当前中国社会最大的问题所在。

国分：从上层社会的立场来看，所谓的价值观可能就是金钱，认为金钱可以解决任何问题。但是对普通大众来说却不是这样的。虽然有"中国梦"（China dream），却没有"中国人的梦"（Chinese dream）。也就是说，所有人的机会并不均等。正是由于这种信仰危机，宗教在中国迅速传播，基督教和伊斯兰教在中国扩大的气势很猛烈。我想，在这种情况下，中国要在海外诠释孔子是不太可能的，孔子学院只是在效仿德国的"歌德学院"而已。

问：下面让我们来探讨一下巧实力外交（smart power）的问题吧。客观地讲，在政策操作方面，中国是不是比美国和日本都更"巧"呢？例如，尽管奥巴马政府一直在强调巧实力外交，但美国国会陷入停滞状态（gridlock），以及政府各部门之间割据主义严重等原因，导致美国政府无法真正开展任何"巧政策"。日本同样也受频繁的政权交替等原因的影响，尽管非常重视外交政策的制定和实施，但效果并不尽如人意。相反，中国采取了一党领导的政治体制，在外交政策的制定和开展上是否可以更有选择性？从巧实力外交的角度来看，中国比美国或日本是否更强呢？

国分：说实话，欧美和日本真正的优秀人才在丰富自己经历的时候不会选择到中国留学，因为在中国进行一项研究并不能丰富多少经历。绝大部分都想去美国，就是因为美国包括教育体系在内的整个社会体系很好。韩国人也有同样的倾向。所以说，中国并不具备那样的巧实力外交，这与政治体制有很密切的关系。

前些天，我跟中东某国的大使聊天。他认为，看中国对中东的政策，就可以看出中国对国际贡献、提供完全保障并不关心，只是一味地追求自己的利益。当然，这不能排除美国有强烈的宗教使命感（missionary power）等因素在起作用。尽管美国失败的情况有很多，但美国社会是开放的。尽管上面已经说过，但是一旦给亚洲的年轻人一次留学美国或留学中国的机会，你认为他们会选择哪一国呢？我想这个答案就是真正巧实力的体现。

问：我个人认为，中国即使没有完全开放，在政策管理能力上也比日本和美国要强。中国共产党在政策问题上向来有一贯性，对利害关系的调整也比较恰当，您如何看？

国分：如果你指的是威权主义体制，那么他们不管在哪个国家都可以轻而易举地有效管理国家政策。在这种政治体制下，在全社会对某项政策进行公开讨论之前，首先要由领导层做出决定。那么在这种情况下，政策决定者的意见对该政策的影响是最大的。当然，首先一个前提是所有的政策都能够正确公正地实现。但是，如果仔细观察中国内部的各方面，不难看出有很多部分令人忧虑，例如不良债权问题就是这样。在日本泡沫经济时期，购房者会申请数额达到其年收入 10 倍的住房贷款。而现在中国，人们购置房地产的价格普遍在年收入的 20～30 倍，其中的泡沫相当严重，这种经济泡沫早晚会崩溃的。

年轻人买不起房子，就结不了婚。现在中国的大学毕业生中，实际上能够就业的占一半左右。年轻人没有梦想成了严重的社会问题。我这并不是在批判中国。中国社会的长远发展和安定团结，不仅牵动日本的利益，更影响到全世界的发展。因此，我很期待中国的发展，也非常重视中日两国之间的友好关系。在此基础上，我也非常希望看到中美关系的改善。

日渐强烈的民族主义倾向

问：您对中国所面临的"藏独""疆独"等民族分裂主义的

压力怎样评价？在对中国的领导人、知识分子进行采访时，他们大都认为中国有两类民族主义：一类是少数民族的民族分裂主义；另一类则是"大汉族主义"。北京大学的马戎教授在提到中国的民族政策时创造了"国族"（national tribe）这一新的概念。这是一种新的民族主义。中国的领导层比较重视前者，即中国少数民族的极端民族主义及其分裂主义倾向。而包括韩国、日本在内的一些国家却对后者，也就是中国本身具有的"攻击性"民族主义感到非常忧虑。您对此如何评价？

国分：这两方面都存在很严重的问题。对中国来讲，未来最重要的是要厘清民族主义的意义，其中包含民族、国民（nation），以及国家（state）的概念。如果能将"中华"这一民族价值观和中华人民共和国这一国家价值观妥善结合的话，就能够将中国打造成为强大的民族国家。但是，如果过分强调中华民族的概念，过分扩大汉族优势，则会使少数民族产生抵抗心理。中华民族的概念必须超过汉族中心主义，才能永远地延续下去，否则，国家就不会有向心力。现在的中国社会基本上安定，但问题也很多。因此，为了确保真正的安定，必须顺应人民的价值观来使之形成民族的概念，但是要做到这一点并不容易。因为改善这一点的方法只有一个，那就是经济的增长。但是，经济增长的动力不管从内部还是外部来看都越来越弱。

问：少数民族的分裂主义和爱国主义的民族主义之中，后者更令人担忧。这是因为他们能够对中国的外交政策产生直接影响。您认为中国政府对此能否妥善处理？

国分：这应该很难。未来的中国不可能脱离国际社会而孤立存在。但是，民族主义的最终形态必将是排外主义（irredentism）。用蛮力是不能改变市场导向的。那么，在市场主导下，要怎样实现国家的和谐统一呢？这是一个相当困难的命题，而且这个命题本身就是矛盾的。短时间来看，尽管有可能约束民族主义，但长期来看很不容易。更重要的是，现在的中国究竟是否有能力进行真正合理的思考。而从现在的中国状况看起来，要做到这点非常困难。对于社会上层来说，他们是否真的在对中国社会进行思考，这一点要打问号。现在不仅日本的中国研究专家，而且全世界的中国研究专家们都没有一个能够预测中国的未来。大概连大部分中国人自己也不知道中国的将来会走向何方。之前我向我见过的中国年轻人提问过这样的问题："你认为中国会变好吗？"表面上他们都给出了很乐观的回答，但是深入了解的话，他们内心真正的观点是非常复杂的。这不可能不成为一个很大的问题。

问：北京大学的王逸舟教授认为，中国共产党正在逐步稳妥地实现法治化，这从广东省等地方上开始尝试民主的直接选举，以及中国政府对待腐败问题的强硬对策等方面可见一斑。中国共产党正在对人民的民主要求做出回答。他认为，中国共产党并不会采取西方的标准，而是应当在中国固有的改革上做文章，您对此是否同意？

国分：我从20世纪80年代就开始进行相关的研究。大家都不认为中国有一天会突然发生改变。但是，如果中国社会爆发大规模运动，那么就必须引起重视。人民群众对混乱有一种恐怖感，而同时，这种恐怖感又是支撑中国当前安定的一个要素。但是，中国现在的安定并不是真正意义上的安定，在这样的社会现状下，"法治"（rule by law）显得尤为重要。

问：现在有观点认为，中国缺失的不仅仅是依法治国，更是"公民意识"（civic mind）。您对此怎么看？

国分：中国社会公民意识的缺失固然是很大的问题，但是包括法治在内的支撑社会运行的各种体系也明显存在着问题。在胡锦涛时代，政府强调在和谐社会（harmonious society）的大旗下，通过实现社会的安定和富饶以及提高人民生活质量来重建共产党执政的合法性。在这方面，胡锦涛时代的大方向是对的。在胡锦涛主席执政时期，有大约十年时间，中国在政策上是明显向社会保障方面侧重的。对人民来说，重要的是现在的生活。

问：您对中国的未来如何评价？

国分：中国不可能崩溃，但不安定的状态可能会持续下去。中国政府会通过加强执政能力来巩固和发展。

问：目前韩国和日本也因为中国未来的不确定性而担心，您如何看？

国分：韩国和日本对中国将来的担心是因为它们与中国的利益关系是一致的。韩国目前也在深化与中国的相互依存关系。中国历史上的统治范围到现在也基本上维持着。1840 年鸦片战争战败以后，中国不得不开放门户。接着，19 世纪 50 年代，中国爆发了太平天国运动，据估计造成约 3000 万人死亡，之后在多个地区发生农民起义。再加上与法国、日本的战争，造成数额巨大的赔款。1900 年，义和团运动爆发，这次事件也造成数额巨大的赔偿金结果，清政府仍然没有崩塌。梳理这段历史可以看出，从 1840 年到 1911 年约 70 年的时间中，中国国内各地起义和战乱频繁，与海外列强的战争和纷争不断，这导致了清政府的衰弱，最终使之灭亡。这就是中国近代史的教训。

日本的对华政策需要综合战略

问：让我们来谈谈钓鱼岛问题和历史问题等中日两国之间现存的对立问题吧。您认为现在中日关系之间最具争议性的问题是什么？

国分：历史问题是中日两国之间长久以来一直存在的问题，目前看起来还是能够应对的。在小泉执政时期，参拜靖国神社的问题导致中日关系恶化。2006 年中国国家主席胡锦涛与刚刚上台的安倍晋三首相之间建立了两国之间的战略互惠关系。以后，中国将观察日本的重点放到战后日本成为一个和平发展的国家上。

近年来，中国为了确保海上交通，以及扩大在东南亚的影响力，对南中国海局势的关心程度有所增加。同时，出于对打通通向西太平洋的通道的迫切需求，对东海地区也更加关注了。

问：目前钓鱼岛问题看起来是没有什么有效的解决方法，您有没有解决方法呢？

国分：日本政府对领土问题的存在本身不予承认。中国首先要求日本正视存在领土争议这一事实。日本主张主权的理由是，日本在 1895 年的内阁会议上做出了将钓鱼岛编入日本领土的阁议决定，而中国则是主张在明朝时代的文书中已经有对该岛的记述。是否说过去王朝统治和管辖过的所有领土现在都是中国的领土，这一点让日本人很难理解。而二战结束以后到 1972 年之间，钓鱼岛跟冲绳一起一直是由美军占领的，之后随着冲绳的返还一起回到了日本。

问：独岛（日本称竹岛）问题也是差不多的状况。就像韩国人不可能放弃独岛一样，日本人也不可能放弃钓鱼岛，是吗？

国分：最让人担心的是偶发性的冲突。现在日本航空自卫队的紧急起飞（scramble）每年有 350 次左右，其中有 60% ~70% 是为了应对俄罗斯方面。但是，近年来为了应对中国方面而出动的次数迅速增加到 80 ~ 100 次。在这种情况下，如果发生偶发性的冲突将是非常危险的。美中两国之间除了顶层之间的来往之外，在各个方面都有频繁的交流和大量的沟通通道，但是日本和中国之间就不是这样。

问：这么说来，日本对美国的依赖是不可避免的？

国分：中国通常要根据美国的态度来开展对日政策。日本也因为美国是其最大的同盟国，所以不断地强化与美国的联系。但是日本必须在包括国家安全在内的各个层面上独立发展与中国的联系和沟通通道。

问：从中国东海的现状来看，中日间的矛盾似乎无法回避。而且，日本对美日同盟的需求似乎将这种情况更加复杂化了。对此有没有解决方法呢？

国分：日本的确在强化与美国的同盟关系。但同样，中国也非常重视美国，两国在某些方面几乎都是只看美国。尽管美国内部的"中国威胁论"声音一直都很高，但是实际上美国并没有能够对抗中国国内的余力。总之，美国和中国在各个层面上的接触都会增多，在美中关系得到强化的同时，美日同盟的强化对中国来说也不能算是直接的威胁。美国的国内条件并不算好，而现在日本也面临财政方面的问题，要增强防卫力并不容易。说到底，最重要的还是外交层面的交涉。怎样能够建立互信（confidence building）成了最主要的课题。当然，日本与韩国的关系也是非常重要的。但是说到底韩国还是不得不在意与中国的关系。因此，中韩日三国间的关系显得尤为重要。

问：考虑到经济上相互依存的利害关系，日本也不能与中国保持不好的关系。日本应当采取怎样的对华政策呢？

国分：政治和经济本来就应当均衡地来掌握。观察美国和法国就会发现，它们的政治首脑往往也都是优秀的商人。国力的基础就是经济实力，政治首脑会为此采取合理的行动。日本每年都更替首相，政治上没有安定的保障，外交方面也不可能安定。日本的国力同样也是以经济为基础的，为了经济的复苏，政治和经济必须实现一体化。

问：观察日本的对华政策，大致上有两条路线：一条是以小泉纯一郎首相、麻生太郎首相、安倍晋三首相等为代表的，主张强化美日同盟，从而加强民主阵营团结的立场；另一条是像鸠山一郎首相、小泽一郎、寺岛实郎那样，要求重视中国的立场。后者对美日同盟多少都有弱化的倾向，主张应当恢复与中国在政治上的连接通道，加强中日关系。究竟哪种战略更明智？您支持哪一边？还是您主张有别于这两种路线的第三种路线呢？

国分：美国直到1979年才与中国建交，因此在对华政策上反而是日本走在了前面。1979年和1980年，邓小平先生将日本设定成中国发展的榜样。

20 世纪 80 年代，很多中国人通过学习日语来出人头地。1989 年政治风波之后，也是日本最先恢复对华开发援助的供应和投资，并且推动西方解除了对华经济制裁。对于日本的行动，美国也在背后给予了支持。之后，在 1992 年，中国以邓小平南方讲话为转机，开始走上了社会主义市场经济①的道路。这两条路线开始结合起来。

再次重申，20 世纪 80～90 年代，美日同盟实际上对中国的国际化（internationalization）做出了贡献，这体现在美日同盟将中国变成国际社会利害关系中的一员。从这方面看，美日同盟对中国的国际化和和平崛起在某种程度上是有正面促进意义的。

日本一直在美国和中国之间担任中介人的角色。因此，我认为最终结果是美日同盟为中国的国际化做出了贡献。在中国申请加入 WTO 的时候，日本也对中国的加入表现出了强烈的支持。但是时至今日，不论是美国还是日本，对中国提供支持的这种力量相对都变弱了。因为与之相比，中国的话语权却大大增强了。我认为，现在已经不是坐拥美日同盟就能高枕无忧的时候了，日本必须同时加强与亚洲其他各国的关系。长久以来，为了这一目标，我作为一名学者，自认为在各个层面上都做出了努力。

问：您如何预测未来习近平②体制下中日关系的走向？

国分：习近平也会继承胡锦涛时代的政策。胡锦涛时期的路线对日本来说是很重要的，日本也对此非常感激。中国是否重视

---

① 邓小平在南方讲话中，认为是计划经济还是市场经济不能成为区分社会主义和资本主义的标准，社会主义和市场经济是可以共存的。这次讲话大大改变了 1989 年政治风波以后趋于封闭的中国经济走向，使市场经济的全面推进变得可能。

② 2012 年 11 月 15 日，在中国共产党第十八届中央委员会第一次全体会议上，习近平正式就任中国共产党中央委员会总书记，翌年 3 月，李克强就任国务院总理。

日本主要取决于日本是否能够保持其吸引力（attractiveness）。目前，对中国来说，日本还是有这样吸引力的。在技术、资本、人力资源等方面，日本都是有一定吸引力的。但问题是，日本的国力正在慢慢下滑，从中能够明显看到实力对比的变化。因此，无论将来中国多么重视日本，下一任领导人的对日政策也不可能完全不变，接下来对日本可能会采取更强势的主张。

日本现在非常担忧中国资本对日本企业的收购、合并。现在中国持有大多数日本大企业的股份。比如东京三菱 UFJ 银行的第三大股东就是中国资本。韩国大企业的情况也差不多。虽然中国方面所采取的行动出于什么背景什么目的并不可知，但是西方的对冲基金大多数也是中国资本运作和参与的。

问：那么对所有人来说，中国不管是在可预见的未来，还是在长远的将来不都是一个"不确定的威胁"吗？中日关系会是怎样的？

国分：中国会发生什么事我们谁都无法确定，说不定变化会更频繁剧烈。这是因为在经济上中国已经达到了一定程度的富裕水平，人们的意识也在发生改变。但是，在可以预见的未来，没有任何发生大的变动的征兆。中国共产党的执政能力依然坚挺，他们正忙于寻找经济增长的动力。这虽然是核心问题，但在未来数年以内应该不会引发大的问题。

问：您认为美中两国有可能重组两国集团（G2）吗？

国分：从深受朝核问题和经济问题等诸多问题困扰的日本的立场来看，美中关系改善是值得欢呼的事情。但是，这是不是应该被称为两国集团又是另外一个问题了。

问：有中国学者认为中国并不希望与美国形成 G2（两国集团）是因为没有能力负担国际公共产品（public goods）的供应，您同意这一观点吗？

国分：这些人只关心国家的未来，对世界的未来毫不关心。

问：最后，我想再问您一个问题，您认为未来中国要走什么样的路呢？

国分：中国必须经历政治体制上的改革。所谓政治体制改革其实就是公开那些"寄生"在国有企业上的特殊利益集团的资产，向他们征收所得税和继承税，进而在全社会采用公平的分配机制。这可以说是改革的重大一步。所有的中国人都明白这个道理，但是要对抗既得利益阶层的势力需要很大的勇气。

问：非常感谢您花这么长时间来接受我们的采访。相信对韩国读者来说，您的真知灼见会让他们非常有收获。

日本如果疏忽美日同盟，只重视对华关系，而且促进排除美国的东亚共同体构想，将会给这一地区的国际政治格局带来巨大的变化。这种蠢事是万万不能做的。

第六章

日本与东南亚：
日本对东南亚的战略与现实

白石隆

白石隆 （Shiraishi Takashi）

1950 年出生于日本爱媛县。毕业于东京大学教养学部，并在该大学获硕士学位，后在美国康奈尔大学获博士学位。历任东京大学副教授（教养学部国际关系论）、康奈尔大学教授、京都大学东南亚研究中心教授、政策研究大学院大学副校长、内阁府综合科学技术会议常务议员。2011 年开始担任政策研究大学院大学校长，并兼任亚洲经济研究所所长。

主要研究著作有 An Age in Motion：Popular Radicalism in Java，1912–1926（1990 年，亚洲太平洋奖）；《印度尼西亚——国家与政治》（1992 年，获 Suntory 学艺奖）；Network Power：Japan and Asia（主编，1997 年）；《海洋帝国——如何思考亚洲》（2000 年，获读卖·吉野作造奖）；《帝国及其局限——美国、东亚、日本》（2004 年）；Beyond Japan：the Dynamics of East Asian Regionalism（合编，2006 年）；《中国将如何改变东亚》（合著、2012 年）；等等。2007 年获紫绶褒章，该章授予日本学术、艺术、运动领域中贡献卓著的人。

引　言

　　白石隆校长是日本对东南亚研究的最知名学者，尤其是对印度尼西亚政治研究有着卓越贡献的世界级学者。他提出的从海洋角度研究亚洲的新观点引起了学界的关注。1997 年和美国康奈尔大学彼得·卡赞斯坦教授合著的《网络力量——日本与亚洲》（Network Power：Japan and Asia）不仅在美国，在韩国也被用为本科与大学院的教科书。白石隆校长也积极配合政府提供咨询，曾担任过内阁府综合科学技术会议常务议员、日本贸易振兴机构亚洲经济研究所所长、关于新时代安全保障与防卫力座谈会的首席代理等。

　　2012 年 1 月 18 日，笔者在白石隆校长所在东京的政策研究大学院大学校长办公室进行了对他的采访。2012 年夏天，他在百忙之中通过书面形式进行了不少加工与修改。

　　传统上，韩国对亚洲的关注点主要集中于东北亚地区，相比之下，日本对东南亚也非常重视，也有不少像白石隆校长一样的东南亚研究专家。韩国对东南亚不够重视，缺乏专家，相比之下，日本是令人羡慕的。从采访内容可知，韩国对东南亚的普遍认识与日本的认识存在比较大的差异。为了凸显这些差异，在采访时也提问了比较敏感的、甚至是令人不快的问题。但不知是否在美国学习并有过教学经历的原因，对待这些问题，白石隆校长的答复也非常犀利，并不像日本一般学者特有的那般委婉答复。

　　白石隆校长对"东亚"的认识并非基于地理上的概念，而是政治经济层面的，即从实际进程中的经济一体化的角度来把握概念。根据这种概念，区别对待东北亚与东南亚是没有意义的。而且，他说到，过去的"大东亚共荣圈"与近来的"东亚共同体论"完全是两码事。对于日本与新加坡等缔结 FTA 是为了牵制中国的说法也提出了强烈的反驳。他强调的是东亚、亚太地区的多层次网络。换句话说，在安全体系中过去美国和其同盟国之间的"车轮形系统"正在变为拥有"多数中规模中心"的动态网络型，且在贸易体系中，中国、中国以外的亚洲国家和美国之间的三角贸易体系正在扩大和加强。

基于这一见解，他对"中美之间的霸权移动"也持否定态度。他主张要应对最近的中国风险，"东盟＋3""东盟＋6"，甚至"东盟＋8"都是非常必要的。对南中国海的发展则提出了东南亚应"连接东西而进行中和"的有趣结论。另外，他主张现存的国际秩序，即美国主导的开放自由主义国际秩序关系到日本的存亡。由于东亚乃至亚太地区的财富与力量的分布变化，国际秩序陷进混乱的危险度被提高。而他最希望看到的是稳定的变化。

我们要反复思考的关键问题是，日本如何在东南亚地区建立与对韩利害关系比较一致的战略性利害关系。中国在东南亚的影响力日益增大；美国正以"中国威胁论"为背景，加强与东南亚各国的关系；在以美国为中心的安全及经济秩序等依然发挥影响力的情况下，韩国对东南亚有着何种战略？如果没有，日本的战略可以给我们提供何种程度的参考？该是要自问的时候了。

政策研究大学院大学究竟是何种机构？

问：首先，对您百忙之中抽空接受此次采访表示感谢。作为东南亚地区研究专家，而被任命为日本政府设立的政策研究大学院大学（National Graduate Institute for Policy Studies，GRIPS）校长，这确实令人有些惊讶。因为在韩国，这种情况实属罕见。请介绍一下政策研究大学院大学是何种机构？

白石：政策研究大学院大学是日本及国外以中层行政官僚的干部教育与领导能力培养为目的的教育机构，和我的研究没有直接关系。只是日本像美国一样召集全世界的学生并不容易，但政策研究大学院大学 2/3 的学生都是国外留学生，并且留学生中的一半来自东南亚地区。从这个角度说，熟悉东南亚，若再扩展一下，熟悉东亚各国政要以及民间人士就成了我的工作优势。

我们大学的特点可以归纳为两点。一是针对高级官僚的干部教育。教育目标之一是把已经成为行政官僚的、有一定经历的人员培养成干部。二是，我觉得这一点在日本的大学院中只有我们大学所具有的特点，即所有的课程都用英语进行。现在学生人数为 420 名，其中约 280 名为外国人，这是一所国际大学。但与美国哈佛大学的肯尼迪政府学院、美国约翰霍普金斯大学高等国际研究院（SAIS）相比，亚洲出身的学生占据压倒性比例。尤其有许多学生来自印度尼西亚，这是因为我们大学与印度尼西亚政府签署了合作协定，制定了特别的计划。除此之外，也有很多中国、泰国、菲律宾等东亚国家的学生。

问：有没有来自韩国的留学生？

白石：最近开始招收一些韩国留学生。这里以为期一年的硕士课程（MA）为主，因此对于在职时只有一次两年研修机会的韩国行政官员来说，我认为政策研究大学院大学计划对他们没有多大的吸引力。但自从制定两年计划以后，人数逐渐增多。这个学校不仅有硕士课程，还有为期三年的博士课程。但是在三年内取得博士学位非常不容易。近来，欧洲留学生也渐多，都是对所谓"新兴国家""新兴经济"感兴趣的。

我是这所大学的校长与我是东南亚研究学者这两点并没有直接关联。但我过去在美国康奈尔大学任教 10 年，对美国的大学经营有一定的了解，并且我在内阁府中与政策决定有关的岗位上工作过两年。上述理由使得我可能被任命为这所学校的校长。

问：是采用美国方式来运营学校吗？

白石：可以那么认为。连教授会议都没有。

问：您是被提议担任校长职务的吗？

　　白石：当然。实话说，这并不是我本人的意愿。我只是想写几本书，想从事与经营无关的职位。但是在日本政策研究及教育的大学中，这所大学的地位是最重要的。实际上，我没有选择的余地。

　　问：您的就职是以政治任命的方式进行的吗？

　　白石：不是。我是在这个大学的校长宣告会议上被宣布任命的，所以与政治没有任何关系。可以说，政治性的介入可能性为零。但我想教育年轻政界人士的意愿是有的。

应从功能角度来理解东南亚与东亚

　　问：现在来谈谈东南亚。一般来说，中日韩三国对东南亚的观点是有差异的。传统上来说，韩国对东北亚的关注度较高，而中国相对倾向于全亚洲。相比之下，日本是以东北亚与东南亚加起来的概念来看待东亚的。那么，日本认识中的东亚历史、地理概念是什么？

　　白石：回答这个问题之前，我想表明，我虽为东南亚研究者，但近 15 年来，至少从 20 世纪 90 年代中期开始，研究视角并非仅仅局限于东南亚。我关注整个东亚。20 世纪 80 年代以后，中国在经济上与东亚逐步一体化，而过去作为地域性概念的东南亚已经不再具有政治、经济方面的概念。因此，如果只研究日本东南亚政策的问题，其本身就有一定的局限性。而且，如果把问题设定为日本没有东亚政策，只有东北亚政策或东南亚政策，也是很不合理的。

　　政策的制定是多层次的。日本政府制定大地区政策，有着东亚或亚洲政策，里面再包含次区域政策。例如，因为韩国是很重要的国家，日本有针对韩国的政策，也有对东北亚或朝鲜半岛的政策，对东南亚也不仅仅有东盟框架，还有越南政策、泰国政策以及中南半岛或者大湄公河次区域（Greater Mekong Sub – Region，GMS）政策。如果过于强调东南亚的框架，就有可能误解日本的政策。

问：那么，现在的日本只是对各个国家有相关的政策，没有对整个"东亚"的政策吗？

白石：当然有东亚的概念和政策。1985 年的"广场协议"①对这一概念的形成发挥了很大作用。此后日本企业为了维持国际竞争力而气势磅礴地进行海外直接投资，并把生产据点转移到海外。随后，韩国和中国台湾的企业也做了类似的事情。在这一过程中第一次产生了区域性生产网络，深化了各国之间经济相互依赖的程度。结果，在过去意味着"儒教圈"或"汉字文明圈"的"东亚"之词的概念在 20 世纪 80 年代中期开始变为我们现在所说的东亚，即包含日本、韩国、中国内地、中国台湾、中国香港、东南亚的概念。

20 世纪 80 年代末，时任马来西亚总理马哈蒂尔（Mahathir bin Mohanad）提出"东亚经济委员会"方案（East Asian Economic Caucus，EAEC）。在日本首先明确使用"东亚"一词的是竹下登首相。这一时期"东亚"一词其实意味着正在发生经济一体化的区域。事实上，经济一体化是指以企业的投资与贸易，即市场的力量来深化经济的相互依赖，而这种经济上的相互依赖到现在依然在进行。企业的生产网络扩展到印度，还具有"扩大的东亚"之意。如果把东亚理解为地理分界明确的概念就不能正确地认识现状。因此，可以把东亚称为"经济一体化实际进行中的地区"。

问：但是日本外务省使用"东北亚课"的名称，这一名称是

---

① 美国财政赤字剧增，对外贸易逆差大幅增长，希望通过美元贬值来增加产品的出口竞争力，以改善美国国际收支不平衡状况。1985 年 9 月 22 日，美国、日本、联邦德国、法国以及英国的财政部长和中央银行行长（简称 G5）在纽约广场饭店达成协议，导致日元与德国马克货币升值。

否是个地理概念？

白石：那只是官方的情况，我们在定义概念时不一定接受官方用语。与地理概念相比，东南亚和东亚更适合于政治经济概念。政府有政府的考虑。但现在日本外务省负责对接东盟工作的是亚洲大洋洲局的南亚部。南亚部的部长在推进政策时，如果丝毫不考虑中国的事情是行不通的。实际上，最近任命的南亚部部长就是研究中国的专家。政府的对策与研究者的知识框架并非一一对应关系。

"东亚共同体论" 来自政治动机

问：虽然已经是十多年前的事了，但当时小泉纯一郎首相提出过东亚共同体构想。后来，鸠山由纪夫首相也提出东亚共同体构想。而现在前首相中曾根康弘担任"东亚共同体评议会"理事长。他们的构想和过去的"大东亚共荣圈"构想有某种连贯吗？

白石：对这两个进行比较是完全错误的。过去的"大东亚共荣圈"的思考方式是日本成为盟主而使用强制力量来构造区域性生存圈的。相反，现在的"东亚共同体论"是正在进行中的经济一体化区域通过各国政府的合作来构造并应对共同课题的框架。日本并不想当盟主，也没有那种能力。日本已经从历史中汲取了充分的教训。

在这里，有必要想一想"东亚共同体"一词出现的时机。1997～1998年东亚经济危机发生之后，"东亚"一词便带有了政治性意义，其背景是美国对东亚经济危机的介入。美国介入韩国和泰国，甚至谋划了对印度尼西亚、马来西亚的体制转换。结果，美国被看作一个大威胁，如何对冲（hedge），对此应加入何种保险就变得十分重要。"东盟＋3"作为东亚框架的首脑会谈始于 1997 年，不久还达成"清迈倡议"①。它的任务就是如何对冲美国这一大威胁。

为了这一任务构成把美国排除在外的合作框架就尤为重要。这样，"东亚"一词被赋予了含义，"亚太"这一用语失去了含义，即 APEC 几乎丧失了力量。这些事情是在国际政治的力学中产生的，其很大的理由是美国。

问：最近对中国的崛起也有担忧，地区的反应如何？

白石：从 2007 年开始，中国在南中国海等地区问题上采取了强硬姿态。之后，对这一地区的威胁认识发生了变化，那就是美国不再是威胁，中国就是新的威胁。因此，应对中国的崛起应该加入何种"安全保险"成为话题，开始考虑把美国拉入建构地区安全合作的模式。随之，东盟地区论坛（ARF）② 逐渐变得非常重要，"东盟＋6"（中日韩、印度、澳大利亚、新西兰）发展为"东盟＋8"（中日韩、印度、澳大利亚、新西兰、美国、俄罗斯）以及 APEC 的重要性再度突出。这样看来，把东亚和 20 世纪 30 ～ 40 年代的历史结合在一起是完全错误的想法，最好不要这么想。可以断言，在日本，这种想法绝不会重现。

问：您与彼得·卡赞斯坦教授合著的《网络的力量——日本与亚洲》强调以日本为中心的生产网络和文化网络。您是否认为曾经主张的网络概念至今仍然有效？

白石：那本书是 1997 年出版的，但实际上执笔是在 1994 年，这已经是 17 ～ 18 年前的事情了。但我和彼得·卡赞斯坦合著的结论部分，现在读来也并不觉得有错。只是各个章节的内容已成为过时的故事了。当时想通过"网络力量"概念表达的是——当然我不经常用这个词，但卡赞斯坦较为常用——"日本化"

---

① 2000 年 5 月，在泰国清迈召开的"东盟＋3 财长会议"上达成的货币互换机制，以防范有关国家出现金融危机的发生。
② ARF（ASEAN Regional Forum）成立于 1994 年，现有 27 个成员，是本地区规模最大、影响最广的官方多边政治和安全对话与合作渠道。

（Japanization）。那本书的中心思想是，日本政府或企业利用所谓网络形态把日本的政治经济体系或社会体系往外扩大，并试图建立对日本企业、个人和政府舒适的外部环境。但现在这在亚洲已经不重要，反而是杂糅化（hybridization）变得更加重要，中国也正向这个方向发展。

这并不是说网络已经不重要。我依然认为网络是非常重要的。最近十年间，我主张不管是东亚还是亚太，这些地区的区域合作结构是网络形态。随着若干枢纽的成长，网络逐渐扩大并得到高密集化（dense）发展，从而深化了相互之间的一体化。如果枢纽之间的关系发生变化，网络成长的模式也会发生变化。从这个意义上看，东亚、亚太区域合作和一体化过程中"网络"的概念，就像欧盟的"制度"概念一样重要。在欧洲，"制度"（institution）或"制度性"（institutionality）的概念很有用，但在东亚、亚太地区"网络"概念更有用。

问：东亚的网络是不是多层次、多领域的分布？

白石：网络的概念也适用于掌握多层次与多功能性。其实，要解释"多功能"，用"模块"（module）或"模块化"（modularity）的概念比较方便，想要知道网络如何随着时间的流逝而变化，就看网络的密度与枢纽的成长状况。另外，在网络内部结成的关系在每次危机时都会有变化。这可以解释东亚、亚太区域秩序的活力。

问：能否举个例子？

白石：从宏观上看，日本与日本以外的亚洲国家，还有美国三国之间存在三角贸易体系是撰写《网络的力量——日本与亚洲》一书时的想法。现在已经变成中国、中国以外的亚洲国家（包括日本与韩国）、美国之间的三角贸易体系。因为中国加入世界大工厂之后贸易有了大规模的增长，通过企业投资和贸易网络的扩大，生产密度也变大了。

问：除了贸易之外，还存在何种网络？

白石：另一个是由安全体系的轴心（hub）与车轮（spoke）关系转换成的网络。看一下 20 世纪 80 年代这一地区的联合军事演习的数据，就会发现，90% 以上是美国与其他国家之间的军事演习，即"辐射型系统"（hub－and－spokes system）。但是过去十年间，美国与他国（两国间或多国间）的联合军事演习只占 35%，比起 20 世纪 80 年代减少了 1/3。而在剩下的比例中，约 30% 是以澳大利亚和新加坡为中心的演习。因为这样网络格局的产生，该地区安全体系的性质也渐渐发生了新的变化。

问：仅澳大利亚和新加坡间的军事演习就达到了 30% 吗？

白石：是加上澳大利亚与新加坡、澳大利亚与他国以及新加坡与他国之间的联合军事演习的数量，而且美国和印度之间的联合军事演习也增加了。我想说的是，20 世纪 80 年代是"辐射型"体系，但近十年间已经变成"网络型"体系。地区贸易也是如此。

问：能否理解为已经产生了许多中等规模的枢纽？

白石：可以这么说。在以美国为中心的体系内，具有域内多数的中等规模枢纽，并发展为更加动态的网络型。当然，我无法一一细说，但仅看联合军事演习也可知体系正在发生变化。

问：除了贸易和投资以及安全领域以外，还有什么？

白石：我一直重视这两点。因为议论区域秩序时，贸易与安全是最重要的。

问：您 2004 年出版的《帝国及其局限：美国、东亚、日本》一书，谈到东亚地区的中产阶级兴起对区域秩序的影响。这是非常有趣的内容，可否简单介绍一下？

白石：我在那本书中强调，地区国家中的"中产阶级"的发展将会促进拥有共同生活方式的"东亚人"的形成。其实，中产阶级在以飞快的速度进行全球化和"美国化"。这可能会导致在这一地区内产生"我们亚洲人"的认同意识。但现在，还没有发展到这个程度。但 20～30 年以内使用两种语言或三种语言的专

业人员将主导这一地区的经济、社会、文化的发展趋势。而且，
到那时候将面向世界，人权、法律支配、透明性、公正性等规范
将得到更广泛的普及。

问：在那本书涉及的内容中，中国崛起的"霸权秩序构想"
这样的论旨是不是没有实际意义呢？

白石：我对霸权秩序的概念是极度怀疑的。如果用新的霸权
制定出新的制度，并将此强加给周边国家的现实主义国际政治学
的霸权体系的思考方式，是不可能理解地区秩序的。往往不太了
解亚洲的人们想把中国的崛起用霸权转移（hegemonic shift）的理
论来解释，这是完全错误的想法。在 21 世纪，不可能以霸权国
家（hegemon）之间的交替形势来变换世界秩序。从这个侧面来
讲，具有相对意义的权力转移（power shift）正在发生，不能忘
记全球化、美国化的发展，而且也要认清全球化的范围（global
norms）在跨越国境时被普及的事实。

问：这是否说，如今霸权秩序的形成已经不可能？

白石：二战以后，不管是世界秩序还是东亚地区秩序都是在
美国的霸权下形成的。这一秩序的基本规范已经被广泛社会化，
并且将会更广泛地普及。这些进程甚至以包容企业或市民社会的
形态进行。当然一个世纪以后会怎么样，我们无从知晓，但今后
40～50 年内这个过程不会被中断。

日本与东南亚的关系

问：战前，日本对东南亚进行了军事占领，而战后围绕贸易
或资源领域，与其建立了经济合作关系。特别是福田赳夫内阁时
期，对东南亚的关心加深并提出"福田主义"（1977 年发布），
这种变化的背景是什么？

白石：进入 20 世纪 70 年代以后，日本对东南亚的直接投资

急剧扩大。虽然太平洋战争时期去东南亚的人们仍然留在那里，但是从企业派到当地的年轻人对东南亚一无所知。日本企业在东南亚地区通过直接投资建设了纤维工厂和百货商店，而且以日本派驻人员与游客为服务对象的日本餐饮店也接连开业，还开设了以日本人为服务对象的酒馆。有多数韩国企业进驻的马尼拉或雅加达正在发生同样的事情。20 世纪 70 年代初，这样的氛围迅速扩展，但各地也出现了摩擦和反抗。1973 年在泰国发生抵制日本商品的运动，随后发生为学生革命的形式，最后导致政权交替。在印度尼西亚，1974 年 1 月田中角荣访问时期就发生了暴动。这一系列事件对当时的日本是一个很大的冲击。因为他们无法理解日本为什么如此不受欢迎。当时得到的教训是，只依靠经济手段是行不通的，作为一个友好的邻国要懂得相互理解。为此，要推动与东南亚人民之间的社会、文化交流。福田首相的"心与心"就是针对这一点所提出的。

另外有一点，那个时期丰田财团开始推行"了解邻居"计划。我认为这一计划在丰田财团实施过的所有计划中是最为出色的。这个计划把东南亚地区的文学作品翻译成日语，并提供给日本读者阅读。我们在 20 世纪 70 年代学到了要正面接受东南亚，认识到那里不仅有资源与市场，更重要的是有"人"，只有与那里的人建立信任关系，才能保持两国之间长久稳定的关系。

问：或许是偶然因素，与提倡"经济外交"的岸信介一样，福田在政治上同样倾向于右派，具有民族主义倾向，而不是保守本流。"福田主义"的背后是否存在对美自主外交的动机？

白石：我并不清楚福田首相对自主外交有多大的热情。岸信介首相因战犯而被刻画为右派，但他做的事极其实用主义。他虽然主张日本是"亚洲的领导者"，但这只能是面向国内的，而在对待外交政策时是非常现实的。他深知日本是美国的"小伙伴"（junior partner），并且采取了相应的行动。

福田首相对这些领域的现实感觉也与岸信介首相非常相似。

我认为，福田首相也时常考虑与美国的关系，而忽视这一点的其实可能就是田中角荣首相。他为了追求"多边自主外交"，做出了"踩美国这只老虎尾巴"的事情。

问：福田首相重视东南亚外交实际上没有持续多少时间。之后的大平正芳内阁提出"亚太构想"，并在事实上主导了APEC。对此，是否可以理解为随着亚太概念的登场，日本对东盟等东南亚国家及区域组织的关心变少了？

白石：我并不认为福田政权交替为大平政权时，外交上有多大的变化。日本的外交几乎不会因为首相的交替而出现很大的变化。从日本的立场看，美国的存在是"既定的条件"。我认为，大平首相的设想是通过日本与澳大利亚的合作，希望克服美国撤退东南亚大陆地区（主要是越南）以后如何建构这一地区的秩序，以及如何维持美国对亚洲的责任问题。但当时我在大平内阁没有参政，对20世纪70年代日本对亚洲的政策也没有做过系统的研究，所以只能说到这里。

问：小泉纯一郎首相2002年在新加坡提案的"东亚共同体"构想，难道不是针对中国与东盟之间的自由贸易协定（FTA）吗？

白石：我并不这么认为。日本在2000年已经和新加坡签署了FTA。之前，日本政府只重视世界贸易组织（WTO）。日本政府，尤其是经济产业省（当时通产省）的政策是促进全球贸易自由化。但是1990年日本政府认识到只靠WTO是行不通的，所以把FTA作为贸易自由化的主要政策手段之一。但是从一开始在日本国内就出现农业领域的强烈抵抗，签订FTA是非常困难的。因此，考虑到新加坡是容易合作，尤其是在农业和水产业方面不会产生多大影响的国家，就与其签订了最初的FTA。

在2000年与新加坡签订FTA时，日本就已经开始讨论下一个要签订FTA的国家。1997~1998年经济危机时，东盟的几个国家遭受严重的打击，危机后，日本企业的主要投资是到中国去，并没有重视在东南亚的投资。这从长远来看并不是很理想的现象。与其说是日本对中国的东南亚政策产生反应，不如说是中国看完日本—新加坡的 FTA 之后，看到了 FTA 的有效性。

问：您认为中国在看到日本—新加坡的 FTA 后就开始接近东盟吗？

白石：是的。我在 2001 年 11 月把基于小泉纯一郎首相在新加坡的演讲而获得的想法提交给了首相官邸，当时完全没有提到过关于中国的政策。当时，经济危机已经告一段落，由于东南亚经济受到了很大的打击，日本的对外投资已经开始转向中国。但是考虑到东南亚地区的经济发展乃至政治稳定，日本企业非常有必要到东南亚进行投资。我认为，小泉纯一郎首相在访问新加坡时发表声明，并明确日本对东南亚的政策（statement）是比较合适的。

问：当时您对小泉首相起到了咨询作用吗？

白石：当时我并不是首相顾问。当时举行了以福田康夫官房长官为中心的小型研究会。这并不是正式的研究会，而是非正式的聚会。在那里我与福田进行了讨论。2002 年 2 月在《中央公论》上发表了我与大辻义弘共同编写的《提倡日本与东盟之间的扩大 FTA》一文①，那篇文章的基础记录也是在那个研究会上讨论出来的。

问：关于亚洲外交，您认为当时福田官房长官对小泉首相有影响作用吗？

白石：我认为 2001～2002 年的时候，两个人的关系非常融洽，福田作为官房长官也是做出过杰出贡献的。

加深东南亚之间关系，要依靠美日同盟与自由贸易秩序两大支柱

问：一般来讲，"东亚"的前提是东南亚和东北亚。但最近

---

① 大辻义弘、白石隆：《日本—东盟的扩大 FTA 的提倡》，《中央公论》2002 年 2 月，第 117 卷第 2 号。

日本在提及"东亚共同体"时，还包括澳大利亚、新西兰、印度，韩国对此表示惊讶，日本为什么要如此扩大范围？

白石：为什么要执着于地理界线？为什么要用这种成见限制政治想象力，甚至是政策？我不太清楚理由是什么。前面也说过，"东亚"一词意味着经济的相互依存和进展。因此，从投资与通商领域中发生的现象来看，把澳大利亚、新西兰、印度加进东亚共同体并不是新奇的事情。而且，东亚、东亚扩大版、亚太等概念也是与如何考虑、制定区域合作战略密切相联系的。

"东盟 + 3"的合作在 1997 ~ 1998 年亚洲金融危机之后，是在"东亚共同体"构想的名义下进行的。因为美国露骨地进行了介入，对于这些国家来说，如何对冲"美国"这一威胁具有政治上的重要性。但是按现在的情况来看，中国的崛起可能成为更大的威胁。因此，要面对这些新的威胁，最好建立"东盟 + 3"和"东盟 + 6"，如果这还不够充分，也可以把"东盟 + 6"变为"东盟 + 8"更好，而且已经成为新的趋势之一。

问：换句话讲，建立共同体只包括亚洲国家就带有封闭性吗？

白石：并不是这个意思。虽为共同体，但现在的地区主义是非常开放的，已经与过去的集团组成完全不一样。要好好考虑原本想通过"共同体"实现什么，且为什么要建立。FTA 是在WTO 的贸易自由化没有得到任何进展的情况下，从能够实现自由化的地区开始推行的一种尝试。中日韩 FTA、"东盟 + 3"的 FTA也是可以的，但是若因构筑"东亚共同体"而拒绝澳大利亚的加入，又有什么意义呢？不管是"东盟 + 1""东盟 + 3"还是中日韩，只要适合贸易自由化，就要积极应对。外交政策应当采取实用性思考方式为好。

问：对此，有一种疑问，添谷芳秀教授曾说过，日本外交没有战略，我也同意他的主张。因为，现在的日本外交很难找到明确的战略。

白石：那会根据"战略"一词意味着什么而不同。日本政府从未发表过"这是日本的战略"的任何文件。但也不能说日本完全没有战略。二战以后对美日同盟与对亚洲的重视是日本一贯的外交政策。而且其根基里存在一种观念，即美国主导的开放自由主义国际秩序的维持就是日本存亡的利益，为了这一点日本也应负相应的责任。或许有人觉得这是应该的，但这就是日本外交战略的思考方式。按照这个思路，日本的外交也有一贯性，认为没有战略的人只是不知道这一点而已。

问：那么东盟或东南亚对日本的战略利害关系到底是什么？是确保海上通道，还是获取资源？

白石：对日本来说，最大的战略利益是在东南亚面向世界且追求稳定与发展。如果看更大范围的东亚，确切来讲，如果看到扩大的东亚，就会发现这些区域正拥有财富与力量格局的迅速变化。随着韩国成为先进国、中国与印度崛起，东南亚国家也正在成长。虽然在 20 世纪 90 年代日本是经济上的巨人，但到 2030 年，不仅中国，就连印度也会比日本拥有更大的经济规模。

东盟的经济也会在整体规模上赶上日本。在这种情况下，日本的战略利益是什么？地区秩序会随着财富与力量格局的变化而发生变化，但如果发生急剧的变化，则会产生负面影响。渐进的、稳定的秩序变化，即借印度尼西亚总统苏哈托的话，维持动态平衡（dynamic equilibrium）是很重要的。为了维持这一平衡，有必要提高变化的预测功能，而且维持美国主导的地区安全机制是至关重要的。

问：是指安全秩序的稳定履行吗？

白石：是指这一区域的投资、贸易、金融、货币等规则的形成。

问：这意味着自由贸易秩序吗？

白石：并不只是贸易，还包括一般经济。要在我们一起制定的规则基础上重新制定新的规则，而不是跟随中国的决定而制定新规则，并替换掉旧规则。要实现这一点，最重要的两点是军事均衡与自由主义国际经济秩序的进化。那应该如何行动？首先，在安全方面，美日同盟起着关键作用。维持美国中心的车轮型安全体系固然重要，但应同时把这一体系转变为网络型，并逐步增加其弹性。

在经济领域，规则是由利害当事者（stake - holders）都参与制定的。因此，只能是那些经济合作实际进行中的国家采用多种形式参与制定规则。至少在未来的十年中，日本的政策要立足于这样的思考下进行。因此，我认为日本并不是没有战略，只是不太显眼而已。

问：崛起的国家——中国有没有可能坚持主张自己制定的规则？

白石：我不太清楚，但日本对此并不表示认同。

问：就如您所说看来，日本确实强调一个稳定的变化。但反过来想，这看起来会比较保守，是一种旧制度（ancien regime）的感觉。

白石：当然是保守的。但在外交政策中，保守或进步的价值判断是没有实际意义的。说它是个"旧体制"，就意味着只能是败事的议论。财富和力量的均衡一旦变化，秩序也会变，这是必然的。但众所周知，急剧的变化会带来严重的混乱。

问：但不能排除急剧变化的可能性吧？

白石：举例来说，正如鸠山由纪夫首相说的那样，中美日三国之间的关系如果发生变化，可能是个急剧的变化。日本如果疏忽美日同盟，只重视对华关系，而且促进排除美国的"东亚共同体构想"，将会对这一地区的国际政治格局带来巨大的变化。这种蠢事是万万不能做的。日本是当事者。作为当事者的战略是立足于未来发展的趋势而决定怎么行动。日本的战略是以美日同盟为中心，加强与包括韩国在内的美国同盟国之间的联系，以免在这个地区的政治经济格局发生急剧变化。这就是我个人对安全的基本思路。在贸易和投资领域，从东亚、亚太两方面着手，制定 21 世纪的规则。

问：从加强介入（commitment）的观点来看，最近奥巴马政府的"重视亚洲"（pivio to Asia）战略，是否可以认为跟您所说的内容是一个轨道上的逻辑？

白石：奥巴马总统发表"重视亚洲"声明时，我就觉得从日本立场上来说是一件非常好的事。

问：您在 2006 年 1 月的《潮》月刊上发表的一篇文章中谈到美国从东亚撤退的可能性[1]。但最近奥巴马政府的动向好像与您的预测背道而驰。您对此有何看法？

白石：我在《潮》上发表的文章是采访录，我并没有亲自执笔，所以不太记得采访的具体内容，但好像没有说过美国会采取军事上的撤退措施。当时，美国因全神贯注于中东，对东亚的关心处于相对减弱状态。当时可能就是因为这种念头说的话。到 2006 年左右，对美国威胁的意识仍然很强，而不是中国。但 2007 年美国信用危机发生和 2008 年雷曼兄弟破产后，中国的行动开始有了新的变化。这样，对威胁的认识也就开始有变化了。

从宏观上看，我对东亚或者亚太地区并没有改变网络型一体化的想法，并以此为基础常常主张美国在该地区的军事存在（presence）。但以该地区网络型一体化为前提，应思考日本在货币、贸易、安全等领域选择何种外交政策，并在其中确定如何利用网络的问题。2007~2008 年为重要的转折点，此后我改变了对威胁的认识。这就是在安全、政治对话和贸易领域里，某种程度上拉拢美国的亚太地区框架日益重要的原因。

我曾对美国持批判态度的原因是，布什政权并没有重视东亚地区。布什政权只关注中东，康多莉扎·赖斯国务卿没有出席过

① 白石隆：《世界与日本的出路（15）——东亚局势变化与日本外交》，《潮》2006 年 1 月。

东盟地区论坛（ARF）。另外，美国总是显示出单边主义倾向。而奥巴马政府则不同。奥巴马总统和希拉里·克林顿国务卿明确把重点放在亚洲，并推动积极干预（engage）政策。

问：那么，今后美日合作将会变得更加容易吗？

白石：我认为，要比以往任何时候更有必要加强美日之间的合作。我经常强调的"美日同盟的深化（deepening）"是非常有必要的。

问：近来美日之间的安全合作加强，是否意味着"同盟的深化"？

白石：我认为日美安全合作的强化是非常重要的。与加入环太平洋伙伴关系协定（TPP）一样，作为安全合作的一环，日本也要积极应对冲绳基地问题的解决。这虽然属于日本国内问题，但因鸠山首相毁坏美日之间的基本信赖关系而变得非常棘手，要解决仍需很多时间。另外一件要做的事情，就要重新考虑"武器输出三原则"①。当然，这并不是主张卖成品武器。韩国也在卖武器，但日本绝对没有那种想法，而且考虑到国内政治情况也是不可能的。

问：那为什么提案要重新考虑"武器输出三原则"？通过对韩国的技术转让来实现韩日之间军工产业的合作行不通吗？

白石：技术合作和产业合作要在安全及其产业技术的基础上互相给予利益，而这一前提是两国之间坚固的信任关系的构筑。从这一观点来看，对韩国的技术转移与军工产业合作并非易事。现在对"武器输出三原则"进行重新考虑，其中重要的是美国与同盟国共同开发下一代运输机等，在那些基础上进行共同生产。如果进行武器共同生产，将会使用日本制造的零部件，因此，可以进行零部件的输出。目前，日本的军工产业市场非常小，而且

---

① 是指日本政府对武器输出限定及运用原则，禁止向社会主义国家、争端当事国及联合国决议规定的武器禁运国出口武器。1967 年 4 月佐藤荣作内阁首先提出，1976 年 2 月三木武夫内阁进一步明确了上述三条原则的内容。

财政状况并不乐观。在这样的前提下日本的市场不会再扩大。与此相比，随着装备走向尖端化，会需要更多的费用。因此，应考虑在这样的恶性循环中维持、发展有防卫力量的基础产业。

问：2009年末，韩国国防部跟日本签署军事合作协定的态度，开始发生转变，这令人感兴趣。最近，韩国与日本之间进行过"关于军事情报保护协定"（General Security Of Military Information Agreement，GSOMIA）的协商。您对此如何评价？

白石：韩国军方与日本自卫队之间的合作应进一步扩大。因此，韩日之间的军事情报共有是非常重要的。但在实务层面上，即使明白这一道理，但存在把日本当作"敌对方"的韩国的民族主义等因素，要实现还是有难度的。在这种情况下，技术合作也是有困难的，而日本与澳大利亚进行合作将会更加顺利。

东南亚：从"陆地的亚洲"到"海上的亚洲"

问：下面谈谈东南亚的现状吧。东南亚的内部局势正在发生怎样的变化？

白石：从宏观上看，中国把经济合作作为重要的政策手段，以云南省昆明为中心往南纵向扩展，已经建设了从昆明经过南宁到越南河内、从昆明经过老挝到泰国曼谷、从昆明经过缅甸曼德勒到仰光的高速公路等，还计划建设高速铁道，另外，还建了从缅甸皎漂到昆明的管道。结果，"陆地的亚洲"正在向"海上的亚洲"扩大。如果持续这种发展趋势，从地政学上来看，东南亚有可能会分离为大陆部和岛屿部。更确切地说，大陆部东南亚有可能被纳入中国的"势力范围"内。这对日本、韩国还有其他许多国家来说，都不是所希望看到的。东盟作为一体化的平台是比较理想的。而且，日本企业在曼谷正建设大规模的集成园区。因此，这一区域的国家过分依赖于中国是不容乐观的。

　　那应如何做？对于东南亚国家，中国正试图构建以昆明为中心的轴心—轴轮体系。日本只要把它延续到东西方向，实现横向连接，就会使这一区域的经济密切联系到世界经济。那么这一区域将会成为面向世界开放的区域。

　　问：您的意思是，要"中和"中国的力量吗？

　　白石：我的意思是把东南亚作为开放的区域，并促进形成东盟共同体。

　　问：东盟的未来能否更加坚实一些？

　　白石：除了密切联系世界经济外，东南亚国家，进而东盟这一地区机构是没有其他未来的。越南的贸易依存度已经超过100％，而缅甸、柬埔寨等过不了多久也会走上越南的道路。到时候就不用担心，这些地域会编入中国的势力范围之内。

　　问：据说当地政府也认识到中国的崛起，因此，为了保持平衡故意强化与美国或欧洲的关系，如果这样，东盟会有光明未来吗？

　　白石：东盟的未来光明与否，我不太清楚。但至少从日本的立场上来讲，这一地区走向更加开放是理所应当的。再看看东盟各国的未来，以印度尼西亚为例，印度尼西亚的消费正急剧扩大，未来也会顺利成长，预测到2020年左右人均GDP会达到6000美元。泰国的成长并不乐观，因为眼下政治上的漂流会持续。越南的人均GDP约为1000美元，增长到3000美元是非常轻松的。就我个人而言，比较感兴趣的是缅甸。虽然也有韩国企业进行投资，缅甸政府就如过去苏哈托总统时期的印度尼西亚一样，将推行重视经济增长的政治。

　　问：您的意思是说，缅甸也会选择某种权威主义开发体制吗？

　　白石：我虽不太喜欢"开发独裁"一词，用英语来说是"Authoritarianism and Development"。这跟"开发独裁"有所不同。缅甸会在保持以军部为中心的政治体制基础上，为赢得国民的支持，把经济增长设定为国策。如果成功，缅甸的政治本身也会发生改变。因此，全面协助现在的改革开放并得到成功，是非常重要的。

问：最近中国和美国似乎围绕南中国海在进行霸权竞赛。您对此有何见解？

白石：中国虽然发展很快，但实际上中美两国之间的力量差距仍然很大。从 2007 年以后所谓"中国威胁论"进入高潮，包括美国在内的亚太国家开始保持警惕，并重新拉拢美国介入。即使中国已经引进苏联制造的航空母舰，进而建造自己的航空母舰，这一地区的军事均衡也不会有大的改变。例如，中国在海南岛有相当规模的海军基地。但越南也整备金兰湾的军港设施，并打算从俄罗斯购买六艘潜水艇，试图阻止潜艇舰队，而且与美国、印度一起进行军事训练。所以，我认为，从表面上看，中国虽然变得更加强大，但面临的形势也非常严峻。

问：中国是否正在遗弃或背离邓小平先生所坚持的"韬光养晦"① 政策呢？

白石：我认为是因为国力迅速增长，不知不觉地放弃了"韬光养晦"。

问：这就意味着强化东盟和美国之间安全合作的首要原因提供者是中国，您同意这一说法吗？

白石：我是这么想的。但这一切并不能只怪中国政府。中国的国有企业和渔民们也有问题。虽然没有大作报道，但在南中国海也发生过印度尼西亚海军战舰和中国渔业监视船差点发生冲突的情况。这与韩国和中国之间发生的事件是类似的。这样的事件几乎在所有的海域都有发生。

---

① 隐藏自身的才能和名声，即忍耐等待时机的意思，这里指 20 世纪 80 年代中国的外交战略方针。

日本的未来：取决于美日同盟与"东亚共同体"的实现

问：如何展望"东亚共同体"的未来？

白石：我比较担忧"东亚"这一词被随便使用。举例谈一谈鸠山首相的"东亚共同体构想"吧。他的设想不同于一般研究者或政策担当者的想法，从完全不同的意义上使用了这一概念。结果，鸠山政权时代的"东亚共同体"构想非常受人瞩目，被认为是鸠山的外交政策。但最终他放弃政权以后，对东亚共同体构筑的激情也瞬间消失。而且，很多国家对东亚共同体本身也不像以前那样给予支持也是一个比较大的理由。因此，不能说它的未来非常美好。

只是，我相信东亚区域的合作网络将会逐渐扩大，也会更加紧密。东盟的主导地位也不会轻易改变。TPP 在加深以美国为中心的安全体系的同时，推动以东盟为主导的过程也非常重要。从日本的立场上看，参加 TPP 就是唯一的选择，并同时要促进跟东盟的经济联系。

问：像"等距离外交"那样，要在包含安全、经济、社会的全方位层次上加强关注，这么理解可以吗？

白石：这不同于"等距离外交"。我的想法是，安全应以美日同盟作为基轴，更要加强以美国为中心的地区安全合作体系，从而扩充网络型安全体系。经贸合作要考虑到这一点，有必要把 TPP 和东盟两方面都做好。货币合作要在"东盟＋3"框架下进行。而且，采取这种方式，在各政策领域里稳定地区秩序是非常重要的。在这一点上，不管是韩国，还是日本，都应该如此。

问：不知是否因为交流方式的差异，从韩国人的立场上来讲，美国的发言是非常明确的，例如"邪恶轴心"等，与此相反，日本的信息让人觉得模棱两可。

白石：目前，在首相交替频繁的时期，即使说明日本的战略，也会立即产生是否存在这种战略的疑问。但重要的是，即使政权频繁交替，日本在世界或者地区的地位也没有发生太大的变化。因此，可以自信地说，日本自小泉政权以后基本战略并没有发生根本性变化，虽然在鸠山政权时期稍微发生了动摇。与其说这是政策层面上出现的动摇，不如说是鸠山首相不经深思熟虑触及了战略，导致他本人失去信任。菅直人被认为是历代首相中最差的人物，尽管如此，他执政时期重视美日同盟与亚洲政策重现，并回到了原来的轨道上。因此，我一直把这两点归到一起来考虑。

问：衷心感谢您百忙之中抽空接受我们的采访。这是一场关于日本与东南亚关系、日本对外政策的精彩采访，相信对读者来讲也是非常有益的。

对日本来讲，我认为北方领土不只是领土问题，而是历史问题。如果没有理解好这一点，也就无法理解日本人为何那么执着于北方领土问题。……对于韩国人来说，独岛问题也不只是领土问题，而是历史问题。

第七章

日本与俄罗斯：
北方领土问题能否得到解决

东乡和彦

东乡和彦（Togo Kazuhiko）

1954 年生，毕业于东京大学教养学部国际关系专业，1968年就职于日本外务省。后来，作为外务省海外研修的一环，到英国陆军士官学校和伦敦大学斯拉夫—东欧研究所学习俄语和苏联问题。他被誉为代表日本外务省的"Russia School"，即"知俄派"，并参与了与俄罗斯有关的北方领土深层交涉。曾任外务省条约局长、欧亚局长、驻荷兰大使等职务，除此之外，还负责国际海洋法法庭（ITLOS）、国际原子能机构（IAEA）、经济合作与发展组织（OECD）以及 G7、G8 峰会等诸多多边协商事宜。

2002 年卸任外务省职务之后，在莱顿大学（荷兰）、普林斯顿大学、加利福尼亚州立大学（圣巴巴拉分校）、首尔大学、淡江大学（台湾）、天普大学等高校担任过研究员及客座教授。2009 年在莱顿大学获得博士学位（人文科学专业）。2010 年始任京都产业大学教授，并兼任该大学的世界问题研究所所长，2011年开始兼任静冈县对外关系辅佐官。

著有《日本外交 50 年：1945～1995》（俄文版，1966 年）；《北方领土协商备忘录：失去的五次机会》（2007 年）；《历史与外交：靖国神社、亚洲、东京审判》（2008 年）；*East Asia's Haunted Present*：

Historical Memories and the Resurgence of Nationalism（合编，2008 年）；
《战后日本所失去的：风景、人、国家》（2010 年）；*Japan's Foreign*
Policy 1945 - 2009（2010 年）；《从"东北"共同体的再生：东日本大
地震与日本的未来》（合著、2011 年）；等等，除此之外，通过学刊、
报纸、周刊、月刊等刊物积极发表对日本外交的看法。

引　言

　　东乡和彦是兼备理论与实践的日本的俄罗斯专家。他的祖父
是在太平洋战争（可以更确切地说是美日战争）开战和战败时担
任日本外相的东乡茂德，父亲东乡文彦也担任过外务省的事务次
官，可以说是历经三代的外交官家族出身。事实上，东乡和彦还
是壬辰倭乱中被丰臣秀吉抓去的朝鲜陶工的后裔，前《华盛顿邮
报》记者东乡茂彦是他的孪生哥哥。

　　2011 年 10 月 22 日，星期六，笔者在东京六本木凯悦酒店对东
乡和彦教授进行了采访，之后在 2012 年夏天，通过书信方式，补
充了追加采访。在采访过程中，东乡和彦教授提出了清晰流利的主
张，这在一般日本人身上很难看得到。他对日俄关系的评价和主张
都非常率直、明确、合理。他虽然是仕途出身，但看待韩国或者中
国问题以及历史认识问题时，并不一味地袒护日本政府。假如像东
乡和彦教授这样的人行使外交上的决定权，并在外交一线上任职，
那么大多数重要的外交悬案可能已经得到圆满解决了。

　　此次采访，从日俄关系中的历史性渊源着手进行探讨。东乡
和彦教授亲自画的《日本国力的历史演变》一图有助于理解日本
对外战略的长期趋势。之后的采访内容是日俄关系的核心问
题——有关北方领土①问题，其主要话题就是：二战结束时，为什

---

　　① 是指日本与俄罗斯之间存在领土纠纷的千岛群岛的四个岛屿，即择捉岛、国
　　　后岛、色丹岛、齿舞群岛，俄罗斯称"南千岛群岛"。

么领土问题却未能得到解决，而模糊地留了下来；虽然通过发布1956 年《日苏共同宣言》而恢复了两国之间的邦交正常化，但和平条约到 21 世纪的今天也没有签订；围绕北方领土的协商经历了什么样的阶段，为什么每次协商遭到失败；北方领土的协商过程中，日俄两国的国内政治起到了什么影响；现在普京政府正在推行的"欧亚主义"（Eurasianism）到底是什么，对中国的崛起，日俄两国该如何应对；等等诸多问题。

东乡和彦教授对韩日之间的独岛问题也进行了有趣的谈话。日本是目前东北亚地区三个领土纠纷，即独岛、钓鱼岛、北方领土问题的直接当事者。这三个问题在历史经过以及双边关系里具有明显不同的意义。如同韩国对独岛问题一样，日本对北方领土的执着，是因为北方领土问题是过去与俄罗斯战争过程中所发生的诸多事件的象征。换句话讲，独岛问题对韩国来说是个历史问题，而对日本来说却是领土问题。与此相似，北方领土对于日本来说是历史问题，而对于俄罗斯来说却是领土问题。东乡和彦教授断言，为了寻找解决领土问题的关键，首先要充分理解对方国家的国民情绪。

他提及李明博总统访问独岛的事情（注：日本言论对这次访问引用了"登陆"一词，但东乡和彦却使用了韩方所使用的"访问"一词），并提出为解决东北亚领土纠纷的共同原则：第一，要求改变现状的一方不应行使实力；第二，实际控制的一方应要对话；第三，双方想方设法灵活对待领土主权问题，并避免发生军事冲突，尽可能为了促进双方的合作而进行对话。这些原则中的"实力"是指"军事力量"。从他的主张中得到启示，应该对地区领土问题进行冷静而严谨的思考。

朝鲜陶工的后裔——东乡家族

问：东乡先生的家族是传承三代的外交名门，祖父东乡茂德先生曾在二战开战及战败期间担任过外相，父亲东乡文彦先生也在 20 世纪 70 年代中期担任过外务省事务次官（副部长级）。据传闻，您的家族是在壬辰倭乱期间被抓去的朝鲜陶工的后裔，这是事实吗？

东乡：是的。我去过祖先们曾经生活过的、制作过叫作"萨摩烧"的美丽陶器的美山。我的祖先一直从事陶器制作工作，直到明治时期，祖父才放弃制作陶器，进入外务省，但我身上流淌的血液更为复杂，外祖父与德国人艾迪结婚并生下我的母亲，父亲作为女婿继承了家业①。

我想讲一些祖父的故事。因为祖父是二战开战时期的外相，被远东国际军事法庭以计划、准备、开始侵略战争的"破坏和平罪（A 级战犯）"的罪名，判处 20 年有期徒刑，这是为了惩罚违反国际法的珍珠港袭击以及开战的犯罪责任。但事实上，祖父为了防止战争的发生，倾尽所有的努力，甚至在协商不幸失败之后、珍珠港袭击 30 分钟之前，想要向美国通告外交协商失败的消息。但因驻美日本大使馆电报处理延迟，最终通告完成时，珍珠港袭击已经发生了。当然，通告没有及时传递是一种国家行为，没有任何争辩余地，但由此导致珍珠港袭击是个"狡猾的袭击"的形象，从而让美国上下燃起了对日战意。这些行为至今对日本国家形象留下了负面影响。

问：您在日本国内是有名的"知俄派"，为什么选择做俄罗斯的研究？

东乡：在大学时期，我很想当学者。对哲学，尤其是对柏拉图有着浓厚的兴趣。但我对走向世界也感兴趣，就根据自己的情况想当外交官，况且之前看过父亲的工作，所以多多少少了解外

---

① 根据日本户籍制度，结婚的夫妇要使用一个姓氏，大部分情况是妻子跟随丈夫的姓氏，但偶尔也有跟随妻子姓氏的。特别是在战争以前，因代代相传的"家族"有着非常重要的价值，若家族中没有男孩出生，则让女婿跟随女儿的姓氏，以此来谋求家族的存续。这叫作"女婿养子"。

交工作。进入外务省的第二年，也就是 1969 年，我去英国留学，并在那里学了俄语。1972 年被派到驻苏联日本大使馆，担任三秘，以此为契机，开始走上俄罗斯专家这条路。

总而言之，34 年的外交生涯中，有一半的时间用来做与俄罗斯有关的事情。前后三次在莫斯科工作，从戈尔巴乔夫改革①到苏联解体时期担任苏联科科长，2001 年在伊尔库茨克主持举行日俄峰会，等等，这期间的外交业务非常有意义。虽然因政治状况的复杂化，日本对俄罗斯的政策也变得混乱，到 2002 年我终于结束外交官的生活，但整体来看，这是一段非常有意义的经历。

日俄关系的复杂历史渊源

问：首先对日俄关系的历史进行一下概括吧。和田春树教授认为明治维新是以彼得大帝时期的俄国作为模式。但 1905 年日本在日俄战争中取得胜利之后，俄国再未成为日本的发展模式。在日本历史中，其所带来的含义是什么？

东乡：1868 年明治维新以后的国策是"富国强兵"，也因为这种努力，日本的国力得到了持续的增长②。尽管因 1895 年甲午中日战争的胜利，使日本与中国清政府签订《马关条约》（日本称《下关条约》），但从这一时期到 1905 年，日本处于卧薪尝胆

---

① 1985 年苏联共产党的戈尔巴乔夫总书记所主张的改革政策，意为"重建""重组"。
② 日本经过各地方领主通过战争互抢领土的战国时代，1603 年德川家康最终统一了国家，后来统治了 260 年。这期间日本几乎断绝了对外关系，建设了繁荣、稳定的经济与文化都比较发达的社会。但是 19 世纪中期受到了欧美列强的开国压力，1868 年在明治天皇的主导下建设了新的国家，并大大增强了工业力量和军事力量，从而实现了历史大转折。这就叫"明治维新"，其中心路线就是"富国强兵"。

时期。日本通过《马关条约》获得了中国台湾以及辽东半岛，但俄国、德国、法国三国对日本施加压力，使日本迫不得已把辽东半岛返还给中国政府（即所谓"三国干涉"）。但1905年日俄战争爆发以后，日本的国力虽然出现"之"字形的颠簸，但依然守住了列强地位。1929年10月，纽约证券交易所发生股市崩盘，随即发生世界经济危机，全球各国开始采取自给自足的贸易保护主义。当时的日本领导人也试图建设以日本为核心的"东亚自给自足圈"，并于1931年通过"满洲事变"建立了伪满洲国。当时的领导人为了日本国力的增强和发展，采取了之后的一系列措施，但"第三次中日战争"（又称抗日战争）、进入法属印度支那以及对美英两国开战，从结果上来讲，日本失去了明治维新以来积累的所有成果。但战败之后的日本却获得了重新提升国运的机会，一直持续到1989年冷战结束。在这种情况下，日本迎来冷战的结束，并处于新的十字路口，绝对不能重演1931年的选择（见图1）。

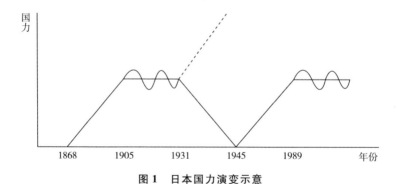

图 1　日本国力演变示意

注：东乡教授直接提示上述图面，说明了日本固有的国力论。从1905年到1931年，日本经历了国力浮沉期（图中的曲线部分），如果当时没有发动"满洲事变"，而坚固内部基础，展开富有创意的对外政策，那么日本的国力和国际地位将会得到大大提高（点线部分）。这是东乡教授有趣的说明之一。错误的政策选择导致日本的衰退。冷战结束后日本的情况也与20世纪30年代初的情况类似。冷战结束至今，日本的国力和地位又一次出现曲折（1989年以后的曲线部分），此时采取何种选择决定了日本的未来。

问：二战结束时期，也就在 1945 年 8 月 8 日苏联对日参战以后，占领了包括库页岛、千岛群岛和现在日本主张领有权的北方领土。请您举例说明冷战初期的日苏关系特征。

东乡：随着日本的战败日益明确，当日本战争领导人为了做好投降准备而拼命努力的时候，苏军的参战行为在日本国民的心里留下了久久无法平息的愤怒。具体如下：第一，苏联单方面破坏当时在法律上仍然有效的《日苏中立条约》，并参战；第二，掠夺、虐待在满洲地区（即中国东北地区）的日本人开拓团；第三，违背终战条件，将 60 万人强制滞留西伯利亚；第四，苏联占领 1855 年以和平方式缔结的《俄日和亲通好条约》中确定于日本领土以后，并没有受到任何主权侵扰的四个岛屿。加上日本战后成为以美国为首的西方阵营的一员，苏联则成为与美国对峙的共产主义阵营的领导者，这进一步加剧了日苏之间的紧张关系。

问：根据您的主张，苏军进驻满洲以后，大约 17 万日本平民被强制带走或失去行踪，对此有没有正式的公开发表或者官方的统计数字？

东乡：我在书上说的 17.6 万名的数据是从冈崎久彦的书中引用的[1]。

问：您觉得这些数据有多大的可信度？

东乡：冈崎久彦是那种一旦开始就会追根究底的人，他不会使用捏造的数据，虽然不是学术论文，无法提示其依据，但有充分的可信度。他是我的外务省前辈，且其年轻时期调任韩国时所写的《邻国所想的事情》（1977 年），是日本人写的韩国研究中具有先导性的名著，是一本韩国人也值得读的书。

问：日本人对俄罗斯人的不信任应该也是从那时开始的，在那之前，也就是到 19 世纪为止，日本人对俄国人的不信任还没到这种程度吧？

---

[1] 冈崎久彦著《吉田茂和那个时代》，PHP 文库，2003，第 26 页。

东乡：是的，日俄关系的好坏时期是以经常互相穿插的形式存在。19世纪，日俄关系在俄国南下、日本从北海道北上的过程中先后反复了数次的和平时期和对立时期，"和平时期"里有《1855年条约》和《1875年条约》，如果说1855年《俄日和亲通好条约》（《下田条约》）是划分有关千岛群岛的俄日之间所签署的边境条约，那么1875年签订的《桦太千岛交换条约》（1875年《圣彼得堡条约》）是因确定之前"未分国境"的库页岛为俄领、千岛为日领的条约，所以也叫"库页岛—千岛交换条约"。随后日俄战争（1904年）爆发，日俄关系就进入了"战争时期"。但后来通过签订《朴次茅斯和约》而恢复和平关系，之后日俄双方又先后签订了四部条约（1907年、1910年、1912年、1916年）。这些条约，是日俄共同抵制美国为了牵制日本而欲进驻满洲地区签订的条约，在这过程中，进入"和平时期"的日俄关系导致美日关系恶化，但好景不长，美、日、俄的这种关系因1917年爆发的俄国革命而告终，日本出兵西伯利亚①就意味着日俄再次进入了"战争时期"。俄罗斯人至今还对当时日本对西伯利亚的出兵怀有敌意。

随后1925年通过签订《日苏基本条约》，日本与苏联的关系重新进入"和平时期"，但到了20世纪30年代，因"诺门坎战役"② 等两次战役而再次处于"战争时期"。后来日苏两国通过1941年《日苏中立条约》进入短暂的"和平时期"，此时的日本已经签署了"三国同盟条约"③，并发动了太平洋战争。随着1945年8月苏联的对日参战，两国关系以"战争时期"而告终。

---

① 是指1918年3月苏维埃政权与德国签订单独实现媾和之后，同年7月美、英、日、法四国以救助捷克俘虏兵为由签订协定而出兵的事件。这一事件具有对俄国革命干涉的性质。当时日本动员7.3万多名的兵力占领了西伯利亚东部要地与北库页岛，但后来撤退了。

② 1939年在满洲与蒙古国之间的国境地带诺门坎发生的、日本军和蒙古军、苏军之间的大规模军事冲突事件。

③ 1940年9月27日，德国、意大利、日本三国在柏林签订的军事同盟条约。

问：听您这么一讲，我觉得日俄关系并不是某一方单方面地影响另一方，而是双方相互影响的关系。

东乡：正如你所说的那样，俄罗斯人主张，不只是过去的俄罗斯在惹事，日本过去同样也惹了不少的事情，这种主张从历史角度来说是很合理的，但问题在于民族的历史认识会随着国家之间最后发生的重要事件而变得更加突出。在日本看来，1945年之前发生的事情都及时得到了解决，但最后发生的事情，也就是1945年苏联对日参战行为给他们带来的影响，却留到现在。

模棱两可的协议导致北方领土问题

问：能否请您对1945年及其之后的情况进行详细的说明？

东乡：战争结束前夕，"不再扩大领土"（territorial non‑aggrandizement）是需要共同遵守的原则之一。这原则记录在英美共同签署的《大西洋宪章》（*Atlantic Charter*）① 中。随后苏联也加入此宪章，且"不会有扩张领土的意图"这一内容也出现在《开罗宣言》中②，苏联通过接受《波茨坦公告》加入《开罗宣言》③，就不能否认写入《大西洋宪章》与《开罗宣言》中的"不扩张领土"原则。从任何角度考虑，都无法容忍苏联夺取

---

① 《大西洋宪章》是1941年由美国总统罗斯福与英国首相丘吉尔签署的联合宣言。宪章为战后世界构想提出了以下八点：第一，否认任何领土的扩张意图；第二，在领土变更中尊重相关国家人民的意志；第三，尊重所有民族选择政府形式之权利；第四，扩大自由贸易；第五，经济合作的发展；第六，保障所有人在免予恐惧和不虞匮乏的自由中；第七，公海上的自由航行；第八，有必要构筑普遍的安全。

② 1943年12月1日，美国、英国、中国等国家的领导人签署《开罗宣言》，其内容包含"不为自国谋求利益，不抱领土扩张的意图"。

③ 《波茨坦公告》是1945年7月26日美国、英国、中国等领导人签署的对日文件之一，重申《开罗宣言》的条件必须实施。斯大林没有参加《波茨坦公告》的签署，因当时与日本不是交战国，没有参加宣言，后参加对日战争，才加入了该宣言。

1855 年属于日本的领土的事实。

二战接近尾声的时候，出现了各种动向，签署《雅尔塔协定》就是其中之一①。1945 年 8 月，在库页岛和千岛群岛被苏联占领的情况下，战争就结束了。《雅尔塔协定》的内容大体上明示苏联获取千岛群岛。南萨哈林是《雅尔塔协定》第 2 条所规定的、苏联在日俄战争中失去的领土之一。而另一部分已经属于中国。但千岛群岛问题与 1905 年《朴次茅斯和约》毫不相关，所以在《雅尔塔协定》中，不得不写进完全独立的第 3 条。千岛群岛问题是从 1855 年开始延续下来的，但韩国人对此并不了解。

当日本战败并签署《旧金山和约》时，丝毫不知以绝对秘密形式签订的《雅尔塔协定》的相关内容，签署《旧金山和约》之前日本在与美国交涉的过程中，对日本的领土位置进行了认真的说明，但美国也无法忽视《雅尔塔协定》。结果，日本不得不同意《旧金山和约》第 2 条（c）款中有关日本"放弃对千岛群岛的所有权利、权源以及请求权"的内容。该协定中第 1 条是有关中国的内容，而第 2 条则是有关日本的内容。第 2 条规定，日本要把通过"1905 年和约"取得的领土返还给苏联。1905 年日本取得的领土就是南部萨哈林，即南桦太。

问：您能否再详细地说明一下千岛群岛问题，以便于韩国读者们更加了解？

东乡：在南千岛群岛地图中，国后岛和择捉岛在上方，齿舞群岛和色丹岛在下方。这么一看，南千岛群岛似乎都属于千岛群岛。《雅尔塔协定》规定的"日本放弃千岛群岛（ahandon）"，写的就是"千岛群岛"，结果美国在《旧金山和约》中要求日本同意有关"千岛群岛"这一定义，而且在《旧金山和约》中也出现了"千岛群岛"。

---

① 《雅尔塔协定》是 1945 年 2 月 11 日，由美国、英国、苏联在雅尔塔签署的秘密协定，其第 2 条中规定"要恢复日俄战争中苏联所失去的权力"的同时，第 3 条规定"千岛群岛需移交于苏联"。

基于当时的情况，美国认为苏联不会在《旧金山和约》上签字，因为当时，苏联已经承认中华人民共和国，并主张不会承认没有邀请中国参加的《旧金山条约》。但出乎意料，苏联派出代表团前往旧金山，该代表团团长是当时的苏联外交部次官（相当于副部长）安德烈·葛罗米柯。这样，事情变得无法预测，葛罗米柯主张千岛群岛全部都属于苏联，尽管苏联如此强调其主张，但最终还是没有在和约上签字，其结果导致当时苏日之间什么都没有确定下来。

《旧金山和约》只基于历史事实，不但没有明确千岛群岛具体指到哪里，而且只规定日本放弃，并没有写放弃给谁（to whom）。日本政府一直主张这一点，这一主张完全是对的。随之而来的两个问题，即为了明确日苏之间没能在旧金山解决的有关和平条约的内容，而需要进行协商，并且不得不通过协商来解决在《旧金山和约》中有关"日本放弃千岛群岛"的内容。1955～1956年日苏之间的协商主要围绕这些内容进行。

问：日苏之间的直接交涉是因为《旧金山和约》当时所发生的什么事情而产生了矛盾？能具体说明一下在那期间究竟发生了什么事情吗？

东乡：严格地说，除了之前提出过的问题以外，并没有其他问题，但也存在当时以吉田茂总理为首的日本代表团在签署和约并放弃千岛群岛时，出现过具体指哪里的问题。为了解释这一问题，重要资料就是吉田茂在签字时的发言。他在此次发言中，谈到南千岛群岛时，对国后岛、择捉岛、齿舞群岛和色丹岛的表述方式比较特殊。齿舞群岛和色丹岛是北海道的一部分，当时因为驻有日军兵营，所以苏联才"占领"那里。与此相比，有关国后岛和择捉岛的部分，自从1855年成为日本领土之后，从来没有对此产生过疑问，并强调完全无法赞同苏联的主张，提出这两座岛屿是日本领土的发言。但并没有提及有关齿舞群岛和色丹岛是否包含在日本放弃的千岛群岛。从此明显可以看出，吉田茂虽然抗议苏联占领国后岛和择捉岛，但并没有否认这两个地方不属于"千岛群岛"。在日本代表团回国以后，在国会审核该条约的时候，当时的外务省条约局长西村熊雄在答辩中说，日本所放弃的"千岛群岛"包括国后岛和择捉岛。结果，这样就留下了模棱两可的伏笔。

问：在被评价为划时代宣言的1956年《日苏共同宣言》中，有关北方领土问题的内容是如何定义的？

东乡：由于苏联没有签署《旧金山和约》，为了解决这一问题，从1955年开始，日苏双方在伦敦进行了协商。尽管有西伯利亚扣留日本人、渔业协定生效、海峡通过等诸多难题，但最后只剩下领土问题，而且最终签订的协议内容也非常简洁。《日苏共同宣言》第9条规定，签订《日苏和平条约》之后，把齿舞群岛和色丹岛让渡给日本。虽然在1956年《日苏共同宣言》中涉及领土问题的内容只有这一处，但两国对此项内容的解释却完全不同。当下，俄罗斯主张领土问题仅限于齿舞群岛和色丹岛，并主张国后岛（俄称库纳施尔岛）和择捉岛（俄称伊土鲁朴岛）并非纠纷对象，而日本则主张不仅要返还国后岛和择捉岛，还要返还齿舞群岛和色丹岛。虽然关于双方已就齿舞群岛和色丹岛达成协议，签订"和平条约"以后，返还给日本，但关于国后岛和择捉岛并没有达成任何协议。因此，领土问题并未得到解决。在解决领土问题之前无法签订"和平条约"，所以决定以"共同宣言"的形式，对能够达成协议的部分先采取协商的方式。

日本主张，需要通过"共同宣言"之后的"和平条约"所协商的问题应是国后岛和择捉岛问题，对此，苏联则主张，需要讨论的问题只有齿舞群岛和色丹岛。这样，在围绕领土问题达成协议的情况下，1956年日苏两国发表"共同宣言"。签署《旧金山和约》以后，国后岛、色丹岛和齿舞群岛、择捉岛的各自地位（status）产生了差距，这也是目前日俄之间领土交涉的核心内容。这并不是从1956年开始的，而是从《旧金山和约》签署一直存续至今的问题，无论好坏，都无法否定其差距。

1960 年日美两国修改《美日安保条约》，苏联抗议其为"反苏联条约"，并宣布单独声明：如果美军不撤出日本，那么苏联也将不会返还齿舞群岛和色丹岛。对此，日本表示强烈的抗议，谴责苏联不遵守国际法。以上是冷战时期日苏两国围绕领土纠纷所发生的最重要的交涉内容。

北方领土的交涉：失去的五次机会

问：您 2010 年在《产大法学》（京都产业大学法学部的学术刊物）上发表的论文主张，日本在有关北方领土的交涉中失去了五次机会，请对这五次机会说明一下。

东乡：我从 2007 年开始以通过学术刊物发表等方式表达我的这种想法。虽然日本失去了五次机会，但也达成过协议，如果不对这些协议做出解释，那么很难说明日本失去的机会是什么。

从冷战结束到现在，实际上日俄两国在有关领土问题的交涉中，一共签署了三个外交文件。第一个是 1991 年戈尔巴乔夫时期签订的；第二个是 1993 年叶利钦时期签订的；第三个是 2001 年普京时期签订的。这三个文件形式的协议，证明领土问题将会通过交涉得到解决。因此，可以认为，虽然除此之外还有许多协议，但与领土主权问题有直接关系的只有这三个协议。

这三个协议的内容是如何解决国后岛、色丹岛与齿舞群岛、择捉岛之间的差距，从而实现全部返还四岛的战略。从日本的角度看来，希望通过协议，让俄罗斯返还四岛，这并不是容易的事情。为了达到最终目的，日本制定了三阶段构想：第一阶段，想方设法让俄罗斯认识齿舞群岛、择捉岛作为交涉对象并承认；第二阶段，对 1956 年"共同宣言"中所规定返还的国后岛、色丹岛，俄罗斯遵守此"共同宣言"而确定答复；如果这两个阶段都得到实现，那么在第三阶段会完全解决有关国后岛、择捉岛问题。

在 1991 年的协议中，戈尔巴乔夫同意了第一阶段，即有关即齿舞群岛、择捉岛的交涉，但否定了第二阶段。因为当时的戈尔巴乔夫在自己政治力量处于弱势的情况下，无法告诉居住在色丹岛的俄罗斯人将色丹岛返还给日本管辖，所以没能进入第二阶段。两年后叶利钦总统访问日本时，也同意第一阶段，并且决定了日本也能够同意的几项交涉原则。关于第二阶段，对确认返还国后岛、色丹岛的内容，叶利钦表示无法直接留下文件形式，随后在记者招待会上以口头形式确认了第二阶段。这可以看作间接协议，但因这种协议只属于不完全的协议，所以无法进行到第三阶段。在 2001 年的协议第一次以"文件"形式对第一阶段和第二阶段达成了协议。在"伊尔库茨克声明"再次确认了包括 1956 年签订的有关返还国后岛、色丹岛的"共同宣言"的有效性，也包括齿舞群岛、择捉岛的四岛为交涉对象的"东京宣言"的有效性，而且还确认了最后问题也到了正式交涉的时候。

问：我认为"伊尔库茨克声明"是个很大的进展，但为什么没有实现具体化？

东乡：日本的右翼过度执着于北方领土，而没有充分理解"2001 年协议"的重大意义，也不知道如果认真就齿舞群岛、择捉岛问题进行对话会出现什么样的结果。其实存在两种极端的结果：一种结果是俄罗斯返还完整的四岛；另一种结果是俄罗斯不会返还任何东西。但右翼从开始交涉前就要求返还四岛，并主张如果在这一要求得不到保障的情况下开始对话，那么结果将会是俄罗斯只返还其中两个岛。另外，还存在人际关系问题。

在伊尔库茨克，森喜朗首相（2000～2001 年任职）提议"并行协商"，即对国后岛、色丹岛与齿舞群岛、择捉岛分别进行交涉。分别交涉其实很简单，因有关国后岛和色丹岛的"返还事实"已经明确，接下来就对其条件进行讨论。而且，对齿舞群岛、择捉岛则要首先着手讨论有关双方无法达成共识的领土主权问题。我确信只要带着想要解决问题的诚意去讨论，肯定会有结果，当然也存在齿舞群岛、择捉岛短期内无法被返还的可能性，同时也存在相对"中间"的可能性。但因只有四岛全部返还的结果才能让日本接受，国内认为应该结束交涉的意见也越来越大，最后日本事实上已经放弃"分别交涉"。

问：还没有对失去的五次机会进行具体说明……

东乡：如果说在失去的五次机会中伊尔库茨克交涉是第五次机会，那么之前的四次机会则是得而复失。其中最大的机会在1992年（第三次机会）。1991年底苏联解体，成立俄罗斯联邦。当时日本仍处在对泡沫经济抱有幻想时期，也是日俄实力对比对日本最有利的时期。1992年3月，科济列夫外长访问日本。我到1991年末为止在担任苏联科科长，新生俄罗斯与日本互相传递认真交涉的信息。当科济列夫准备访问日本的时候，我在华盛顿的日本大使馆工作。随后，科济列夫外务长官拿着一份妥协案来到日本，因为是需要秘密交涉的内容，也不能让世人知道这一文件的存在，我也无法公开承认这一文件。但如果没有对这一部分的理解，也就无法把握日俄之间领土交涉的精华。

当时是俄罗斯最为虚弱、日本最强大的时期。叶利钦领导的俄罗斯的政策方向是"成为西方的朋友"（Be a friend with the West），而当时的日本在亚洲代表就是西方国家，这对于日本来说无疑具备了最有利的交涉条件。尽管在这种时期，俄罗斯依然主张不能提及"完全返还四岛"。但俄罗斯的提案在一同返还四岛的底线以外已经是非常艰难的妥协案，而日本不予承认以此为基础的交涉。失望之余，俄罗斯采取了"到此为止"（Enough is enough）的态度。原定于1992年9月的叶利钦访日安排被取消，这是令人无法相信的事情。这也是失去的一个例子。

　　戈尔巴乔夫时期也有过两次机会。第一次是在 1986 年 1 月，即谢瓦纳兹（Eduard Shevardnadze）在作为外长的第十年访问日本，随后准备实现苏共中央总书记戈尔巴乔夫的访日。但因为日本参加了 SDI①，以及除此之外的其他因素，戈尔巴乔夫的访日最终还是被取消了。第二次是在 1988 年，中曾根康弘前首相访问莫斯科，重新开始了日俄之间的交涉。1989 年 12 月，施瓦纳兹外长再次访日，并设立"和平条约工作组"等，取得了诸多成果。事实上，1989 年 1 月在巴黎召开的"化学武器禁止条约"（Chemical Weapons Convention，CWC）会议上，日本宇野首相"因在领土问题上毫无进展，将会导致戈尔巴乔夫的访日无法实现"的发言，导致日俄交涉停滞半年多，戈尔巴乔夫的访日最终也被推迟了相当长的时间。

　　第三次机会是之前也提到过的在俄罗斯联邦成立初期，而第四次是在叶利钦执政后半期，即 1997 年 11 月叶利钦总统与桥本龙太郎首相在俄罗斯克拉斯诺亚尔斯克的会谈中达成协议，"到 2000 年为止签订平和条约"。1998 年 4 月在日本川明举行的峰会上，桥本首相再次提出前所未有的妥协方案②。但遗憾的是，俄罗斯并没有接受此提议。

　　第五次是在"伊尔库茨克协议"之后，即 2001 年就任首相的小泉纯一郎任命田中真纪子为外相之后所实施的对俄强硬政策时期。总的来说，在戈尔巴乔夫时期失去了两次机会，1992 年失去了第三次机会，1998 年因俄罗斯拒绝"川明提案"而失去了第四次机会，到 2001 年则失去了第五次机会。这是我的计算，再加上日本又失去第六次机会，如今日本政府正在失去第七次机会。

---

①　里根总统强力推行的战略防卫构想。

②　虽然不能全部说明"川明提案"的具体内容，简单来说以择捉岛与其北边的得抚岛之间划出国境线，是日本对施政权（实施立法、司法、行政三权的权限）大幅度让步为内容的提案。

小泉政权的非现实接近方式

问：其实，2001 年 3 月，在伊尔库茨克，森喜朗与普京之间的协议再次确认 1956 年《日苏共同声明》，并开启"先对国后岛、色丹岛返还进行交涉，后对齿舞群岛、择捉岛的实际交涉探讨可能性"的绝佳机会，但最终还是失败了。因为这件事情，您和当时的田中真纪子外长产生了矛盾，这是事实吗？如果是事实，其理由是什么？

东乡：田中真纪子在日本政策转折时期担任外长，当时的首相是小泉纯一郎。"伊尔库茨克协议"签署于 2001 年 3 月 25 日，而小泉内阁成立于同年 4 月 26 日。我被派到荷兰担任大使是在 5 月 1 日，从内阁成立开始，田中真纪子与铃木宗男①之间的对立日益明显，"伊尔库茨克协议"后，日本试图推进的对俄政策事实上已经崩溃。

问：尽管您主导了"伊尔库茨克协议"，但当时也与田中外相仍然处于对立状态吗？

东乡："伊尔库茨克协议"签署时，我作为外务省欧洲局局长，处于总管外务省重要政策的立场。但事情一结束，我就被派到荷兰担任大使。虽然这次人事调动与田中外相并无关系，但不得不说她并没有充分地去了解日俄之间发生的事情。在她的父亲田中角荣担任首相的时候，我担任驻莫斯科日本大使馆三秘。田中首相 1973 年访问苏联，在当时签署的《日苏共同声明》中明

---

① 铃木宗男在 1983 年北海道当选为众议员，1989 年担任外务省政务次官。之后在俄罗斯问题、政府开发援助（ODA）、非洲政策等外交领域里累积了许多经验。在小泉执政时期，被大众传媒和舆论认定为"守旧派"的代表，而且到 2002 年因受贿被宣布有罪。虽然抗诉到最高法院，但被驳回，服役到 2011 年，刑期才结束。后来他在北海道创建"新党大地"，现在担任"新党大地·真民主党"（5 名议员）的党首（铃木宗男本人没有国会议席）。

示"解决战后未解决的各种问题"。至于战后未解决的问题是什么，时苏共总书记勃列日涅夫与田中首相举行会谈时，回答说是"四岛问题"。但这只是口头形式的回答，并没有文字记录，俄罗斯从冷战后半期开始否认这么说过。到 1991 年，戈尔巴乔夫访日时才以文字形式承认"四岛问题"作为交涉对象。由此可见，与先前的三次交涉相比，田中首相的苏联访问起到了先驱作用，但还是未能把"四岛问题是交涉对象"落实为文字形式。田中真纪子担任外长之后，主张"把交涉调回到 1973 年"，对此我的确感到很惊讶，这是谁都无法理解的发言。至于我的人事调动问题，延迟数月以后，于 2001 年 8 月被任命为驻荷兰大使。

问：田中外相的顾问是哪位？

东乡：我不太清楚。

问：您离职荷兰大使的理由是什么？是田中外相决定的吗？

东乡：田中外相除与铃木宗男之间的对立以外，还发生了几个重大问题。2002 年初她终于辞去外相职务。解任我的是之后的川口顺子外相。解任的理由主要有两个：一是铃木宗男对外务省有非同寻常的影响力，而我也认同他的政治能力。当时的小泉首相是日本改革派代表，所有人都认为小泉首相所做的事情是对的。而田中外相在政治方面很得人心，几乎等同于小泉政权的女主人公（heroine），日本舆论认为小泉和田中是优秀的政治家，而铃木宗男被认为是保守的自民党政治的象征，甚至一位民主党议员把铃木宗男称作"罪恶的百货商店"（department store of evil）。

虽然我并非在铃木的影响下去交涉北方领土问题的，但他比谁都了解我的想法，并积极支持我的想法。他认为与俄罗斯人建立广阔的人际关系是非常重要的，所以经常花费大量时间和个人经费去结交来日访问的俄罗斯人，也经常到俄罗斯去访问。从萨哈林学校的教师到莫斯科的国会议员，他亲自向他们传达需要解决领土问题的信息，可以说为日俄关系做出了很大的贡献。总的来讲，我很尊敬铃木宗男对俄罗斯的态度。但社会上滋生出一种

"田中真纪子是好人、铃木宗男是肮脏的人"的认识，外务省开始逐渐排挤铃木宗男，归根结底，就是人际关系出现问题。

另外一个问题，我一直主张对北方领土问题采取现实主义立场。如果能够获得其中的两个岛，那么先解决两岛，然后再延伸到其他领土问题。虽然日俄发生过很多事情，但领土主权问题上始终没有发生任何变化。如果现在不下决心去改变，那么整个交涉本身将会消失。

我确信，如果在伊尔库茨克开始交涉，那么之后的半年或一年内，可能达成协议，并存在不把齿舞群岛、择捉岛划归零和的可能性。因此，我认为无论如何都要进入下一个阶段，但外务省外部对我的阶段性接近法持危险怀疑的看法，他们认为不把四岛全部返还作为前提，那么有可能永远失去齿舞群岛和择捉岛，且外务省的一部分人员也赞同这种观点。结果，我去荷兰的一年间，事实上对俄政策没有详细了解的人们就破坏了"伊尔库茨克协议"。2002 年，田中真纪子与铃木宗男之间发生对立，"铃木派"的人们都遭到排斥。跟随森喜朗首相主导"伊尔库茨克协议"的我，在被解任荷兰大使职务的同时，也离开了外务省。另外，长期与我一起共事的佐藤优①在外务省默许下（tacit acknowledgment）被捕，同时期比任何人都支持"伊尔库茨克协议"的铃木宗男也被逮捕。从对俄政策的层面来讲，最终带有非现实性的"一揽子解决论"压倒了带有现实性的"渐进式妥协论"。

---

① 佐藤优以捷克语专门职员就职于日本外务省工作，后来苏联解体以后俄罗斯联邦形成时期，在驻俄日本大使馆工作了八年。回国后参与情报相关业务，并在 90 年代对俄政策的制定和立案发挥了较大影响力。但是他过分与铃木宗男议员亲密关系成为问题，在 2002 年铃木议员被捕之前，参加在以色列召开的研讨会时以费用使用违规嫌疑被捕而被宣布有罪。后来上诉到最高法院，但遭到了驳回。但判决为缓期执行，他写的关于被捕与审判经过的书——《国家的罠》成了畅销书。之后在广泛领域从事写作活动，成为代表日本的舆论主导人之一。

从麻生到鸠山：因一句话而崩塌的交涉

问：继任小泉内阁的安倍晋三内阁在 2006 年提出 "西伯利亚合作倡议"。之后的福田康夫内阁、麻生太郎内阁、鸠山由纪夫内阁也向俄罗斯提过诸多提案，但效果不佳。在此期间，对于当时外务省的谷内正太郎①事务次官所进行的交涉，您如何评价？

东乡：我认为，从 2006 年到 2009 年的大约 3 年期间，明显有过第六次机会，其中谷内正太郎事务次官起到了很重要的作用。虽然不是很清楚，但从新闻报道等各种情报来看，在小泉时期并没有发生任何变化，但从安倍内阁开始气氛明显有了新的变化。安倍晋三首相的父亲安倍晋太郎担任外务大臣以及自民党干事长时期，曾经尝试过与戈尔巴乔夫进行对话，也建立了友好的关系。对此，俄罗斯人明确记住这一点，安倍晋三似乎也为了完成其父亲未能完成的事业，向俄罗斯发出了几种积极的信号。2006 年安倍内阁成立之后，在哈利根达姆（Heiligendamm）峰会之前提到的 "西伯利亚合作倡议"，让俄罗斯的态度变得缓和了不少。随后安倍首相辞任，之后的福田康夫时期也并不坏。俄罗斯的梅德韦杰夫总统在 2008 年洞爷湖峰会上发言，要解决 "和约问题"，并改善日俄关系，推动交涉向前发展。但福田康夫首相辞任以后，麻生太郎内阁就登场了。麻生太郎②原为安倍内阁时期的外相，在 2006 年 11 月国会上发表过 "面积二等分论"，对此我也比较惊讶，"面积二等分论" 系北海道大学岩下绍裕教

---

① 谷内正太郎生于 1944 年，从 2005 年 1 月到 2008 年 1 月担任过外务省事务次官。安倍以及麻生内阁时期提倡的价值观外交、"自由与繁荣之弧"、对朝强硬政策等制定和实行过程中扮演了中心角色。

② 麻生太郎从 2005 年 10 月到 2007 年 8 月曾任过外相，之后从 2008 年 9 月到 2009 年 9 月担任了首相。

授写的《北方领土问题：既不是 4，也不是 0 或 2》中的理论，并不是指岛的数量，而是指面积的分半。按面积划分领土，那么 3 个岛屿和择捉岛南部的一部分将成为日本的领土，岩下绍裕教授的这个理论是基于当时中俄国境交涉时 50 比 50 的解决原则，而且试图适用于日本而想到的构想。岩下绍裕教授作为学者，他的这种理论确实很有趣，但从来没有过外相在国会上提及这样的想法。在我任职时期日本的立场是，对齿舞群岛、色丹岛本应该返还给日本的部分，而对国后岛和择捉岛，采取"中间性措施"，直到全部收回四岛为止，要进行耐心交涉。但"面积二等分论"明显与当时我们的想法截然不同。

问：普京对"面积二等分论"表现出友好态度，可为什么失败了？

东乡：因为未成熟的外交责任很大。麻生外相的发言引发舆论关注的同时，已经逐渐开始飞扬，一直持续到 2009 年 5 月。同年 2 月麻生太郎首相与梅德韦杰夫总统在萨哈林举行会谈，并约定进行不受先例束缚的创造性想法。之后的 5 月普京总理访问了日本，会见森喜朗前总理时，他还暗示了 6 月在意大利拉奎拉（Laquila）举行的峰会将会成为重要的对话机会。

在记者会上，当记者问普京"预计在拉奎拉峰会上提及的内容中有没有'面积二等分论'"时，普京回答说包含了"面积二等分论"，这使我很吃惊。普京作为俄罗斯第一权力者的身份竟然会在公开记者会上公布，将和日本讨论有关把领土分成两半的方案。在俄罗斯民族主义者看来，这是无法容忍的事情，但普京主动说出这事情意味着日俄之间交涉达到了巅峰时期。但一周以后，森喜朗首相在国会发言谴责俄罗斯"非法占据"北方领土，日本的法律立场也的确如此，所有人都知道。梅德韦杰夫却认为俄罗斯为了有心妥协而计划重要会谈的时刻，日本这一举动等同于宣告，将在法律立场上有利于俄罗斯。他们认为，在俄罗斯想要通过妥协来解决问题的时候，日本却表现出在交涉上的优势，并显示出高压姿态。从他们的立场上看，这是相当大的侮辱。俄罗斯人不会原谅这样的侮辱。梅德韦杰夫总统在驻莫斯科日本大使河野雅治的新任状递交仪式中，强烈反对日本的态度极其奇怪。因此，在拉圭拉首脑会谈上也没有得到任何进展。

问：鸠山由纪夫内阁时期是否存在不同之处？鸠山内阁从麻生内阁的失败中学到了什么？

东乡：鸠山首相对有关俄罗斯的问题显示出很大的关心，因为达成 1956 年《日苏共同宣言》的是他的祖父鸠山一郎。事实上，鸠山由纪夫表明了自己想做自民党政权没能做到的对俄交涉，而俄罗斯方面也判断出鸠山由纪夫从麻生太郎的失败中学到了什么，并对通过让步而达成协议做好了准备。前两次鸠山由纪夫与梅德韦杰夫首脑会谈进行得非常圆满，在新加坡进行第二次会谈后，梅德韦杰夫对俄罗斯记者团表示："战后的现实无法改变，但现在和日本进行交涉。即使无法改变战后现实，但也会存在例外。"这句话说起来并不容易。但一周以后铃木宗男则提出了"质问主意书"。"所谓质问主意书"是国会议员向内阁提出的公开质问。内阁必须要对提出的疑问进行答辩，这种答辩就是阁议（内阁会议）的决定，具有很高的权威。当时铃木宗男提出了多数"质问主意书"，其中一份是与鸠山内阁对俄政策有关的内容。但是 2009 年 11 月的内阁答辩内容中有"俄罗斯的不法占据"一词，这必然导致俄罗斯方面的强烈不满。这样，在这个时点上，日本与梅德韦杰夫总统的交涉事实上已经告终了。

问：您的意思是指最后日本国内政治还是没能成为后盾，是吗？

东乡：问题可能出现在政治上的判断，也有可能是一种"愚昧"的结果。人们有时会失误，这种失误有可能是故意的。但有时候单纯的失误会使历经 25 年的努力化为乌有，甚至也未能认识这一事实。"不法占据"一词毁掉了麻生内阁与俄罗斯之间的交涉。从决定要与俄罗斯积极进行交涉并获得成果的立场看来，日本清楚地了解，自从使用"不法占据"这一词开始，交涉就会失败。尽管如此，但还是再次使用了这一词。

问：您是说导致交涉失败的并不是俄罗斯，而是日本吗？听起来像是日本政治家的狭隘态度导致了交涉的失败，是不是过分的"名分论"损害了日本的实际利益？

东乡：这就是狭隘或愚昧。因无法知道是谁做出了这种判断，所以难以正确把握其真实意图。当然，无法否定这对领土交涉造成了毁灭性的打击。结果，经过了最差的 1 年以后，2010 年秋梅德韦杰夫总统访问了国后群岛。对此，日本国民非常愤怒，但同时也证明了我们没有任何力量去改变这一事态。

难以预测：日俄北方领土交涉的未来

问：今后交涉的前景如何？

东乡：目前情况非常糟糕。从俄罗斯的角度来看，千岛群岛位于俄罗斯的最东端，有必要对千岛群岛投入资金，改善生活环境，但因预算的不足与较低的开发优先顺序一直未能投入大量资金。但在 2006 年开始与安倍政权进行交涉的时候，俄罗斯制定了"千岛群岛开发计划"，并从 2007 年开始正式施行。根据此项计划，俄罗斯在为期 9 年的时间里，总共投入大约 540 亿日元。一旦开始投资，将建立起学校、码头、公路、工厂等设施，这些设施会短期内改变千岛群岛的风景，而且这种变化将来也会持续下去。

我认为，俄罗斯在 2006 年做出了很重要的决定。在之前说过的日俄之间的三份协议中虽然有了一些进展，但最终没有取到任何成果，这使俄罗斯认识到该停止下结论。从 2006 年开始为期 3 年的交涉过程中没有得到任何结论。在交涉中断的情况下，俄罗斯的政策只能是一种方向，即好好负责去开发千岛群岛，让岛上的俄罗斯居民过上富裕的生活。不管日本如何主张，俄罗斯肯定会继续推进这种政策，所以未来的前景非常暗淡，可以说日本已经处于危机困境。

问：这么说，没有任何希望吗？

东乡：并不完全如此。只是为了恢复希望，日本需要满足国内方面的几项要求。第一是需要充分认识到至今交涉失败的原因，如果没有这种深刻认识，就无法推动下一阶段的政策。举例来讲，日本在二战中途岛海战中失去了四艘世界顶级航母，开始走向了失败。但最致命的是"隐瞒"了失去四艘航母的事实，当时海军没有及时向东条英机首相汇报实情，这就是日本人的思考方式。虽然有关北方领土也发生了类似的情况，但还是不去正确地认识事实。

第二是对于现在来说，必须认识到"四岛全部返还"这一主张是荒谬的。有必要认真总结目前情况下日本能做什么，并想出新的办法。目前俄罗斯正在开发千岛群岛的情况下，制定出新的提案并不容易。我认为，假如日本现在什么都不做，那么在不久的将来从北方四岛上找不到一丝有关日本的痕迹，而且俄罗斯还会与其他国家合作对千岛群岛进行开发。从日本立场上看，因北方领土处于被俄罗斯"不法占据"的状态，所以日本人除了免签，并没有其他方式去访问北方领土。事实上，日本人对千岛群岛的访问受到很大的限制。与此相反，日本政府无法制止其他国家的个人去千岛群岛务工。如此看来，找不到任何"日本人"迹象的岛屿逐渐发展起来以后，那时的俄罗斯还能返还给日本吗？因此，日本必须得改变政策。

问：也就是说，日本的外交是否已经到了极限？

东乡：正是如此，这也与日本外交整体上的地位密切相关。日本这个国家走向哪里？日本从明治维新以后经过昭和时期，到冷战结束为止，只有一个国家目标，国民齐心协力向着这个方向前进。从明治维新时期到战争前为止属于"富国强兵"时代。

1931 年发生的"满洲事变"以后，虽然从结果来看经历了莫大的失败，但战后的昭和时期一直到冷战结束为止，始终朝一个方向走过来了。对此，我称为"富国和平"时代。

1991 年底苏联解体以后，美国最警惕的是日本，更准确地说是因为日本的经济实力。当时的日本可以说是达到了其目的，而失去了今后所要发展的国家方向，即不知道该往哪里去。其结果，导致日本不管做什么事情都做不好，不仅在国内政治，还是在对外关系上，都是如此。现已过去了 20 多年，现在日本需要的是树立正确的国家目标，向那个方向凝聚国民的力量，并且要在对外关系中推动均衡政策。因此，需要经历三个阶段，即正确的国家目标以及对此的一定协议的形成，还有依靠凝聚力量的对外关系的推行。

问：那么，现在的日本已经到了哪里？

东乡：我并不知道现在的日本与美国或者中国做比较时处于哪个位置，事实上我对此并不感兴趣。因为日本在冷战后半期实现了相当部分的目标，随后失去了自己的目标和方向。重新树立新的目标才是最大的问题，而与其他国家比较只能具有次要的意义。对于北方领土问题，希望以明确的国家目标为基础，在能够解决的范围内取得最大成果就好。对北方领土的交涉本身来说，需要认识之前说过的失败教训，以此为基础制定出具有现实性的新计划，还要从整体上考虑对俄战略。另外，随着 2012 年普京再次就任总统，交涉局面又发生了根本性的变化。我认为，所谓的"第七次机会"，很有可能是在短期内"第七次机会之窗"被打开。2011 年 9 月普京决定竞选总统之后，俄罗斯对日本的信息明显变得柔和了许多。2012 年 3 月 1 日举行的记者会上普京对《朝日新闻》记者表示，"如果我当选总统，会指示开始（对日领土）交涉，交涉结果应该是平局"。这又是一次让日本人吃惊的发言，但面对这种"紧急事态"的日本政府及外务省的回应却非常迟钝。同年 6 月在墨西哥举行的日俄峰会也没有取得任何成果，9 月的 APEC 峰会上也没有取得任何进展，只花费了无谓的时间。

问：普京为何对日本感兴趣？他作为圣彼得堡出身，"欧洲认同意识"应比"亚洲认同意识"要强烈。

东乡：并不如此。普京总统正推出新的"欧亚主义"。"欧亚主义"的第一课题就是改善对日关系。因此我认为，日本也应积极回应俄罗斯的新欧亚政策，这才符合日本的国家利益。

普京的俄罗斯，将继续推进"欧亚主义"

问：如何看待普京与梅德韦杰夫的认同性？过去俄罗斯的势力扩大到西伯利亚和远东地区，这与斯拉夫民族主义（Slavic nationalism）密切相关。从斯拉夫民族主义观点来看，普京会有让步北方领土的真实意图吗？换句话讲，就像俄罗斯在冷战时期的苏联那样，会不会有某种军事野心？

东乡：冷战时期的苏联追求了仅次于美国的军事力量。以追求军事力量的程度为基准来比较过去与现在是不合理的。普京在 2000 年当选为总统，加上总理时期，一共在任 12 年，已经超过了梅德韦杰夫的在任时间。他的目标主要有两个。第一个是增强俄罗斯的国力，建设成稳定的国家（stabilizer country）。强国俄罗斯的建设要依靠强大的经济力量与军事实力。普京虽然成功实现了这一目标，但还不够充分。俄罗斯的经济比普京就任总统时的 2000 年增长了六倍。尽管如此，俄罗斯依然无法克服只依赖能源资源且在历史上已确凿的这一弊端。如果要建设更强大的国家，应该如何行动？要继续发展普京经过第一任（2000～2004 年）和第二任（2004～2008 年）时期的努力而恢复的俄罗斯经济，应该进一步如何行动？这是他的第一个目标。

第二个是在普京的执政时期，发生了很多社会矛盾。虽然在经济领域形成了与能源产业强力结合的新的集团，但他们开始对国家采取了高压姿态，还导致了严重的社会两极化结果。这就是新形势的特权阶层（nomenklatura）体系①。普京体制建立了限制行动自由的新政治结构。这当然与完全压制表达自由的苏联是截然不同的，但不可否认，令人窒息的氛围已弥漫在社会的各个角落。例如，已经实行了中央政府任命州知事的体系，而且政府完全掌握对大众认知起关键影响的电视广播等媒体。可以说，目前俄罗斯的统治结构是压制性的。如何消除这种封闭状态？这是他的第二个目标。

问：您如何评价，以普京总统与梅德韦杰夫总理为领袖而进行的俄罗斯政治的今后趋势？

东乡：不管是谁，都要把俄罗斯建设为繁荣、强大、稳定的国家。普京在 2008 年 2 月卸任之前，发表了重要讲话。演说的关键词是要摆脱只依赖于能源的经济困境，要创造有高附加值的经济（value - daode economy）。之后已经过了四年，但俄罗斯并没有实现转变。在未来的日子里，梅德韦杰夫作为担任负责经济的总理将成为这一任务的中心。能源问题还是一个需要继续关注的重要课题。在这些共同的课题里，梅德韦杰夫对于政治的接近方法可能会有一些自由主义倾向。而且，会强调跟随美国、欧洲型的透明性的法律（rule of law）。历代俄罗斯领导人中戈尔巴乔夫最接近于这种形象。我相信，在普京总统领导下，梅德韦杰夫总理会为更加自由、透明和有效率的经济尽自己的全力。

再者，普京为了加强俄罗斯的自立与认同意识会做出更多的努力。新的俄罗斯核心里有"欧亚主义"，而"欧亚大陆空间"（Euro - Asian Space）就会成为关键词。普京总统已经开始发出真挚而有趣的信息。他在 2011 年 10 月 3 日正式发表声明，自 2012

---

① 是指在苏联支配的党的少数精英特权阶级，或他们用上命下达的形式来维持的特权官僚体制。

年 1 月 1 日起，俄罗斯、白俄罗斯和哈萨克斯坦之间将形成新的经济共同体。这并不是单纯的、属于苏联加盟共和国之间的一体化，而它们将负责"欧亚经济共同体"中的欧洲部分。在发表当天，普京会见俄罗斯天然气工业公司（Gazprom）① 总经理，谈到为了扩大该天然气公司的活动，要与亚洲国家建立更加紧密的联系。尤其指示要加强与日本、韩国、中国的关系，而其内容通过官方媒体"俄罗斯之声"（Voice of Russia）传到日本②。

这与梅德韦杰夫政权时日俄关系紧张的 2010 年相比，就能看出何等的不同。2010 年 7 月 2 日在哈巴罗夫斯克（Khabarovsk）举行的亚太经合组织会议上，拉夫罗夫（Sergei Lavrov）外长谈到与这些国家的潜在合作可能性时，涉及几乎所有的主要国家，但对于日本只字不提。那次演讲是我跟俄罗斯交涉以来最让人不快的一次。现在与那时候的氛围相比，有着明显的差距。

问：可能是题外话，在普京的大亚太政策中，中国的作用能有何种变数？

东乡：普京的政策目标是要考虑东西两边的同时，增强夹在东西之间的俄罗斯的力量，建构俄罗斯主导的"欧亚大陆空间"。从这一国家目标来看，中国是俄罗斯最需要关注的国家。我在 2011 年 9 月访问莫斯科跟许多俄罗斯人谈话时，几乎所有人强调绝对不能跟中国发生冲突。换句话讲，对中国要始终保持最大限度的关注，并和睦相处。为什么呢？因为崛起的中国已经变得太强大了。从长期来看，这不只是简单意义上的和睦相处。在建设以俄罗斯为中心的"欧亚空间"这一构想中，可以看到俄罗斯独自想法和意志。这就意味着俄罗斯在最大限度

---

① 是俄罗斯国营天然气公司，1989 年成立，拥有全世界天然气储存量的 20%，世界最大的天然气生产企业。
② "俄罗斯之音"是俄罗斯的国营电视台，俄罗斯政府通过该电台向国外传达信息。

同中国保持友好关系的同时，从地政学意义上明确了新生俄罗斯的欧亚战略方向。

问：日本应该采取何种布局？

东乡：普京在2012年3月记者招待会上，谈到要跟日本开始进行领土交涉，并大幅度扩大经济合作。既然普京谈到了这些立场，从日本的立场上只能采取一种政策，那就是日本政府和外务省要全力以赴准备交涉。但是，领土交涉是在什么基础上开始的呢？首先要向俄罗斯明确提出领土交涉的意志。从普京的立场来讲，对日交涉在"伊尔库茨克"取得了成果，所以是从那些部分重新开始并达成协议，还需要慎重考虑是否另有妙招。

关于能源问题，日本因"3·11"东日本大地震的影响，对核电站发展的热情已消失，在这种情况下最容易的代替手段就是天然气。而且，可以稳定提供天然气的国家就是俄罗斯。这也说明俄罗斯的地位越来越重要。不仅如此，日俄两国通过互惠关系的技术领域的合作也是有可能实现的。但从3月以后的数个月内都几乎没有做好任何准备，所以可能导致致命性的拖延。

问：韩国也跟俄罗斯开始进行交涉。这是把天然气管道从纳霍德卡经由朝鲜联结到韩国的构想。李明博总统想在任职期间办成这一交涉。您怎么看？

东乡：是的。日本也把天然气的稳定提供看作一个非常重要的问题，这直接关系到日本的国家利益。是用LNC方式运送，还是通过海底管道经由日本列岛南下，这些问题都要与俄罗斯进行沟通。纳霍德卡—朝鲜—韩国这一过程的管道路线也使人感兴趣。毕竟是可能发生纷争的区域，因此觉得可以延伸为地政学意义上的战略合作。从这种意义来讲，如果日本也参加那些管道网的建设，或许会对地区的和平与稳定拥有更大的意义。

应对崛起的中国，日俄需团结

问：目前日本最大的问题就是没有大战略，所以在没有经过充分考虑的情况下，是否就断定俄罗斯为威胁？在中国和俄罗斯中觉得哪一方威胁更大？

东乡：按目前状况来判断，可以说是中国。因为中国崛起带来的影响以及随之而来的战略上的不确定性实在太大。当然，这句话并不意味着就对中国采取敌对政策。这就要在考虑到非常事态且具备"遏制能力"的同时，还要避免发生最坏的情况，要为实现合作而积极推动"对话"。换句话讲，日本的对华政策需要极度细致的准备，而且要深入关注相关动向。

问：那么，俄罗斯如何看待中国的崛起？

东乡：试想一下中国的崛起与海洋发展战略。如同之前提及的那样，俄罗斯也在应对中国的崛起而推行大战略。虽然从安全观点上看，核心问题就是海军力量，但也无法排除陆军兵力。俄罗斯在积极应对中国崛起的同时，也会为与中国保持友好合作关系做出最大的努力，这是极其自然的事情。

问：那么，俄日关系会怎么样？您认为俄罗斯与日本保持良好关系的同时，能否在中日之间发挥均衡作用？

东乡：这是很有趣的问题。普京似乎在改善对日关系时，计算过俄罗斯的战略利益，那是因为日本具有对俄罗斯来说发展空间上的长期战略。所谓俄罗斯发展空间就意味着完全的独立，与日本建立友好关系对俄罗斯很有利。在目前中日关系并不友好的情况下，俄罗斯是否能起到一定的均衡作用，我对这一问题的回答如下：俄日两国在通过双方共同努力消除障碍的同时，中日两国也要通过双方的努力来摆脱现在的局面。这样，中日俄三国需各尽所能，共同促进合作。

问：日本的政治领导人和国民对此如何理解？

东乡：如果说日本的政治领导人和国民对我的战略分析并不理解或者不同意，那会是非常遗憾的事情。我觉得，如果没有战略思考，日本在东亚的地位将会越来越下降，这是必然的结果。我的职责是尽力思考我所能看到的事情，并发表观点。

问：您最近还保持俄罗斯方面的人际网络吗？据我所知，前首相森喜朗与普京依旧保持着一种纽带关系。

东乡：虽然我已经不再是政府官僚，但依然保持着人际关系。当然，在韩国、中国、美国等国我也有人际关系，但尤其与俄罗斯人保持深入的关系。

问：您觉得现在的民主党政权与俄罗斯保持的人际网络如何？

东乡：鸠山由纪夫从以前就开始构筑俄罗斯的人脉关系，但在其任职首相期间所发生的事情，我感到很遗憾。我想民主党的前原诚司政务调查会长正在加强自身的人际关系，而现任外相玄叶光一郎也处于需要加强对俄人际关系的局面，但其并不了解实际情况。

"富国有德" 应成为日本的新国家目标

问：到了该结束对谈的时候了。基于以往的经验，您认为日本外交该向哪种方向发展？

东乡：近代以来日本经历了三个阶段：第一阶段是从 1868 年到 1931 年的"富国强兵"时期；第二阶段是从 1945 年到 1989 年的"富国和平"时期；第三阶段是冷战结束以后的 20 多年间，其间反复着前进与后退，这种反复最终导致衰退，最终通过提出新的国家目标向下一阶段发展，目前正处于重大的选择期。无论如何，我觉得"富国有德"将会是国家的方向。

到现在为止，日本所追求的"富国和平"国家目标产生了一些矛盾。首先，战败后，基于宪法第九条的"和平"带来了利己的、不负责任的和平，而且有关历史问题的矛盾也没有得到解决。对过去历史的正确认识和应对，应与对本国安全负责互补的形式进行。因此，日本应该充分地认识和记住过去对韩国等国家所做的事情。

从某种意义上讲，现在可以说是日本采取更稳定且统一立场的最佳时期。我想，现在日本到了该提出新的"德"的时候了。这不仅适用于日本国内，还可以适用于其他国家。以静冈县为例，我在担任京都产业大学世界问题研究所长职务的同时，自2011年4月还兼任了静冈县对外关系辅佐官，我担任此职位的理由之一，是川胜平太①想在静冈县做的事情与我的构想很相似。我期待，日本的再生会从静冈县开始实现。

问：既然您提到了历史，那再问一个关于领土的问题，独岛、钓鱼岛、北方领土……日本是这些领土问题的当事者，但各个问题的性质差距相当大，您怎么看待这些问题？

东乡：这三个问题各自有着完全不同的历史渊源，并从双方关系来讲怎么强调都不过分。从日本立场看，北方领土不只是需要收复的领土，也是1945年8月所发生的诸多事件的象征。

问：您认为北方领土凝聚着日俄之间所有的历史吗？

东乡：是的。对日本来讲，我认为北方领土不只是领土问题，而是历史问题。如果没有理解好这一点，也就无法理解日本人为何那么执着于北方领土问题。

---

① 川胜平太从2009年7月到现在一直担任静冈县知事，曾任早稻田大学政经学部教授和静冈文化艺术大学校长等职务。川胜平太知事为了提高居民的生活水平，主张地方应直接推进对外关系（安全和防卫领域除外），还提案"东日本大地震"的复兴计划要以静冈县为模式，即最近被称为体味话题的"全球本地化"的设想。所谓"全球本地化"，是"全球化"（global）与"本地"（local）的合成词，指正在全世界范围内进行的全球化与重视地区特征的本地化合二为一的词语。

　　同样，从此种观点可以比较日本的另外两个领土问题。对于韩国人来说，独岛问题也不只是领土问题，而是历史问题。相比之下，日本至今当其为领土问题，而不是历史问题。因此，日本人无法充分理解韩国人的心情，这些差距使独岛（竹岛）问题的解决难度加大。同时，韩国也没能理解日本至今没有把独岛（竹岛）问题看作韩日关系中的中心环节的原因，这也加大了解决的难度。

　　问：日本似乎拥有更多有关北方领土的历史根据，相比之下，关于钓鱼岛问题，中日两国的主张都存在着可以讨论余地，中国学者主张钓鱼岛的地理位置离中国内地或者中国台湾更为接近，而且在签署《旧金山和约》时，被美国单方面地决定了其归属问题。对此，您怎么看？

　　东乡：举例来讲，跟朝鲜绑架日本人的问题很相似。关于绑架问题，日本政府的最大弱点是，在绑架发生时和绑架发生之后，什么都没有做。虽然不会认为这种事情会再次发生，但所有的国民都愤怒于日本政府在绑架期间无作为、无责任的行为。虽然这种愤怒原本指向日本自己，但现在这种愤怒也指向了实施绑架的朝鲜。这种政策上的失败使日本对朝鲜政策上的民族主义倾向日益强烈。同样，如果中国人对钓鱼岛产生与日本同样的民族主义，那么这问题会变得非常复杂。

　　日本外交官或者政治领导人也有必要进行反省。日本对于这个问题再也不能一味地采取"什么都不做"的措施，而应采取以遏制和对话相结合的积极行动来掌握解决问题的主动权。如果继续保持现在的所谓"不作为"态度，日本迟早会处于不利的立场。北方领土问题也如此，在能够充分行动的时候没有把握解决问题的主导权，到了现在使问题变得更为艰巨。有关钓鱼岛问题也如此。

　　问：真心感谢您长时间接受采访，您的回答非常有益。如您所言，希望日俄关系能够早日得到改善。

第三部分

日本与朝鲜半岛

在韩国不发生激烈的反日示威，但对日本不信任可能变成日常化或者内在化的现象。如果今后在没有形成历史"和解"的情况下，双方之间的"妥协"面临崩溃，共有民主主义、市场经济以及市民社会的韩日关系将如何变化？

第八章

日本与韩国：能否实现真正的"和解"？

小此木政夫

小此木政夫（Okonogi Masao）

1945 年出生于群马县，1969 年毕业于庆应义塾大学法学部政治学科，1975 年修了该大学的博士课程（1987 年取得法学博士学位）。1972～1974 年，作为庆应义塾大学向韩国派遣的第一批留学生，到延世大学政治外交学科博士课程留学。1971 年开始在庆应义塾大学任教，曾担任过该大学地域研究中心主任、法学部部长、庆应义塾评议员等。2009 年 2 月，在庆应义塾大学东亚研究所内成立现代韩国研究中心，现在担任九州大学特聘教授，兼任韩国东西大学客座教授。

主要研究成果有专著《朝鲜战争：美国的介入过程》（1986 年），主编以及合编《冷战后的朝鲜半岛》（1994 年）、《朝鲜手册》（1997 年）、《金正日时代的朝鲜》（1999 年）、《日韩共同研究丛书（4）：市场、国家、国际体制》（2001 年）、《现代东亚政治》（2004 年）、《战后日韩关系的展开》（2005 年）、《韩国的市民意识动态》（2005 年）、《现代东亚和日本（3）：危机的朝鲜半岛》（2006 年）、《东亚地区市民社会的作用》（2007 年）、《韩国的市民意识动态Ⅱ》（2008 年）、《东亚地区秩序和共同体构想》（2009 年）、《朝鲜的人类安全保障》（2009 年）、《朝鲜半岛的秩序变革》（2013 年）等。另外，1987 年被授予庆应义塾奖，2008 年被授予福泽奖。

引　言

小此木政夫教授是日本第一代朝鲜半岛研究中最具代表性的学者，经常提出深入而均衡的观点，赢得普遍的尊敬。他曾经担任过日韩共同研究论坛日方代表、日韩历史研究促进共同委员会日方运营委员、日韩文化交流会议日方副代表、现代韩国朝鲜学会会长、日韩历史共同研究委员会第一届运营委员、日韩新时代共同研究项目日方委员长等社会职务，作为韩日之间学术交流的日方窗口，发挥了积极而重要的桥梁作用。

另外，小此木教授还担任过小泉纯一郎首相的私人咨询机构对外关系课题组委员和福田康夫首相的有识人士会议①——外交政策研究会委员，向日本政府多次提供朝鲜半岛相关政策咨询。他在庆应义塾大学与结识的韩国弟子、朋友一起成立以"驹八会"命名的联谊会，在韩国的学界、政界、言论界构筑了广泛的人脉。

2011 年 10 月 22 日，在东京的庆应义塾大学东亚研究所的会议室里，笔者对小此木教授进行了采访。后来在 2012 年夏天，通过书面方式，进行了追加提问和回答。在这一过程中，不仅补充了以往的回答，而且围绕最近韩日关系恶化的原因，增加了大幅相关问题和内容。

在采访中，首先向他询问作为朝鲜半岛第一代研究者过去四

---

① 有识之士会议是指，在日本需要围绕国家悬案或者改善制度等达成共识时，民间专家参与并得出相对合理结论的日本特殊的聚会。这与专家委员会比较相似，但有识之士跟专家有区分，主要指的是经验丰富而社会威望很高的知识分子。

十年的研究历程，然后概括 1965 年韩日邦交正常化以后的韩日关系，也重新回顾了 1998 年《金大中—小渊联合宣言》的意义。小此木教授对前者定为“1965 年体制”，而对后者定为“1998 年体制”。前者虽然是在没有解决独岛（日本称竹岛）、历史问题的情况下所实现的一种“妥协”，但两国通过后者进入真正意义上的“和解”道路。但是，韩日关系恶化的根本原因，就是从“1965 年体制”向“1998 年体制”的不完全转变。对此，他认为“1998 年体制”不能把“妥协”完全转变为“和解”。那是因为，韩日两国之间“伙伴关系”没有实践之前，日本的小渊首相突然去世了。如果小渊首相执政时代稍微持续，而且确实把“妥协”转变成“和解”，那么韩日关系不一定如此恶化。金大中和小渊之间的“伙伴关系”没有使两国国民感受到“仪式”或者“内容”，失去这种机会是非常遗憾的事情，这是他的主要观点之一。

另外非常有趣的是，最近的韩日关系，如同日本的“韩流”在文化层面上的水平交流一样，日本企业已经开始学习和模仿韩国企业，并开始发生“共同进化”现象。当今韩日关系悬案之一的独岛问题、历史教科书问题，一方面批判日方的主张和立场，同时给韩国提出了一些“忠言”。韩方对“新的历史教科书制造聚会”编写的教科书以及独岛问题的过度反应和介入，反而刺激日本国内的民族主义情绪。这就是他所指出的两国民族主义者之间的所谓“敌对性携手”。另外，战争慰安妇等问题在韩国人意识根渊里留下来的“怨恨”，在采访中没有谈到，对此有些感到遗憾。

在采访结尾，他所提出的一些见解给我们提供了需要深入分析的课题。例如，与强硬且反日的朝鲜半岛统一相比，更加担忧不稳定的半岛，需加强包括 FTA 在内的韩日两国的合作，共同应对中国的崛起，等等。

有意义的朝鲜半岛研究 40 年历程

问：您在 2011 年退休以后，现作为九州大学特聘教授进行活动，近况如何？

小此木：现在九州大学韩国研究中心担任项目负责的特聘教授。除此之外，不教授任何课程。该研究项目是日本文部科学省的"韩日海峡圈文化"教育项目。九州大学和韩国釜山大学的大学生在暑假期间互相访问，一起听课，共同实习。其口号（catchphrase）是"共同校园"。日本九州地区北部和韩国釜山、庆南地区是两国经济文化交流的先进地区，作为共同经济圈已经实现了韩日交流的日常化。从这种意义来讲，这是非常有意义的经验。

问：您已经进行了 40 多年的朝鲜半岛研究，作为研究者，您觉得满意吗？是否有过未尽的部分？

小此木：我觉得没有未尽的部分，作为学者我感到很幸福。在这 40 年间，我在国际政治、地区研究、现代史等众多领域进行过研究，朝鲜半岛就是最重要的研究课题。例如，有分断体制、社会主义、权威主义、产业化、革命、政变、民主化等政治学或者地区研究相关的很多主题，尤其是那些我在一定程度上亲自体验的状态下进行下来的部分。我在韩国留学是从 1972 年到 1974 年，那两年发生了"南北共同声明""10 月维新""朝鲜社会主义宪法""金大中绑架事件""总统紧急措施""民青学联事件""文世光事件"等重大历史事件。我亲眼所见的一切都成为我的研究主题。

韩国虽然发生过"光州事件"（"光州民主化运动"）等不幸事件，但终于实现了产业化和民主化。韩国从贫困的发展中国家摆脱出来，成功举办了首尔奥运会，而且已经具备了能够威胁日本的产业结构，也实现了政治民主化。这一切，我能够亲眼看见，作为地区研究者觉得很幸福，这实在是很特殊的经验。如果可以，希望亲眼看到朝鲜半岛的统一。

问：您曾经在日韩历史共同委员会以及韩日关系相关的各种委员会里做了很多事情。您不仅在研究领域，而且通过实践，为了改善韩日关系付出了努力，是否拥有特定的理论框架或模式（paradigm）？

小此木：并没有特别的理论，只是现在回过头来看，重要的是年轻时候的留学经验。当时韩国的老师、朋友以及市民给我提供了很多帮助。经历过好的经验的人，通常能够继续维持好的记忆。所以我希望韩日关系变好，为此而付出努力也是理所当然的。历史文化不同的人要了解对方，并不是一件很容易的事情。尤其是在韩日两国那样存在不幸历史情况的国家更是如此。所以，有必要很好地沟通，促进双方之间的充分理解。我作为年轻时期到韩国留过学的人，希望发挥媒介作用，这也是我个人的一种使命。

问：看到先生的弟子和朋友组成的"驹八会"，觉得存在一种"小此木学派"，能否介绍一下这种学风？

小此木：我并不愿意给学生强调我的思想和信条，也没有那种自信。一般情况下，学生自己设定课题，一起进行研究，而且时常在小酒馆里一边喝酒，一边进行不少的讨论。所以，"驹八会"的成员都是以共识为基础而聚集起来的。其实，"驹八"是指庆应义塾大学附近的一家小酒馆的名称。在这里，日本的研究生、到庆应义塾大学留学的韩国和中国的留学生以及访问学者等，围绕韩国和日本的政治以及两国关系进行了激烈的讨论。在这些聚会人员里，不仅有右派，也有左派。其中，有人回去韩国当上国会议员，也有人当大学教授，还有一位新闻记者，担任东京特派员后，回本部担任了要职。另外，也有在日本活跃的韩国学者。

问：在报纸上看过，前庆应义塾大学校长石川忠雄曾劝您做朝鲜半岛研究，那么您是由于受到他的劝告而走上了朝鲜半岛研究者的道路，还是您自己的选择？

小此木：其实一半一半。石川先生是位有名的中国问题研究专家，一开始我也想跟他做中国研究。我的本科毕业论文主题是"中国的朝鲜战争介入"。在写毕业论文的时候，第一次对朝鲜半岛开始关心。但是，石川先生劝我做朝鲜半岛研究。如果考虑到当时先生是个中国研究者，这是比较罕见的。先生是位具有"先见之明"的合理主义者，对我劝告，不是从个人层次上考虑，而是因为日本和庆应义塾大学需要研究朝鲜半岛，并强调了半岛研究的重要性。我也不想辜负老先生的期待。之后，庆应义塾大学和韩国的延世大学签署了交流合作协定，作为从庆应义塾大学派到韩国的第一代留学生，我到了延世大学学习两年。那时，我几乎不会韩语，所以从韩语学堂开始学习韩语。1972 年 8 月，是我初到韩国金浦机场的时候，至今我也会偶尔想起当时很不安的心情。

《金大中—小渊联合宣言》和韩日"1998 年体制"

问：如何评价 1965 年韩日建交以后的两国关系？您认为，最坏的时期是什么时候？另外，最好的时期是什么时候？

小此木：韩日两国之间的邦交正常化是极其艰难的协商过程。韩日邦交正常化并不是"和解"的产物，而是"妥协"的结果。尽管如此，当时两国领导人由于怀有历史使命而开拓了新的时代，所以才存在现在的韩日关系。建交以后最坏的时期就是"妥协"和矛盾的反作用表面化的时期。由于在军事政权下的韩国和老旧做派的日本自民党派阀政治之间形成了特殊的人脉和经济利益，所以受到了两国国民的不少批判。这种问题表面化的时期就是 20 世纪 70 年代前期，也是在韩国国内包括反对三选改选在内民主化运动和反体制运动扩大的时期。对 1973 年的“金大中绑架事件”解释为“维新体制”下所产生的对外关系上的副产物。之后到 1974 年“文世光事件”为止，被认为是最不好的时期。韩国的政治体制问题破坏了韩日关系。与此同时，日本对朝鲜的接近也引起了韩国的极度不满。换句话讲，建交以后的韩日之间发生过难以克服的“体制摩擦”。

韩日关系克服“体制摩擦”，进入新阶段的是金大中政权时期。在韩国实现民主化以后，1998 年 10 月韩国总统金大中访问日本，跟日本首相小渊惠三共同签署了《为了面向 21 世纪的新的韩日伙伴关系的联合宣言》①。另外，1997 年金融危机以后，韩国的经济自由化和全球化得到了急速进展。政治民主化和经济自由化消除了韩日之间的政治、经济上的“体制摩擦”，使得两国关系进入新的时代。同时期，日本也迎来了战后五十年和自民党单独长期执政的结束（“1955 年体制”）。

问：为什么那么评价？

小此木：如果认为金泳三政权的诞生意味着韩国政治的民主化，那么新进党的细川护熙政权就是结束日本“1955 年体制”的主角。细川护熙在韩国庆州举行的同金泳三总统的首脑会谈上，举例“创氏改名”“战争慰安妇”等，对过去的殖民统治“作为加害者表示真诚的反省和深刻的道歉”。战后 50 周年的 1995 年 8 月，社会党出身的村山富市首相发表谈话，在内阁会议上采取了决定，这就是《村山谈话》，具体内容如下：“我国在不久前的一段时期，国策发生错误，走上了战争的道路，使国民陷入生死存亡的危机，殖民统治和侵略给许多国家，特别是亚洲各国人民带

---

①　这就是《金大中—小渊联合宣言》。在该宣言里，日本首次明文表述对过去殖民统治时期的谢罪，后来韩国也向日本开放了文化市场，同时发表了作为具体合作方案，定期举行首脑会谈、协调对朝政策、举行官民投资促进委员会、扩大青少年交流等。

来了巨大的伤害和痛苦。为了避免以后发生错误，毫无疑问，我
们应谦虚地接受历史事实，并再次表示深刻的反省和由衷的歉
意。同时向在这段历史中受到灾难的所有国内外人士表示沉痛的
哀悼。"

1998 年 10 月，金大中总统访日的时候，小渊首相重复强调
上述历史认识，表示对韩国"真诚的反省和由衷的道歉"。对此，
金大中总统回应，"真诚接受小渊首相的历史认识，并高度评价，
同时超越两国过去的不幸历史，以和解和睦邻友好为基础，积极
发展面向未来的两国关系"。日本首相表示道歉，而韩国的总统
接受，这是一种明确的"和解"。虽然短暂，但是韩日两国与邦
交正常化当时的"妥协"相比，走上了"和解"的道路。

问：那么，可以认为韩日关系已经从"1965 年体制"转变到
"1998 年体制"吗？

小此木：是的。1965 年的《韩日关系基本条约》以及诸多协
定①里都没有明确日本的道歉和反省。另外，在日本一直存在关
于"韩日合并"的所谓"合法正当论"。这虽然能够维持日本外
交的一贯性，并在短期内能够符合日本的国家利益，但长期来看
反而不利于日本。《金大中—小渊联合宣言》既避开"韩日合并
条约"是合法还是违法的观念性论战，又明确了日本对殖民统治
表示谢罪，而且韩国也接受了日本的道歉。如果日本单方面表示
道歉，韩国没有接受，两国之间的"和解"就不能成立。我认
为，通过《韩日联合宣言》，对"1965 年体制"进行了修正和

---

① 1951 年 10 月，为实现邦交正常化的韩日会谈开始以来，经过 14 年的波折，
到 1965 年 6 月 22 日，两国终于签署《韩日基本条约》、4 个附属协定以及 25
个文件。两国之间的谈判围绕韩国的对日请求权问题、对殖民统治的认识问
题、在日朝鲜同胞的遣返等，多次重复协商，到 20 世纪 60 年代初在朴正熙
政权的推动下终于达成了妥协。其主要内容如下：日本承认韩国为朝鲜半岛
唯一的合法政府，关于请求权以及经济合作的协定（无偿支援 3 亿美元、提
供长期低息政府贷款 2 亿美元、商业贷款 3 亿美元以上），关于在日同胞法律
地位和待遇问题的协定、渔业协定、关于文化遗产以及文化合作的协定等。

补充。

问：此外，韩日关系的积极方面是什么？

小此木：大众文化的阶段性开放，后来这成了日本国内"韩流"的基础，改变了日本一般国民对韩国的认识。其实，当初没有预测到的是，韩日两国的市民社会通过大众文化的交流而得到了成熟。韩日交流过去主要以政府或企业为中心，现在已经具备了社会基础，这就是大众文化开放所带来的划时代的变化。

问：当时反对论者主张，如果韩国开放文化市场，日本文化将覆盖韩国。但是现在已经发生了"逆现象"。对此，您如何评价？

小此木：其实，我也没有预测到的，日本人会喜欢韩国文化。日本人的偏见也是很强烈的。如果不考虑偏见，客观地看待韩国文化，就会感到其魅力，但是日本人即使没有偏见而难以直率地对待韩国文化。韩国人的努力使日本人认识到了这一点。从政治学者的立场来看，韩国的政治民主化以及经济自由化的结果消除了韩日之间的"体制摩擦"。无论裴勇俊、崔智友等明星多么有魅力，如果没有开放文化市场，就难以出现"韩流"。金大中总统的大众文化开放政策是非常正确的，也是一种"先见之明"。

问：朴正熙政权时期，由于发生了"金大中绑架事件"等，导致韩日关系的恶化。后来，全斗焕总统和中曾根康弘首相的个人关系亲密，两国关系才得到改善。对此，您如何评价？

小此木：全斗焕和中曾根之间的关系，是在当时美苏对立而国际形势恶化的情况下，即苏联入侵阿富汗以后的"新冷战"为背景下所形成的。尤其是，苏联和朝鲜之间军事上的合作得到了进展。全斗焕总统和中曾根首相积极应对当时的局势变化，构筑了两国之间的战略合作体制。后来，又进行了"里根—全斗焕""里根—中曾根"之间的首脑会谈。这确实恢复了已经恶化的韩日关系。但这是在"新冷战"背景下所形成的，是对"1965 年体制"的一种更新。其实，这是没有连贯于韩国的民主化和自由化、日本的历史认识而实现的一种"关系恢复"。虽然是个重大的外交成果，但无法与金大中时期所形成的"1998 年体制"相比较。

问：2011 年 5 月，韩国的一部分国会议员访问北方领土（俄罗斯称南千岛群岛）① 的时候，您表示，"在韩日关系发生了制度上的疲劳"，这是否意味着韩日关系新恶化？

小此木："1965 年体制"转变到"1998 年体制"，给韩日关系带来了新的困难。那是因为，新的体制还没有完成的情况下，旧体制的基础——"妥协"就告终了寿命。当时的《韩日基本条约》以及诸多协定，"保留"了对独岛（日本称竹岛）问题的解决，也对"韩日合并条约"的合法性问题采取了"暧昧"的态度。另外，强制征用工人的补偿，通过"请求权协定"而勉强得以"解决"。"慰安妇"问题当时并没有成为问题，而现在相互之间的认识已经存在很大的"对立"。

这些都是"暧昧"的问题，今后要解决的是条约的适用能否涉及朝鲜的管辖权问题，因当时根本上难以解决而采取了保留态度，或暧昧地进行了处理，到现在才认为可以解决，或者要明确地处理，并试图通过司法程序来解决。但实际上这并没有得到解决，反而可能破坏原有的"妥协"，这也是我担忧的问题。2015年迎来《韩日基本条约》50 周年之前，"1965 年体制"可能面临崩溃的危机。

换句话讲，"1998 年体制"没有能够把"妥协"完全转变成"和解"。那是因为，没有实现《金大中—小渊联合宣言》之前，小渊首相突然去世了②。如果小渊首相的执政时代稍微持续下去，而且确实把"妥协"转变成"和解"，那么韩日关系不一定如此

---

① 是指日本和俄罗斯之间的领土纠纷地区，可以参考本书的第七章。
② 小渊惠三 1998 年 7 月就任首相，2000 年 4 月 1 日由于过度疲劳导致脑梗死，始终没有恢复意识，5 月 14 日去世。

恶化。金大中—小渊之间的"伙伴关系"，没有使两国国民确实感受到"仪式"及其"内容"，失去这种机会是件非常遗憾的事情。

问：如何评价卢武铉时期的反日示威？

小此木：这是"体制摩擦"解除以后的反日示威。卢武铉时代的韩国已经存在市民社会，市民之间的交流也非常活跃。即使政治摩擦变大，对经济活动、民间交流的影响却不大。即使参拜靖国神社或者由于独岛问题的对立而发生抗议示威，并不像反美烛光示威那样，不会扩散到大众层面，更不会发生暴力行为。

在韩国不会发生激烈的反日示威，但对日不信任可能变成日常化或内在化现象。另外，正如设置慰安妇铜像事件那样，最近市民团体（NGO）继续寻找新的运动方式。如果今后在没有形成历史"和解"的情况下，双方之间的"妥协"面临崩溃，共有民主主义、市场经济以及市民社会的韩日关系将如何变化？反日示威将采取何种形式？目前看来，难以做出判断。这是一个非常有意义且属于未知世界的问题。

逆转的韩日关系："学习韩国的日本"

问：回顾过去的韩日关系，虽然有过正式渠道，但实际上经常通过非正式的"人脉政治"来解决难题。朴正熙总统和金大中总统在日本有相当的人脉，但最近似乎不存在那种渠道。您如何看？

小此木：朴正熙总统时期，推动韩日邦交正常化和经济合作的人员之间存在笃厚的人际网络。他们都是现实主义者，而且拥有一种"使命感"，所以发挥了交流桥梁的作用。全斗焕时期形成了同中曾根首相联结的渠道，而在卢泰愚时期，在竹下登首相之间，青瓦台总统秘书室的金润焕先生发挥了中介作用。不管怎么说，一直维持了这种人脉，到金泳三政权时期就没有形成此类人脉。金大中时期，他在日本进行民主化运动的时候构建了支持他的人脉，但未能对日本政界、经济界发挥影响力。因此，金大中总统没有对日本拥有特殊渠道，而依靠通常的外交活动。

问：朴正熙总统时期，韩国有金钟泌、朴泰俊等人物。日本有哪些人物发挥了"知韩派"或者"亲韩派"的作用？

小此木：自民党政权内并不局限于韩国，而向周边国家推动关系正常化的派阀发挥了影响力，外交就变成了"派阀化"。对方国家也依靠这些派系，这当然存在经济上的利益。对华关系里，主要有田中派和大平派，对苏关系有河野一郎，对越关系有渡边美智雄，等等。对朝鲜，竹下派的金丸信试图发挥影响力，但最终失败了。

在经济领域里，由于受到这种影响，韩国浦项制铁的朴泰俊会长和日本钢铁业领域形成了特殊关系。一旦涉及综合商社企划项目，大腕儿政治家就进行访问。在朴正熙时期的韩国，佐藤荣作、岸信介都发挥了很大的影响力。初期，田中派虽然受过排斥，但后来也发生了变化。总之，这种"派阀外交"的结果产生了奇妙现象。例如，小泉纯一郎频繁访问美国，但当上首相之前没有访问过中国和韩国。那是因为，两国关系是由田中派和竹下派所主导，可能引起了他的不满。也就是说，"派阀外交"就成了小泉"重视美国、轻视亚洲"的外交背景。

问：小泉属于哪一个派阀？

小此木：他就属于福田赳夫、安倍晋太郎、森喜朗的派阀。

问：企业家的情况如何？例如三星集团的李秉喆会长、韩国的"全国经济人联合会"（"全经联"）和日本的"经济团体联合会"（"经团联"）①的关系等。

小此木：除了朴正熙政权的前期以外，韩国企业家和日本的

---

① 日本的经济团体联合会，就相当于韩国的全国经济人联合会。

政治家几乎没有发生过直接合作。韩国的经济官僚学习战后日本经济发展经验，开发了适合韩国国情的 1960 年中期"出口主导型产业化"政策。根据韩日邦交正常化，韩国从日本引进请求权以及经济合作资金，积极应对"越战特需"，摆脱了过去只依赖美国经济的状况，逐步扩大出口和增长。例如，现代建设承包了京釜（首尔—釜山）高速道路的建设，而浦项制铁得到日本的协助，开始了"零出发"。

韩国企业根据政府的"出口主导型产业化"方针能够得到种种优惠措施，而且同日本企业进行合作而引进资本和技术是关系企业生存的重大事情，也是一种很合理的选择。另外，政治也积极介入经济领域。例如，韩国首尔地铁建设过程中筹集了巨额的政治资金。韩进集团的成立也是跟日本国际集团的小佐野贤治存在密切联系的。即使政治关系淡薄的时候，韩国也非常重视同日本企业的合作。现代汽车和三菱汽车、三星电子和三洋电机也进行了合作。当时韩国企业都是日本企业的转包企业，但现在已经超过了本家——日本企业。

问：韩国的新右派组织提出所谓"殖民地现代化论"，通过此时期的强大的行政国家、社会基础设施、资本家阶级的形成、教育投资等，建立经济发展的基础，对此难以同意。而"1965 年体制"以后，韩国从日本引进了资本，并通过政策学习，在走向国际市场等方面发挥了重大作用。其实，韩国的综合商社基本上都是日本的转包企业。从这种视角来看，有必要重新照明韩日关系。"1965 年体制"以后韩国的各种"产业培育法"都直接从日本引进，在该过程中必然形成人员之间的网络。对此，您如何评价？

小此木：我认为，不能简单地把殖民地时代的韩国近代化和战后的经济发展直接联结在一起。虽然不能完全否定一些企业把殖民地时代的经验或者积累作为其基础，但政府主导的产业化政策，才是韩国学习战后日本经济复兴而自己摸索出来的发展模式。韩日邦交正常化和越南战争也给经济发展提供了机会。为了迅速实现产业化，需要大规模的政策优惠，这就促进了韩国财阀的形成。韩国经济领域里虽然存在明治维新时期和二战前的日本，但战后日本所发挥的影响力才是最大的。韩国的经济从对日本经济的"从属"开始逐渐发展到"自立"。到日本经济泡沫崩溃的时候，两者关系已经接近于水平化，而且韩国企业与日本企业相比更加积极地开拓新兴国家的市场。

问：韩国不仅学习日本，而且加上自己的创新，从而能够赶上日本。三星电子、现代汽车、浦项制铁等都是典型的例子。这些对韩日两国都是互惠互利（mutual beneficial）的现象，您如何看？

小此木：是个正确的分析。最近，《日本经济新闻》连载"学习韩国"的专题报道，实际上日本企业也正在学习三星公司的成功。简单地说，韩国企业学习了日本企业以后，推行了技术进步，创造了更加有效的模式。这就是模仿日本而超越日本。因此，从日本企业的立场来看，通过学习韩国，从而实现改良和提高日本模式的竞争力。通过竞争和合作、相互交流和学习，将会产生更加先进且一体化的"韩日模式"。这可能就是经济层面上的"2008年体制"。如果韩日经济更加实现水平化，并进一步推动相互学习进程，即使没有签署自由贸易协定（FTA），也适合市场原理，更能够实现经济一体化。既要合作又要竞争，这就是韩日经济关系的现状。

问：对此种现象，亨利·基辛格称为"协同进化"（coevolution）。这就是通过相互竞争、相互合作，逐步共有两国的利益，是理想的发展方向。

小此木：正是如此。通过一种模仿与学习的力学（emulation-learning dynamics），能够实现"协同进化"。今后10～15年内，韩日两国的经济体制将会实现相当程度的一体化。

问：2011年的东日本大地震以后，在一段时期内日本没有及时提供零部件，所以韩国经济也遇到了一些困难。这是否说明，韩日经济通过新的分工秩序和商品链（commodity chain），正在实现结构上的一体化？

小此木：许多日本企业不仅把零部件和原材料工厂，而且把生产和开发基地逐步迁移到韩国。TORAY 把最先进的碳素纤维工厂投建在韩国龟尾市，旭化成、JX 日旷日石能源决定把石化工厂建设在蔚山。另外，东京电子（electron）在京畿道华城市建设了半导体研发中心，住友化学也在平泽开始生产触感控制板。日元升值、法人税率、电力费用以及利用韩国的 FTA 等原因也有多种方面。但是，如果向三星、LG 提供零部件，考虑到地理上的邻近因素，在韩国投资建厂更加有利。韩国企业向世界发展，需求的扩大也是必然的。

另外，最近丰田、日产等汽车行业向九州地区转移，就成了话题。九州的人工费与日本的中心工业地区相比，较为低廉。同时，考虑从韩国进口零部件的话，把生产线转移到九州也是一种理想的选择。希望将来韩日两国并不需要利用集装箱，而在大型卡车上挂两个车牌横渡大韩海峡。韩国的汽车或者精密仪器领域可能不受欢迎，但其他领域里巨大的日本市场将会向韩国开放。

问：现在，企业之间、市民与社会之间的距离变小了。那么，是否不像过去那样需要特定人物为中心的人脉？现在互派特使或者"韩日议员联盟"等机制已经失去了生命力。

小此木：过去虽然有过"韩日之间的政治勾结"，但也"共有一定的使命感"。即使韩日两国遇到困难，确实存在能够沟通的渠道。另外，也有过制度化的网络。但是，将来难以继续期待通过这些渠道来解决问题。日本实行小选举区制度以后，派阀的凝聚力也明显下降，所以不能像过去那样通过议员联盟控制国会议员。与此相反，出现一种倾向，即国会议员为了赢得知名度，采取激进的行动和演说，向选民显示出强硬的态度。这就是民粹主义。为了赢得选民的支持，突出单一热点（single issue），或者鼓吹民族主义情绪。最近围绕独岛（竹岛）问题，自民党几个国会议员试图访问韩国的蔚陵岛（位于独岛附近）时，在金浦机场遭到韩方的阻止。"日韩议员联盟"干部们敦促他们取消访问，结果没有接受意见，就发生了该事件。

问：其实，他们中间也有过"日韩议员联盟"，在日本，跟韩国比较亲近的政治家时常站在"反韩"队伍的前列。韩国的情况也相似。一旦出现独岛问题和历史问题，日本留学派的"韩日议员联盟"会员发出更高的声音。对这种现象，如何解释？

小此木：在日本，对民主党政权的所谓对韩"绥靖"政策，自民党保守派表示强烈的反对。例如，对返还朝鲜王室仪轨，自民党就表示反对。在日韩国人的地方参政权问题也是同样的。当自民党执政的时候，没有那么强烈反对，反而显示出合作的态度。从政策的一贯性来看，即使自民党重新掌权，也难以回归到政策的原点。围绕对韩政策，民主党和自民党之间可能形成了明显的差异。

独岛问题应该采取"静悄悄的外交"来解决

问：韩日关系诸多悬案中，最难以解决的就是独岛问题，对此，您如何评价？

小此木：这是韩日两国邦交正常化谈判时没有解决的悬案。当时，韩国的金钟泌总理曾经说过一句名言，"应该要解决，认为已经解决问题"，所谓"未解决的解决"。日本外交当局也说，"让竹岛永远睡着就好"。换句话讲，就是"保留"或"冻结"。问题的解决只能留给下一代来解决。这是前辈们的智慧。如果要单方面解决问题，就可能放弃其他有望解决的难题。这充分说明解决问题的难度。到现在，韩日两国都忘却了当时的教训，才发生围绕独岛问题的两国之间激烈的矛盾。另外，遗憾的是，韩日两国的"下一代"，并没有解决这一问题。但是要勉强解决也是一种错误。对不能解决的问题，如果要勉强解决，则会变得更加复杂。现在状况就已经说明了这一点。

1965 年以后的历史中，只有一次能够解决的机会。那是根据《联合国海洋法》的批准而确定专属经济区（EEZ）以及修改《韩日渔业协定》被提上议程的时候。当时，韩国并不是以独岛（竹岛）为起点，而提议在韩国的蔚陵岛和日本的隐岐岛之间设置中间线。对此，韩国虽然签署有利于本国渔业的协定，保留了独岛领有权，但这是富有勇气的提议。当时，我在《读卖新闻》（1997 年 1 月 22 日）的"论点"专栏里，主张日本要接受此提议。如果日本接受韩国的方案，即相对于隐岐岛以离蔚陵岛较近的理由将独岛（竹岛）编入韩方的专属经济区，但并没有以独岛（竹岛）为境界设定起点，所以能够将其简单处理为岩礁。另外，如果接受韩国的提案，而在领土纠纷平静的时候，韩国撤走独岛（竹岛）的警备队，那个地方自然就回到安静的"无人岛"。我认为，解决独岛（竹岛）问题最理想的方法，就是缩小领土纠纷，逐步使之变成"无人岛"。但非常遗憾的是，这没有实现。目前，韩日之间的经济以及文化交流日益活跃，经济一体化进程也逐步迈进，所以独岛（竹岛）的价值也越来越淡薄。最后剩下的是象征主义和"名分论"① 层面的意义。

问：日本政治家由于把只剩名分论的问题化为政治上的热点，从而没有获取能够得到的实利。对此，您如何评价？

小此木：这首先是国内政治的原因。任何国家都认为，强硬主张领土问题就是爱国者。因此，一开口就主张"神圣的固有领土"，估计韩国也是同样的。但是，这需要深入思考。独岛（竹岛）没有一滴水，是在大海里的一个"孤岛"。如果没有水，人就不能正常生活。因此，那种无人岛为何被称为"神圣的固有领土"？

---

① 1965 年 6 月韩日双方签署了《韩日渔业协定》，1998 年 1 月废除以后，同年 11 月重新签署。对此，被称为"新韩日渔业协定"。韩日两国之间专属经济区的重叠水域设定了中间水域，独岛位于其中间水域内。

问：韩国的反应越强烈，日本保守政治家的国内政治立场就日益高涨，一般国民的关心也变高。对此，您如何看？

小此木：正是如此。如果韩国不敏感，日本也可能稳妥应对。对独岛（竹岛）问题我想说一句，认为这个问题能够解决，在独岛建设靠岸设施，或制定"竹岛日"，刺激对方，那么其责任就在于刺激的一方，即在日本，尤其是一般国民随着时间的流逝，几乎忘掉了那些问题的存在。到 1997 年，韩国金泳三总统时期在独岛建设了靠岸设施以后，问题就重新浮现出来。

后来，日本的岛根县知事担忧那种状态继续发展，而想到"制定条例"的方法。对岛根县的措施，韩国的强烈反应再次使日本国民重新认识独岛（竹岛）问题的存在。我认为，日本地方政府制定"竹岛日"，使韩日外交陷入大混乱。隐岐岛居民对竹岛的管理从 17 世纪开始，但由于把岛根县 100 周年日定为"竹岛日"，领有权议论又被歪曲。

问：独岛问题热点化之前的 2005 年 1 月，卢武铉总统曾经读过几本关于日俄战争的书。他从书中认识到一个事实，即 1905 年日俄战争胜利以后，日本从俄罗斯手中夺取在朝鲜的铁路铺设权以及对蔚陵岛的森林砍伐权等，也在同期将独岛兼并（annexation）入岛根县。卢武铉总统认为，该问题并不是 17 世纪的问题，而是日本把朝鲜领土强制兼并的 1905 年的问题。在那种情况下，2005 年 3 月 25 日，岛根县议会迎来兼并 100 周年的时候，通过了把 2 月 22 日定为"竹岛日"的条例，所以其反应自然变得非常激烈。对此，日本是否充分认识到历史问题的敏感性？

小此木：对此，卢武铉总统及其周围人的理解是 20 世纪的问题，就是明治维新时代日本对韩国侵略的一部分。岛根县的行为给韩国将此理解为历史问题提供了根据，这是很大的外交失败。这就是地方政府外交的局限，也是很不负责任的行为。如果认为是 17 世纪的问题，韩日两国围绕历史记录或者古地图而进行的"浪漫性"议论，因此而变成血淋淋的侵略历史的一部分。

作为日本人来讲，这是非常遗憾的事情。

问：古地图问题也一样，在 17 世纪的韩日之间是否存在过威斯特伐利亚的"主权"概念？

小此木：是的。当时渔民没有近代意义上的"领土"概念。对没有那种概念的时代问题，用国家主义观念来议论本身就是很可笑的。这需要进一步冷静地观察。

问：如何解决独岛问题，才是比较理想的？日本政治家提出任何主张，韩国都无视对方，您是否有好的对应方案？

小此木：简单地说，现在看来，没有特别有效的方法。我们忘记了前辈们的智慧，贸然打开了"潘多拉盒子"。但是日本和韩国都已经是先进的民主国家，并期待成为成熟的市民社会。即使短期内民族主义膨胀，也不可能完全破坏两国关系。虽然两国政府或国粹主义者们歇斯底里地进行论证，对经济及文化博弈并不能产生影响。尽量不要把问题扩大化，这需要掌握能够冷静管控的能力。同时，不要单方面地指责对方，需要共同摸索独岛（竹岛）问题的解决方案，这才是贤明之策。

问：李明博总统通常被认为是具有亲日倾向的领导人。但在 2012 年 8 月 10 日，其突然访问独岛，韩国庆尚北道政府在独岛竖立了刻有李明博总统名字的石碑。对总统的这种行为，您如何评价？

小此木：这需要从两个侧面来考虑：第一，李明博总统在任期五年的前四年一直没有进行过对日批判，其可能通过控制对日批判来争取日本的让步。同样在日本的民主党政府内，野田佳彦首相与前任鸠山由纪夫、菅直人等不同，他是个保守派或民族派。2011 年 11 月韩日首脑会谈里，李明博总统提出了慰安妇问题，但讨论并没有进行下去。据当时的报道称，野田首相反而要求韩方撤走驻韩国日本大使馆前面的慰安妇铜像。李明博总统自身，对日方解决慰安妇问题的消极态度感到焦虑，因而访问了独岛。

第二，在执政末期，李明博总统面临诸多国内政治情况，尤其是亲兄李相得议员的逮捕、青瓦台亲信的丑闻、对总统支持率的降低等，已经发生了任期末的"跛脚鸭"（lame duck）现象，这些都与此次访问有一定的牵连。不管怎样，李明博总统访问了独岛，要求日本天皇谢罪，所以同样面临国内政治困境的野田首相，也只能做出强烈的反应。

问：据说，与访问独岛相比，更加深刻破坏韩日关系的是李明博总统"贬低天皇"的发言。这是不是事实？如果是事实，为什么那样？韩国政府认为日方有误解，您如何评价？

小此木：虽然李明博总统的独岛访问是个冲击，但大多数日本人，尤其是对年迈者来讲，针对天皇的发言更是有冲击力的。对此，韩国外交部虽然说明情况，称这并不是外交场合的发言，但总统在韩国的一般听众面前得意扬扬地讲，带来了很大的不愉快。天皇的地位，在日本国宪法第一条明确规定其是"日本国的象征"，也是"日本国民整体的象征"。

问：1965 年建交以后韩日关系经历了多次危机，但对这次事件日本政府的态度异常强硬。其原因是什么？这种状态能维持多长？有没有解决方案？围绕此次事件，希望您给韩国和日本的政治家、言论界或者国民提点建议。

小此木：日本政府态度强硬的理由是认为李明博总统已经"越过了红线"。众所周知，独岛（竹岛）问题是在 1965 年签署《韩日基本条约》以及其他协定的时候未达成妥协的问题。韩日两国当局认为不能解决，而默契地进行了冻结。这是韩日两国的外交资产。其实，后来的 30 年间，这个问题一直被限制在一定范围内。日方虽然采取了时效中断措施，但没有向国际司法院提出起诉，一直保持谨慎的姿态。同时，韩方虽然派驻警备队，但保持了几乎无人岛的状态。到金泳三总统时期，才建设了靠岸设施，到卢武铉总统时期，岛根县制定了"竹岛日"条例。后来，李明博总统终于登上独岛。一直被冻结的问题重新登场。如果通过不理智的行为来试图解决不能解决的问题，就会形成这种恶性循环。不仅仅是独岛（竹岛）问题，慰安妇、天皇访韩以及其他问题，都难以得到解决。双方在重新认识到这些方式不能解决问题之前，矛盾会进一步激化，而且只能使双方受到更大的痛苦。尽管如此，韩日关系已经进入综合性相互依存阶段，所以几代以后，将会得到解决。

对教科书问题，不介入才是上策

问：日本每五年修改历史教科书，目前"新的历史教科书制作聚会"① 编写的教科书采用率日益提高。韩国对此反应敏感，您如何评价？

小此木："新的历史教科书制作聚会"编辑的、由扶桑社出版的中学用历史教科书的采用率从 2001 年的 0.039%，到 2005 年达到 0.4%，后来的经过变得比较复杂。"新的历史教科书制作聚会"内部分裂以后，2007 年扶桑社跟"新的历史教科书制作聚会"清算了关系，扶桑社的子公司——育鹏社被选定为教科书的发行出版社。与扶桑社版的内容基本一致的自由社出版的历史教科书采用率到 2012 年只占 0.07%。但是，把编辑和执笔一部分变更的育鹏社出版的历史教科书被横滨市采用了 3.79%。这些数字高或低，其中的经过如何评价，并不是一件容易的事情。但是没有必要做出敏感的反应。从韩国人的视角来看，虽然多多少少存在问题，但是对他国的历史教科书内容一一确认以后，提出具体的修改要求，这是有点过分的行为。即使存在应该批判的部分，也要保持一定的度，要考虑一定的形式，然后进行批判才好。

---

① "新的历史教科书制作聚会"，是 1991 年 1 月东京大学教授藤冈信胜等立足于自由主义历史观，主张民族主义而结成的右翼团体

问：金大中总统任期的最后一年，也就是在小泉纯一郎就任首相的第一年——2002年，扶桑社版的历史教科书的采用率为0.03%，这是非常低的采用率。但在这里，金大中总统的影响也起到了一定的作用。但是后来卢武铉总统做出带有情绪的反应以后，似乎出现了"新的历史教科书制作聚会"编写的教科书采用率高涨倾向，您如何评价？

小此木：围绕历史、领土问题的争论逐步扩大，出现了所谓"教科书主权论"，而且反映在两国的历史以及公民（社会）教科书里。即使有不满，也要进行适度的批判，不管怎样，要防止日益扩大的韩日之间交流的中止。在这种交流过程中，对方容易产生"知识上的好奇心"，从而容易形成更高层次的相互理解。一旦掀起"韩流"热潮，可能令一部分人反感，但更多的人会对韩国产生知识上的好奇心和亲近感。

问：将来，靖国神社问题能否变成大的热点，您对此如何考虑？

小此木：即使自民党重新掌权，但靖国神社问题不会变成韩日之间的大问题。小泉纯一郎把参拜靖国神社作为选举公约，在自民党总裁选举中取胜就是一个很特殊的情况。例如，安倍晋三也一样，主张"摆脱战后体制"的保守派领导人也在任期内没有参拜过靖国神社。对政府要人的参拜，日本国民已经倾向于反对立场。但是，如果政权支持率降低，为了赢得政治上的人气，可能出现参拜靖国神社的政治家。

问：如何看待战争慰安妇问题？日本政府为什么不想完全解决这一问题？

小此木：对待这一问题，日本和韩国确实存在很大的认识差距。即使涉及同样的慰安妇问题，当时双方对慰安妇的认识并不一致。日本把政府和民间资金合并成立"为妇女的亚洲和平国民基金"（简称"亚洲妇女基金"）。当时我认为，与政府资金相比，民间资金更为宝贵，我也参加了捐募活动。对慰安妇当事人的补偿金里，附含了桥本龙太郎首相的亲笔道歉信。当时菲律宾和中国台湾的许多妇女接受了道歉，而在韩国除了一部分以外，就没有接受。"亚洲妇女基金"的发起人中，有几位是我的亲朋好友，大部分人都是有高尚人格的。例如，东京大学和田春树教授曾经为了救出被绑架而监禁的金大中前总统积极开展营救活动，而东京大学大村保照教授是位人权派国际法学者。对这些富有善意的人，韩方批判为"政府的走狗"，我们当时的心情是非常沉痛的。

问：韩方拒绝的理由是，认为这并不是政府的，而是民间基金。日本政府为什么不能自己解决的理由是什么？

小此木：在韩国存在以"挺身队问题对策协议会"为名的民间组织，把"挺身队"认为是"慰安妇"①。但是，"挺身队"是指在战时工厂等地进行勤劳动员的女学生。当时日本也实行过勤劳动员。我母亲也加入过"挺身队"。如果把勤劳动员的"挺身队"认为是慰安妇，无论是日本人还是韩国人，那一世代的人都被认为是慰安妇。

慰安妇是不幸妇女们的故事，值得同情，但普通妇女为了在战场上的性服务，被强制计划而动员的事实，却没有发生过。如果发生组织性服务的事情，就可能发生第二个"三一运动"。那么，日本政府必然承认这一点。此外，对军队介入的情况，1993年时任官房长官河野洋平已经发表了"河野谈话"，承认了这一点。

问："挺身队"原来是被动员的劳动力，那么"慰安妇"提供性服务是不是一种劳动力的动员？

---

① 在这里需要注意的是，对"挺身队"和"战争慰安妇"的用语，韩日两国存在不同的理解。对"挺身队"，日本从狭义观点来理解，而韩国从广义观点来理解。挺身队里有农村挺身队、报道挺身队、医疗挺身队、勤劳挺身队等，在这里只有女性组成的女性挺身队中的妇女被日本慰安所带走的过程中，"挺身队"的用语变为"慰安妇"。

小此木：就因为如此认识，两国之间的议论无法取得进展。在日本、韩国也曾经有过人身买卖的合法时代。尤其是农村非常贫困，恐怕有为了养活家属而卖身的女性，也难免会有出家或被拐骗的女性。当然，军队募集、运输慰安妇，设置慰安所等介入也是事实。当时，为了防止占领区内"性祸"等理由而对之进行了正当化。对此，日本政府违背历史事实，不肯承认强制动员。

问：将来能否改善包括参政权问题在内的在日韩国人的法律地位？

小此木：其实，在日韩国人的法律地位已经得到大幅改善。虽然仍然存在一些人种偏见或非制度性差别，但以各种形态存在的制度性差别几乎已经被废除。地方参政权问题是最后剩下的问题。其实，这个问题受到关注，是因为其他制度性问题已经得到了解决。况且，在日韩国人的地方参政权问题，首先是日本政府是否赋予的政策性问题，并不是废除差别的问题。而目前也不是以废除差别为由提出问题。

此外，在没有取得日本国籍的情况下，对地方参政权的要求正确与否，在日韩国人对此也议论纷纷。在日朝鲜人对此认为"淡薄民族性"而采取否定态度，而在日韩国人一部分人也选择了"作为日本籍韩国人"的道路。无论何种选择，都不能说是错误的。我个人想，很多韩国人将走上"日本籍韩国人"的道路。例如，就像足球选手李忠诚一样，即使取得了日本国籍，也坚定地保持韩国人的名字活跃在日本。

即便如此，如果未取得日本国籍而想要行使地方参政权，我个人认为，对在日本永久居住的韩国人就可以承认这种权利。殖民地时代，承认移居到日本的韩国人拥有那些特殊权利，是因为"殖民地宗主国道义上的责任"。对此，日本的一些民族主义者批判为，"可能出现韩国人的首长"，"将会发生民族的大移动"，"可能发生安保问题"，等等，但这是非常极端的假设。尽管如此，民主党政权要实现这一事情，就需要采取非常巧妙且逐步的实践过程。如果不那样，自民党或者其他保守在野党都会强烈反对。

问：2012 年 4 月开始，韩国的在外同胞虽然取得了选举权，但这可能成为很大的问题。他们的出生地或地址可能变成选举区。

小此木：似乎要展开“奇怪的”选举战。

问：是的。选举过热、混乱等现象已经在美国出现。在日本也可能出现这种现象吗？

小此木：总统选举可能出现过热现象，但国会议员选举并不会发生。选举权问题对“在日韩国人居留民团”（在日韩国人的代表团体，一般简称为“民团”）来讲可能是个重要问题。如果没有持续进行某种运动，就难以维持组织。1993 年，他们已经承认了在日韩国人若定居日本，就容忍其取得日本国籍或者跟日本人结婚以后，目前正开展要求地方参政权运动。

问：日本政府以老虎机博彩、税务调查等理由对“在日朝鲜人总联合会”（在日朝鲜人的代表团体，一般简称为“朝总联”）施加压力，那么“朝总联”将来能否消失？

小此木：从朝鲜当局立场来看，“朝总联”是个“下金蛋的鹅”，尤其是日本经济爆发“泡沫”的时候更是如此。“朝总联”组织的送款就是该国家的重要财源之一。但是，最近由于金融、房地产、老虎机博彩等陷入了不景气。尤其是核武器开发和绑架问题导致日本发动的对朝经济制裁，使“朝总联”受到严重冲击，也可以说，其已经面临生死存亡的危机。“朝总联”本部会馆的开始拍卖就是一个象征。

韩日民族主义者之间的“敌对性携手”

问：韩日关系里似乎存在一种“敌对性携手”现象。如果日本的右派发出伤害韩国情绪的言论，韩国的左、右派民族主义者也提出反日议题，试图加强政治立场。对此，日本的右派再次回应，就会产生"负面反馈"（negative feedback）现象。对此，您如何评价？

小此木：我也那么认为。在过去，韩国的军事政权和日本的保守政权之间存在过"友好携手"关系，但现在两国的民族主义者之间形成了"敌对性携手"关系。如果自民党三名议员试图访问蔚陵岛，那么就一定会刺激到韩国的民族派。一旦韩国的民族派做出强烈的反应，那么日本的民族派也就达成了自己的目的。因此，如果允许自民党三名议员访问蔚陵岛又如何？如果邀请他们游览独岛（竹岛），他们反而失去了名目。如果他们通过正式的入境程序，乘坐韩国的游船，到独岛（竹岛）进行访问，就承认独岛是韩国的领土。但是在韩国的金浦机场阻止他们入境，就能够成立"敌对性携手"。

问：韩国的民族主义者也"期待"日本继续采取激烈手段，但与过去相比，依靠民族主义情绪的煽动也行不通。

小此木：当时，反对自民党议员访问蔚陵岛的示威队都穿了同样的服装，并给人留下了专门从事那种职业的印象。对此，日本媒体冷静应对，国民也表示不惊奇。当时，韩国的媒体也比较冷静地进行了报道。由此可以看出，批判"敌对性携手"的人越来越多。今后在韩日两国之间有望形成批判政治性挑衅行为的网络。

日本并不担忧统一的朝鲜半岛

问：李明博政权上台时，民众对最高经营者（CEO）出身的总统的期待是很高的。他虽然拥有作为企业家的实用主义色彩，但已经过了四年，丝毫也看不到实用主义。尤其朝核问题和对华政策更是如此。如果是实用主义，为解决问题应积极行动，但对朝鲜似乎等待"体制崩溃"。另外，对朝核问题，主张韩国应掌握主导权，无视六方会谈，提出了"大交易"（grand bargain）或"无核、开放、3000"① 等，但最终未能解决。这就说明他与实用相比更强调原则。其对华政策也存在朝鲜因素，但过度依赖于美韩同盟。对此，您如何评价？

小此木：我认为，无论是"无核、开放、3000"，还是"大交易"，都野心过大。这些都欠缺对对方的观照，恐怕其背景里有对卢武铉政权"对朝绥靖政策"的批判。李明博总统以对绥靖政策的反作用为力量背景，转向压迫政策。虽然没有拒绝对朝协商，但以此为基调，设置很高的门槛。"无核、开放、3000"中"3000"的条件"无核、开放"，对朝鲜来说很难接受。从这种视角来看，李明博政权对对方的意图和能力过小评价，而且以朝鲜的"突然崩溃"为前提，明目张胆地议论"朝鲜剧变应对计划"，这已经是个非常怪异的现象。这就导致美国所谓的"战略忍耐"，即拒绝协商政策。同时，这反而促进了李明博政权的"有条件的介入政策"（engagement policy）"。韩国以美韩之间的战略协调为基础，向朝鲜施加"为对话的压力"。但是，朝鲜也没有屈服。

问：韩国政府虽然对"天安舰事件""延坪岛事件"要求朝鲜先道歉，但朝方也主张"天安舰事件"不是自己做的事，而且一直主张联合调查。"延坪岛事件"是在朝鲜领海附近进行了训练而施加的威胁，所以他们主张自卫层次上的反击。虽然对人员伤亡表示了遗憾，但不能确保防止再发生和进行道歉。对此，您如何解释？

小此木：我并不认同朝方的所有主张和说明。目前，不能完全认定"天安舰事件"是朝方所为，而且也确实存在其行为似乎"过分成功"的印象。另外，对"延坪岛事件"朝鲜也有自己的

---

① 是指如果朝鲜完全放弃核而实行开放，韩国支援朝鲜 10 年内能够实现人均国民收入 3000 美元的构想。

反驳。虽然形式不同，但冷战时期也发生过类似的现象，冷战结束后也不断发生过。从这种现象可以看出，李明博政权对朝鲜非常憎恨。虽然双方都有责任，但可以说明李明博政权对朝政策是失败的。这就是我所说的"对对方的意图和能力的过小评价"。

从实用主义观点出发，若要举出适合于实业家出身总统采取政策的例子，金正日总书记访问西伯利亚之际所谈及的联结"朝鲜—俄罗斯—韩国"的天然气管道项目则是一个例证。若没有实行这种政策，"无核、开放、3000"是没有实体的。而从朝鲜立场上看，为了一个"水中捞月"的项目而放弃核开发，是不可能的。

问：李明博政府所做的天然气管道项目实际上可能性几乎没有。李明博政府的想法是，如果俄罗斯的天然气引入朝鲜，可以改善其能源状况，最终解决核问题。但是，实际上这是难以实现的。朝鲜主张，由于跟日本存在"绑架问题"，跟韩国发生"天安舰事件"和"延坪岛事件"，而跟美国因核问题而难以进行协调，只能跟中国合作。如果对朝经济制裁持续而情况继续恶化，那么其是否自然地依赖于提供援助的中国？

小此木：天然气管道计划虽然是一个梦，但也是一个大计划。中国正向东海、南海谋求发展，其重要目的之一就是确保能源和资源。如果改善包括朝鲜在内东亚地区的能源状况，就会促进地区的和平与稳定。从这种意义来讲，俄罗斯资源政治上的意义是非常重要的。

关于中朝关系，不能与"中国的崛起"现象分开考虑。到2010年，中国已经成为世界第二大经济体，而且中国外交也从"低姿态外交"（韬光养晦）逐步转变为"积极外交"（有所作为），在周边地区构筑地缘政治意义上的战略据点。从中国的立场来看，朝鲜似乎被重新认识到其重要性。如果中国继续支持和援助朝鲜，那么其不会容易崩溃。即使朝鲜面临重大苦难，社会主义国家体制将会发挥正常功能。

问：对此，李明博政府并不那么认识。

小此木：对朝鲜通过压力或制裁而试图改变，最终只能导致其政策的失败。在朝鲜也不会发生"民众起义"。即使在朝鲜发生动乱，已经拥有核武器和导弹的国家中哪一个容易干涉？如果卡扎菲拥有导弹，能够打击法国和意大利，那么北约（NATO）军队能否介入利比亚，这恐怕是不会的。

只要朝鲜自己不愿改变，很难解决任何问题，最重要的是朝鲜如何实行经济上的改革开放。李明博政权优先强调让朝鲜放弃核武器开发。但对朝鲜来说，为了"保护自己"，不可能简单地放弃。如果让朝鲜放弃核武器，促使其改革开放，其结果就是朝鲜已不再是原来的朝鲜。

问：如果朝鲜发生"紧急事态"，美韩联合军队能否"接受"朝鲜？

小此木：朝鲜"崩溃"之前，中国会提供援助。如果韩国"吸收统一"朝鲜，那么美韩同盟将扩大到鸭绿江边。那么中国能否容忍美军驻扎在朝鲜，或者美国海军舰艇在南浦港入港？另外，那时候朝鲜也会发出警告，使用核武器和导弹，那么美韩联军到底能否介入？驻韩美军的目的在于遏制朝鲜半岛发生战争。

在课堂上给日本学生讲课的时候，经常被问及"韩国一个王朝的统治时间为什么都那么长？"朝鲜王朝 500 年，高丽王朝也超过 400 年。对这一点，离开中国因素，难以进行说明。由于存在"事大主义""结盟外交"，中国的明朝、清朝都帮助过朝鲜王朝。如果韩国继续对朝鲜采取敌对政策，中国也会持续支援朝鲜。

问：依此观点来看，李明博总统所考虑的"自由民主主义体制的吸收统一"是否不容易？

小此木：需要经过南北共存的阶段，其方法已经在前面说过。首先，促使朝鲜逐步引入市场经济，从而改变经济体制。如果实现南北之间的和平共存，就需要很长的时间，逐步摸索和平统一。如果不经过共处阶段，只能导致暴力结果。这并不是德国式的统一。德国从20世纪70年代前期的紧张缓和开始，到80年代末才实现和平统一，共花费了15～20年。而且其在欧洲联盟进行的过程中实现了东西统一。

问：在您的观点里有个前提条件，就是朝鲜自己的变化。只有体制发生变化，市民社会扩大，而且能够发生政治变化，才能够以"利比亚方式"得到解决。但当前，在完全被控制且封闭的状态下，能否得以实现？

小此木：朝鲜领导人金正恩非常年轻，从外界来看，其执政能力也有好多不明确的地方。例如，历史上的朝鲜王朝也有过好几位有能力的国王，即使国王没有能力，也能够维持王朝。要考虑朝鲜的各种可能性，而且有必要深入关注。

问：在韩国有很多意见，有人认为统一的朝鲜半岛能够对日本构成威胁，所以日本不愿意支持韩国的统一。日本有没有这种主张的人？

小此木：那是冷战时期的逻辑。如果韩国的釜山（朝鲜半岛最南端的城市）实现共产化，日本应直接面对共产主义势力，就是"与统一相比，分裂更为理想"。但冷战结束以后，20世纪90年代出现过与过去相反的，就是朝鲜崩溃的可能性。如果韩国"吸收统一"朝鲜，就没有理由反对统一，需警惕的是统一过程中是否发生很大的混乱。如果朝鲜崩溃，第一次责任在韩国。若那样，韩国能否承受庞大的统一费用负担？那也是最令人担忧的地方。换句话讲，并不担心"强大的"统一国家，而担心"不稳定的"统一国家。

问：民主化的"统一韩国"是否有利于日本的立场？

小此木：是的。如果那样，周边存在的国际纠纷因素将减少一个，而且能够跟共有民主主义和市场经济的邻国进行合作。从长期来看，朝鲜半岛的统一将有利于东亚地区国际关系的稳定。

问：对统一以后的反日民族主义的可能性，丝毫没有觉得威胁，这只不过是韩国人的"杞人忧天"吗？

小此木：在日本确实存在有那种想法的人。例如，"统一韩国的民族主义是否指向日本"，"统一韩国是否继承朝鲜的核武器"，等等。但是从德国的统一来看，如果周边国家不合作，就难以实现统一。希望韩国人充分发挥智慧。

面对中国的崛起，韩日应加强合作

问：中国正在崛起。今后，东亚地区可能发生两种可能性：第一是中美两国的联合领导体制（G2）；第二是面对中国的崛起，美日韩三国如何联合应对。此时，韩日关系应该如何？

小此木：其答案是，只有中国自身才知道的。中国的崛起以何种形式出现是个更重要的问题。如果中国像过去历史那样以同心圆势力圈为中心，试图在东亚地区重新构筑中华秩序，那么这就是帝国主义方式。对这种"华夷秩序"，日本和韩国就难以接受。如果中国强迫周边国家接受，只能加强对美同盟。历史上，中国一贯作为亚洲国家，而日本不仅是亚洲国家，同时也是太平洋国家。韩国也如此。如果中国希望成为东亚共同体的成员，我们应该欢迎中国，而且希望中国如此。只有这样，中国和外部世界才不会发生很大的冲突。日本虽然是太平洋国家，但更是亚洲国家。其实，中国也面临很多问题，希望将来中国和我们能够共有价值观。

问：您觉得有没有必要在韩日之间构筑军事同盟？

小此木：那是非现实的想法，而且会给东亚地区带来重大分裂。如果韩日两国结成军事同盟，中国会跟朝鲜加强同盟，而且俄罗斯也会接近它们。例如，与中韩 FTA、中日韩 FTA 相比，应优先推行韩日 FTA。体制和价值观共有的韩日先行在线，然后接受中国，中国也会适应我们制定的规则。

问：最近，美国的奥巴马政权发表了"重返亚洲"战略，而且在其框架下强调美日韩三国的协调和互助。另外还主张，应建立美日韩三国的军事同盟。这种构想能否实现？

小此木："重返亚洲"是指美国为了重组有限的资源，就不得不重视亚洲。这就是为了对抗中国向南海发展，加强在东南亚地区的驻军，把驻冲绳的海军陆战队的一部分移动到关岛，或者在澳大利亚的达尔文市部署，试图从全方位应对中国的崛起。另外，积极推行美日韩三国之间的联合军事演习。但是，日本的民主党政权难以满足美国的需求。在议论美日韩三国军事同盟之前，日本需要改变与集体自卫权相关的宪法解释。虽然野田首相有意改变，但在目前混乱的政局下是不可能的。

问：李明博政权虽然提议过《韩日情报保护协定》（GSO-MIA），由于韩国国内舆论的反对而采取了保留措施。从韩国政府的立场来看，如果把日本的宙斯盾舰在朝鲜东海和朝鲜西海收集的情报跟韩国共有，就会提高对朝遏制力。这种想法是否可行？这是否违背日本的和平宪法第九条？日本政界的立场和舆论如何？

小此木：不仅韩国政府，日本防卫省也对《韩日情报保护协定》显示出强烈的欲望。由于日本的宙斯盾舰难以进入朝鲜西海深处，获取离朝鲜相近的情报，希望韩国提供给日本相关情报。从那种意义来讲，韩日两国对朝鲜的相关情报，是相互补充的。日本已经跟几个国家签订了情报保护协定，所以并不违背国内法律。那么，韩国的舆论是否成为障碍？一旦到了政权末期，任何事情就容易成为批判的对象。

问：2004年11月以后，已经过了7年，韩日FTA谈判没有任何进展。在这种情况下，能否实现韩日合作？

小此木：那是不是韩国认为日本是个竞争对手的原因？与韩日FTA相比，韩国优先考虑实现中韩FTA。这就是韩国为了在世界市场上与日本相比确保更有利的出口条件。韩国已经跟美国和欧盟（EU）签订了 FTA，也跟中国进行协商。如果签订中韩 FTA，在出口市场上可以实现与日本商品的差别化。将来，即使日本加入 TPP，也需要数年时间，这样韩国可以尽力开拓更多的出口市场，从而创造更有利的经济环境。

问：韩日 FTA 谈判失败的核心是否在于日方没有意图解决国内农业问题？

小此木：虽然存在农业问题，但似乎存在一种疑问，即韩国是否以此为借口中断谈判？为了控制汽车和精密工业产品等的进口而保护国内相关产业，可能有意控制对日贸易赤字。

问：2004 年 11 月，当时日方提议，由于日本国会反对强烈，若韩方先在农业部门让步一部分，那么在最终批准阶段里会反映韩方的意见。但是，韩方也考虑到国内政治问题，未能接受此次提议。后来 2005 年发生了独岛问题等，该进程完全被推迟了。李明博政权也没有推行，到野田首相访韩之际，才提出韩日 FTA 问题。

小此木：当然，日本也有责任。农业问题是个很大的障碍。同时，韩国的汽车、精密产业界也反对韩日 FTA，并进行了一些游说活动。

问：如果中日韩 FTA 没有实现，中国向韩国提议优先推行中韩 FTA，那么韩国就难以拒绝。从李明博总统的立场来看，更是如此。在这种情况下，野田首相也提出了韩日 FTA。但是，上一次在中国举行的中日韩三国峰会上，达成协议推行三国 FTA。日本一方面推行 TPP，另一方面也想要实现中日韩 FTA。对此，您如何解释？

小此木：如果包括中国的 FTA，就难以实现高水平的经济伙伴协定（EPA）。况且，中国能否对没有日本参与的 FTA 感兴趣？另外，韩国如何处理农业问题？向美国、欧盟开放以后，能否向中国实行开放？虽然能给农民提供补偿，那么韩国农业的未来将会如何？虽然这些都不是日本的事情，但韩国的 FTA 能够促使日本早日加入 TPP。野田首相表示欢迎韩美 FTA，也是出于这种观点。在中日韩 FTA 和 TPP 之间，日本不会简单地二者取其一。这就是与日本不能只选择亚洲国家或太平洋国家一样的道理。

对韩日关系的未来是乐观的

问：最后，您如何展望韩日关系的未来？

小此木：虽然存在独岛（竹岛）问题和历史问题等，但韩日关系终究会好起来的。这并不是"近而远的国家关系"，而是实际需要的关系。将来，虽然继续重复竞争和合作，两国如同双胞胎一样，将变成非常相似的国家。尽管如此，两国之间的竞争将持续，摩擦也不会消失。两国之间理想的关系是"切磋琢磨"的关系，也是"既是竞争对手、又是好朋友"的关系。这不仅从韩国立场，也从日本立场相互学习，这能够转化为一种"能源"。韩日两国不断重复争论，能否找出适当的距离？为了达到那种程度，至少需要经过一个世代才可能实现。

问：对韩日之间的安全合作，您如何展望？

小此木：那是非常困难的，可能仅仅停留于最低限度的实务合作层面。韩国保留警惕心也可以理解，日本也不愿意介入南北之间的纠纷。非常有趣的是，韩美安全和韩日安全之间的关系将如何变化？2011 年 10 月，韩美首脑会谈里，奥巴马总统对韩美关系评价为"太平洋地区安全的基石"，这是美国以前对日本使用过的词语。

问：对此，李明博总统和韩升州教授（前韩国外长）等认为，韩美同盟已经超越美日同盟。针对韩美同盟是美国的第一同盟、美日同盟是美国第二同盟的评价，您如何分析？

小此木：日本的民主党政权诞生以后，美日同盟出现了一些混乱。从美国来看，对美日同盟的不足部分，可能利用美韩同盟来补充。当然，对于美日同盟所担负的作用，美韩同盟作为补充是件好事。但是不是一种"口惠"？韩国能否真心发挥"太平洋地区安全的基石"作用？这与"东北亚地区的基石"有何不同？这并非是一件令人满意的事情。当然，个人并不觉得美日同盟和美韩同盟的作用已经被交换，也不认为相互之间存在优劣。

问：由衷感谢此次非常有益的对话，今后也希望继续为韩日关系的未来做出贡献。

朝鲜发生"突发事变"的可能性是一直存在的。因此,制定应对计划是很有必要的,……但是不需要过度张扬……要静悄悄地进行。

第九章

日本与朝鲜:
日本对朝政策变化的可能性

伊豆见元

伊豆见元 (Izumi Hajime)

　　1950 年出生于日本东京。1974 年毕业于中央大学法学部，1977 年在上智大学取得硕士学位。历任财团法人和平安全保障研究所研究员、主任研究员，韩国延世大学政治外交学科研究生院课程教授等。现任静冈县立大学国际关系学院教授。从 2003 年开始，兼任该大学现代韩国朝鲜研究中心所长。在此期间，曾在哈佛大学国际问题中心、英国纽卡斯尔大学东亚研究中心、美国和平研究所等研究机构担任客座研究员。主要研究领域为朝鲜半岛政治、东北亚国际关系以及安全保障政策等。

　　主要研究成果包括：合著有《朝鲜的实际状况及轨迹：专家叙述的政治军事经济对外关系》（1998 年）等；译著有鲍大可（Doak Barentt）的《现代中国的外交：政策决策的结构与过程》（1986 年）；监修的著作有肯尼士·奎诺斯（Kenneth Quinones）著的《朝鲜 I：美国务院官员的协商秘录》（2000 年）、《朝鲜 II：走进核秘密城市——宁边》（2003 年）等。

引　言

通过日本媒体和舆论的报道，伊豆见元教授作为朝鲜半岛问题专家，尤其是以 NHK 新闻的朝鲜半岛问题的评论员身份而被广泛认识。在日本政府绑架问题对策总部播放的对朝广播《故乡的风》和韩语广播《日本的风》中，伊豆见元教授用日文、韩语两种语言负责新闻讲解，也在朝日 TV *CNN Morning* 中担任过主持人。他在积极地参与各种学术活动的同时，也给内阁、自民党提供对朝鲜半岛问题的相关咨询。

2011 年 10 月 15 日，笔者在首尔的 Presidenth 酒店对伊豆见元教授进行了访谈，2012 年夏以书面形式增加了一些答疑。在东亚的双边关系中，朝日关系可谓是最停滞不前的，从 1990 年邦交正常化协商开始，虽然经过了 22 年，但双方关系还是没有实质性进展。2002 年日本首相小泉纯一郎虽然实现了具有历史性的访朝之旅，并签署了《朝日平壤宣言》，但由于日本人绑架事件、朝核问题等，两国关系进一步恶化。包括这些问题在内，为了全面了解朝日关系，展望两国未来关系的可能性，伊豆见元教授是最合适的受访人选，因为他跟日本国内单方面谴责朝鲜的舆论不同，他会根据朝鲜公开的报道资料，站在相对均衡的立场上来发表观点。

我们的访谈首先从 2002 年的朝日关系开始谈起，主要围绕着导致两国邦交正常化昙花一现的原因是什么；自小泉首相访朝之后为何绑架事件在日本一跃成为严重的问题；朝鲜拥核是否已经成为既成事实；为何在金正日去世后以金正恩为继承者的朝鲜体制并没有崩溃，面对如此，韩国方面是否需要对朝鲜的"巨变事态"采取准备措施；韩日之间的安全合作与朝鲜问题又有怎样的联系，对朝鲜半岛的前景又是如何展望；日本民主党政权的对朝政策能否会发生变化等众多焦点问题进行了坦诚的交流。

令人感到印象深刻的是，日本方面没有把韩国视为第三方，而是与美国一样，把与日本价值观相同的国家看作同盟。因此，与中国相比，日本似乎更重视韩日自由贸易协定（FTA），然而对卢武铉政府所提倡的"东北亚均衡者"论却持怀疑的态度——韩国以韩美同盟为立足点，试图调解中日之间的矛盾，虽然都与美国的价值观一致，却不能跟日本站在一起——日本方面普遍认为，韩日应合作共同应对中国的崛起，但很多韩国民众或许并不如此认为。

通过这次访谈，再一次明确我们的课题，即为了解决朝鲜问题，实现南北统一，韩国能够允许日本以何种方式干预半岛问题。

日本国内对朝鲜研究的现状

问：首先，我认为日本国内对于朝鲜有很多不同的立场，既有强硬派，也有稳健派，那么，您是属于哪一派？

伊豆：在冷战时期，与其说被分成强硬派与稳健派，不如说被分成亲韩派与亲朝派。但是自从 20 世纪 90 年代后，这种说法基本消失了，可以确定的一点是对于朝鲜的印象已经开始严重恶化，因此在日朝鲜人总联合会（简称"朝总联"）也受到了很大的影响，以前有些学者被认为与"朝总联"关系密切，但是现在几乎没有了。

我认为自己既不是强硬派也不是稳健派，应该时时刻刻关注和把握朝鲜的思考方式与行动以理解朝鲜的"逻辑"，并在此基础上追求日本的国家利益最大化。

问：最近几年，访朝的游客比以前减少了很多。

伊豆：2006 年 7 月，朝鲜发射了导弹，同年 10 月，还进行了第一次核试验。从此之后，日本单方面对朝鲜实行了经济制裁，访朝的游客也开始大幅减少。

问：您是以何种方式来研究朝鲜的？如果对朝鲜的研究属于"地区研究"范畴，是否有必要亲自到平壤实地考察？

伊豆：1989 年 4 月，我第一次去了朝鲜，当时在朝鲜停留了大概两周的时间，而且也与很多朝鲜人进行了交流。如果可以与很多人进行交流，那么访朝的意义将会很大。但是自此以后，我就没有了这种机会，因此我的研究基本上都是依据朝鲜公开的资料进行严密的数据分析。

问：比如说是怎样的数据？

伊豆：我们可以接触到的主要是《劳动新闻》《民主朝鲜》《朝鲜中央通讯》等，以前《勤劳者》被视为重要的研究对象，但是在 1992 年之后就很难在海外看到了。我根据这些资料，从历史的角度，观察朝鲜 10～30 年的动向。此外，过去也可以从"朝总联"收集信息，但是最近这些信息也大大减少了。1997 年是一个转折点，从 1997 年开始朝鲜对"朝总联"的财政支援锐减，"朝总联"也在之后的 10 年处于一种自身难保的状态，所以关于朝鲜的信息也就更加减少了。但是与此同时，从韩国得来的信息却开始增多，这是指 21 世纪开始增加的"脱北者"通过网络所提供的信息。

问：如何辨别这些信息？

伊豆：这些信息是无法辨别的，因此不能无条件信赖，要慎重地利用。但是在读其他资料时，它可以起到一些参考作用。

问：您在之前的文章中提到韩国政府机关提供的信息，大约 80% 是不能相信的，为何会产生这种观点？这是否意味着韩国政府机关在有意伪造信息？

伊豆：很多次都有这种感觉，因此，我不太信任韩国政府提供的信息。我基本上认为，最重要的是分析朝鲜公开的资料。1986 年 11 月，韩国传出了"金日成逝世"的错误报道，当时一瞬间席卷了全世界，我根据多年对朝鲜公开资料的研究判断金日成没有逝世。后来，我通过媒体积极宣传我的判断。当时，我切身体会到了分析朝鲜公开资料的重要性。

问：您如何获得这些有关朝鲜的信息？是否拥有人际网络？

伊豆：没有人际网络。基本上就阅览刊登在《劳动新闻》上的评论与信息，还分析朝鲜外务省、祖国和平统一委员会发布的声明、谈话、回复等。正因为30年来我一直都在看这些资料，所以才能对特定的资料，与金日成时代的资料进行比较，找出差异点和类似点，并且通过这些材料，努力把握朝鲜的"逻辑"。

在北京或在纽约也可以见到朝鲜人或朝鲜代表团的成员，若是朝鲜参加"东北亚合作对话"（Northeast Asia Cooperation Dialogue，NEACD）①，也可以在会议中见到朝鲜代表。虽然这些不能称之为人际网络，但是对于分析朝鲜问题来讲，确实可以起到很大的作用。因为对分析资料时遇到的问题，可以直接与他们进行交流。除此之外，也没有其他特别的方法了。

问：韩国的李明博政府似乎没有任用研究朝鲜和中国问题的专家，这与美国很相似。在华盛顿，朝鲜问题专家的影响力在不断弱化，但是与之相反的是防止核扩散领域的专家的影响力在增强。众所周知，日本一直都很重视地区专家的意见，最近情况如何？

伊豆：我认为，日本在一定程度上还是尊重这些专家的意见。但是在日本，无论地区专家与否，都可以发表自己对朝鲜问题的看法，因此，在日本，研究朝鲜的专家的影响力也不会很大。

---

① 指从1993年开始，美国国务院后援，加利福尼亚全球冲突与合作研究所（Institute on Global Conflict and Cooperation，IGCC）主管的准政府之间的会议。韩国、日本、美国、中国、俄罗斯等国家的相关人员参加，讨论东北亚地区的多边安全合作。朝鲜也受到邀请，曾经参加过1993年的准备会议，后来偶尔参加正式会议。

问：那就是说不再需要研究朝鲜问题的专家？

伊豆：并不如此。这反而意味着谁都可以成为研究朝鲜的专家。即使不懂朝鲜语，也可以通过日文的资料和信息来进行分析。以这种现象为背景，从 10～20 年前开始，留学到韩国，精通韩语，深入地区而进行研究的专家们相继浮现出来。尽管如此，朝鲜问题专家仍然不多。

问：大约人数有多少？

伊豆：我认为有 10～20 名。

问：有没有朝鲜研究相关的学会？

伊豆：10 年前，庆应义塾大学的小此木政夫教授创建了现代韩国朝鲜学会，包括舆论界的学者在内，大概有 300 多名学者入会。但是其中只研究朝鲜的专家却为数不多。

问：那么，那些为数不多的专家们能否影响到政策的实施？

伊豆：我认为基本上是不可能的。

《三党联合宣言》和朝日关系改善的势头

问：战后，朝日关系有过两次大的转折点：第一次是 1990 年 9 月由自民党副总裁金丸信率领的访朝团和朝鲜劳动党之间所达成的《三党联合宣言》①；第二次是 2002 年小泉纯一郎首相访朝时同国防委员会委员长金正日联合发表的《朝日平壤宣言》。但遗憾的是，两个转折点都未能改善朝日关系。2002 年开始，由于绑架日本人问题，日本国内反朝氛围愈加高涨。1990～1995 年

① 金丸信率领的访朝团（日本自民党及社会党代表团）和朝鲜劳动党之间达成协议，1990 年 11 月开始协商朝日邦交正常化，被称为《三党联合宣言》。该协议阐述："三党一致认为，对过去日本在 36 年殖民统治给朝鲜人民带来的巨大的痛苦和灾难以及战后 45 年朝鲜人民蒙受的损失，向朝鲜民主主义人民共和国正式道歉，要进行补偿。"在这里涉及对"战后"时期的补偿值得注意。

的五年里，日本国内对朝鲜的态度还是相当温和的，但是令人诧异的是，这种温和的氛围始终没能改善朝日关系，原因是什么？

伊豆：那是因为朝鲜宣布中断会谈，《三党联合宣言》虽然促进了朝日邦交正常化会谈，但到了1992年11月，朝鲜"单方面"中断了第八次朝日建交会谈。

问：中断的原因是什么？

伊豆：答案就无从知晓了，朝鲜方面公布的理由是"李恩惠问题"①。因为日本提出了"李恩惠问题"，朝鲜称如果日本坚持采取这种态度，将不再继续参与会谈。虽然不能确定，从朝鲜立场来看这是最重要的问题，但是日本却不以为然。

问：对于当时提出的100亿美元的赔偿问题，是否早就觉察到了？

伊豆：并非如此。当时提出100亿美元的起因是，朝鲜认为在海湾战争时日本提供的金额大约为100亿美元，因此，100亿美元对于日本不会是大数目。但是朝日之间没有谈到具体金额问题，对于"补偿金"，日本也没有做过研究。在朝日邦交正常化问题上，日本是按照1965年的韩日邦交正常化的方式，即朝鲜放弃请求权，日本采取对朝经济合作与民间投资来提供补偿。自1990年以来，日本一直坚持这种姿态，也没有动摇过。而且，通过两年多的会谈，日本对朝日邦交正常化的方式做了改变，但是从1992年12月开始，日本对朝鲜的关注度明显降低。

问：为什么呢？

伊豆：很有可能是因为朝鲜把谈判对象换成了美国。

问：当时，韩国已经与中国、苏联建交，也希望朝鲜能与美、日建交，实现所谓"交叉承认"。但是很难理解为什么朝鲜没有使用"日本卡"，其原因是什么？

---

① 1987年大韩航空（KAL）的客机爆炸事件，当时被捕的金贤姬提供的是教她日语的绑架受害者日本人的朝鲜姓名，其日本姓名为田口八重子。

伊豆：到了现在，还是很难理解。但有可能是因为朝鲜了解到想要与日本建交，解决核问题就会变成无法避免的问题。从解决核问题来看，朝鲜的协商对象就应该是美国而不是日本，因此，朝鲜才优先考虑了对美协商。

绑架问题打破了小泉首相的访朝之旅

问：2002 年 9 月 17 日签订的《朝日平壤宣言》被誉为出自平壤的外交文件中最具有重要意义的外交文件之一。对此，有位学者主张，《朝日平壤宣言》与 2000 年朝韩双方所签署的《6·15 共同宣言》相比，内容方面得到进一步发展。那么，哪一位具体人物参与制定了《朝日平壤宣言》？

伊豆：据我所知，田中均起到了核心作用。此外，当时作为外务省东北亚科长的平松贤治的作用也不可忽视。实际上，田中均和平松贤治两个人负责了整个协商事务，当时内阁是由时任官房长官福田康夫负责，还有小泉首相也参与了制定过程。就是因为只有少数人参与其中，才可以保守秘密。如果更多人参与制定过程，那么在一年多的时间内保守这个秘密将是不可能的。因此，我认为这四个人是制定宣言内容的中心。

问：那为什么发表完宣言以后没能起到缓和作用？当然绑架问题是主要原因，但是小泉首相在 2004 年再次访朝时已经把被绑架的日本人及其家属带回日本。朝鲜也已经表示了一定的诚意，但似乎没有被日本所接受。如果说在 1992 年是朝鲜破坏了会谈，那么在 2002 年是日本拒绝了协商。当时韩国认为《朝日平壤宣言》是小泉首相凭借其大胆的想象力而取得的一场"日本外交的胜利"。

日本虽然采取了如此主动的外交行动，但是最终反而恶化了朝日关系，原因还是归结于绑架问题。那么您觉得绑架问题是否变得太政治化？

伊豆：是的，自始至终都是绑架问题。

问：如果解决朝核、导弹等这些大问题，是否能够改善朝日关系，绑架问题是否也能够自然解决？我不太理解日本为什么一定要始终强调绑架问题，使得《朝日平壤宣言》化为乌有，从而恶化朝日关系？您如何理解？

伊豆：我充分理解您的观点。但是即使像朝核、导弹这样的问题能够得到很好的解决，也很难保障绑架问题能够得到充分的解决。日本所要求的是完全解决绑架问题。2002 年，与朝核、导弹问题相比，很多日本人更加重视绑架问题。在当时，朝核、导弹问题没有对日本构成很大的威胁。因此，绑架问题被认为是个首要问题，我认为，朝核、导弹问题对日本的威胁不大，因此，始终主张要统筹看待绑架问题和朝核、导弹等问题。但是这种看法在日本并不普遍。

问：从朝鲜的立场来看，朝鲜最高领导人金正日为了改善朝日关系下了很大决心，但结果反而弄巧成拙。您怎么看待这个问题？如果没有强调绑架问题，朝日关系能否得到改善？

伊豆：我们可以确定的是，朝鲜承认绑架问题反而产生了逆效果，但是即使不强调绑架问题，也不可能使朝日关系得到缓和。当时日本国内认为，改善朝日关系的唯一途径就是克服绑架问题，这时提到的克服不是指立刻解决，而是表示要先把绑架问题"搁置"一边，通过其他途径来解决。

问：但为什么没有采取这种方式？我始终觉得很纳闷，当时绑架问题是否被安倍晋三政治化，而作为官房长官的福田康夫却没有采取任何实际行动？

伊豆：那是因为绑架问题是日本对朝政策中的首要课题。在 2002 年小泉首相访朝之前，日本就一直要求朝鲜首先要确保被绑架的日本人的在朝安危。朝鲜绑架日本人事件开始于 20 世纪 70 年代末 80 年代初，已经过去了 20 多年。日本也了解到可能存在已经逝世的受害者，但是对于最年幼的被害者——13 岁时被绑架的横田惠，所有人都坚信她还活着，但是朝方却通报了她的死讯。很多日本人对此表示怀疑，因此对朝鲜的愤怒一瞬间再次爆发，绑架问题也就成了首要问题。在当时的情况下，采取迂回方法显然不符实情。

问：当下，是否没有方法解决绑架问题？正如加藤纮一所谈到那样，在摄氏 1500 度以上的火葬以后，无法提取到人的 DNA。如何判定从朝鲜送来的骨灰是横田惠的？

伊豆：最好的结果应该是横田惠活着回到日本，退而求其次，需要找到明确的证据证明她的生死。朝鲜应该改变"绑架问题已经被解决"的立场，采取有效措施使日本能够接受这个问题。

日本人对朝认识日趋恶化

问：我认为日本人的对朝认识，是因为 1998 年"大浦洞导弹事件"而随即被恶化的。那么现在是否还存在所谓"大浦洞冲击"？绑架问题是否因为"大浦洞导弹事件"而变得更加严重？

伊豆：并不是那样的。对于一般国民而言，安全问题基本上不会造成国民的威胁意识。"大浦洞冲击"也是暂时的，因此，不会影响到绑架问题。当然，由于"大浦洞导弹事件"恶化了日本对朝鲜的印象，这是肯定的。而且，朝鲜发射大埔洞导弹的时候，也正是日本对韩认识开始发生好转的时期，所以对朝鲜的印象就大打折扣了。在日本，韩国已经被认为是个亲密的伙伴，朝鲜却被当成了假想敌。

问：就是说在 2002 年《朝日平壤宣言》之后，随着绑架问题的恶化，对朝认识和对韩认识之间发生了逆转？

伊豆：是的。自从韩日两国共同举办世界杯之后，日本对韩国的认识不断好转。不久之后的 2002 年 9 月，绑架问题上升为朝日之间的主要问题，这一问题恶化了日本人对朝鲜的认识，事实上，"韩流"的开始也是在 2002 年。对韩国的认识不断好转的时候，与之相反，朝鲜的形象却不断恶化。对一般人来说，绑架一个中学少女是无法想象的。

问：那么六方会谈还能否起到作用？日本的外务省是否也无法顾及六方会谈？因为绑架问题使日本中断了所有的对朝援助，而且由于朝核问题，日本也参与了联合国的对朝制裁行动，同时也在实行单独经济制裁。那么，朝日关系有没有缓和的可能性？

伊豆：对朝鲜的追加制裁源于朝核、导弹、绑架问题。但是一般民众都认为日本是因为绑架问题而对朝鲜进行单方面制裁的。联合国则是由于朝鲜的核开发、导弹问题进行制裁。要想缓和两国关系，或解除这种经济制裁，就需要解决绑架问题。就算在核问题上找到解决方法，但在绑架问题上仍没有进展，缓和制裁将是无稽之谈。

问：绑架问题是很重要的，但从日本的国家利益来看，朝鲜实现无核化，并控制导弹研制发射，成为建设性的地区乃至国际社会的一员，那将是最理想的。但是日本的政治家、官僚并没有追求这种国家利益，您如何看待？

伊豆：遗憾的是我们必须承认这是事实。我感到非常诧异的是，日本政府只声称朝核、导弹问题对日本是个直接威胁，但没有人强调要解决这个问题。我是例外的，并一贯主张要统筹看待绑架、朝核以及导弹问题，要努力推动两国之间的邦交正常化。其中导弹是非常重要的问题，但是在日本国会或媒体上几乎没有人提及解决方案。

问：是不是因为日本认为这是美国需要解决的问题？

伊豆：不是。自从 1998 年的"大浦洞导弹事件"以后，日本在一定程度上认识到了这个问题的重要性。有趣的是在宣布

《朝日平壤宣言》时，金正日国防委员长就宣布了要延迟导弹发射试验，但是日本国内对此却没有兴趣，基本上很多人不知晓宣言内容，也有很多人忘了该宣言的内容。

问：这么看来，能否认为"朝总联"及其成员应该是绑架问题的间接受害者？目前在日本国内"朝总联"的地位如何？应该处于很困难的状况吧？

伊豆：自从国防委员长金正日承认了日本人绑架问题，"朝总联"内部很多人感到失望，因此离开"朝总联"的人员也增多了。1997年以来，"朝总联"的经济状况也开始恶化，再加上绑架问题，脱离人员的增加也是无可厚非的。

问：随着对运营老虎机博彩的"朝总联"的一些公司开始进行税务调查，对现款数额的限制也变得更加严苛，也有很多人提出要限制给"朝总联"附属学校提供免税优惠。因此，"朝总联"处于政治、经济、社会的困境，朝鲜也没有给予财政支援，您如何看待"朝总联"的未来？

伊豆：朝鲜不会那么容易崩溃，但是维持"朝总联"会变得越来越难。由于缺乏财政支持，在支部工作的人员也会很困难，例如，静冈的"朝总联"支部因为财政困难，已经卖掉了会馆，此外，在全国各地也时常发生类似事情。

朝鲜拥核是不是"既成事实"

问：您在2006年写的一篇文章中主张过，"朝鲜放弃核开发是很困难的，只能把朝鲜拥核当成既成事实"[1]，您现在也这么认为吗？

伊豆：我的观点时常被错误解读，其实没有说过"只能当成

---

[1] 《要觉悟拥核的朝鲜存在》，《中央公论》2006年12月号。

既成事实"这句话，因为事实上已经成了"既成事实"，所以我主张要以此为前提。

问：那么应该改变与朝鲜的有关核问题的协商内容，基本上韩美两国的立场是坚持《核不扩散条约》（NPT），并不承认朝鲜为"拥核国"。但要是把朝鲜拥核问题当成既成事实，那不就自相矛盾了吗？

伊豆：但是韩美两国是否也已经把朝鲜的核问题当成既成事实了？我基本上认为，现在的状况是韩美两国都搁置朝鲜的核开发问题。为了尽早结束朝鲜的核开发，促使朝鲜放弃，至今没有多大的动静。日本政府则主张，如果朝鲜不放弃核开发，也不坚持《核不扩散条约》（NPT），那么邦交正常化就是不可能实现的。朝日关系在任何条件下都可以得到改善，但是邦交正常化，必须要以朝鲜的完全无核化作为前提。

《朝日平壤宣言》中朝日双方达成协议，如果没有实现邦交正常化，那么90%以上的经济合作将是不可能实现的，而且正常化之前的合作也是极其有限的。很多人应该都认为是日本操纵着杠杆，日本一贯的姿态是朝鲜如果不放弃有核化，那么邦交正常化是不可能的，大规模的经济合作也是无稽之谈。

出乎意料的朝鲜体制的稳定性

问：我们来谈一下朝鲜体制的稳定性，您在 2002 年的一篇文章中提到过以朝鲜体制崩溃为前提的"剧本"①。

伊豆：在那篇文章里并没有提到过朝鲜体制会崩溃的观点，只讨论了如果朝鲜体制崩溃，该怎样看待半岛的统一问题。从现

---

① 《统一后的朝鲜半岛：围绕朝鲜〈崩溃〉问题的提出》，《东亚》2002 年 2 月号。

实来讲，并没有说一定会发生那种情况。

问：最近金正日国防委员长逝世以及金正恩第一书记就任以后，朝鲜发生了很多变化，您是如何展望今后朝鲜发展的？

伊豆：我认为在短期内，比如一两年内，朝鲜体制绝不会崩溃。如果存在可能性，只会有两种：一种是朝鲜的领导人重建朝鲜经济，使朝鲜民众相信可以过上好日子，但可能出现现实与之相反的情况；另一种是朝鲜经济发生了变化，民众的生活真正地得到了改善。任何一种情况的发生，都会引起不满情绪的产生，而这些不满终究会影响到体制的维持。但是归根结底，我认为在短期内这两种可能性都不会发生。朝鲜领导人既不会给民众提供任何"期望"，在经济上也不会发生很大的好转。但是，正因为如此，朝鲜体制会在一定时期内保持较高的稳定性。

最近，朝鲜又在强调"苦难的行军"精神，我们应该关注这一点。从 2011 年 8 月开始，名为《纪念今天》的话剧在平壤上映，该话剧以数十年前为时代背景，描述了地方干部在金正日的领导下顺利地完成了任务，强调了在困难时期要学习那些地方干部追随金正日的精神。主题是"不能只为了今天而活，应当为了明天而活"，"要认清长远利益"。这场活动使朝鲜民众回想起了数十年前的事情。而且，通过这场话剧，朝鲜承认了当时在朝鲜有人被饿死的事实，这是自 1994 年以后，朝鲜首次承认了这个事实。

如果承认这个事实，民众再次回想起那个时期会有怎样的事情发生呢？朝鲜民众会认识到在过去 17 年，朝鲜的状况确实得到了改善。朝鲜政府一直在向民众传递这样的信息，到了 2012 年，国家打开"强盛国家"大门，开始积极进行经济重建，改善人民生活状况。通过这场话剧，我们可以了解到朝鲜的一些变化。相比 17 年前，朝鲜人民的生活状况明显改善了许多，这是事实，因为基本上没有人会被饿死。实际上这是开启了新的一种政治思想教育。朝鲜的状况相比数十年前进步了很多，因此，只要"跟着新领导人金正恩的领导，就会向前发展"。尽管如此，朝鲜的经济状况在短期内仍难以得到根本性改善。

问：相比 17 年前，朝鲜状况变好转的根据是什么？

伊豆：正如刚才所说，是因为基本上没有人会被饿死。虽然似乎有点矛盾，但是供应制度的取消是其中一个理由。17 年前朝鲜还实行供应制度，采取了党保障民众生活的方式。后来，政府根据形势的变化，调整了供应制度，也改善了人民的生活。目前，已经没有人被饿死，这也是朝鲜人民辛勤劳动的结果。

问：这么说来，对朝鲜民众而言，继承体制没有产生任何影响？

伊豆：是的，只要提高人民的生活水平就是好的。

问：您在另一篇文章里谈到金日成能够长寿的原因是把自己的一部分权力转让给金正日，使其分担大部分事务，这是个很有说服力的分析①。得出这种推理的背景是什么？

伊豆：1994 年 7 月，金日成主席逝世了。最近我又开始研究金日成主席逝世的前后时期。由此，我产生了几个想法，首先，当时金正日并没有完全继承权力。朝鲜的继承分为"革命地继承"和"领导地继承"两种，在金日成在世的时候，金正日只得到了"革命地继承"，而且也成了真正的继承者。就是说，即使金日成主席去世，"朝鲜革命"仍将会持续下去。但是"领导地继承"就必须要转让一部分权力，在金日成在世的时候，没有使权力得以转让。金正恩也是同样，完成了"革命地继承"，但没有"领导地继承"。因为金日成和金正日在自己尚在世的时候，是没有理由把权力转让给别人的。

一般认为，从 20 世纪 90 年代开始金正日渐渐得到了金日成主席的一些权力。金日成将人民军最高司令官原本是主席兼任的职责转交给金正日，而在 1992 年修订了宪法，把原本也由主席

①　《紧迫的朝鲜半岛：现状和展望》，《亚细亚时报》2010 年 10 月号。

兼任的国防委员会委员长的职责也转交给金正日。很多人认为，金日成逝世之前，转让给了金正日这两种职责，因此金正日掌握着军权。但是我并不这么认为。金正日在1991年12月24日成为朝鲜人民军最高司令官，在翌日（25日），金日成发表了演说，在该演说中明确自己年事已高，把最高司令官职责转让给金正日的事实。但是有趣的是，金日成同时又宣布了自己作为朝鲜劳动党中央军事委员会委员长履行顾问的职责。朝鲜劳动党中央军事委员会委员长是最高的权力掌握者，最高司令官和国防委员会委员长都在其之下，这意味着金日成正式宣布了自己仍然掌握着核心权力，最终还是没有把权力转让给金正日。

1982年4月，金日成70岁时，金正日开始实行了"实务指导"，从20世纪90年代开始，与父亲一样开始"现场指导"。就是说就算金日成不亲自去，也不会发生任何问题。如果说80年代，金正日代理了金日成的事务，那么可以说在20世纪90年代金正日成了金日成的"分身"，即金日成与金正日成为一体。我认为，正是因为金日成的负担大幅度减少，使得他得以长寿。

金正日在金日成逝世后的一年里视察了所有的军队，虽然之前也进行过军队的现场指导，但是父亲逝世后重新进行了一次。这次现场指导不仅对司令部，而且对师团级以上的军官也都进行了调整，这证明金日成在世时，金正日没能完全掌握军权，因此，金正日在父亲逝世后一年半内视察了所有的军队，确立了自己的领导地位。

在2008年10月之后，金正日也有过很多次的现场指导，但这可以被认为只是在病倒后，为了给世人显示自己还健康的一种姿态。虽然访问部队的数量是过去的几倍，但是距离却逐渐缩短，基本上以平壤为中心。而且，访问小部队的次数也逐渐减少，司令部成了访问的中心，这主要是为了在减少移动距离的同时，增加访问次数。

问：现场指导反而增加了一线军队的负担？

伊豆：对于一线军队来讲，肯定会增加负担。对于金正日来讲，也肯定会是负担，因为进行现场指导必须要根据状况做出指示。"领导"就是要深入群众当中亲自指导，只有这样才可以成为伟大的领袖、领导者。因为从金日成时代开始，深入群众当中进行现场指导是朝鲜领导人的权力与权威的基础，所以也只能如此。

问：那就是说，金正日是用自己的行动换取民众的尊重？

伊豆：是的，不是在上层进行指导，而是深入群众当中，才可以与民众成为一体，保持自己的权威。要是放弃这种方法，就可能动摇权力的正统性，所以持续进行现场指导。

问：您如何评价金正恩继承体制？与韩国政府的预想相反，金正日逝世后，金正恩似乎很顺利地完成了继承。

伊豆：金正恩自2012年4月起正式成为党和军队、国家的"一把手"。在四个月内完成了父亲金正日历经四年零两个月完成的事情。从这一点看，继承是很顺利的。但是我不认为金正恩的权力很稳固。金正日首先巩固了自己的权力基础，之后才继承了父亲的职责。但是金正恩首先继承了父亲的职责，之后想要构筑自己的权力基础。所以金正恩能否稳固权力还是未知数，今后的几年会是很重要的时期。

问：我认为，金正恩体制存续与否的关键在于能否赢得民心。有人推测，在朝鲜由于饥饿等问题，民心开始渐渐背离。那么实际情况如何？您认为金正恩能否克服这些困难？

伊豆：我不太确定。根据"脱北者"的证言，很多人称最近几年迫不得已，只能接受这个事实。最近，首尔大学进行了一项以近2~3年来的"脱北者"为研究对象的课题，研究表明，朝鲜的民众普遍采取接受现实的态度，不是因为支持金正恩，而是因为迫不得已才接受这种现实。

问：一些研究朝鲜问题的专家称，金正恩只是在实行统治，并没有支配权，即实际的政策决定是由张成泽、崔龙海、李英浩等主导进行。您同意这种观点吗？但令人惊讶的是，前些时候，还出现了军参谋长李英浩被罢免的报道。

伊豆：金正恩很年轻，经验也不足，所以不可能像金正日一样实行权力独裁。因此，辅佐金正恩的亲信的作用就变得很重要了。但是我们还不太清楚，那些亲信具体担任何种角色，更不能确定决策的形成过程，对金正恩参与决策的程度无从知晓。

我认为，有一个政策深入反映了金正恩的意向，那就是"金正日爱国主义"。"金正日爱国主义"是指要像金正日一样，为了祖国和人民豁出命来劳动。金正恩对朝鲜劳动党的干部不认真工作、不重视经济重建事业的态度强烈批判。因此，干部也会向一般民众发号施令，命令他们："好好干！不能懈怠！"在这一点上，我认为金正恩已经显示出主导权。但是，要使民众增加劳动率，朝鲜领导人就必须提供给民众充分的资金或是材料，如果是农业，就要提供肥料或机器。还有更关键的是，要给民众一切劳动都会有的报酬保障，但是现在的朝鲜领导人并没有做好准备，我也对未来他们能否做出这些准备持怀疑态度。

金正恩需要相当长的一段时间巩固自己的权力基础，在此期间，金正恩能否根据自己的判断阐明政策仍是个问题，而且也不能简单确定他权力的稳定性。只不过到目前为止，还没有任何征兆表示金正恩体制的权力动摇。

韩国政府的"朝鲜崩溃论"没有依据

问：那么您认为李明博政府应对所谓"朝鲜崩溃论"而采取的政策是否有依据？

伊豆：我认为没有明确的依据。只提"朝鲜崩溃论"本身，李明博政府也应该考虑极端的情况，即对朝鲜的崩溃可能性而需要做出准备，这是非常有必要的。其实在韩国主导下朝鲜不可能崩溃。如果韩国停止支援朝鲜，朝鲜也不会崩溃。但是，如果中韩两国共同停止支援，应该会有效果。在过去的4年，韩国停止了对朝鲜的支援，虽然对朝鲜形成了极大的打击，但是相反，中国的支援增加了。因此，朝鲜就没有崩溃的可能性。要想以切断外部的支援制造内部的动摇使其崩溃，单靠中断韩国的支援是不够的，如果中国不停止支援，一切都是空话。

问：怎样才能使中国中断对朝的支援？

伊豆：那是不可能的。极端地讲如果不对中国实施制裁，就不可能实现。中国的对朝支援使韩国感到了困惑，因此，要与中国对话，如果不中断支援就要实施制裁，这会是有效的方法。因为中国是韩国的第一大贸易国。如果韩国能承担一些打击，与中国中断或减半贸易量，或许会使中国改变立场。因此，这几乎是不可能的。

问：这种方式能否作为外交筹码？

伊豆：因为韩国也会蒙受巨大损失，自然不会这么做的。中国遭受打击，那么韩国也必然会遭受巨大损失。李明博政府之所以减少了对朝支援是因为不会影响到韩国，而且也保留了可能会对韩国产生威胁的开城工业园区。李明博政府推进的对朝政策中模棱两可的部分就是这一点，我认为李明博政府停止支援朝鲜40万~50万吨的粮食或肥料产生了很大的影响，但是开城工业园区也应该被撤销，但是因为会造成韩国的损失才没能被撤销。

在所谓"5·24措施"当中，开城工业园区被指定为特殊领域的问题，在2010年，韩国与朝鲜之间的交易额高达19亿美元，创下了历史上的最高额①。就算中断了开城工业园区以外的贸易②，

---

① 2011年达到了17.1亿美元，与前年同期相比减少了10%。另外，中朝贸易额2010年为34.6亿美元，2011年为56.29亿美元，已经完全超过了南北之间的交易。

② 是指针对2010年3月26日发生的"天安舰事件"，要求朝方采取有责任的措施而对人员、物流采取的临时中断措施。

但是就因为开城工业园区的存在，与卢武铉政府时期相比，南北交易量显著增加了。因此，这种方式绝对不可能使朝鲜崩溃。若是真的希望朝鲜崩溃，就应该中断一切的南北交易。

问：现在金刚山旅游也被中断了，那么留下开城工业园区岂不是好事？

伊豆：虽然可以那么认为，但更重要的是不应该采取模棱两可的政策，要是想促进交流，就应该重启金刚山旅游；若是想中断一切交流，就应该废除开城工业园区，因为通过开城工业园区，交易量反而得到了提高。

问：在南北交易上，您认为朝鲜获得的收益大概是多少？

伊豆：对这一部分，需要精算才可以了解。但是从 2010 年中朝之间的贸易额看来，当时已经超过了 34 亿美元，创下了最高纪录。朝鲜是否交付了贸易巨款，是赤字还是黑字，我们无从知晓。但是可以了解到，如此巨大的物资进入了朝鲜，就是说明朝鲜引进了一定量的物资。从朝鲜的角度看，这的确是对朝鲜有助的，若是贸易被中断，朝鲜就会面临很大的困境。在贸易问题上，如果韩国或日本同朝鲜的贸易量变少，那么与中朝之间的贸易量就会增多。大家都可能忘了，在 20 年前的对朝贸易上，中国与日本的贸易占据着最大的比重，是 5 亿多美元的规模。但是到了现在，因为日本采取单方面的经济制裁，贸易量几乎为零，但中朝贸易量却增加到 34 亿美元，因为中国扩大了对朝贸易，所以才没有产生任何影响。

问：就是说尽管日本采取了经济制裁，但朝鲜的交易量还是增加了 10 倍。对此，如何解释？

伊豆：我认为，即使日本中断了对朝贸易，对朝鲜来说没有多大效果。韩国也是同样，只要中国继续维持对朝贸易，就没有有效的办法。

问：当前，朝日贸易是否被完全中断？

伊豆：是的。朝鲜想把曾经在朝日贸易中使用过的"万景峰号"投入罗津—金刚山旅游中。据说，1992 年制造的旧"万景峰号"被用在这里，而新建的"万景峰号"则使用于中朝贸易上。如此看来，朝鲜并不迫切地需要对日贸易。

问：日本严禁进口朝鲜产的鲍鱼，而韩国则可以进口。您如何评价这些问题？

伊豆：现在朝鲜产的鲍鱼还是通过中国进入日本。就是说日本的对朝政策中最大的受害者是日本国内的消费者。采取制裁以前，可以从朝鲜直接进口，制裁后需要通过中国才能进口，自然价格也会上涨。朝鲜出口到中国，中国再出口到日本，中朝两国都会受益，只有日本的消费者蒙受损失。

需要加强韩日或美日韩之间的安全合作

问：韩国与美国为应对朝鲜的"突发事态"制定了"概念计划 5·29"。根据此项计划，军事介入是否具有现实意义？您觉得有必要吗？

伊豆：朝鲜发生"突发事态"的可能性是一直存在的。因此，制定应对计划是很有必要的，韩国独自或者韩美两国共同准备计划是非常重要的。而且对于韩国，在确保安全的意义上，韩美同盟也是绝对有必要的，但是不需要过度张扬。例如，李明博政府的有关应对"朝鲜突发事态"的政策就过于公开化。若仔细观察李明博政府的举措就不难发现，公开准备应对朝鲜的所谓"突发事变"，已经刺激到朝鲜。因此，我认为这种准备必须要做，要静悄悄地进行。

问：最近，随着韩日两国之间安全合作的开展，有报道称，若朝鲜半岛出现"突发事态"，日本的军机会帮助撤离在韩的日本人。对此报道，韩国国内显示出很大的反感。您如何看？

伊豆：韩日之间的安全合作有很大的发展潜力，当然这里还有相当一部分原因是中国因素。随着韩日关系稳定和发展，两国之间的信赖也会得到加强，同时也意识到中国因素是非常重要的。韩日之间如果没有稳定关系，那么很难构建两国共同的对华战略。换句话讲，加强韩日关系是应对两国之间安全合作的前提。韩国虽然对中国存在一些消极的倾向，但是随着韩日关系的加强，我认为一定会出现其他新的合作可能性。

在 2010 年的韩美联合军演上，日本自卫队以观察员身份参与，而在日美联合军演上韩国军队也以观察员身份参与了，我认为这是非常好的趋势。在此基础上，要进一步制度化，相互了解对方的训练方式等，且迈出军事安全合作的第一步。如果可能，日韩两国以观察员的身份，争取都参加两国跟其他国家之间的联合军演。如果没有做好这一部分的准备，其他的安全合作都是为时过早。另外，日本的潜艇作战能力是非常优秀的，所以在这些领域里，互相交流和学习是非常有必要的。拿"天安舰事件"来讲，如果韩日之间早就进行了交流，那么肯定会提高两国的遏制力。

尽管韩日合作主要是为了应对朝鲜而推行的潜艇合作，但也会被认为终究是为了应对中国。日本担心中国正投入位于朝鲜东海岸的罗先地区。从罗津港出发可以直接到达中国，如果中国把该地区视为海上交通通道，那么中国海军就可能以海上安全为理由出兵朝鲜东海。

问：那么，您认为中国支援朝鲜是否也出于这样的布局？

伊豆：我认为也有这种因素。为了防止这种事情的发生，韩日两国在东海警备问题上达成合作是很有可能的。当然，中国海军出兵到朝鲜东海是个极端的说法，但在韩日安全合作问题上关注中国是很有必要的。另外，韩美联合军演或者美日联合军演时，应该把对方作为观察员身份邀请参加，并且达到制度化水平，那么就容易进入两国之间合作的下一个阶段。

问：在国防领域里，韩日两国对安全合作似乎都很积极，您如何评价？

伊豆：韩日安全合作不是因日本人撤离问题而开始，这并不是重点。我认为首先应该做好协商可能性的基础。

问：您认为，朝鲜对韩日安全合作会做出怎样的反应？

伊豆：这对韩日两国来说是很重要的课题，但是朝鲜并不一定清楚了解。因此，朝鲜可能认为这不是一个特殊的课题，也没有必要采取特殊的反应。

问：从地政学角度看，韩日、美日韩之间的安全合作被解释成"南方三角同盟"，并且正在逐步形成，这能否获得日本国内的政治支持？

伊豆：韩日两国国内对安全合作都很敏感，我认为反对的声音也会出现。只要出现反对声音，朝鲜就不会有反应。但是不仅仅军部，政府也明确推动相关政策，加上两国国民的支持，朝鲜也会对此有所反应。在现阶段，朝鲜虽然表现出不安和忧虑，但是还没有采取任何反应。

问：在日本国内，都有哪些势力在反对韩日、美日韩军事合作？

伊豆：日本的左派一直担心日本会被卷入朝鲜半岛事态，所以经常表现出警惕态度。因此，只重视自己国家和平的"一国和平主义"思考方式还是根深蒂固的。

短期内很难实现所谓的"吸收统一"

问：您认为理想的朝鲜半岛统一是何种形式？

伊豆：日本人一般认为，最理想的形态是由与日本有着共同价值观的韩国主导下的统一。除此之外就没有其他方案。朝鲜吸收韩国是不可能的，就算战争爆发，最终都会是韩国胜利，进而统一朝鲜半岛。对于"统一的朝鲜半岛"，无论是用军事方式，还是和平方式，最终都会是由韩国吸收统一，这是日本的一贯视角。

但在事实上，对于朝鲜半岛能否实现统一，大部分都持否定的态度。就现在来说，以和平的方式，两国协商最终由韩国统一的可能性是极其低的，对于朝鲜的崩溃也是意见不一。虽然有过"天安舰事件""延坪岛事件"，但两国极有可能出现军事冲突的推测也是不存在的。此外，通过战争，韩国统一整个朝鲜半岛在短时期内也是不会发生的。

问：那么，您认为何时朝鲜半岛才能实现统一？

伊豆：这是由南北双方决定的，日本也无从知晓。这不是日本可以决定的事情，看德国的例子就可以明白。周边国家无论怎么反对，一旦统一的时机到了就会统一。德国是以联邦德国吸收民主德国的和平方式完成了统一，当时，英国与法国肯定是非常反对的，但是两国也不能阻止德国的统一。

如果南北双方决心要实现统一，其他国家也无法反对。相反，周边国家劝导朝鲜半岛的统一也是不可能的。归根结底是朝韩两国需要决定的事情，经过多长时间会实现，日本也无从得知。但是如果朝鲜半岛得以统一，日本是可以接受的，而且在很多方面，日本也会欢迎朝鲜半岛的统一。我也不清楚会不会分成欢迎和不欢迎两类，但是日本是接受统一的。

问：对于统一后的朝鲜半岛，我认为日本会在两个方面保持警惕：一方面是朝鲜半岛民族主义的高涨，短期内很难排除这种可能性；另一方面有可能是随着日本对美自主外交的进展，会与中国示好。卢武铉政府在宣告自主外交、自主国防政策的同时，在安全合作方面还是与美国保持了密切的合作。您如何看待这些问题？

伊豆：当然日本会对两种可能性都有顾虑。因此日本会努力与统一的朝鲜半岛保持稳定的友好关系。对卢武铉政府我们有所担心的就是他的"均衡者论"，在中日之间发生冲突时，韩国要进行中间调停，保持均衡。在日本看来，这意味着中日发生冲突时，韩国不会站在日本一边。

问：对于"均衡者论"，日本的解释是说日本一直把韩国看作自己的一方吗？

伊豆：是的。卢武铉政府的"均衡者论"会让我们对韩国的自由民主主义、市场经济以及共同价值观产生怀疑。在日本，以韩美同盟为基础，调停中日纷争的构想被认为韩国只与美国存在共同价值观。日本对与中国的FTA不积极的原因就在于价值观的不同。但是从韩日FTA或中韩FTA的韩国态度来看，似乎没有依据"共同价值观"所产生的差别。在日本看来，韩日两国的价值观是相同的，但韩国方面是否能够这么认为，尚不确定。

问：就统一以后的朝鲜半岛民族主义倾向来讲，我相信韩国的民主主义体制会控制住朝鲜民族主义，因为民主主义是用鲜血换来的，即使不能完成统一，韩国也不会放弃民主主义。归根结底，这应该是没有必要再次说明的前提，对中国和朝鲜也是同样，我认为虽然民主主义是最理想化的方案，但是毕竟这是当事国的自主选择，只是韩国并没有明示而已。

伊豆：我也根本没有想过韩国会放弃民主主义体制，日本人应该也不会这么想。我认为韩国的民主主义和市场经济都是不会动摇的，但是如果这是没有必要讲的前提，那"均衡者论"是否也是一样？"在日本和中国之间采取均衡"，这句话本身非常不协调，在日本普遍认为韩日应该合作应对中国，但是韩国的"均衡者论"却表示了韩国要向中国示好。

问：如果由韩国主导完成了统一，那么韩日还需要签署另外条约吗？

伊豆：这还得看统一后的朝鲜半岛情况。1965年缔结的《韩日基本条约》可以适用于整个朝鲜半岛。日本国内基本上没有人会认为应该与韩国再签一份条约。如果统一朝鲜半岛政府想要缔结新的条约，日本当然也会考虑的。但是日本认为，统一只是表示韩国的领土变广而已，与韩国签的条约、协定都是可以适用的。

日本民主党政权或对朝鲜更强硬

问：在冷战时期，日本与没有建交的国家所进行的外交都是由革新政党通过非正式接触者所完成的，当然背后与自民党有明显的分工关系。自民党内确定存在想与朝鲜实现邦交正常化的人士，那么民主党如何？

伊豆：这种意识还是很少的，也没有与朝鲜联系的渠道。民主党的政策随着世代更替，日趋保守。在民主党内维持自由主义态度的代表人物是小泽一郎。他在对外政策上是个自由主义的人物，在承认美国的重要性的前提下，他也一直在考虑与中国、韩国的关系。除了小泽一郎以外，鸠山由纪夫、菅直人、冈田克也等也是相对自由主义的人物。但是随着第一代政治家退出政治舞台，野田内阁的登场，年轻一辈就基本上是保守派了。

问：代表实用主义思考方式已经消失，是否认为金丸信或竹下登之后的世代的意识形态很死板？

伊豆：是的，野田佳彦或前原诚司反而与安倍晋三相近。在自民党内，虽然存在安倍晋三这种人物，但也有像林芳正或河野太郎等政治家保持着自由主义态度，但是在民主党内的年青一代里没有此类人物。我不认为出身于松下政经塾①的野田佳彦、前原诚司、玄叶光一郎等是自由主义的人物。

问：松下政经塾是保守派？可以认为是民族主义吗？

伊豆：基本上被认为是个保守派。

---

① 是指创建松下电器即现在的松下（Panasonic）的松下幸之助先生投入个人资产，成立于 1979 年的政治学校。作为一个培养社会领导人的机构，培养了国会议员等政治家、评论家、大学教授等各种人才。

问：民主党的对朝政策基本上继承了"对话与压力"，但是民主党似乎没有自己的对朝政策。这是为什么？

伊豆：是因为在外交政策中对朝政策的优先顺序很低。而且与排在前面的美国、中国、韩国之间的悬案还有很多，在这种状况下，就更没有时间来构想对朝政策。

问：2011 年 10 月野田首相访韩时带来了朝鲜王室仪轨的一部分，这能否给韩日关系带来积极影响？

伊豆：当然会有积极的影响，但是应该不会很大。

问：自从民主党执政以来，是否更疏忽了朝鲜半岛问题？

伊豆：民主党政府没有想疏忽朝鲜半岛问题，只是因为在外交层面上，更急于应对日美关系、对华关系，就疏忽了朝鲜半岛问题。

对朝强硬论被政党政治所利用

问：您现在任职的静冈县立大学里有很多的朝鲜半岛问题专家，研究者也很多。那您对在日本的朝鲜研究的未来如何展望？

伊豆：在日本，对朝鲜的研究会变得越来越难。现在 30 岁以下的年轻人当中，几乎没有人想要研究朝鲜问题。可能是因为不清楚朝鲜体制什么时候会崩溃，也认为没有必要进行研究。研究韩国的情况也是同样，研究文化人类学的人数增加，但是与此相反，研究韩国政治、经济、外交、安全领域的人数增加的可能性很低。从日本的朝鲜研究领域的博士学位论文来看，大部分是韩国人或中国人写的，几乎没有日本人研究朝鲜并获得博士学位。从现在的情况来看，专门研究朝鲜的专家的人数也不会增加了。但是对朝鲜及朝鲜半岛的关注度不会减少，因此在这个领域内的人数是不会变的。就以去韩国的朝鲜大学院大学的日本研究者为例，大部分是媒体或政府的相关人士，很少有人想成为朝鲜研究专家。

问：这么看来，研究朝鲜的专家在大学能够更容易就职？

伊豆：现在是与之相反的。所以很多年轻人就是衡量了这种可能性之后选择了放弃研究朝鲜。我认为研究朝鲜社会或文化的可能性会更高。正因为研究朝鲜的年轻人人数不会增加，也就说明朝鲜研究不会进一步深化。一般来说，对朝鲜还是感兴趣的，因此就有"朝鲜迷"的出现。但这些人不是为了研究，只是因为兴趣，虽然有关朝鲜的报道或信息数是增加了，但都是以兴趣为主。

问：在20世纪60年代，已故的高坂正尧指出，由于政党政治的机能不全，舆论与政策的连接出现了问题。通过这次事件，民众开始以善恶、赞成或反对之类的相反的立场来表明感情。对于对朝政策能否可以用这样的解释？

伊豆：小选区制的产生影响了舆论左右政策的程度，因为细小的差距就可以左右胜负。尤其在消极的影响下舆论具有重要的意义。绑架问题之所以发挥强有力的影响，也是由于这个原因。在大选上，会因为绑架问题而落选。例如，社民党的党首土井多贺子就因为绑架问题在原本预想有压倒性优势的出身地区意外落选。这件事情给国会议员带来了不小的冲击，这都是小选区制的影响。一个选区只能选一位候选人，要是被卷进外交问题消极攻势，落选的可能性就会很高。这些都限制着国会议员的行为规范。

问：尤其是对于年轻议员来讲，这种可能性是否更高？

伊豆：是的。就以现在的民主党来说，比起连续当选，落选一次的情况更多。还有一种是众议院与参议员的"扭力"现象，自民党也是同样，即使在众议院占有300个以上的席位，但如果在参议院成为少数执政党，政权就会受到压迫。如此一来，会造成政党内部的变化太多，首相的交替也过于频繁。如果想解决这个问题，就必须要把小选区制改成中选区制或者要制定众议院优位的原则。这样，参议院就不能独自否决提案，产生长期政权的可能性也会升高。当然仅靠解决这两个问题不能保障政权的稳定性，也不能保障政策不受舆论左右。

问：真是很困难的状况。

伊豆：大家都以为小泉首相会在一年内辞职，但是他还是维持了长期的政权。之后，民主党掌权，虽然很茫然，但还是抱着期待。结果当时的支持者现在都失望了，在这种状况下，要制定一份具体的对朝政策是很困难的。我虽然认为应该制定对朝政策，但是一看到国内政治状况，认为对朝政策没有大的进展也是理所当然。

问：要想改变政策，需要什么样的条件？

伊豆：突发的"紧急事态"，例如，爆发"战争"也许会使政策发生改变。如果朝鲜半岛统一，日本会受到相当大的影响，但是能否转变政策还不得而知。朝日邦交正常化协商从1990年开始，已经过去了22年。在这22年的时间里，观察朝日关系，你会发现大部分都是很无奈的事情，就算未来发生变化也会是极小的一部分。

问：这次访谈很有收获，衷心感谢您诚意的回答。

附录　朝日关系简史资料

1945年8月，日本战败，朝鲜半岛获得解放。

1948年8月，大韩民国成立。

1948年9月，朝鲜民主主义人民共和国成立。

1949年10月，中华人民共和国成立。

1950年6月~1953年7月，朝鲜战争。

1952年4月，签署《旧金山和约》以及《美日安保条约》。

1955年2月，金日成提议对日邦交正常化。

1955 年 5 月，成立"在日朝鲜人总联合会"。

1955 年 10 月，日本社会党代表团访朝。

1957 年 8～9 月，日本红十字协会制定朝鲜人回国工作实施方针，签订《朝日民间贸易协定》。

1959 年 2 月，日本政府通过朝鲜人回国问题内阁决议。

1960 年，在日朝鲜人回国人员达到 49036 人。

1961 年 7 月，签订《苏朝友好合作互助条约》及《中朝友好合作互助条约》。

1963 年 5 月，开展朝日自由往来实现运动。

1965 年 6 月，实现韩日邦交正常化。

1968 年 1 月，发生"青瓦台袭击事件"及"普韦布洛号事件"。

1970 年 3 月，日本"淀号事件"当事人流亡朝鲜。

1971 年 11 月，在日本成立"朝日友好促进议员联盟"。

1972 年 1 月，朝日双方达成"朝日贸易促进协定"。

1972 年 3 月，日本共产党批判朝鲜。

1972 年 7 月，发表《七四联合声明》。

1973 年 8 月，发生"金大中事件"。

1973 年 9 月，在日本成立"朝日邦交正常化国民会议"。

1976 年 9 月，发生"板门店事件"。

1978 年 5 月，日本社会党代表团访朝。

1979 年 9 月，日本共产党不破哲三书记长批判朝鲜。

1983 年 10 月，在缅甸发生"仰光事件"。

1983 年 12 月，日本共产党批判主体思想，两党断绝关系。

1987 年 11 月，发生"大韩航空客机爆炸事件"。

1988 年 7 月，卢泰愚总统发表《关于民族自尊和统一繁荣的特别宣言》（又称《7·7 宣言》）。

1989 年 3 月，竹下登首相向朝鲜表示"深刻反省与遗憾"。

1990 年 9 月，金丸信率自民党及社会党访问团访朝，朝日双方发表《三党联合宣言》。

1991 年 1 月，朝日邦交正常化谈判开始。

1993 年 3 月，朝鲜宣布退出《核不扩散条约》。

1993 年 5 月，朝鲜试验发射"劳动号"导弹。

1994 年 5～6 月，第一次朝鲜半岛核危机高潮，朝鲜宣布退出国际原子能机构，美国前总统卡特访朝，社会党村山内阁上台。

1995 年 3 月，渡边访朝团，达成加藤纮一主导的"四党协议"。

1997 年 2 月，出现横田惠绑架疑惑。

1997 年 10～11 月，日本给朝鲜提供大米支援，日本籍妇女访问故乡，森喜朗访朝。

1998 年 8 月，朝鲜试验发射"光明星"卫星，日本对朝鲜实行经济制裁。

1999 年 12 月，前首相村山富市访朝。

2000 年 4～6 月，重新开始进行朝日邦交正常化谈判，在日本成立"朝日邦交恢复国民会议"（会长：村山富市），举行第一次南北首脑会谈。

2001 年 12 月，发生"不明船只事件"。

2002 年 9～10 月，小泉首相第一次访朝，举行朝日首脑会谈，发表《朝日平壤宣言》，携绑架受害者回国。

2003 年 1 月，朝鲜再次宣布退出《核不扩散条约》。

2003 年 8 月，开始举行朝核六方会谈。

2004 年 5 月，小泉首相第二次访朝，携绑架受害者家属回到日本。

2005 年 9 月，六方会谈发表《9·19 共同声明》。

日本应从整个朝鲜半岛、东亚乃至全球的大框架下考虑如何应对朝鲜半岛问题。

第十章

朝核问题与六方会谈

田中均

田中均 (**Tanaka Hitoshi**)

　　1947 年出生于京都。1969 年毕业于京都大学法学部，同年就职于外务省，后来历任北美局第二科科长（1985 年）、亚洲局东北亚科科长（1987 年）、北美局审议官（1996 年）、亚洲大洋洲局局长（2001 年）、政府负责外务审议官（2002 年）等要职。他在工作期间还攻读了英国牛津大学的学士和硕士学位（政治学、哲学、经济学）。2005 年 8 月离开外务省以后，作为高级研究员就职于财团法人日本国际交流中心（2005 年 9 月开始），兼任东京大学公共政策研究生院特聘教授（2006 年 4 月始），还兼任日本综合研究所下属的国际战略研究所理事长（2010 年 10 月开始）职务。

　　著作有：《东京大学 vs》（2005 年）、《国家与外交》（2005 年）、《外交的力量》（2009 年）、《职业外交家的谈判能力》（2009 年）等。他还在《中央公论》《外交论坛》《国民外交》《论座》《月刊现代》《东亚》等月刊和报纸上积极地发表评论文章。尤其是 2005 年 11 月发表于《月刊现代》的《与朝鲜的绝密谈判——我所见的小泉外交 4 年实录》一文，在当时引起了社会的极大关注。

引　言

田中均理事长是日本外务省培养的卓越的职业外交官和智谋家，在韩国知名度也很高。他担任外务省北美局审议官期间具体负责《美日安全保障联合宣言》的签署工作，而且秘密推进朝日交涉，实现了小泉首相访问朝鲜以及首次朝日首脑会谈，从而取得了很高的声望。但是另一方面由于他在朝日交涉的过程中优先重视邦交正常化，相对忽视了"日本人被绑架问题"，而且在与美国交涉普天间基地问题时，采取私下交涉的方式而受到媒体的批判。

田中均被评价为精通安全保障政策、美日同盟、国际经济关系、东亚外交以及朝鲜半岛问题等诸多方面政策的战略家，并兼具很高的理论与实务能力以及卓越的谈判能力。从就职于外务省时期开始，他因积极地向各媒体投稿而被认为是日本评论家的代表，卸任后他仍然从事关于日本的东亚外交、美日关系以及对朝政策等问题的执笔、评论活动。

对田中均理事长的访谈在国际战略研究所理事长的办公室进行，2012 年 7 月通过书面形式追加了一些问答。这一访谈围绕达成《朝日平壤宣言》（2002 年 9 月）的背景和过程、由于日本人被绑架问题使朝日关系陷入僵局的原委、日本对朝核威胁的认识、因朝核问题日本采取核武装的可能以及日本对朝外交的方向等诸多问题进行了诚恳而直率的意见交流。

2012 年 8 月中旬，朝鲜和日本重新开始僵持四年之久的对话。这是在金正恩执政以后朝鲜试图进行"改革开放"而表现出微小动向的情况下所进行的会谈，有助于实现朝日邦交正常化。那么，今后日本如何制定对朝政策？对此，田中均理事长以下发言十分有助于解开这一疑问：

"日本应从整个朝鲜半岛、东亚乃至全球的大框架下考虑如何应对朝鲜半岛问题。由此我们不仅针对绑架问题，而且试图配合国际社会一同制定朝鲜的发展路线图，从而摸索与朝对话。但是这在日本国内遭到了强烈的批判。随着舆论影响力的增大，外交也难以摆脱舆论的影响和限制。这些动向与我的意图相反，日本政府过度集中于解决绑架问题，从而限制了解决核问题的外交立场，导致连绑架问题也无法找到明确的解决方法。那么，是否完全拒绝与朝鲜的对话呢？我认为，那是不可取的。目前朝日关系恶化的首要原因是核问题。然而，将来我们终究会摆脱这一问题。美国和韩国也是如此，但是从事这方面工作的人员时常中途改变观点。不能让十年前讲的话与现在不一致，应该保持一致的观点。"

《朝日平壤宣言》是如何促成的？

问：非常感谢您在百忙之中抽出时间。田中先生在卸任外交官之后还从事各种活动。首先，请您给我们简单介绍一下您所就任的日本综合研究所下属的国际战略研究所及其最近活动情况。

田中：我现在还兼任东京大学特聘教授（visiting professor）和日本国际交流中心（JCIE）的高级研究员。我担任日本综合研究所职务的理由是三井住友开发银行（SMBC）行长的提案。他认为，作为"有识之士"，我在外务省多年工作经验中获得的各种知识应该与公众分享，而且愿意予以资助。

三井住友开发银行是一个大型金融集团，旗下设立了日本综合研究所。日本综合研究所主要开发电脑软件，进行与经济相关的调查和咨询，并不涉及外交和对外关系。但是后来日本综合研究所认识到国际关系的重要性，并邀请我参与。除此之外，我还在京都大学教书，时常参加学术研讨会和各种会议，并且为日本国际交流中心的英文报纸提供稿件。

问：您为社会做出的各种贡献令人羡慕。期待韩国的银行或金融企业也学习日本，在此方面能予以资助。

田中：日本的银行不仅在对外经济关系方面，而且在政治、安全等方面也有着重要的影响。三井住友开发银行或其他主要银行，尤其注重研究亚洲企业活动比较活跃的地区，由此需要不断地汲取与政治、安全相关的信息和知识。

问：在准备这次访谈的过程中，我重新阅读了 2002 年 9 月 17日发表的《朝日平壤宣言》①，该宣言给我留下十分深刻的印象。我认为这是一份卓越的外交文件。在达成"平壤宣言"的过程中，田中先生起到了十分关键的作用。时任首相小泉纯一郎在国内的政治地位相对薄弱，而且韩国的金大中政府正积极推进对朝"阳光政策"。那么，小泉首相敢于采取大胆而创新的对朝政策的原因是什么？请详细说明一下小泉访朝和"平壤宣言"的背景。

田中：历史总会有偶然的一面。我在外务省工作的经验中获取的知识是"平壤宣言"大部分内容的基础。例如，日本的历史问题、日本与朝鲜半岛的关系、道歉问题以及补偿问题等。我参与起草了"村山谈话"草案，并且参与了与韩国有关的"慰安妇问题""被核爆者问题"等。另外，被扣留在库页岛的日本人的归国措施也是我在外务省担任科长时所采取的。

我一直深入参与处理历史遗留问题以及日本与朝鲜半岛的关系。从 1987 年到 1989 年担任负责朝鲜半岛问题的科长，那时发生了"大韩航空客机爆炸事件"。也是在同一时期，我开始调查"日本人被绑架问题"。当时审讯金贤姬时，她透露是跟被绑架到

---

① 朝鲜的金正日国防委员长与访朝的小泉首相会谈后发表宣言。该宣言的主要内容有：恢复邦交正常化会谈、日本就过去的殖民统治道歉，以及提供对朝经济合作、保障日本公民生命及安全的适当措施、为了东北亚和平与稳定而进行合作以及朝鲜保留导弹发射等。

朝鲜的日本女性学习的日语。

问：是否涉及朝核问题？

田中：1993 年我与罗伯特·加卢奇（Robert L. Gallucci）、托马斯·哈伯德（Thomas Hubbard）等一同提出了"朝鲜半岛能源开发机构"（KEDO）① 的构想。另外，在朝鲜半岛安全的相关问题上，1996 年我负责制定《美日防卫合作指针》草案。至今记忆犹新的是，当时到美国国防部（五角大楼）的情报室，与以库尔特·坎贝尔（Kurt Campbell，现美国国务院负责东亚及亚太地区的助理国务卿）为首的中央情报局（CIA）和国防部情报局（DIA）等情报人员一同进行了模拟装置的试验。这是一种预测朝鲜将来命运如何变化的模拟试验，并根据试验结果来制定《美日防卫合作指针》以及日本的"有事体制"。在为期几天的试验之后，日美双方得出的结论是状况对我们有利。这是因为预测到朝鲜将逐渐在经济、军事上停滞不前。因此，孤立朝鲜对我们来说是必要的基本路线。在这个判断的基础上，1996 年日美共同制定了《美日共同宣言》以及《美日防卫合作指针》。

问：您是如何参与解决朝鲜问题的？

田中：2001 年我在外务省亚洲大洋洲局担任局长。那时，我长期负责安全问题、历史问题以及朝鲜半岛和日本的政治关系等问题，并认为与朝鲜交涉并寻找出路是我的使命。后来，我向小泉首相说明了日本与朝鲜半岛关系的历史背景。由于日本不能以军事力量为基础做出行动，所以如果不进行交涉，就无法取得任何外交成果。因此，我力求摸索与朝鲜进行外交接触。

只要是担任过与朝鲜半岛相关职务的人都会同意我的观点。

---

① KEDO 是 the Korean Peninsula Energy Development Organization 的缩写。1993 ~ 1994 年第一次朝核危机以后，根据《朝美日内瓦框架协议》（1994 年 10 月），为支援朝鲜建设轻水反应堆，1995 年 3 月，该组织正式以国际财团的形式成立。2006 年 5 月，以朝核问题为背景，KEDO 执行委员会决定中断轻水反应堆的建设。

我在担任科长时也抱有这种观点。我认为，无论如何都应该与朝鲜接触并建立沟通渠道。在担任东北亚科科长时，美国朋友几次劝告我不要绕开美国，而与朝鲜进行交涉，但当时我的使命感很强。朝鲜半岛的分裂，日本也有一定的责任。从这种意义来讲，我认为谋求朝鲜半岛的和平是我的任务和使命。另外，我是一个外交官，也是一个现实主义者。只谈不做是没有任何意义的。这是在为防备朝鲜而制定"指针"的同时，我向小泉首相表示希望与朝鲜进行交涉的原因。

有必要相互组合专业知识与权威

问：其实，小泉首相对朝鲜半岛问题并非十分关注？您是如何引起他的关注的？

田中：当时小泉首相对朝鲜半岛问题并没有明确的意见。但是听了我的分析之后，他的反应有所变化，并主张进行交涉。这是 2001 年 9 月我就任于亚洲大洋洲局局长时候的事情。翌年 8 月 30 日，小泉首相访朝的消息公布。在大约一年的时间里，我在与朝鲜进行交涉的同时，及时向首相汇报进展情况。为此，我一共 88 次访问首相府邸。对朝交涉一共进行了 25 次，基本上都是在周六和周日进行的。交涉前的周五和交涉后的周日与首相会面的次数也达到 50 多次。这就是与朝鲜交涉的大致背景和过程。

其实，像我这样一个微小的官僚能够实现这种事情，几乎是不可能的。即便具有专业知识（expertise），也需要一定的权威。当时我认为，如果将我的专业知识和日本首相的权威相结合，就能够解决一切问题。当然，与朝鲜的关系也是如此。虽然我只是一名微小的官僚，但朝方也十分了解我在会谈前后经常与首相充分沟通的情况。那是因为，他们每天跟踪关注日本的媒体报道。

　　其实，几乎所有的人都认为对朝交涉是不可能实现的。这是因为自 1991 年开始的十年期间，日本试图进行朝日邦交正常化却没有取得任何成果。而且，对"绑架问题"、朝核问题以及多国之间的交涉、导弹发射冻结、政治等诸多问题解决之后的经济合作，都认为是"绝不能解决"的悬案。我作为外交官参与过对美国、韩国的交涉，所以我认为至少在对朝交涉问题上，我是个合适的专业人选。况且，还有小泉首相的大力支持。他给我保守了秘密，而且他拥有承担风险的魄力，对外表现也果断，具备了作为首相的各种资质。这些对我来说都是极大的幸运。

　　问：坦率地讲，小泉首相访朝的真正原因是否因为国内政治？从安全保障问题和核问题相比，更重视绑架问题这一点上来看也是如此。当时在韩国是这样认识的，您怎样看？

　　田中：小泉首相是有抱负的政治家，而且有能力在任期内达成目标。当时小泉首相做出判断，与韩国总统金大中一起合作，双方实现了很多事情，日韩关系有了明显好转，并共同起草了"7 项协议书"①。此外，双方在其他方面的合作都有所进展。小泉首相亲口承认如果与金大中总统进行合作，日韩关系将会不断发展。但是能否与卢武铉总统一起共事，仍存有很多疑问。我认为，日韩双方无法合作的主要原因是因后来两国对朝鲜问题的看法存在差异而引起的。当时韩国一直对朝鲜实行"包容政策"，而日本则不同。这样，对朝政策的差距就导致了日韩两国关系的隔阂。

　　中日关系也是如此。我就任亚洲大洋洲局局长的时候，接到外务省次官下达的关于恢复周边国家关系的指示，开始促进小泉首相的访中和访韩议题。小泉首相亲自到中国的卢沟桥畔参观中

---

① 2001 年 10 月 20 日，在上海举行 APEC 峰会期间，金大中总统和小泉首相达成了协议。其内容包括迅速设立共同历史研究机构、解决秋刀鱼纠纷，及应对恐怖事件方面的航空加强合作、开展韩国人的访日免签、日本进口韩国产猪肉、《韩日投资保障协定》以及 IT 领域的合作等。

国人民抗日战争纪念馆和韩国的西大门监狱，以此表明了自己的历史观①。中韩两国也对此表示了肯定态度。确切地说，小泉首相的政治倾向是右倾的，但他的历史观与村山富市是基本一致的。对"村山谈话"的发表过程，我跟小泉首相会面谈过几十次。因此，我相信，他期望并努力改善对华关系，而且事实上中日关系也在一定程度上得到了改善。但是在访问中国后第二年，他由于再次参拜靖国神社，所以导致中日关系的再次恶化。之后，就无法再次期待恢复中日关系。

即使有上述的外交事情，但我并不认为，小泉只关心国内事务而不利用对外关系提高自己的支持率。其实，他本身对对外关系有自己的观点（perception）。小泉是以与布什政权的密切关系为基础，试图开展对亚洲外交。由于布什政府对朝核问题采取强硬态度，从中发现了外交活动的余地。正由于日本与美国存在着密切联系才有了这种外交的可能性。如果不是小泉首相，布什总统很有可能阻止日本首相的访朝。换句话讲，因为是小泉首相，所以围绕首相访朝问题日美两国才可以达成共识。

美国的新保守派企图破坏小泉的访朝计划

问：2002 年 7、8 月，美国国务院主管军控事务的副国务卿约翰·博尔顿（John Robert Bolton）和副国务卿理查德·阿米蒂奇（Richard Armitage）访问东京，当时日本的媒体曾报道过，他们是为了阻止小泉访朝而来访的。事实是这样的吗？

田中：阿米蒂奇并不是这样的。其实，他是我们最早给美方说明访朝的人物之一。至今仍记忆犹新，在东京 Okura 酒店的

① 小泉首相为了表示对历史的反省和道歉，2001 年 10 月 8 日和 15 日分别访问了中国卢沟桥畔的中国人民抗日战争纪念馆和韩国的西大门独立公园（旧西大门监狱）。

客房里，时任日官房长官福田康夫与美国副国务卿阿米蒂奇、国务院负责东亚和亚太事务的助理国务卿詹姆斯·凯利（James Andrew Kelly）、驻日美国大使霍华德·贝克（Howard Henry Baker）、白宫安全事务特别助理迈克尔·格林（Michael Green）等美国主要人士聚于一堂，并在那里宣布了小泉首相访朝计划以及即将发表的日朝共同宣言的内容。当时阿米蒂奇对日本的对朝议题（agenda）表示认可，并表示回到驻日美国大使馆以后，亲自向科林·鲍威尔（Colin Powell）国务卿通话汇报。而且也会通过国务卿向布什总统转达日本的意图。第二天在小泉首相致电给布什总统时，布什总统表示："小泉首相，美国百分之百支持您。"

问：这么说，美国完全没有反对？

田中：如果要通过常规外交途径解决，很有可能失败。这是因为博尔顿、唐纳德·拉姆斯菲尔德（Donald Rumsfeld）等新保守派（neo‐conservatives）进行了反击。他们反对的核心就是朝鲜的浓缩铀问题。2002 年 9 月，由于朝鲜的浓缩铀计划在进行当中，拉姆斯菲尔德警告日本，如果日本首相访问朝鲜，就会陷入尴尬的境地。我的答复是日本将会承担这些风险，并且应美方要求提供相关的具体信息。美方也坚持反对意见，所以我们反问美国，是否需要直接派代表团前往美国。当时美国虽然提及了朝鲜的浓缩铀质疑，但是之后很长一段时间对朝鲜的浓缩铀问题几乎不闻不问。2005～2006 年担任美国国务院东亚与亚太事务助理国务卿，现任教于丹佛大学的克里斯托弗·希尔（Christopher R. Hill）也在很长一段时间里负责朝核问题，但是他也完全没有提起过朝鲜的浓缩铀问题。美国掌握情报（intelligence）似乎只使用于观察对方。

问：金大中政府也拒绝接受美国对朝鲜的浓缩铀情报，由此引起纠纷。但是在小泉首相访朝过程中金正日国防委员长承认绑架日本人的事实，这一点是未曾意料到的。这与以前的朝鲜相比，确实是具有划时代的变化。这次交涉是由谁来进行？是否事前与朝鲜协调好？还是由金正日和小泉两位领导人亲自协商的结果吗？如果金正日拒绝承认绑架问题，那么小泉首相的访朝就不会取得圆满的结果。田中先生与朝方的谈判代表是否在事前已达成协议？

田中：对，在基本方向方面已达成了明确协议。

问：小泉首相访朝之前就已经达成了协议吗？

田中：从实质上讲虽然是这样的，但如果没有访朝，就不会最终达成协议。日方的大前提就是使朝方承认绑架问题，并做出道歉、交还生存者、查明真相。本来日方的交涉前提是将生存者和遇难者的信息公开于众，但是朝方坚持事前承认绑架事实是不可能的。只有金正日有权决定，所以首相访朝之前无法提供绑架事件有关的信息。

问：这可以说，当时处于一种十分为难的状态。那么，日方能否轻易地相信朝鲜？

田中：当然，我们也并没有完全相信国防委员会委员长金正日亲自承认绑架事件、道歉并送还生存者以及查明真相等事，这一部分是最重要的所在。当时福田官房长官也曾表示危险系数太高。虽然我们事前强烈要求朝鲜明确绑架事件的立场，但是朝方始终没有给予答复。在这种情况下，首相是否访朝在日本政府内部也是个争论焦点。当时我也考虑过向首相提出消极意见，因为我也怀疑能否相信朝鲜。如果首相访朝，而朝鲜闭口不提绑架问题，那么日本的内阁便会垮台。当然，是否承担这些风险完全取决于首相个人的判断。小泉首相并没有逃避这些风险。从这一点上，我看到了小泉首相是有胆量的政治家。

同时，我们通过事前不断交涉观察对方是否值得信赖。例如，当时我们要求朝鲜将拘捕的日本一家报社记者无条件送还。另外，我们还尝试了使朝方能够发表宣言之类的可能性。朝鲜和韩国之间在西海（即黄海）上发生交战（2002 年 6 月 29 日）

时，我们向朝方表示，如果朝鲜不道歉我们也将会停止交涉。当时朝鲜表示了遗憾。我们向朝鲜提出这个要求之后，美国国务卿鲍威尔在文莱与朝鲜的外长进行了会面。对此，日本从中发挥了重要作用。这样，当时朝鲜基本上应允了日本的全部要求。由此，我们就得出了结论，朝鲜是有诚意的，而且之后小泉首相也实现了访朝。

金正日国防委员长和小泉纯一郎首相在平壤签署了日朝共同宣言，朝方承认绑架问题，对此表示了道歉，并送还生存者，同时表示要查明事件真相。这可能是朝鲜唯一的一次道歉。外交领域没有突然实现的事情，只有经过周密的准备，才能使首脑外交更有意义。

《朝日平壤宣言》以后的日朝关系

问：从目前的视角来评价，您的交涉是十分成功的。您在《外交的力量》一书中强调了外交的大局，并提出了七个外交原则：（1）从大局着眼。（2）将交涉进行一元化（single channel）。（3）根据对方的行动来判断是否可信（action - for - action principle）。（4）保存全部的交涉记录。（5）不要达成秘密协议。（6）绝对保守秘密。（7）在政府内部建立彻底的协商体制。这些都是交涉过程中要遵守的原则。尽管交涉取得了成功，但《朝日平壤宣言》却并没有被履行。之后的日朝关系也恶化到了极点。这是谁的责任？是日本，还是朝鲜，又或是两国都有责任？

田中：这里有很多原因。2002 年 9 月 17 日，日朝双方举行了首脑会谈。随后 10 月，绑架受害者回到了日本。与此同时，美国助理国务卿凯利也跟朝鲜进行了交涉。前面我提到过，关于朝鲜的浓缩铀问题我们采取了美国自己解决的立场，所以后来美国派代表团访朝，并直接提出了该问题。从此，美朝两国开始形成对立，这就是日朝关系恶化的最大原因。

朝鲜问题只从一个侧面（piecemeal）上是很难解决的。无论是韩朝关系，还是美朝关系都是如此。如果没有找到问题的根源而只从一个部分下手就很难解决。朝鲜的所有行动的根源在于"体制生存"（regime survival）。如果朝鲜认为改善韩朝关系对体制生存有利，那么他们便会这么做。朝核问题和绑架问题也同样如此。如果问题与"体制生存"没有必然的联系，他们便不会采取行动。绑架受害者返回日本以后，朝核问题成为"维持体制"的焦点。核问题是朝鲜与国际社会（美国、韩国、日本、中国以及俄罗斯）之间的焦点。事实上，《朝日平壤宣言》没能将六方会谈的问题囊括进来。《朝日平壤宣言》的草案中虽然有"六方会谈"的内容，但到了谈判的最后阶段，朝鲜认为使用"六方会谈"一词为时尚早，所以要求将其删除。由此，我们将"六方会谈"一词改为"相关各国之间的合作"。

在此之后，我们仍然保持对朝外交途径。我至今还记得，日朝双方甚至围绕多大程度上涉及浓缩铀问题进行了秘密会谈。当时我担任外务省副部级，后来我发现那个级别是不够的。如果我担任的职务是能与最高负责人直接接触的职务，那么情况会有所不同。朝鲜希望与高层人员探讨问题。但是因为美国对朝问题上的交涉是失败的，所以并不欢迎日朝高层之间的接触。但从朝鲜的立场上来看，外务省副部级的职务实在是太低。

问题的本质在于"维持体制"，即如果不解决核问题，日朝关系和绑架问题就都得不到解决，我认为这是最大的原因。到那时为止，我一直建议小泉首相，终有一天日朝关系将会得到和解，那时不要受舆论压力，要发挥强硬的领导力。首相虽然表示理解这一点，但是这种机会却没有再来。因为核问题的出现，绑架问题的解决方案也完全无法展开。

岌岌可危的"绑架问题"

问：您在韩国被认为是事前协调成功并促成小泉访朝和《朝日平壤宣言》的优秀外交官，在某种意义上被评价为"英雄"。但是在日本国内的反应却似乎有所不同。在绑架问题上，随着日本舆论的恶化，曾将您从"国家英雄"丑化成"卖国奴"（national traitor）。我们从第三者的角度上看，认为这是非常不公正的评价。您有没有被日本社会背叛的感觉？

田中：我并没有这种感觉，这与我的使命有密切相关。多年经验让我深知处理朝鲜问题会有很大风险。但是我作为外交官对所应该做的事情拥有强烈的信念。这是我的任务，所以无论舆论如何评论我都无所谓。我认为作为一个日本人，至少最了解朝鲜方面的风险以及绑架问题的内情，而且最重要的是职业精神。如果我倾向晋升和明哲保身，情况可能会有所不同。因为那些非难会给我的职业带来重大的负面影响。然而，我至今仍然为完成了目标而感到欣慰。

问：您是否对日本的"状况主义"感到失望？令人难以置信的是日本舆论的可变性。我在庆应义塾大学担任客座教授时，有一天，负责《朝日新闻》论坛的水野孝昭次长来找我。请求我写一篇关于绑架问题的稿件。看来，反对日本国内舆论而在专栏上投稿的日本知识分子是很难找到的。我在那篇稿子里阐明了日本外交有优先顺序这一点，日本人绑架问题固然重要，但是我要强调的是朝核问题和导弹问题更为重要。如果首先考虑日本的国家利益，那么我认为日本整体不应该成为绑架问题的"人质"。东京大学的和田春树教授也曾经说过绑架问题将"绑架"了日本的外交。同时在专栏中，我还举例英国首相布莱尔（Anthony Blair）在解决利比亚问题上起到了重要作用，期待在解决朝核问题时保持与布什总统密切关系的小泉首相也能够起到同样的作用。但是却没有任何结果。之后，日本的外交政策就成为绑架问题的"人质"。这完全不是我们所期待的日本形象。您如何评价这一点？

田中：我认为某种意义上确实有这一层面。

问：您所指的是哪一部分？

田中：日本应从整个朝鲜半岛、东亚乃至全球的大框架下考虑如何应对朝鲜半岛问题。由此，我们并没有只集中于绑架问题，而是以连接朝鲜和国际社会之间关系为目标进行了交涉。正是由于着眼于大局才使绑架问题得到了一些进展。但是在日本国内却受到了极大的非难。虽然小泉首相的支持率直线上升，但我作为职业外交官的处境却十分尴尬。

正如您刚才所提到的，舆论的力量变得更加强大，外交也不得不受其影响。或许责任在于我自己。这并不是说我所做的有错误，而是这些行动的结果可能使日本外交陷入困境。这些都与我的本来意图相反，而且日本过度集中于绑架问题，反而就缩小了对朝核问题的交涉可能性。结果，连绑架问题也无法解决。

当然，我并不认为应该拒绝对朝交涉。对我来说，需要的是保持我自己的一贯性（integrity）。至今我仍然认为，日朝关系恶化的原因是核问题。但这一问题也终究会得到解决。美国和韩国也是如此，处理这方面事务的人员经常中途改变自己的观点。但是现在和十年前的主张不应该有很大变化。如果我找借口为自己辩解而放弃"一贯性"，那么今天我就不会坐在这里了。

朝核问题及日本的应对

问：现在我们来谈一下朝核问题。您认为，朝鲜的核武器能够对日本形成威胁吗？还认为可以将朝鲜视为完全的核拥有国吗？对于导弹的威胁又怎样看待？

田中：我并不认为朝鲜是一个完全的核拥有国。包括能够装载导弹的小型化在内，朝鲜是否"真正能够形成威胁"，仍然无法下确切的定论。目前，国际社会上只有几个拥有核武器的国家。在日本的周边国家就有中国和俄罗斯，但是日本人并没有认为他们会构成直接的威胁。那是因为，这些国家很清楚使用核武器的代价（stake）是不可估量的。

我们普遍认为，在这一地区美国的核遏制力是发挥重要作用的。如果没有做好地球灭亡的思想准备，就不会轻易地使用核武器，这便是"核遏制"的逻辑。这个道理也适用于朝鲜。如果朝鲜企图使用核武器，那么日本将会大大提高危险认知度，但这也是朝鲜以本国灭亡为前提的，所以认为朝鲜也不会轻易使用核武器。

由此，我认为目前构成"威胁"的程度并不很大，但即使是这样，也不能完全排除朝鲜宁愿自取灭亡而采取极不合理行动的可能性。前不久，美国的朋友提出了是"无核化"，还是"管控核"的两种议论。我的答复是日本绝不赞同后者，只有"无核化"才是解决问题的唯一方法。而且我强调，在探讨国家安全的时候，即使可能性极小，也要将实现无核化作为自始至终的外交目标。虽然可能听起来似乎是"原理主义"，但这就是我的立场。

朝核问题主要大事记如下：

1953 年 3 月，朝鲜与苏联签署《原子能和平利用协定》；

1962 年，朝鲜在宁边设立原子能研究所；

1963 年 6 月，朝鲜从苏联引进研究用小型原子炉；

1974 年 9 月，朝鲜加入国际原子能机构（IAEA）；

1985 年 12 月，朝鲜加入《核不扩散条约》（NPT）；

1991 年 12 月，朝韩发表《朝鲜半岛无核化共同宣言》；

1992 年 1 月，朝鲜与 IAEA 签署《核安全措施协定》；

1993 年 2 月，朝鲜拒绝 IAEA 的特别核查要求；

1993 年 3 月，朝鲜宣布退出 NPT；

1994 年 10 月，朝美双方达成《日内瓦框架协议》；

1995 年 3 月，美、韩、日等国家设立朝鲜半岛原子能开发机构（KEDO）；

1998 年 8 月，朝鲜发射"大浦洞 1 号"（朝鲜称"光明星 1 号"）；

1999 年 9 月，美国发表《佩里报告》；

2000 年 6 月，韩朝首脑首次在平壤举行南北首脑会谈；

2002 年 1 月，美国布什总统谴责朝鲜"邪恶轴心国"；

2002 年 9 月，日朝首脑会谈以及发表《朝日平壤宣言》（平壤）；

2002 年 10 月，美国特使凯利访朝，朝鲜承认核开发计划；

2002 年 12 月，朝鲜宣布废除冻结核开发宣言；

2003 年 1 月，朝鲜再次宣布退出 NPT；

2003 年 8 月，第一次六方会谈在北京举行（中国提案）；

2005 年 2 月，朝鲜宣布"拥有核武器"；

2005 年 9 月，发表《9·19 共同声明》（朝鲜放弃核武器及核计划）；

2006 年 7 月，朝鲜发射第二次"大浦洞 2 号"导弹；

2006 年 10 月，朝鲜进行首次核试验；

2006 年 10 月，联合国安理会通过对朝制裁决议（"1718 号"）；

2007 年 2 月，六方会谈达成《2·13 协议》；

2009 年 4 月，朝鲜进行发射远程导弹试验；

2009 年 5 月，朝鲜举行第二次核试验；

2009 年 6 月，联合国安理会通过对朝制裁决议（"1874 号"）；

2011 年 12 月，朝鲜最高领导人金正日逝世；

2012 年 4 月，朝鲜新领导人金正恩被推举为朝鲜劳动党第一书记；

2012 年 4 月，朝鲜发射"人工卫星"试验失败；

2013 年 2 月，朝鲜进行了第三次核试验。

问：您认为朝鲜开发核武器的最根本原因在于"维持体制"。从这种观点上来看能否可以认为，如果我们没有威胁到朝鲜的体制，那么朝鲜就没有必有开发核武器？这就是日本没有必要太担忧朝鲜核武器的理由？

田中：如何评价朝鲜的将来是至关重要的。我认为朝鲜的将来只有两种可能：一种是周边国家介入的崩溃。这种情况下核武器是十分危险的。因为崩溃本身意味着国内政权的丧失。在这种情况下，不是没有使用核武器的可能性的。另一种是"软着陆"。我认为如果是这样，那么核问题将会得到顺利地解决。

问：体制崩溃而可能引起的核武器使用，对日本形成的威胁并不会是直接的，主要威胁是不是核扩散问题？

田中：在体制崩溃的情况下，可能会使用核武器。

问：您认为，会对谁使用核武器呢？

田中：主要是韩国或者日本。这样可能会增进内部的凝聚力。朝鲜很可能在"自灭"（suicide）时选择与其他国家同归于尽。

问：但是在崩溃的情况下，军队内部可能产生帮派纠纷而导致权力斗争。如果产生这种情况，朝鲜政府与其对外采取军事行动，不如首先集中解决内部争斗？

田中：朝鲜的崩溃不可能是突发的，会有一个过程。我认为，朝鲜会与突尼斯、利比亚和埃及有所不同的。我很难想象，朝鲜会配合国际舆论，共同推翻现行政治体制。尽管如此，绝不能排除内部发生争斗的可能性。如果发生这种情况，那么朝鲜将会陷入混乱状态（chaos），而且在混乱状态下很有可能使用核武器。

问：美国担忧，朝鲜的大量杀伤武器会达到无法控制的程度。您认为，美国与朝鲜对韩国或日本使用核武器的问题相比，是否更担忧核扩散问题？

田中：我对这种观点并不同意。防止核扩散不能成为唯一的问题。如果能保证可能发生的威胁就只是大量杀伤武器的扩散，那么可以说防止扩散是唯一的问题。我想反问，美国是否能保证这一点，即在朝鲜没有可能对韩国和日本使用核武器的时候，可以将防止扩散作为唯一的目标。

朝核问题，真正的责任究竟在于谁

问：我想问一个更加根本性的问题，您认为朝鲜会放弃核武器吗？

田中：我并不是学者，而是一个已经卸任的外交官，而作为外交官我一般只相信目标（objective）。您提到过几乎所有人都认为，朝鲜不会就绑架事件做出道歉，这是事实。任何人都不相信，但是朝鲜最终道歉了。谁能相信苏联会解体，利比亚的卡扎菲（Muammar Gaddafi）会下台而死亡呢？外交就是要把不可能变成可能。如果您认为，由于朝鲜绝对不会放弃核而应另寻其他途径，我并不同意这种观点。

我刚才提到过，朝鲜将来的两种可能性：一种是由于周边国家的介入而导致的崩溃；另一种是"软着陆"。所有人都期盼着朝鲜的"软着陆"。因为如果朝鲜崩溃，那么将会失去很多。尤其是韩国在政治和经济方面损失将会很大。因此，我们有必要诱导朝鲜选择"软着陆"，那么最终这个过程便是朝鲜半岛无核化。令人遗憾的是，这个过程将会耗费大量的时间，而实现朝鲜的"软着陆"则需要通过外交手段。

问：那么外交手段包括哪些内容呢？

田中：外交手段也可以有几种。其中一种是突发事态，即应对突发事态的策略（contingency plan）。韩日两国有必要与美国一同制定一个强有力的应急对策。如果发生突发状况，将会有很多人失去生命，国际社会有必要阻止这些人。这时日本可以采取后方军事支援的方式。另外，不仅韩国、美国和日本，包括中国和俄罗斯在内的各国也应保持密切联系。回顾朝鲜问题，各国都极力只想实现本国目标，而各国的目标之间大多有所矛盾。事实上，朝鲜利用了各国之间的这种矛盾。

同时，需要考虑在外交交涉过程中谁来掌握决定重大问题的权限。负责交涉的朝鲜外务省官员一般不能做出决定。金桂宽（现任朝鲜外务省第一副相）或其他人也都没有这个权限。

问：六方会谈的朝鲜代表没有权限，所以交涉失败的可能性很大。您是否在暗示这一点？

田中：并不是如此。六方会谈是正确的。它是一种可实现的方式，同时又十分有益。在这里，重要的不是代表的职位，而是交涉的框架（framework）。六方会谈的六个国家都是核心国家，如果不进行六方会谈，那么各国的目标就会各有不同。由此，应该维持六方会谈。同时，它还具有增强两国之间交涉可能性的长处。我认为，韩国或美国应该为本国开拓更有效的两国交涉的途径。美国的两名女记者被朝鲜拘捕时，美方曾向我征求是否有更好的解决方法。我的建议是，为了解决这个问题首先要找到一种适当的途径。之后，美国前总统克林顿访朝，两名记者被释放。这是很可能在事前与金正日总书记及其亲信达成了协议从而实现的结果。

问：现在韩国的李明博政府似乎忽视了这一点，而日本的情况如何？

田中：日本的情况与韩国没有太大差异。我认为，"对朝鲜这个国家是无法信赖的"这种认识是十分危险的。这就是说与朝鲜的交涉切断了纽带而导致在国内受到非难，从这一点上来说危险系数是很大的。由此，我认为如果没有通往到最高领导层的途径，那么将会有危险。

问：目前这种僵持状态的责任在哪一方？第一责任应在于朝鲜，那么第二责任在于哪一方？

田中：韩国与朝鲜为同一民族，如何判断问题以及采取何种对策具有重要意义。美国和日本基本上尊重韩国的立场，而且以韩国为中心而加强纽带关系也大有可能。当然这不只是韩国一个国家的问题，然而我认为韩国对朝政策也缺乏一贯性。

问：有人认为，李明博上台以后韩国成为六方会谈的最大障碍。您同意这种观点吗？

田中：不能否认韩国的新政府组阁以后韩朝关系陷于停滞状态，这也是事实。但是我并不同意将全部责任归咎于韩国。最重要的原因在于"朝鲜的行动"，所以日美韩三国合作不论何时都是必要的。

问：坦白地说，"9·19共同声明"①和"2·13协议"②能否被认为是非常出色的外交成果呢？我认为六方会谈的各国都忽视了这一成果，这是很大的问题。事实上，首要的原因虽然要归咎于朝鲜，但是韩国政府也应受到谴责，另外，没有华盛顿的主导权也是一个问题。其他国家都态度消极，例如俄罗斯坐视不管，日本由于绑架问题成为"人质"。由此来看，各国的利益不同从而导致六方会谈的失败。如果假设没有六方会谈，那么首先朝鲜将增强包括浓缩铀在内的核武器计划，那么日本如何来应对这种状况？

田中：十年前美国进攻了伊拉克和阿富汗，并将朝鲜纳入"邪恶轴心国"（Axis of Evil），所以朝鲜感到美国才是真正的威

---

① 2005年9月19日在第四次六方会谈的第一阶段会谈中发表的声明。其主要内容包括销毁朝鲜所有的核武器、恢复加入NPT和IAEA、朝鲜半岛和平协定、有阶段的实现无核化、约定对朝鲜不进行核武器攻击、构筑美朝间的信赖关系等。

② 2007年2月13日在第五次六方会谈的第三阶段会谈时达成的协议。其主要内容包括，闭锁朝鲜的宁远核设施、恢复接受IAEA的监督、对朝提供重油支援、设立实务工作小组等。

胁。从那时起到十多年后的今天，朝鲜认为韩国是与本国生存相关的最主要威胁，相反现在朝鲜并不认为美国是最主要的威胁。当然朝鲜也不会不考虑美国。但是从美国在伊拉克和阿富汗撤兵、奥巴马总统公开阐明关于军事介入的立场、美国军事战略的变化和预算问题等方面综合来看，美国所构成的威胁有所弱化。威胁是相对的。美国的威胁减少了，那么朝鲜是否便会感到经济实力比较强大的韩国的威胁有所增大？我认为，随着韩国逐渐成为朝鲜的主要威胁，朝韩关系很难得到改善。

问：这种推论的根据是什么？我所见过的朝鲜人仍然认为美国才是主要的威胁。

田中：朝鲜所有的问题都会从"维持体制"的角度来考虑。现在朝鲜认为韩国强大了。但是朝鲜绝对不会向韩国让步。因此，强调六方会谈是十分重要的。在这种前提下韩朝、美朝、日朝这三种双边关系变得十分重要。韩朝两国是同一个民族，所以将来双边关系没有进展是不可能的。

问：我十分同意您的看法。

田中：如果说服了美国，就会有可能性。即需要得到美国和其他国家的支持。

问：那么说服李明博政府就不会有困难吗？

田中：韩朝两国虽然在这方面已经做出了一些努力，但是却没有得到我所期待的进展。因此，美国主张自己先采取行动。美国在粮食支援和冻结浓缩铀问题上目标明确。但是朝鲜的最高领导人交替，目前朝鲜问题的全部似乎只有权力继承问题。

东北亚出现"核多米诺现象"的可能性很小

问：您认为东北亚地区是否会出现"核多米诺（nuclear domino）现象"？如果朝鲜继续推进核武器开发，那么主张日本进行核武装开发的学者也会大有人在。对此您的想法是什么?

田中:我在各种研讨会和专题讨论会上都明确地表示过,日本将来不会进行核武装。这是由于无论在政治上,还是国际上,对日本来说所需的费用实在是太庞大了。但是听众并不相信我的主张,而只相信如果朝鲜成为核拥有国,那么日本也不会维持现状(status quo),而且必然会进行核武装开发。我也不想极力否定大众的想法,但是我的观点是有所不同的。

问:日本的普遍舆论怎样?

田中:舆论并没有考虑核武装。"福岛核发电站事故"引发了日本强烈的反核情绪。但是我认为,如果日本核武装可能性的舆论能够促使朝鲜停止核试验,那就足够了。如果这种观点能带来朝鲜停止核试验的结果,那么我们便没有理由去否定它。

问:韩国普遍认为,如果朝鲜显现出核威胁的端倪,那么日本将会进行核武装。这是不是一种恶性循环(vicious circle of distrust)的开端?

田中:首先我们要考虑的是中国的态度。中国担忧韩国、日本拥有核武器。中国认为,从技术和钚储存量上来看,日本进行核武装会是比较容易的。如果这种看法能强烈地作用于朝鲜,那么结果也是不错的。

问:日本在美国的核保护伞之下,是不是没有必要担忧?

田中:那么我反问,韩国对日本的核武装可能性进行议论的理由又是什么?

问:美国鹦鹉螺(nautilus)研究所的彼得·海因斯(Peter Hayes)所长、加雷斯·埃文斯(现澳大利亚国立大学校长、前澳大利亚外交部部长)以及川口顺子等都支持"东北亚无核化地带构想"。您同意这种论点吗?

田中:这可以说是一种理念,但目前的情况下我并不支持。

日本的对朝外交应从绑架问题中摆脱出来

问：日本人的绑架问题是否与争论"蛋和鸡"的先后的问题是同出一辙，日方主张先解决绑架问题才能改善日朝关系，然而在这一问题上如果首先改善了日朝关系，是不是会更容易解决呢？

田中：并不是那样的。

问：不久前，美国前国务卿亨利·基辛格（Henry Kissinger）提出了一个非常有趣的提问，"在与绑架有关的问题上，日本到底要得到什么？"日方真正希望得到的是什么？

田中：关于这个问题，前不久冈山县的一个电视台播出了我和基辛格的对谈。当时我答复，在任何情况下所有的国家都会找到解决这种问题的办法。在东帝汶或越南失踪的美国人问题也是同样的。解决这种问题的标准方法是首先组织在国际社会上能够得到信赖的"调查委员会"。因为朝鲜和日本两国各自都有国内的政治议题，所以只通过两国之间的会谈很难解决。因此，需要第三者来客观评价朝鲜的言论及所提出的根据的可信度。"调查委员会"要包括朝日两国的司法和安全部门以及处于客观立场的团体，诸如红十字会等。

另外，应该互相充分认识，解决这种问题需要耗费大量的时间。即使是离平壤五公里以外的地区也很黑暗，经常发生交通事故，而且自然灾害也很频繁。在朝鲜被绑架的日本人的处境不会很好。调查他们的事情就需要大量的时间。

由于双方的相关负责人员都处于不同的相互利害关系，所以很难建立刚才提到的调查委员会。利害关系指的是核武器、导弹以及朝鲜半岛的命运。只有解决核问题或者朝韩关系以及朝美关系有了实质性改善，才能够得以实现。这种进程要与全面协议一

同进行，才能在绑架问题上拿出现实可行的方案。这一点是不可
置疑的。

问：您认为，绑架问题并不是所有问题的前提条件？那么就
是说，要同时促进解决绑架问题和核问题、朝日建交等问题，您
认为这可能吗？

田中：如果不推进并行解决，那么每个问题都会难以解决。
另外，判断这种解决方式的对错问题不应受舆论的影响。不论是
哪个国家权限的责任都应该由政府来担负。解决绑架问题是政府
的责任，决定问题的主体也应是政府。

问：但是日本政府的政治领导人是不是也没有敢于做出这种
决定？或者是至今为止没有这种想法？

田中：我从外务省退任之后，2005年9月在包括日本在内的
六方会谈中达成的协议"9·19共同声明"是一个全面的组合
（complete package）。这个声明并不是针对绑架问题，甚至连"绑
架"的字眼都没有提到。正如那时达成的协议那样，为了全面地
解决问题而寻找出路的一天终会到来。到那时日本政府应该表现
出决断力。即使是进展微小或者没有任何进展，甚至后退时也不
能像您说的那样做。

问：作为一个从近距离观察日本政治体系的学者，我有两点
十分担忧：一点是日本的政治体系过度分化，缺乏明确的政治目
的。政治的领导力过于频繁交替，并且政党的领导人似乎没有决
断的勇气。因此，日本政治体系的质量（quality）令人产生怀疑。
另一点是外务省的边缘化（marginalization）令人担忧。外务省似
乎看起来没有力气，您如何看？

田中：韩国和美国难道没有同样的问题吗？

问：虽然都是那样，韩国的情况比日本要强一些。美国的情
况则有所不同。我感到日本的外务省从整体上来说被"边缘化"。
正与您和谷内正太郎（2005年1月~2008年1月，担任外务省事
务次官，相当于外交部副部长）所取得的成果相比较，则更是这

样。在政治上的分裂和官员立场弱化的两种状况下，日本能够掌握整体外交上的主导权吗？更具体地说在朝鲜问题上能否掌握外交主导权？

田中：我认为是可能的。民主党的经验少还不成熟，不懂得任用职业官僚。但是这种情况是会改变的。野田佳彦首相支持增强官员的作用，试图改变民主党以往的方式。在菅直人执政时，外务省次官佐佐江贤一郎两三个月也未必能够会见首相一次。但是现在野田佳彦首相一个星期会见一次外务省次官。这就表明民主党试图开始努力从官员们获取信息。因此，我确信政治家通过获取官员的支持，从能够使日本掌握更有力度的主导权。

今后日朝关系发展趋势如何

问：目前日本正受到东日本大地震的影响，财政状况也并不很好。如果日朝两国在绑架问题上达成协议，同时朝鲜无核化问题也有所进展，那么日本会在资金上支援朝鲜吗？

田中：当然可以。

问：发表《朝日平壤宣言》时，曾经议论过 100 亿美元的话题。

田中：并不存在确切的数字。1965 年日本政府与韩国就这一问题达成协议，以有偿和无偿的形式提供了 5 亿美元。韩日两国就这一资金达成协议，将其定性为不是赔偿（compensation）而是相互放弃要求权之后的经济合作。《朝日平壤宣言》中也表明两国之间实现邦交正常化之后将会考虑实质性的经济合作。这只是个框架（form）协议，而且围绕资金的规模问题还需要日后的交涉。我认为如果两国有共同的未来利益，那么交涉将会顺利进行，将来提供的资金也无疑会给朝鲜带来实质性的帮助。我也不知道金额具体会是多少，也没有可以推测的信息。我与朝鲜交涉时也没有提到过金额问题。我认为这应该是由日本国会来决定的。但是毋庸置疑的是日本将会提供资金，这对韩国也是有利的。

问：金正恩领导的朝鲜迎来了一个新的时期。现在应该如何找到核问题和绑架问题的突破口？

田中：如前面提到过那样，我认为没有可以分离而单独存在的解决方法。如果能将绑架问题分离出来单独解决，我们将会十分欢迎，但是这个问题与朝鲜的"体制维持"有着密切的关系，所以朝方不会轻易地单独解决。我期待核问题和绑架问题并行解决。朝鲜领导人的交替是一个极大的机会。如果朝鲜不能朝着好的方向迈进，那么朝鲜的政权将会经历一个不稳定的时期。

同时我相信韩国或日本、美国和中国等国家可以从朝鲜的外部对其施加影响。这些国家为了共同应对朝核问题应该相互沟通。尤其是现在朝鲜正摸索新的经济方式，这对我们来说是一个交涉的好时机。从"体制维持"的角度上来看则更为有利。因为我们不希望在这一地区发生阻碍韩国和日本以及中国的繁荣发展的混乱（disturbance）。因此，如果朝鲜发生实质性变化并走上"软着陆"的道路，那么体制将会得到维持。

问：我想重新确认一个问题。在 2011 年 12 月 20 日《朝日新闻》登载的座谈会报道上，您指出日本政府应该尽早制定具体的危机管理计划，其含义是什么？

田中：如前面所提到过的，指的是应对突发事件的计划。1994 年日本已经准备了突发事件的对策。当时我是负责这一事务的外务省实务负责人之一。在那份计划中，我们假设的最初的日子（一天）是朝鲜进攻韩国的那一天。这是因为 1994 年的朝鲜声明表明如果联合国安理会对其进行制裁，则将制裁决定视为宣战。另外，日本制定了救援本国公民的方法以及难民对策、日本国内核设施和高铁被破坏时的保护方法、在后方支援美军的方法等所有可能状况的一览表。我们也与美国进行了沟通，美国则提出包括提供毛毯等日用品在内的具体事项一览表。

当时日本有过将韩国纳入对应军事突发事态计划的想法。我们希望支援输送日本公民的自卫队能从釜山登陆。那时韩国的一个将军表示，如果自卫队来到釜山，那么对准朝鲜的枪口将转向日本自卫队。可见，当时日韩两国共同筹备对策是不可能的。但我认为，现在已经是两国共同准备对策的时机。虽然要秘密地进行，但是这种合作本身也会对朝鲜起到一种遏制作用。

问："朝鲜崩溃"或在朝鲜半岛发生战争时，日本与韩国如何进行合作?，是否有解决问题的预定程序?

田中：虽然还没有具体计划，但是我希望两国今后共同进行策划。

问：非常感谢您在百忙之中抽出时间，这是一次十分有意义的访谈。

第四部分

日本的综合安全保障与未来秩序构想

作为一种解决纷争制度的战争正在衰退，像过去一样动员整个国家，已经变得不太现实了。即使这样，人类也并未完全放弃战争，也在做应对战争的准备。因为就像美式足球一样，如果你后退一步，就会意味着败北。

第十一章

日本和东亚的未来

猪口孝

猪口孝 (Inoguchi Takashi)

1994 年出生于新潟。毕业于东京大学教养学部，在美国麻省理工学院（MIT）取得政治学博士学位。曾任上智大学教授、东京大学东洋文化研究所教授、日本国际政治学会理事长、中央大学法学系教授，2009 年至今在新潟县立大学担任校长，同时兼任东京大学名誉教授和日本学术会议的会员。其夫人是原上智大学教授，现任参议院议员的猪口邦子。

他著有《国际政治经济的构想》（1982 年），该书获得三得利学艺奖，还有《政治学辞典》（2000 年）、*Governance*（2012 年）、《亚洲的晴雨表：亚洲·指标》（2012 年）等，此外还包括大量著述和论文，如 *The Political Economy of Japan*（1989），*Japan's International Relations*（1991），*American Democracy Promotion*（2000），*Reinventing the Alliance*（2003），*Japanese Politics*（2005），*Values and Life Styles in Urban Asia*（2005），*Political Cultures in Asia and in Europe*（2006），*The Uses of Institutions*（2007），*Citizens and the State*（2008），*Globalization, Public Opinion and the State*（2009），*The Quality of Life in Confucian Asia*（2010），*Japanese Politics Today：From Karaoke to Kabuki Democracy*（2011），*The US –*

Japan Security Alliance（2011），*The Quality of Life in Asia*（2012），*Political Parties and Democracy*（2012，新刊），*The Troubled Triangle：The US，Japan and China*（2012，新刊）等。

引 言

猪口孝校长是在国际上拥有最高声望的日本政治学者之一。他不仅在学术上有大量的学术业绩，还极力创造日本政治学界的公共资源。尤其是 1987 年与大岳秀夫、村松岐夫一同创刊了 *Leviathan*（レヴァイアサン），十分有助于实证主义政治学的发展。另外他还主持了日本政治学会的 *Japanese Journal of Political Science*（Cambridge University Press）和日本国际政治学会的 *International Relations of the Asia – Pacific*（Oxford University Press）的创刊，并将这些刊物发展为 SSCI（国际公认学术杂志）级的国际知名英文学术期刊，引领了日本政治学的国际化。可以说，他是"日本政治学界的王牌"。另外，他曾担任过日内瓦联合国大学首席副校长，负责对联合国和日本政府的政策咨询。猪口孝校长有着"Mr. Scenario"的绰号。20 世纪 80 年代以后，他开始分析东亚及太平洋的国际秩序，探索今后的方向。猪口孝校长广泛阅读大量书籍（据说，一周阅读量在 50 本以上），想象力也极为丰富，犀利地提出自己的见解，在日本没有任何学者能够超越他。因此，在与世界上任何地区相比敏感而时常变化的东亚未来国际秩序问题上，我们非常期盼听取猪口孝校长的高见。

2011 年 11 月 12 日，猪口孝校长在东京的国际文化会馆接受了访谈。后来，他通过书面形式将访谈内容进行了补充和修改。主要提问的内容如下：日本政治学界停滞不前的原因是什么？21 世纪东亚的国际秩序将会呈现何种趋势？猪口孝校长所提出的日本的世界性"正常国家化"指的是什么？东亚共同体能否成为现实可行的方案？

猪口孝校长指出，今后的国际秩序虽然在大国之间不会发生战争，但是围绕军备、军演、战略、盟友等问题仍将会出现激烈的竞争。需要补充说明的是，作为一种解决纷争制度的战争正在衰退，像过去一样动员整个国家，已经变得不太现实了。即便这样，人类也并未完全放弃战争，也在做应对战争的准备。因为就像美式足球一样，如果你后退一步，就意味着败北。在这一点上，虽然日本没有必要修宪和研发核武装，但是在加强美日同盟和外交上的积极努力，以及扩充传统武器等方面，绝不能放松。这也是值得我们深思的部分。

猪口孝校长大约从十年前开始在整个亚洲地区开展舆论调查项目"Asia Barometer"。正如他本人所说的那样，这可以说是最早的、独一无二的舆论调查，是亚洲宝贵的公共知识产品。这个结果的一部分也曾在韩国介绍过[①]，值得一读。

处于停滞的日本政治学界，其原因是什么呢？

问：猪口孝先生不仅在日本，而且在国外也被公认为有名望的国际政治学者。您不仅在日本的学术界发挥了重要作用，而且还创刊学术杂志，从而奠定了实证主义政治学方法论的基础。然而，即便有您的不断努力，日本的政治学界的实证主义研究仍停滞不前。例如，与以前不同的是参加美国国际政治学会（ISA）年度大会的日本学者日益减少。而且，刊登在国际学术杂志上的日本学者的论文也不多。到底日本的学术界发生了什么？

猪口：我认为有三个原因：第一，在研究人员中不分时代和所属机构普遍倾向内向和消极保守。第二，这一点是并不为众人

---

① 猪口孝等：《亚洲晴雨表：亚洲·指标》，2009。

所知的，即日本人的国际竞争力，尤其是英语的沟通能力降低。例如，申请哈佛大学政治学系研究生的日本学生大部分没有拿到录取通知。博士课程一般一年招生 30 名，其中 20 名左右来自中国、韩国和印度。从美国学生中录取 5 名左右。日本人几乎没有机会入学。第三，日本的大学招生量每年减少，如果到国外去读书，反而担心会被日本社会遗忘。

问：您是 20 世纪 70 年代为数不多的在美国取得博士学位的学者。当时在美国取得博士学位的学者大部分都十分活跃。但是近年来，东京大学、庆应义塾大学、早稻田大学等著名大学的研究人员虽然大部分在美国取得博士学位，但是并不是很活跃，这是为什么？

猪口：博士学位的概念已经改变了。博士学位就像汽车驾照那样，如果不用就会处于休眠状态。持有美国博士学位也是同样的，如果不坚持发表论文、参加学术会议，那么博士学位就会变成无用之物。日本的大学大部分采用终身雇用制，所以尖端的学术研究被中途放弃的情况比比皆是。

问：过去日本的大学里存在着一种学风，关宽治①、细古千博②、高坂正尧③、佐藤诚三郎④、神谷不二⑤等都是很优秀的典型。但近来似乎消失了，其原因是什么？

猪口：我也说不出确切的原因。举例来说，日本的最高学术殿堂东京大学的教授们年轻时都发表过优秀的论文、著作并且赢

---

① 1927～1997 年，任东京大学和立命馆大学教授，曾任日本和平学会首任会长，引领日本的和平学。

② 1920～2011 年，任一桥大学教授和日本学术院会员，在日本外交史上评价很高。

③ 1934～1996 年，任京都大学教授，他被称为日本国际政治学和欧洲外交史领域里的最有代表性的现实主义者。

④ 1932～1999 年，任东京大学教授，作为保守派曾任中曾根康弘首相的外交顾问。

⑤ 1927～2009 年，任庆应义塾大学教授，专门研究现代亚洲国际政治和美日关系。1966 年他因主张朝鲜战争是由朝鲜侵入引起的，从而备受关注。

得了声望，但成名之后却停滞不前。如果不发表论文，不写书，怎么能树立学风呢？

问：您认为日本政治学界是美国的知识殖民地？

猪口：这个问题有些不同。表面上看类似于殖民地，但并不是严格意义上的殖民地。这是因为，日本学界对美国学界并没有忠心。如果日本学界是美国的殖民地，那么就会经常采用美国使用的概念，将美国的学术风气视为判断标准，但日本学界并不是这样。只是经常使用美国使用的关键词而被看成殖民地而已。实际上，日本有很多与美国学界的理论动向基本没有关联的论文。另外，美国式的能力主义（meritocracy）并不得势于日本的学会或大学。

问：下面我们来比较一下。日本的经济学者中具有国际声望的学者为数不少。但是与此相比，国际政治学领域有名的日本学者却为数不多。对此您有什么看法？

猪口：如前面提到过的，这是由于日本政治学者的内向又消极的姿态造成的。也可能因为执笔政治学学术著作时要求的英语能力相对较高，从而降低了日本的国际学术竞争力。

问：日本政治学界是否与日本的国力衰退走同一条道路？

猪口：首先日本的国力并没有衰退。"重厚长大"的产品要比"轻薄短小"的产品更有优势。例如，日立公司的重厚长大的机器或三菱重工业的 F－35 战斗机的主要部分就是如此。而且，日元的汇率也稳定地保持较高的水准。这些都说明，日本还是很有实力的。与此相比，日本的政治学界却是停滞不前的。政治在社会上所占的比重日益减小，同样，日本的政治学界的比重也随之降低。企业或民间组织如果在国内的运作不顺利，就可能转向发展中国家。在日本的政治学界要实现这种转向是并不容易的。

问：但是地区专家们（area specialists）难道不是与政府保持着紧密的联系吗？中国研究专家国分良成、朝鲜半岛研究专家小此木政夫、东南亚研究专家白石隆等学者①都在国际上很有声望，对日本政府也是很有影响力的。

猪口：这是因为地区专家与外国有沟通渠道，同时又与政府保持着一定距离，所以在很多问题上可以有所作为。虽然在资金方面比较紧张，但是没有责任风险。而且，从政府的立场上看，他们忠实可靠且很受欢迎，由于这些原因，地区研究逐步占据主流。但是关于政策问题，不论是外务省，还是经济产业省都认为自己最了解国际政治。

问：您曾经是位非常活跃的学者，现在也如此。而您现担任新潟县立大学的校长，转变成为大学行政家，您有何感受？

猪口：虽然有过多种顾虑，但是做起来并不是很难。既然是新成立的大学，又是地方大学，所以生源较少。我所在的大学学生 1000 名左右，教职员工达到 80 多人。作为传递给年轻人的寄语，我每年写一本书，教育他们，即使会像枫叶一样被人践踏无法见人，我还是希望他们能活出像钻出马路缝隙的花一般的人生。不要在乎别人的看法，只要坚持努力，终究会在国际舞台上崭露头角。我经常提醒大学的同事要不断地鼓励学生，让他们不要担忧，一定会有出路。

其实，由于是个地方上的小型大学，如果不宣传，认知度较低，生源也不会增多，新生的入学成绩也不会很高。因此，我们进行了大量的宣传。前面提到的著书也与此不无关系。虽然是位于地方上且是新成立的小型公立大学，但是通过宣传竞争率提高了十倍。新生的入学成绩也有所提高。竞争率提高了自然就有更优秀的学生入学。现在看来，还是比较成功的。如果我们的毕业生就业状况好，那么就会有更优秀的学生入学。因此，最近我们正在大力解决学生的就业问题。我们正与东京海上日动火灾保险、JTB 关东、JR 东日本等多个企业的人事负责人进行电话沟

---

① 请参考本书的第五章、第六章和第八章。

通，极力推荐我们的学生。

虽然事务繁忙，但是负责大学的行政工作有两点好处。一点是没有我的课程。不用在规定时间去讲课。另一点是不需要每次都参加教授会议或相关委员会，就是可以自由地利用自己的时间。但是，有必要让师生了解校长也在努力撰写学术论文，这将会提高大学的知名度和社会评价。我一年发表 2 ~ 4 篇日文和英文论文，并曾就 2011 年 3 月 11 日发生的灾害问题向《纽约时报》投稿①。我的意图就是，如果国际社会能给受灾的日本青年提供留学机会，帮助他们鼓起勇气克服困难，这将支撑起日本的未来力量。

21 世纪的东亚国际秩序

问：您被称为"剧本先生"（Mr. Scenario）。因为您在关于国际关系问题上经常提出饶有趣味的观点。从 20 世纪 80 年代开始，您提出了国际关系的未来"美利坚治下的和平"（Pax America-na）、美日共同霸权（bigemony）、多级体制（Pax Consortia）②、多边安全机制（multilateral security arrangement）③ 四种可能性。您现在也坚持同样的观点吗？

猪口：以国家为中心的观点已经陈旧，多级体制和多边安全机制的观点也都在逐渐发生变化。

问：我并不同意这种观点。我觉得东亚的"威斯特伐利亚主权体制④"更加强化了，您认为东亚世界变为多边或者多极的根

① 《纽约时报》2011 年 3 月 11 日。
② 由各强国而形成的多极体制。
③ 联合国或北大西洋条约机构等多边安全合作体制。
④ 结束了 30 年的战争，根据 1684 年签订的"Peace of Westfalen"而建立的体制。树立了作为近代外交和国际法基本原则的国家的领土主权、领土内法律主权，以及相互不干涉其他主权国家内政的各种原则。

据是什么？

猪口：有以下根据。其中，作为人类的一种制度的战争已经衰退。约翰·米勒（John Mueller）或戈尔茨坦（Joshua S. Goldstein）也曾指出过，1945 年以后核战争再没有发生过①。从战争死亡者的统计数据上也可以看出这一点。在二战期间每年平均有550 万人死亡。20 世纪 90 年代每年平均死亡人数为 10 万人，进入 21 世纪以后死亡人数不断减少，每年 5.5 万人死于战争。战争死亡人数呈现递减趋势。这也许是由于武器的精密程度高，破坏力强，到达目的地的速度快等原因造成的，所以对这些武器的使用产生了恐惧感，也许是人类逐渐加强了共同否定动用武力的规范或规则的程度。

大国之间也没有发生过战争。其实大国之间也因为一些没什么大不了的问题而发生战争。1979 年中国对越自卫反击战、1983年英阿战争（马尔维纳斯群岛之役），以及最近俄罗斯介入格鲁吉亚等都是如此。一些小问题处理不当则上升为围绕国家主权而发动战争。

朝鲜战争时死亡人数达到几百万人。在朝鲜的"延坪岛事件"和"天安舰事件"中，数人死亡。但是仅限于此，并没有像以前一样出现突然动员全国的情况。越南战争的死亡人数也达到几百万人。1979 年中越战争中有几万人死亡。此后，2012 年围绕南海问题，中国与越南之间也发生过纠纷，但并没有出现伤亡人员。

从长期的动向来分析，死亡者减少的趋势是明确的。那么就可以说不用预防战争了吗，其实不然。这是因为就像美式足球一样你不前进就会失败，一旦掉以轻心，球很快就会回到自己的半场。换句话说，就会输掉比赛。

---

① John Mueller (2009), "War Has Almost Ceased to Exist: An Assessment," *Political Science Quarterly*, 124, pp. 297～321; Joshua S. Goldstein (2011), *Winning the War on War: The Decline of Armed Conflict Worldwide*, Dutton/Penguin.

问：您曾警告过美国的"军事凯恩斯主义"（Military Keynes-ianism）。军事凯恩斯主义的含义是什么？这就是说，您还认为，美国至今还固守着国家主导的军事膨胀战略？您还担忧中国的崛起吗？您在论文中主张，一方面强调进一步弱化主权国家的力量，加入"费城体制"（Philadelphia system）是不可避免的，另一方面仍然强调要着眼于国家这一行为主体。两者之间互不矛盾吗？

猪口：这种解析是不正确的。美国的情况与中国不同。因为中国使用已有的技术制造武器，大大减少了研发费用，而美国使用的是最尖端的武器，需要大量的研发费用和时间。武器的开发永远没有止境，如果不从制定预算开始着手，便会一事无成。例如，制造F－35战斗机的费用便达到100亿日元（相当于人民币6亿元）。这种负担是非常沉重的。虽然没有战争，但是军备竞赛却仍然十分激烈。

美国的武器开发费用占世界的80%～85%。奥巴马总统正在大幅缩减今后十年的国防预算，这对武器的研发会产生多大影响，值得进一步关注。这是因为从武器开发经费的累计支出就能看出美国会逐渐降低其绝对优势。军事凯恩斯主义指的是，即使在不使用大部分的武器的情况下，如果掉以轻心，就会落后，所以在这种认识下政府依然热衷于军费开支。它们认为，只有这样做，才能够同时得到经济发展和技术革新两种实惠。

问："美利坚治下的和平"（Pax Americana）秩序或者结构已经消失了吗？

猪口：从经济方面来看，也许可以认为"美利坚治下的和平"秩序已经消失。但是很多国家公认的国际规范及规则仍然健在，而且今后还会持续。

问：中国的情况是怎样的呢？您认为中国能够取代美国吗？

猪口：中国目前还没拥有很多先进技术。虽然中国已经发射了人造卫星并研发了隐形飞机等，但从军事方面来看中国的力量依然比较落后。美国的绝对优势在今后的十年内将会持续。现阶段中国正处于邓小平推行的一系列路线发生变化的时期，尤其是2012 年中国共产党的十八大以来，各项政策都逐渐明朗起来。换句话说，能够在多大程度上有效改革"掠夺型政治经济制度"，也会有眉目①。

问：您认为并不担忧中国的崛起吗？

猪口：其实不然，我非常担心。前面提到过的"美式足球"战略的重要之处便在这里。从这种意义上来讲日本自卫队也应该得到加强。这是因为如果落后一天，秩序就会多一分崩溃的可能性。因而，军备和军演都不能怠慢。即使不发生战争，也并不一定能过安稳的日子。目前，军备、军演、战略竞争依然十分激烈，另外争夺盟友的竞争也异常激烈。"中国威胁论"（China Treat）不仅使我们感到中国的威胁，最终使我们增强自身的力量。

问："中国威胁论"是不是由美国和日本的极端保守主义者（ultra conservatives）人为制造的呢？您作为自由主义者怎么看待"中国威胁论"？

猪口：如果要实现自由主义的理想，就要加强自身力量。有一句俗话，"男人只靠慈祥是靠不住的，还需要强壮自身身体"。这便是自由主义的关键。"战略性互惠"是 2008 年中日两国政府在相互没有暴露威胁的状态下确定的基本方针。除了国家主权和历史问题之外，在过去的四十年里中日两国在很多问题上达成了一致。前不久莱纳斯（Linus Hagstr·m）发表于《东亚学报》的论文明确论述了这一点②。

问：我们重新回到自由主义的理想问题上。如果你认为中国是一种威胁，那么中国当然会成为一种威胁。与此相反，如果你

---

① Daron Acemoglu and James Robinson（2012），*Why Nations Fail: The Origins of Power, Prosperity, and Poverty*，Crown Business.

② Björn Jerdén and Linus Hagström（2012），"Rethinking Japan's China Policy: Japan as an Accommodator in the Rise of China, 1978 - 2011"，*Journal of East Asian Studies*，12（2），pp. 215 - 250.

认为中国是朋友，那么中国就会成为朋友。这是一种自由主义的思考方式。那么您的主张与自由主义的思考方式是不是有矛盾？

猪口：我的行动就是我的言论的依据。2010 年 11 月 2 日，中日友好委员会所属的 10 名中国代表和 10 名日本代表访问了新潟县立大学，当时我用中文发表了开幕词①。当时围绕钓鱼岛的中国渔船事件尚未解决，两国之间依然存在着紧张氛围，一些委员会代表人员的表情也很僵硬。在那种情况下，我提出中日两国可以有纠纷，但是不可以有战争。另外，邓小平先生曾指出"如果中美之间发生战争就会带来整个世界的灾难，中日战争也会导致半个世界的灾难"，这句话在目前的状况下是十分贴切的，绝对不容许出现任何失误。委员会代表因为我的发言感到十分愉悦，并邀请了新潟县立大学的 20 名日本学生访问，后来，实际上他们也这样做了。另外一个人，以一首诗歌进行了回复，"新潟的枫叶美丽，黑龙江和信浓川的江水在东海会合，让我们一起友好合作"。这就是我的实际行动。只要我们采取肯定的友好态度，中国人也会这样对待我们。我的论文和研究也即如此。

日本应该走向"世界正常国家"

问：我觉得，日本有点奇怪。日本是世界第三大经济实体，拥有一亿多人口，是政府开发援助大国。即使这样今天日本却似

---

① 全文如下："21 世纪新日中友好委员会的各位来宾，我代表新潟县立大学衷心地欢迎你们！首先，非常感谢 21 世纪新日中友好委员会给了我们这样宝贵的机会，去了解那些肩负着世界未来的学生们的思想。关于日本和中国的关系，中国改革开放的总设计师邓小平先生曾经说过这样的话：如果中国和日本经常发生冲突的话，那么天会塌下来一半。我非常同意他的说法。我想，如果美国和中国要是冲突的话，那么整个天都会塌下来了。同样，美国和日本要是冲突也会造成同样的结果。但有些人说，日本和中国冲突不会对世界有多大的影响。我完全不同意这样的说法。因此，日中友好尤为重要！最后，我衷心祝愿 21 世纪新日中友好委员会取得卓越的成果！"

乎迷失了方向，尤其是在国际舞台上日本成了"侏儒"（diplomatic Pigmy）。为什么会这样呢？原因在于日本国民的精神世界吗？或者是日本外交官员的外交成果是否过少？很多人对这一点感到惊诧。这是因为虽然日本在亚太地区起着重要的作用，但是却看似正在倒退，日本的存在感在降低。

猪口：对此，我也基本认同。尤其是在亚洲，如果日本先采取积极行动将会受益。但是由于我不是在政府里工作，担忧也是无济于事。作为一个学者，我只能采取学术的方式。日本政府为什么只搞一些令人不解的事件呢？首先，日本的社会机制受制于政府作用影响的程度并不是很大。其实，首相的交替也难以改变这种局面。但是在福岛核电站事故，地震、海啸等自然灾害发生时，以社会机制为基础的处理速度还是十分迅速的。相反，由于2005 年卡特里娜飓风而受巨大损失的美国路易斯安那州至今仍然存在当时灾害的残留。美国联邦政府对州政府灾害恢复工作的反应与日本政府对东日本大地震的反应相比明显迟缓。

日本政府在外交领域也感到十分无力。在外交问题上政府的决断比较迟缓，给人一种如同"杂炊"① 般的混杂的政策路线印象。这样，就无法使喜欢简单明了的结果和迅速积极行动的媒体，尤其是国际媒体感到它的存在。

与此同时，当国际秩序陷于混乱而处于不稳定状态时，日本却能比较镇定地拿出处理方案，对世界的稳定做出一定的贡献。在经济方面更是如此。在欧洲的市场需求减少，美国经济停滞难以复苏，中国经济软着陆可能引起严重问题的情况下，日元却像绿洲一样，长期保持了稳定状态。即使世界陷入混乱状态，国内发生了大型灾害，日本人以镇定的态度和踏实的行动进行了应对。即使出现了政府的财政赤字，也坚定不移地走下去。与以明快迅速的解决方式相比，日本人则是听取各种意见而选择渐进的

① 放入蔬菜和鱼贝，用大酱或酱油调味而制成的粥。

方式，所以过低评价日本的作用是不完全正确的。日本的长项是商务，企业在失败和挑战中谋求生存。

由于重视这一点，所以日本政府并不干预。现在正受日元升值和电力不足的困惑，制造业谋求走向国外。但是经济主导是政治稳定的基础。即使企业为了减小负担风险而在外国投资，政府也可以法律手段减少对国内社会造成的损失。因此，空洞化问题可以避免。

问：但是您以前主张日本没有过去的国家目标或良好的体系，这又是为何？

猪口：虽然日本曾经有过政府主导的目标或机制，但现在却不同。这是因为此种管理机构难以发挥正常功能。我认为，民间利益复杂交错，问题应该留给民间来自行解决。从这种角度讲，我认为日本正逐渐变为一个"软性国家"（soft state）。因此，批判政府方针过于频繁更换是没有意义的。因为与一惯性的看法相比，有时候这样反而会更好。

约翰·基恩（John Keane）指出，现在代议制民主主义已经发生动摇，并正在向监督式民主（monitory democracy）转型①。由于社会也具有与政府相当的力量，国家主导将可能妨碍市民社会的作用。因而国家应变得更加软性，并且如果合理地制定法律等重要部分，将会减少企业和公民对政治的不安感，社会也会更加安定。

问：您在2011年6月《学术动向》杂志上发表的论文《冷战后日本外交路线的探索》中，提到了内田树的"日本边境论"、添谷芳秀的"中等国家论"、西部迈的"核武装论"的三个方向。第一个是孤立主义，第二个是"吉田路线"的方式，第三个是主张加强日本国防力量重新崛起的极端保守主义。您的立场似乎在

---

① 监督式民主主义是公共持续监督与控制决策者的民主主义。John Keane（2009），*The Life and Death of Democracy*，Simon and Schuster.

第二个和第三个之间，如何评价？

猪口：我有一个在网上进行的叫作"日本和世界的动向"（Japan and World's Trends）的舆论调查。这个调查的结果表明，执政党和最大反对党同时都支持的"美日同盟、中日协商"路线的支持率在27%以上，"排除欧美而构筑亚洲共同体"的支持率在11%以上，"核武装、中立"的支持率在21%以上。

与此同时，根据日本外交陷入困境的认识，希望日本从中美两国复杂交错的关系中摆脱出来的观念也逐渐被接受。维持现状水平的武装而保持中立、加强常规军备而保持中立以及进行核武装并保持中立等所谓"中立路线"的总支持率高达54%以上，所占的比重最大。这个支持率大大超出了主张"美日同盟、中日协商"的人。虽然对能否维持"中立路线"存在很大的疑虑，但是认为只对美国和中国进行研究十分困难的普遍认识也明显存在。

问：维持现状（status quo）的含义是什么？

猪口：意味着在现在的状态下什么都不做。

问：您的观点是怎样？2009年4月发表于《世界和议会》杂志上的论文中，您曾提出日本需要大战略。通常来讲，大战略并不是日本这样的"中等国家"（middle power）需要的，而是美国等霸权国家（hegemony power）才需要制定的。那么，日本是个大国（great power）？还是"中等国家"？

猪口：我认为，日本是一个大国。

问：那么认为添谷芳秀教授的"中等国家论"是错误的？

猪口：添谷芳秀的"中等国家论"过低地评价了日本。日本的GDP居世界第三位，这就要求日本应尽世界规模（global responsibility）的责任。我认为，首先从概念上看，日本在国际上像新西兰或韩国等中等国家那样采取行动是行不通的。我虽然知道"维持现状论"或"中等国家论"受到很高的评价，但是对于具有世界性责任和能力的国家来说并不合适。自卫队本身也是很有实力的。这种观点很容易变成"搭便车论"和"责任回避论"。

问：您提出的日本的大战略的核心就是"世界正常国家"（global ordinary power），这句话是否矛盾？"正常国家"的含义是什么呢？

猪口：就是增强防卫能力（defense building），但并不意味着核武装。

问：那么能否认为相似于小泽一郎提出的"正常国家论"？

猪口：没有必要这样认为，"解释护宪"① 就可以充分说明。宪法明确指出日本要与世界人类一同谋求和平。这并不是说不坚持就不行，而是说要向着那个方向前进。从国家主权的角度上讲，如果面临国家存亡危机，那么自然而然要动用这种权力。即以常规武器为基础，并构筑坚实的网络战略。过去70年，一次也没有使用过核武器。我想核武器将来可能也不会使用。

问：您的大战略中，第一个是以加强美日同盟为基础的自卫能力，第二个是"世界正常国家"，第三个是开发全球性人才，第四个是双边主义和多边主义的协调和"攻击性法律主义"，第五个是技术和组织上的创新，最后是"无核化"。您现在还维持这些观点吗？

猪口：是的。

问："世界正常国家"指的是什么？是否指为世界性公共品（global common goods）而向世界辐射自己国力的国家？

猪口：是的。

问：这是以哪种方式来实现？是否需要修改宪法第九条才能实现？

猪口：修改宪法是很难的，而且没有实现的可能性。我使用"正常"这一用语的原因是由于日本在进行国际活动时受制于多种因素。前面提到过我们可以改变对宪法的解释。核武器有百弊

① "解释护宪"是指不修改宪法，在解释与宪法有关的问题上尽量避免与宪法产生矛盾的方式。与此对立的是力图修改宪法的"解释改宪"。

无一利，最好不拥有。但是日本也需要向世界派遣诸如医疗及非战斗性部队，如负责道路、运输、通信的工程兵部队等。"联合国维和活动（PKO）5原则"① 也已经跟不上时代的发展。与联合国的活动相比，我们更有必要制定日本维和活动的原则。如果其他国家的公民处于危险状况，我们也应给予援助。人类安全才是世界的趋势。虽然世界正向没有战争的方向迈进，但是国际上的维和活动（PKO）却异常活跃。日本也有必要更频繁地派遣自卫队。目前，中国是世界上派遣PKO最多的国家。在PKO和ODA上，日本有必要多与中国合作推行，那么其效果则更好。

问："攻击性法律主义"是什么？

猪口："攻击性法律主义"指的是更加健全的法律，而且更灵活地使用英语。如果不这样，就会受制于美国。就是说在企业之间因贸易、投资或地区财产权等问题，不可避免产生纠纷，那时很容易受制于美国的约束。另外，日本应该更积极地参与制定世界的规则或规范。美国在这一方面确实有强大的实力。目前正在进行中的TPP（跨太平洋伙伴关系协定）也是如此，如果没有准备好就加入容易遭到损失。TPP协商时，企业的律师全面出动，而且美国的律师也非常优秀，但日本律师的水平则不然。从这一点上来考虑，我们需要培养具有制定规则和规范能力的人才。在这一点上，外务省或经济产业省的官员也是如此。最近，美国在专利方面上将维持至今的"先发明主义"改为"先申请主义"。这是日本一直所主张的，这也许是"攻击性法律主义"产生出效果的结果。

---

① PKO合作法（1992）确定的自卫队活动条件为：（1）当事人之间的停战协议；（2）当事人同意日本的参与；（3）遵守PKO中立立场；（4）在不遵守（1）~（3）原则时中断行动，撤退部队和人员；（5）为了保护人员生命安全最小限度地使用武器（灭火器）。

日本应成为"亚洲的英国"

问：拜读您的著述或论文时时常觉得矛盾。您是"全球治理"的强烈支持者，而同时非常强调美日同盟。既主张维持现状，同时又展示了全球治理的宏图。为什么会出现这种现象？

猪口：理想总是很遥远。我与您不同，没有在政府工作过，所以想法也会有所不同。也许会有"理论大、行动小"之感。对我来说，提出明确的理论是最重要的，至于对理论的实现并不感兴趣。那是政府的责任。

全球治理在国际规范、规则的形成及遵守问题上起着主要作用，绝对有必要将其充分扩展到发展中国家去。如果主张新的规范、规则，那么理应具备负责任的独立主体意识。从最近的 G20 峰会来看并没有确切的对策。即使耗费时间长也要努力做好。

与此同时，在经济领域里美国的强大存在感虽然正在减弱，在规范、规则的扩张上美国仍然具有世界最强大的力量。美国在军事领域也占有绝对优势。作为美国的同盟国，日本的角色当中极其重要的一个便是协助美国支撑国际规范、规则。因此，对美国力量进行过低评价是行不通的。即使美国在经济和军事上的力量逐渐减弱，作为国际规范、规则宗主国的地位还是应该维持的。因而，现在作为并不希望美国在军事上、经济上急速衰退的日本来讲，维持美日同盟是理所当然的。

问：您是持"自由制度主义"（liberal institutionalism）观点的，也是约翰·伊肯伯里（John Ikenberry）教授的支持者。美国这个霸权国家不仅具有世界性联盟网络，而且对世界自由主义秩序的诞生和维持都起到了重要作用。在这一点上，您同意他的观点吗？

猪口：是的。

问：但是伊肯伯里教授的观点也存在着矛盾。您在谈安全结构（security architecture）的时候提出了同盟以外的方案。同盟虽然是现实主义的方案，但是还存在着支撑自由主义典范的集体安全体制（collective security system）。《联合国宪章》中明确表明了这一点。虽然它与同盟等集体防御体制（collective defense system）无法共存，但是您似乎同时拥护这两种方案，您如何评价？

猪口：我强调美日同盟，是因为美日同盟到 2011 年东日本大地震之前基本上处于空洞化状态。美国几乎不关心日本的领土防卫问题。美国因中国、朝鲜、俄罗斯、阿富汗等问题十分繁忙。但对此我们并不必持否定的态度。这次大地震让日本人了解到美国为什么需要同盟。同盟是在必要时和心灵相通时发挥作用的。

另一个例子是中国的渔船问题。随着中国渔船的增加，印度尼西亚海军担心情况变复杂而撤退。与此相比，日本的情况则完全不同。如果对方采取肯定态度，我们也同样能够采取，相反则会产生摩擦，那么我们将以坚定的态度来应对。如果不这样，就容易被轻视。从日本的《读卖新闻》和中国的新华社共同进行的舆论调查来看，中国人对日本人的信赖程度虽然在 2010 年大幅下降，但 2011 年信赖程度重新快速上升到 50%。这一结果表明，只有正确面对威胁，才能够得到对方的信赖。

问：据说，您以前是"成吉思汗模式"的拥护者，现在您又提出了"美式足球模式"，与以前相比，您的模式是否出现新的变化？

猪口：其实不然。只是强调根据情况的变化而采取不同方式的应对而已。蒙古帝国的壮大是建立在以骑马军团战术为基础的高水平机动力、自由贸易和旅游、信仰自由以及平等主义和民族融合的基础之上的。加州大学洛杉矶分校（UCLA）的社会学者迈克尔·曼（Michael Mann）也曾指出只有具备军事实力、经济力、组织力、文化意识形态才能形成帝国。但是形成帝国之后，便只能采取美式足球的方式。从中长期的角度看，这两者是互补的。

问：事实上，最近为了不被对方小看，而且使对方不敢随便采取行动，认真进行训练和准备的美式足球模式或许是十分合适的。

猪口：至少在构筑防卫问题上是如此。

问：如果中国不采取攻击性姿态，那么日本为什么要准备防御？

猪口：从日本人的角度上来看，只能进行防御。

问：中国除了维护本国的排他性经济水域（EEZ）之外，对钓鱼岛问题是否采取新的公开行动？

猪口：在领土主权问题上，大部分的国家都会变得有些"盲目"。中国和日本也是同样的。

问：在您撰写的另外一部著述中曾提出过关于日本对外政策的三种模式①：一，像法国一样采取民族主义的姿态。二，像德国一样重点采取主导地区合作主义。三，提出了英国模式，即与美国保持密切的同盟关系。您指出日本应该采取第三种模式成为"亚洲的英国"。您的这种观点现在依然有效吗？

猪口：美日同盟已经是相当"空洞化"的。2011年东日本大地震时虽然以驻日美军的"朋友作战"（Operation Tomodachi）为名的救助、修复作战多少得以强化，但是不知道能维持多久。目前，美国耗费了大量的军备预算，因此导致国家财政的疲惫。如果中国也过分热衷于武器开发，那么也可能产生同样的后果。如果稍有不慎很可能会导致像为了对抗里根总统的 SDI（宇宙防御

① Takashi Inoguchi and Paul Bacon (2008), "Rethinking Japan as an Ordinary Country," in G. John Ikenberry and Chung - in Moon, (ed.), *The United States and Northeast Asia: Debates, Issues, and New Order.* New York: Rowman & Littlefield Publishers, Inc.

主导权）而投入巨大预算而陷入困境，最终导致像苏联崩溃时戈尔巴乔夫一样的处境。英国与美国之间的"特殊关系"的时代已经过去了，而英国似乎没有与欧洲大陆在货币或安全等领域形成紧密的关系。这也是英国的问题。

与此同时，"美日同盟是世界上最重要的双边关系"的主张也已经成为过去。虽然日本与亚洲的多个国家在经济和技术上形成紧密的纽带关系，但是在政治和外交方面却不是如此。从这个角度上来说日本和英国是很相似的。另外，如果与德国相比，德国并没有美国的军事基地，而且并没有通过对欧盟成员国货币的控制拥有能够左右国家存亡的决定性手段。这就是说德国与日本是完全不同的。另外，法国与美国的关系一般，对德国也没有采取强硬的态度。法国反而正在加强与发展中国家之间的关系。但日本很难像法国那样采取行动。

问：面临美日同盟的"空洞化"问题，是否更加需要通过"日美防卫合作指针"等对制度加以改善和修补？

猪口：我所指的是美日同盟力量本身的弱化，难以预测将来的前景。但是废除同盟关系是没有任何好处的。因此，维持美日安全合作的同时，在同盟关系弱化的情况下需要增强日本自身的实力。英国已经与美国的关系逐渐疏远，现在似乎不存在所谓同盟关系。英国已经成为欧洲的"孤独国家"。另外，东亚共同体具有巨大的经济活力，但是将其制度化是需要大量时间的，而且事实上是难以成为现实性选择。

东亚共同体很难成为现实的政策方案

问：您发表于 2007 年 1 月 10 日的《每日新闻》的文章中很风趣地预测了日本外交，主张日本应"既要脱亚，又要入亚"。这两者似乎形成矛盾，其含义是什么？

　　猪口：事实上日本正在"入亚"。日本的大企业目前大部分在中国、越南、印度尼西亚、印度、马来西亚、泰国等亚洲国家投资建厂。但现今美国和欧洲几乎濒临国家破产。美国没有破产的原因是韩国、中国、日本等国大量购买美国国债（treasury bond）。同时，因为美国是国际货币国家而受到帮助。因此，美国存在随心所欲的部分，今后可能会持续 50 年，但是很难继续维持这种力量。由于美国的力量逐步衰弱，日本应与中国或其他亚洲国家保持更友好的关系。从我的经验上来看是这样的。政府是否采取是另一个问题，我只是提出我个人的观点。只从政府方面来看，无法看出实际性动态。企业和民间的思考方式则完全是"入亚"。

　　问：请您具体谈一下如何"入亚"？您一方面指出"全球治理"，另一方面指出与美国保持坚固纽带关系。但并没有看出东亚共同体等地区合作构想。从这些观点来看，只能看出"世界人"（global man）或"美国人"（American man），而看不到"亚洲人"（Asian man）。

　　猪口：首先，我认为简单地考虑亚洲地区合作构想是行不通的。但进入 21 世纪，我们对整个亚洲进行了以"生活质量"为中心的"亚洲指标统计"为名的舆论调查。这是世界上最早的，至今也没有与此类似的调查。调查对象一共为 15549 人，不仅包括了东亚和东南亚，还涉及南亚和中亚地区国家，除了朝鲜和东帝汶以外。在南亚和中亚的大部分国家已根据"亚洲指标"在全国范围内实施了抽样舆论调查，这也是最早的学术舆论调查。在东亚和东南亚的情况也基本与此相似。通过大型舆论调查了解亚洲的老百姓、普通的亚洲大众和原始居民（Bumiputera）① 等多种情况，并且将此以英文学术论文的形态来刊行的主体也是亚洲人。这是至今世界上前所未有的大规模舆论

---

　　① 含有"土地的儿子"的含义，指的是以前在马来半岛生活的土著民。马来公民包括马来人和土著民。

调查。亚洲 29 个国家中非民主主义国家占 80%。这样就可以了解到亚洲人的一般心态、其他亚洲人的生活、认识和感情等，终究会对加强亚洲地区合作起到积极的推动作用。这也是我的一个愿望。

我非常希望您能够研究一下《亚洲的生活质量》(*The Quality of Life in Asia*) 中对亚洲的生活质量和社会类型的分析。我十分强调亚洲人的认同意识。在日本，除日语或欧洲语言之外，同时还努力学习韩语、汉语、印度尼西亚语的学者有多少呢？可能只有我一个。

问："大正民主"(Taisho Democracy)① 时期开始提及东亚秩序，之后又出现了"大东亚共荣圈"。福田赳夫和大平正芳以及中曾根康弘也曾经提出过东亚共同体的方案。您能具体地谈一谈正在逐渐进化的东亚共同体的性质吗？您又为什么反对东亚共同体？

猪口：我曾在英文杂志《日本政治学报》(*Japanese Journal of Political Science*) 上就 2011 年 "日本对亚洲地区主义的看法"(Japanese Ideas of Asian Regionalism) 为主题发表了专题论文。我在论文中提出日本内部机制本身决定了日本不会朝着东亚共同体的方向迈进。"碎片化" 的政府和各省厅对东亚地区主义的看法完全不同。因此东亚共同体很难通过日本的主导权而诞生。前首相鸠山由纪夫提出东亚共同体的口号是可能的。

问：那么您是否因现实问题而反对东亚共同体构想？

猪口：东亚共同体是从非政府 (non‐government) 行为者开始出发，而且事实上已经成为既成事实。企业和非政府组织 (NGO) 正在亚洲各国活跃地开展活动。

问：这与彼特·卡赞斯坦 (Peter Katzenstein) 康奈尔大学教授或白石隆京都大学教授所提出的 "非公式网络" 有无相似

---

① 日俄战争结束，1905 年护宪三派内阁（立宪政友会、宪政会、革新俱乐部）开始改革，直到 1925 年，这二十几年是以日本政治为主的社会，这是文化等各个方面都充满自由民主主义气氛的时期。

之处？

猪口：没有。与"非公式网络"① 相比更有实质性。他们所提出的是学术上的非公式网络，而我所说的是扎根于各国实际的商务和个人之间的纽带，这与地区机制很接近。

问：但是您是否相信东亚共同体有实现的可能性？

猪口：东亚共同体早晚是会实现的，只是时间的问题。

问：那么为什么在您的论述中并没有重视这一现象？

猪口：如果我提及这一问题，将会容易与其他的多种版本混淆，人们也不会仔细阅读。

问：您认为在如同相互竞争那样而提出的各种"东亚共同体构想"中哪一种最好？

猪口：哪一种都不是很理想。

问：原因是什么？您认为鸠山由纪夫的提案是否具有实施的可能性？

猪口：很难。实现可能性的判断取决于听者，即一般民众。在日本，无论美日同盟如何空洞化，继续维持的氛围仍很强。如果不那么强烈主张，就不会有任何进展。

问：在这一点上我对日本产生一个疑问。日本虽然提倡东亚共同体，而实际行动上却最为消极（passive）。我认为在这个问题上有两个原因：一是日本的外交政策是以美国的外交政策为基础的；二是日本民族主义势力的抬头。民族主义与地区主义的构想是势不两立的。对外重视美国，内部存在着强烈的民族主义，对这一批判您是如何看待？

猪口：由于日本的外交是建立在对美关系基础之上，所以无法避免地出现了这种说法。美国虽是日本的盟友，但美日安全保障条约第五条并没有明确规定双方的任何义务。其结构基本上是美国提出要求，日本加以考虑后接受就行。虽然在有困难的情况

---

① 请参考本书第六章，即与白石隆的访谈。

下时而会踌躇，但一般不会说"不"（No）。从 1996 年开始到
2011 年为止，美日两国达成普天间基地的协议，在这 15 年当中
日本从没说过"不"。这是美日之间的相互作用。除日本以外，
哪个国家会这样做呢？对此不能进行过低评价。从某个侧面上来
看，可能会存在民族主义，但是并不是那么强烈。

问：其他国家为日本民族主义的复活感到担忧。

猪口：除中国和韩国以外的其他国家似乎并不那么担忧。根
据舆论调查结果，韩国和中国十分明显地对日本民族主义的重新
抬头感到担忧，而事实上民族主义的主张只是在《产经新闻》里
少数人提出来的。

问：您是否认为日本并没有民族主义复活的可能性？

猪口：只在几个问题上可能会存在可能性，但有必要具体
考虑。

问：您是否认为他们不会形成有力的政治势力？

猪口：是的。日本政府一直在努力抑制民族主义的复活。

日本的未来

问：最后我们谈一下根本问题。您是否认为日本的国内政治
使其外交政策变得无力？

猪口：偶尔会有这种想法。但支持者是最重要的。日本外交
的基础在没有支持者的情况下是很容易弱化的。

问：从这个侧面上看，日本和美国是否相同？我们着眼于反
对奥巴马政府路线的美国保守势力"茶党运动"（Tea Party Move-
ment），他们不正在试图把美国变成一个狭隘而排他的国家吗？

猪口：我也担忧这一点。我认为，这次美国大选奥巴马阵营
获胜会更有利于美国政治的健康发展。以前共和党的里根总统的
情况也是如此，不过现在比当时更困难。只要不是"茶党运动"

的活动家，无论是米特·罗姆尼（Mitt Romney）还是约翰·麦凯恩（John McCain）都无所谓。如果"茶党运动"的活动家掌握了美国外交政策的主导权，那么世界将会陷入大混乱。

问：您认为日本的将来是光明的吗？

猪口：当然认为光明。世界有两种趋势。一种是战争正在逐渐消失。现在战争已经不再是国家间竞争的主要手段，武力使用也正在减少。经过二战、冷战，20世纪90年代以后，战争正在持续减少。进入21世纪以后虽然发生了阿富汗战争和伊拉克战争，但是年平均战争死亡人数为55000人。这与二战期间年均死亡人数550万人相比已经是个很小的数字。

另一种是日本周边各国和美国、欧洲等地的人口正在减少。一旦人口减少，老龄人口的比重就会上升。事实上，即使发生战争也不用参战，老龄人群有相对好战倾向。但是现在普遍认为纳税人的减少是不行的。15～65岁的人口是生产人口，这一人群相对减少，而65岁以上的人口占总人口的1/3。韩国的情况也是如此。在这种情况下没有人会欢迎牺牲年轻人的战争。我们曾在"亚洲指标"中提出了"在决定政府预算时应该重视什么"。调查结果显示，最重要的不是修建道路或增强军备而是养老金（pension）。这在统计上也是一个明确而有意义的数字。亚洲29个国家全部都是同样的。日本的企业分布于全世界，由此来看21世纪的环境对日本来说是十分有利的。这并不是说它一定要成为世界上最强大的国家或外交上的强国。

问：我们来看一下日本取得的成果。现在"G2"已经不是"美国和日本"而是"美国和中国"。七国集团峰会已经完全无力。日本只是G20中的一个，在六方会谈中也几乎没起到作用。在重要的国际舞台上，日本起到的作用看似很轻微，您怎么看待这些问题？

猪口：我认为日本应该更加积极地参与。前面提到过的"攻击性法律主义"就是如此。但其结果如何，七国集团成员国中的美国不景气，欧洲经济衰退，但日本仍然维持稳定的日元汇率。六方会谈也由于朝鲜巧妙的外交，日本协助了美国却遭到了"愚弄"。日本虽然没有发挥任何影响力，但是由于没有期待，所以也没有太大的失望。我认为，外交的存在感和成果或许只是在心理上的。

问：在与白石隆教授的交谈中，您曾提出过为了多边安全对话需要"亚洲 G7"① 的观点。但是却没有看到日本提出过任何新的构想，尽管鸠山由纪夫的东亚共同体构想多少引起了人们的关注，此外没有任何其他外交倡议，其原因是什么？

猪口：日本政府缺乏外交主动性也是事实。问题在于缺乏国内政治的稳定。如果要在外交上采取果断的主动措施，则需要国内政治的坚固基础。在国际上从对方政府的立场上看，即使跟软弱的日本政府真诚相待，也被判断为很难期待有效的成果。即使欲采取主动也往往从一开始就感到筋疲力尽。例如，日本虽希望加入 TPP 谈判，但是由于反对派的反对没能迅速采取行动，因此，能否按照协议日程进行应对还是个疑问。日本政府欲向俄罗斯政府提出领土问题，而俄罗斯看穿了日本的弱点，从而无视领土问题，议论只局限于能源和投资问题。

问：从日本的经济和人口来考虑，日本是没有理由如此被动的。与其说日本是一个创造性、建设性的国家，不如说它是一个"拒绝的国家"（rejectionist power）。在任何问题上都似乎陷入无为的惰性状态。您如何看待？

猪口：这不是"无为"，而是"犹豫"。日本会因如何解决才好，这么做会有谁反对而苦恼犹豫。从积极方面来说，这种踌躇结果为达成协议争取了充分的时间，事情也出乎意料地得到良好的解决。我认为，日本的这种协商方式和形态虽然不可取，但是

---

① "亚洲 G7"指的是参加 G20 的韩国、日本、中国、印度、印度尼西亚、澳大利亚和美国这七个国家共同商讨和构想亚洲的安全和经济问题。猪口孝、白石隆：《国际社会中的日本的作用》，《潮》2009 年 3 月。

也不完全是负面的。日元持续保持高汇率也是日本避免战争、企业向国外扩张时减少风险的结果之一。

问：问题是否起因于国内政治？

猪口：虽然如此，但是日本并不像韩国那样重视政治。2006年小泉首相访美时受邀在美国议会演讲。但是小泉并没有进行演讲，而与布什总统一同访问了埃尔维斯·普莱斯利（猫王）故居——孟菲斯。而且，他还亲自演唱了猫王的歌曲。他很了解虽然政府事务和演讲也很重要，但最重要的是"人"这一点。如前面所提过的，"监督式民主主义"正在扩散。虽然需要很多条件，但这些条件的实现也并不容易。因此，与联邦议会的演讲相比，小泉做出了演唱猫王的歌曲会更有力的判断。虽然这个判断有可能带来失败的结果，但是小泉成功了。

问：后来日本一年更替一次首相，这又是如何？

猪口：所有的人都在谈论这个问题，但是没有人因为比利时至今也几乎没有任期超过一年的首相而感到奇怪。

问：比利时是一个小国，日本难道不是一个全球大国吗？

猪口：比利时虽小但经济实力雄厚。日本也是同样。韩国外国语大学提供76种以上的外语教育，这使我感到很惊讶。与此相比，日本的东京外国语大学只提供27种外语教育。这是因为，日本认为没有必要学习尼日利亚、尼泊尔、亚美尼亚、土库曼斯坦、特立尼达和多巴哥等国的语言。利用有限的资源进行有效的判断才是重要的。

问：非常感谢您接受访谈，这是十分有意义的访谈。

那么为什么产生东亚地区一体化的认同意识？对这一点，我暂定的回答是，因为世界上没有哪个地区比这地区经历过更加长期的战争……"对和解的热切渴望"就是该地区的认同意识。

第十二章

东亚的区域主义和"东北亚共同之家"

和田春树

和田春树（Wada Haruki）

1938 年出生于大阪，毕业于东京大学，后在母校任教，任东京大学社会科学研究所的所长，1998 年退休后任该校名誉教授。之后，在东北大学东北亚研究中心担任客座教授，目前是研究中心特殊研究员。

主要著作有：《面对韩国民众的事》（1981 年），《致南北的朋友：朝鲜半岛的现状和日本的挑战》（1987 年），《思考北方领土问题》（1990 年），《作为历史的社会主义》（1995 年），《金日成和满洲反日战争》（1992 年），《韩国战争》（1995 年），《朝鲜：游击队国家的现状（1998 年），《是否希望发生朝鲜非常状态：重新审视间谍船、绑架诱惑、相关立法》（2002 年），《东北亚共同之家：新区域主义宣言》（2003 年），《同时代批评：日朝关系与绑架问题》（2005 年），《某种战后精神的形成：1938 年~1965 年》（2006 年），《日本和朝鲜的百年史》（2010 年），《日俄战争：起源和开战》（上册，2009 年，下册，2010 年），《朝鲜现代史》（2012 年），等等。

引　言

　　和田春树教授原本是个历史学家，但是通过民权运动、新闻投稿以及韩国的人际网络，成了在韩国最知名的日本进步知识分子之一。在和平论坛主办的日朝国交正常化联络会担任顾问，过去在韩国的民主运动，尤其是在 1980 年前总统金大中在军事法庭被宣判死刑之后，积极参加了救援运动，并在韩国和日本引起了广泛关注。之后还为改善在日韩国人、朝鲜人的社会地位、实现战后补偿积极发言及活动。20 世纪 90 年代中期，村山富市内阁在位期间，为解决韩国人从军慰安妇问题，参与了专为女性而设的亚洲和平国民基金，即所谓的"亚洲妇女基金"活动。因此，他被称为最有良心的日本知识分子。

　　2011 年 10 月 21 日，笔者在东京神保町的一所学士会馆对和田教授进行了专访，且在 2012 年夏天，以书面形式完成了其他的问题和答复。在接受记者采访时，为了解他的世界观和历史观是怎样升华为研究的，第一个问题便是关于和田的历程。当你仔细想想他的"研究"旅程紧紧连接在俄罗斯—朝鲜—韩国的时候，可能很快就会知道这就是他对日本近代史的彻底反思的旅程。

　　冷战结束之后，特别是进入 21 世纪以来，日本的政界、学界、舆论界纷纷提出了诸多区域主义构想。鸠山内阁构想过东亚共同体，且在他之前的小泉内阁也有过类似的举措。同样在韩国，金大中政府也有过东亚共同体构想，且卢武铉政府也提出过东北亚时代构想。从概念上讲，这是位于民族主义和全球主义之间的一种地区主义构想。

　　众所周知，东亚地区主义运动以 20 世纪 90 年代初期的冷战解体和经济增长为背景，受到了世间的关注。90 年代末东亚金融危机后，东亚地区渐渐建立了"ASEAN + 3"（中日韩）峰会等少有的制度。尽管如此，区域主义在东亚仍然没有逃脱起步阶段。其根本原因是什么？是历史的遗留，还是安保环境的不稳定，或者是本地区所有人的自国利益至上主义？我们想通过采访和田教授来找到里面的答案。

讨论的基础是已经翻译成韩文的著作——《东北亚共同之家》。我们提出了在过去实施亚洲最初区域主义政策——大东亚共荣圈的日本，在战败后放弃区域主义的原因是什么，战后日本的外交政策里存在着什么样的区域主义因素，偏偏主张韩国要成为东亚区域主义中心的理由是什么，等等类似的问题。

当我们提到最后一个问题——要创造共同的家园是不是需要一个共同的整体的时候，和田教授讲了一个意味深长的故事。那就是，在过去东亚经历了80年的战争（日本引发的50年，之后韩国战争、越南战争等30年），由于长期的侵略及多民族殖民统治，当地人民的精神创伤仍然根深蒂固。因此，以此为背景"渴望和解"才是共同的整体性。总之，包括日本在内的所有国家应该以真诚的态度尽快积极地解决这个问题。

从俄罗斯的历史研究到朝鲜研究

问：和田教授以研究苏联开始了您的学术活动。然而在韩国，则因为《朝鲜：游击队国家的现状》这部著作，作为朝鲜问题专家广为人知。从苏联研究转移到朝鲜研究的动机是什么？

和田：我从高中开始就对韩国产生了兴趣。入学之后，通过阅读竹内好著的《现代中国论》了解到日本和亚洲，以及战争当时的中日关系。1953年10月，在韩日会谈中发生了"久保田妄言"① 事件。对此我对日本政府以及在野党、媒体呈现出的态度产生了疑问。从那时起，我对朝鲜半岛产生了浓厚的兴趣。

我觉得日本政府对"久保田妄言"的态度是错误的，就像韩国代表所讲的"日本政府的代表对殖民统治持有什么样的态度就是韩日关系的基础及根本所在"，我就觉得非常正确。而且我觉得不仅仅是韩国，整个朝鲜半岛都希望日本改变对殖民统治的态度，所以这个问题不容忽视。朝鲜半岛问题发生的时候恰好是我开始认知社会问题的时期，因此通过此事回顾了日本社会和自己的关系。

问：但是作为一名俄罗斯研究学者，突然把研究方向转变到朝鲜半岛应该不是一件容易的事情，具体是什么样的动机？

和田：我早在高中时期就学习了俄语，并对俄罗斯很感兴趣，所以决定当一名俄罗斯历史研究学者。如果那时候有学习韩语或汉语的机会，也可能选择研究亚洲历史，但没有机会。我从 1960 年大学毕业起就研究苏联及俄罗斯历史，已经有 20 年了。但是自从 1973 年发生了"金大中绑架事件"，我开始重新思考韩日关系，作为一名市民运动家积极参与了支援韩国民主化的运动。之前也参加过反对越南战争的运动。一方面参加了关于韩国的市民运动，另一方面继续研究俄罗斯历史。但是参加市民运动的我不得不研究韩国。即使不是专家，也不是工作，即使算个门外汉，也没有关系，我觉得很有必要做真正的研究。

问：研究朝鲜半岛时，先生在对朝鲜的研究方面取得了良好业绩，其背景是什么？

和田：我以韩日关系为中心做了研究，而刻意避免朝鲜。但

---

① 1953 年 10 月，在第三次国交正常化会谈当中，日本代表久保田贯一郎发言道："日本曾经对朝鲜的统治有利于韩国国民。"对于韩方主张的请求权问题，日方同样主张也拥有对韩方的请求权的时候做出了上述发言，因为此事，会谈被中断了 5 年。

是，进入 20 世纪 80 年代以后，在不太了解朝鲜形势的情况下，也不可能正确地理解韩日关系，而且感到大众对朝鲜一无所知。之前我想因为我是一名专门研究俄罗斯的历史学家，要是深入研究朝鲜半岛就会有助于朝鲜的研究。你知道，朝鲜是苏联军占领下成立的国家，因此，利用俄语所著的资料也是一大优势。因此我认为要是研究朝鲜半岛的问题，研究朝鲜就比研究韩国更为得力。这是一个非常合理的想法。20 世纪 80 年代初撰写了题目为《苏联的朝鲜政策》的论文，那就是开端。

从一开始没有打算深入研究，但是写了那篇论文之后，阅读了在美国出版的布鲁斯·卡明斯（Bruce Cumings）的名著《朝鲜战争的起源》。通过阅读那本书了解到，美国存在韩国战争当时俘获的文件（Capture of North Korean Materials）。我对一直没有阅读此类资料，仅仅用苏联资料来发表论文的自己感到惭愧。因此为了寻找此类资料，我第一次前往美国收集资料，后来渐渐地沉迷于朝鲜的研究。20 世纪 80 年代中期，当我写了一篇关于金日成和满洲抗日武装斗争的论文时，就把朝鲜的历史叙述定为"神话"的形成。为了证明那些可是专门研究人员编出来的，我便决定将研究现代朝鲜半岛作为我专业领域的一部分。可以说，把朝鲜研究和俄罗斯现代历史一同规定为我的专业领域。

问：您是说从苏联的研究转移到对朝鲜的研究，而关于韩国问题是从社会运动的层面入手的，这非常有趣。众所周知，进入 20 世纪 90 年代之后，东北亚区域主义的关注点急剧增加。在著作《东北亚共同之家》序言中，先生曾强调了两点。一个是国家对历史的坚定的承诺意识，另一个是区域主义，而以这两点为前提宣告了新的区域主义。那么围绕着区域主义研究的原因是什么？

和田：回顾战后日本走过来的路，与美国的关系占了压倒性的比例。由于战败于美国，美国全面占领了日本，且进行了民主化和非军事化。这是一个非常值得庆幸的变化。从这种意义上讲，我非常感谢美国。但是日本也表现出一切遵从美国的姿态。美国的日本历史学家约翰·道（John Dower）在自己的著作《拥抱战败》[1] 中指出，与其说美国拥抱了日本，不如说日本自己选择投奔美国。

战前，日本试图同其邻国创造新的世界，但这是一个借口。其实，日本想试图支配这些国家。这就是"大东亚共荣圈"[2] 的终极阶段。随着大东亚战争的败北，其大东亚共荣圈是完全破灭，从那以后，日本完全放弃了自己的区域主义想法，踏上了与美国搞关系的道路。我个人觉得这就是问题所在。

问：是什么样的问题？

和田：当然，日本也知道光靠这些是不够的。之后登场的就是重视与东南亚的关系，何况这也是美国所希望看到的。日本与周边邻国基本毫无联系，从日本的角度来看就是个空洞的局势，因为当时日本与韩国、朝鲜、中国等国家没有建交。就像"远交近攻"这个词一样，与遥远的国家交流，而与邻近的国家存在矛盾，这就是战后日本的现状。毫无疑问这样的局势需要改变。对正常的国家来说，要和周边国家维持良好的关系，并要壮大其伙伴关系，这再正常不过了。当然，日本没有固执坚持这种思路。与遥远的国家保持好关系也是件好事，但是不愿和周边国家好好相处是不正常的。因此，我觉得与周边国家建立一个新的、有人性的伙伴关系，是让日本走向正常国家的一种渠道，也是和平共处所需要的。

问：日本的区域主义似乎有几个不同的侧面。回到福泽谕吉时

---

① 原题是 *Embracing Defeat：Japan in the Wake of World War II*（New York and London：W. W. Norton & Company/The New Press，1999）；日本版是《败北を抱きしめて》（三浦 阿一、高杉忠明 译，岩波书店，2001）；韩国版是《패배를 껴안고》（崔恩锡 译，民音社，2009）。

② 把东南亚和东亚地区从西方帝国主义殖民统治解放出来，构建以日本帝国主义为盟主的共存共荣的构想。1940 年 7 月发表的近卫文麿内阁决定的基本国策要纲以后被用为官方用语。

代，那时候有"脱亚论"和"入亚论"。在 1894～1895 年的清日战争（又称甲午中日战争）和 1904～1905 年的日俄战争胜利之后，虽然扩大了殖民地，但在大正民主主义时期兴起了自由主义和民主主义，欧洲区域主义观念传播到了日本。而到 1930 年，随着大东亚共荣圈的发展又出现了具有排斥性和攻击性的区域主义。知道为什么偏偏在 1930 年发生了这样的变化吗？根据日本的解释是因为"黄祸论"（Yellow Peril）①，可是按照外部的说法，是以"二·二六"事件②为背景的国内政治目的造成了人为的外部威胁。那么该如何评价攻击性区域主义产生的"内因论"和"外因论"呢？

和田：明治维新之后日本谋求富国强兵。当时的日本把世界理解为弱肉强食秩序下的帝国主义世界，因此模仿了俄罗斯彼得大帝③的以富国强兵来谋求领土扩张的方式。彼得大帝以强有力的君主权力促进近代化，铸造了富裕的国家及强大的军队，并以此为基础谋求对外扩张。日本从一开始就有过这样的想法。

问：富国强兵模仿彼得大帝吗？

和田：是的。从幕府末期开始，筹划明治维新的所有人都读过荷兰的书籍，因此对彼得大帝的成就有所了解。当时想模仿彼得大帝的意志是很强烈的，日本试图从近的地方开始扩张，这也算是属于区域主义吧。但是它的想法是以自己为中心来扩大支配和侵略范围。随着对冲绳和中国台湾的合并，又觉得朝鲜这片土地非常重要。但又意识到侵略朝鲜这个拥有较长历史

① 19 世纪后期，在欧洲发起的"黄色人种警惕论"，表示未来黄色人种（尤其是亚洲人）的兴起会威胁白色人种。其起源是从蒙古攻击欧洲开始的，19 世纪末，清日战争时期德国威廉二世强调了此理论。

② 1936 年 2 月 26～29 日皇道派系的陆军青年军官发起造反事件。为了天皇亲政试图杀害多数阁僚的行为很快被制服，统治派掌握了军部的主导权成为政治势力从而促进了军部独裁的军国主义化。这件事以后，内阁成了军部的傀儡。

③ 俄罗斯罗曼诺夫王朝的第四代皇帝（1682～1725 年在位），定都圣彼得堡，推行了军事、行政、产业、教育、宗教等方面的一系列的富国强兵政策，使俄罗斯成为近代强国。

联系的国家是很困难的事情，对日本就会构成致命危险的"俄罗斯威胁论"。

问：那么，怎样解释大正时期（1912～1926年）民主主义开始盛行，欧洲的带有和平主义和自由主义色彩的区域主义在日本大受欢迎的原因呢？

和田：在大正时期，随着俄国十月革命（1917年）的爆发，威尔逊（Woodrow Wilson）倡导的像国际联盟的合作性的新型国际思潮进入了日本。但作为一个短暂的现象，进入20世纪30年代，提出对抗苏联共产主义和欧美帝国主义的、由日本和满洲构成的东亚共同体构想。当时的朝鲜已经是日本殖民地。以"对抗敌人"为理由的区域主义成了日本扩大势力的侵略手段。在这段时期，还不乏像蜡山正道①这样主张跨越国境、推进区域经济合作的想法。但是，因为那时还是军国主义侵略时代，多样化的理想主义理论最终也变成了侵略的手段。而且，所谓主张新型国家间关系的想法最终也没有脱离日本对外扩张的主流。但现在看来，密切分析当时人的活动，来验证问题的所在之处以及被其利用的原因是很有必要的。

问：当讨论日本的知识分子时，不难发现其强调大东亚共荣圈也是一个"亚洲的防御性区域主义"，来正当化自己的主张。在辩论时也能发现，不少人主张大东亚共荣圈没有包含剥削，只是以对抗西方的种族主义、帝国主义为目的，促进亚洲人民的团结。对这点您有什么看法？

和田：否认日本的整个历史是不可行的。有需要反省的部分，但也有积极的一面。日本的所作所为也具备其根据和正当性。如"村山谈话"，是在国民的立场上反省了过去的历史，但今天也有与其对立的右翼势力。我个人认为，当事人所持有的

---

① 蜡山正道，政治学家，行政学家，在御茶水女子大学执教，提倡了民主社会。尤其通过"美日安保肯定论"提供了当时民社党外交防卫政策的理论性根据。

这种正当化侵略的动机和在历史角度怎样评价这件事是两个不同性质的问题。最具象征性的典型是司马辽太郎所著的《山上的云》，其对日俄战争问题进行了评价。甚至在 NHK 以连续剧形式播出，文艺春秋社等多个出版社为了出版类似的书籍而竞争，各个都想高度评价日俄战争。当时人们确实认为，要对抗俄罗斯的侵略保护日本，但是这点要和从历史角度正当化其理由的问题区别开来。

战后日本区域主义的变化

问：战后日本的外交政策是以"吉田路线"开始的。"吉田路线"的核心点是美日同盟，在美日同盟的照耀下实施大幅度提高经济效益的策略。但是直到"福田主义"（1977 年）才有了真正的区域主义动向，重点就是东南亚。进入大平正芳内阁时期，日本与澳大利亚一同成为 APEC 成立共同提案国，而进入中曾根康弘时期，不仅重视美日同盟，还在 20 世纪 90 年代提出了"联合国中心论"和"国际贡献论"。2000 年后，小泉纯一郎和鸠山由纪夫提出了"东亚共同体论"。而在几年前，前首相中曾根康弘还随着伊藤健一教授成立了东亚共同体评议会。不断涌现出如此多样的构想，您对此有什么评价？

和田：如前所述，在否认过去大东亚共荣圈的过程当中，日本较早地意识到区域主义的危险。重视对外关系的"吉田路线"，其实就是以经济为中心的轻武装和平主义。但是对于日本的周边国家来讲这是一个"战争的 30 年"。在结束从清日战争到太平洋战争的 50 年战争岁月中，虽然日本放弃了战争，但是其周边的朝鲜战争、印度支那战争、越南战争等又持续了 30 年。

在这种情况下提及区域主义的话，那就意味着日本将直接主体性地介入战争。所以它就选择了远离这些战场而从中谋利。那就是没有直接干预战争，只给美国提供基地而谋取特需。说他狡猾也没错，但日本确实是以这种方式躲避了战争。就这样亚洲战争结束了。虽然柬埔寨战争持续了一段时期，但是 1975 年结束的越南战争算是一个非常大的变化。在这个阶段，还出现了美中两国和解等巨大的结构性变化。

问：但不也有如岸信介这样的政治领导者对"吉田路线"提出过质疑吗？记得他还强调过东亚区域的合作。

和田：他认为需要新的关系。岸信介的构想就是"亚洲反共联盟"。他想用东北亚条约组织（NEATO）取代东南亚条约组织（SEATO）。因此，大多数人没有掩饰对他的警戒心。然而，接手"吉田路线"的福田康夫以和平、经济的手段接近了东南亚。

中国台湾、韩国、朝鲜、中国大陆等被日本侵略过的国家和地区都具有强烈的反日情绪。但在东南亚，很多人认为他们之所以能从欧洲帝国主义解放，很大程度上得力于日本，因此，对日本的感情是比较良好的。何况很多人都觉得日本与东南亚的建交比较容易。但从区域主义的角度来说就有些问题。对日本来说，东南亚地区的存在意识是非常清楚的，但是日本不认为自己是其中的一员。这种意识是完全欠缺的。

当觉得这种接近方式错误的时候中曾根政权成立了。中曾根是美日同盟的重视论者，可他当选以后首次访问的国家是全斗焕时期的韩国。这表明中曾根非常重视韩国。这是为了摸索包括韩国在内的区域主义。可因为参拜靖国神社等原因与周边国家有了摩擦，没能实现区域主义。随着韩国经济的快速增长，亚洲的形势有了变化。在这一点，提出了日本要与邻国树立新的关系等新思维，这就是东亚共同体的构想。很多人提出了此类构想。田中均也是其中之一。在这基础上小泉首相也提出了构想。

问：小泉的东亚共同体论有内容吗？对此持有怀疑。小泉基本上强调美日同盟。当然，也召开了日本与东盟 10 个国家的首脑会议，并发表了"东京宣言"①，可这只留下了强烈的对抗中国、接近东南亚的印象，您如何评价这一点？

和田：小泉是一个既复杂又难解的人物，很难做出评价。小泉的外交的特点之一是访问朝鲜发表《朝日平壤宣言》等，对朝鲜展开了积极外交。然而，因执着于靖国神社坚持参拜问题和中国对立，导致了中国国内的反日运动。此外，以支持伊拉克战争试图与美国建立良好的关系，可美国至今也没原谅日本瞒着美国推进对朝交涉的事。小泉也是首次在战后 60 周年纪念会上宣言东亚共同体的首相。这些事项都没有联系，甚至互相矛盾。虽然偶尔会略显出色，在个别情况下也会执行重要的政策，可从整体上看，小泉的政策似乎没有体系与战略。

小泉纯一郎两次访朝是为了对美自主。两国之间的外交文书中首次提到"东北亚"是在《朝日平壤宣言》，并且提出了东北亚需要和平的信念。因为这事关六方会谈，履行了非常重要的作用，可对如何将此辐射到东亚共同体、如何调整美国和中国的关系却没有任何想法。由于日本是长期以来被束缚于"宪法第九条"的国家，如果政治家们试图尝试一些新的东西，那可能会表现为一个矛盾的形式，就像小泉那样。

问：小泉、中曾根康弘、伊藤健一等人提出的东亚共同体构想起初就是为了牵制中国而提出的，不是吗？

和田：应该能共同地认识到中国的兴起是最重要的因素。然而，有两个构想是以这一点为前提的。首先是希望与中国合作和对话。日本不应该坚持错误的民族主义，要想改变必须与邻国进行协调。在这里，与中国的合作是一个至关重要的问题。这也是田中均的想法。

---

① "东京宣言"，2003 年 12 月 11 日宣布于东京，正式名称为《为了日本和东盟之间伙伴关系的东京宣言》。其主要内容为回顾过去 30 年的关系，并为未来的关系发展协商共同的基本原则、价值观和共同战略及措施。

另一种思考方式是，针对中国掌握东亚霸权，日本国内主张日本应主动掌握东亚主导权的观点。不知道中曾根的想法如何，反正伊藤健一完全同意这种见解。因为中曾根是政客，所以会做多方面的考虑，他可能会认为中国需要牵制，而且要利用美国的力量。也就是说，担任东亚共同体评议会会长的中曾根有着安全保障要以美日同盟为中心、东亚共同体要受限于经济合作的想法。

问：我觉得这一点和鸠山有所不同。鸠山主张超越美日同盟的新东亚共同体论，并指出与中国的合作是不可避免的。这与寺岛实郎①的想法很相似，您怎么看？

和田：鸠山与寺岛拉拢关系，他的话也属实。但是，鸠山的东亚共同体论也算不上是精心准备后提出的构想。小泉之后再次提出东亚共同体论时，鸠山的想法是独立于美国的，但这会倾向中国。可鸠山并没有在意如何调整这个问题。因此，因冲绳问题受到美国的压力时，很快就选择了屈服于美国。对鸠山而言，东亚共同体论不是战略，而是一种"希望性观测"。

问：实际上，仔细研究东亚共同体论几乎找不到具体内容。虽然有提到关于亚洲货币单位的问题或东亚自由贸易地区的构想，但这些似乎算不上实际的政策内容，而更像一个口号。您如何评价这一点？

和田：没有什么特别的。我也检讨过，可是没找到。只提到调整与美国的关系，调整后更独立，并与中国保持良好关系，仅此而已。就如，打开包装却没礼物。至少小泉提过调整与朝鲜的关系，可鸠山连这点也没有明确。但是，包括冲绳问题，美国怀疑这是否会提示新的方向，并非常警惕鸠山的东亚共同体论。最终，他的构想以失败而告终，对此感到非常惭愧。他应该充分整

---

① 寺岛实郎，日本著名的辩论家，现任多摩大学校长，并担任财团法人日本综合研究所理事长，主张轻武装坚持经济国家、平等的美日关系、构建亚洲多边国之间的安保关系等，属于稳健保守派。

理之前的论议后提出新的方向。可他没有做到这一点。

问：当鸠山被韩国的一家媒体问"什么是您所说的东亚共同体论的起源"时，其回答是受爷爷影响。您是否能从鸠山的身上发现他祖父鸠山一郎①的影响？

和田：我觉得应该会有"隼派（强硬派）国民"。鸠山一郎的想法是独立于美国的，包括修改宪法，建立自卫军队，以及与中国建立邦交。这种想法属于区域主义思想，鸠山由纪夫也有可能继承了这一点。鸠山由纪夫最强调友爱外交，就是友爱的精神。也就是说，友爱是区域主义的基础，可根本不知道怎样才能做到这一点。

问：我们来谈一谈您的《东北亚共同之家》。事实上，日本的区域主义构想包括东北亚和东南亚的东亚地区，是不是和以日本为中心的"东亚协同体论"走在了同一个轨道上？可您提到了"东北亚共同之家"。为什么区域的焦点从东亚转移到了东北亚？

和田：我从开始到现在一直都想着东北亚地区。就像我之前提过的那样，日本有着重视与东南亚地区并想连接日本和东南亚的想法。但那些是不够的。日本要认真考虑和韩国、朝鲜、中国、俄罗斯等邻国构建新的关系。虽然也有些人对东亚共同体论有些说法，但都认为以汉字文化圈和儒家文化圈为基础的"东亚共同体论"存在一些问题。这种重视文化的地区主义可能会变得非常保守。新区域共同体应该是几个元素混在一起的多元组合。

东北亚里有俄罗斯的存在。此外，如果包括美国会变成更加多元和开放的地区。美国一直都在强烈反对东亚共同体论。如果不保持与美国的合作伙伴关系，不可能会有稳定的交流。在这个

① 鸠山一郎，日本自民党首任首相，历任第 52～54 代首相（1954 年 12 月～1956 年 3 月）。对立于吉田茂的亲美路线，主张自主外交和宪法修正，1956年实现了与苏联的邦交。

地区，不可能有直接跟美国对抗或反美的共同体。从六方会谈也可以看出，美国很自然地介入东北亚共同体。这种过程，也就是说，东北亚和东南亚有各自的共同体，并在其上建立一个东亚共同体，这种双层的结构也是一个好方法。如果美国融入东北亚共同体，不进入东亚共同体也无妨。我认为构成包括美国与不包括美国的双层结构而建立共同体之间的合作关系是最好不过的。封闭的社会是没有意义的，应该分别成立东北亚共同体和东亚共同体。

问：先生的"东北亚共同之家"的构想和卢武铉前总统的构想很相似。卢武铉前总统的主张中关于东亚共同体的论议虽多，却不实际。此外，表示东亚共同体的核心是东北亚，如果考虑到中韩日合作不顺利、朝韩对立的情况，没有解决东北亚问题，怎能建立东亚共同体。从这个意义上讲，两位的想法很相似。唯一的区别是，卢武铉前总统的构想里没有包括蒙古。但先生指的是包括蒙古的七国磋商组织。这是什么原因？

和田：过去，我没太在意蒙古。然而，蒙古被视为该地区的重要国家，同时也被期待发挥有个性的作用。蒙古是一个无核地带化的国家，而且从与自然共生的观点来看也是一个非常重要的区域。对于日本来说也是一个培养优秀相扑运动员的国家。相扑，可能会有助于连接这一区域。虽然俄罗斯、韩国、蒙古和日本各国的形式会有所差异，可都喜爱摔跤运动，所以我认为这很有意义。因此，蒙古也是一个很好的区域成员。

问：我也认同这一点。韩国靠近日本，中国靠近朝鲜，可俄罗斯没有特别靠近的对象。如果俄罗斯能连接蒙古，其中还包括美国的话可能会均衡不少。如果蒙古在内，不说韩国，俄罗斯也会感到舒服。

和田：另外，东北亚各国里生活着许多"韩民族人"。"韩民族人"将会是连接该区域的元素。卢武铉前总统曾经也提及这一点，我也认为朝鲜半岛将会成为东北亚的中心。东南亚地区是靠中国人连接的世界，在东北亚，朝鲜族、韩侨、韩国人将会充当这种角色。

问：您分成三阶段实现"东北亚共同之家"的目标，即环境保护问题、经济合作和安全保障。其中有关环境领域的合作是一个非常新鲜的视角。一般都把环境视为经济合作的一部分，之后会继续实现政治合作和安全保障合作。但我对环境合作有些疑点。东日本大地震之后，原子能合作成了最大的问题。日本的野田佳彦内阁、韩国的李明博政府，还有中国政府都还在支持开发原子能。例如，2012年3月，在韩国召开了核安全峰会，原以为在会议上会对核安保、无核扩散、核安全都有讨论，可事实上只有核安保被选为主要议题。对您而言，核安全应该是最主要的课题，却被回避了。目前，对中日韩以及朝鲜和俄罗斯，经济增长都占主导地位。依您看来，这种情况下，环境保护合作，尤其是其中最重要的原子能问题上的合作有可能实现吗？

和田：环境问题是东北亚面临的共同问题。苏联核潜艇处置问题、海洋污染问题、沙尘暴、酸雨等都属于环境问题。所以从环境问题开始是很重要的。各国政府之间的合作已经启动。所以我认为应该在形成区域共同体的第一阶段处理环境问题，还要认识到环境问题和经济问题不同。过去，地震引起了东日本大灾害，在这种大灾害中构建互相援助体系也是这个区域的问题。地震会发生在中国、俄罗斯等任何地方。所以环境问题，特别是灾害问题将会是起点。

事实上，如果把福岛核电站问题想得更广阔点，这也是韩日两国的问题。两国核电站的地形是围绕朝鲜东海的形态。日本拥有33台，韩国10台。这次事故发生在太平洋附近，如果事故发生在东海的话这片海会变成死亡之海。另外，中国正在不断建设无数的核电站。由于中国也是地震频发的地区，所以也有可能发生像福岛那样的事故。虽然朝鲜常谈核试验问题，可更值得担忧的是发生核反应堆事故。所以从这个意义上讲，核电站的安全问题必定会成为区域的共同课题。同时，这也意味着转换新能源，可再生能源的发展将会成为中日韩三国的共同目标。通过这点我们需要讨论什么是韩国、高速增长的中国，以及低增长状态中的日本在未来应采取的经济模式。

问：环境合作虽有难度，但经济合作更困难。东北亚经济的现状是中国和日本想和韩国签订 FTA，可韩国已经和美国签订了 FTA。中国一直主张韩中日三国建立 FTA，可日本反对该主张。经济合作指的是从 FTA 开始到关税同盟、共同市场、经济联盟、货币联盟，目前连最低水平的 FTA 的合作也不太圆满。日本似乎表现得最消极。您怎么看这个问题？

和田：日本已经到了抛弃旧观念的时期。日本经济无疑进入了一个低增长的时代，因为要为未来的经济增长方式做考虑，所以采取了防御姿势，日本不可能像韩国那样主动开展。虽然为了经济合作需要 FTA，但其中也存在需要保护的利害关系，需要协调这些不同因素的思考方式。要走向"经济合作"道路，肯定会有抵抗势力，也会有要担忧的因素。

问：例如 FTA，一般情况下经济发展越快的国家也就越开放。可在东北亚，处于发展中国家的中国最积极，而日本看起来更消极、更防守。为什么会发生这种现象？是不是日本太在意中国？

和田：日本人对中国还不完全开放。韩日两国经过多次的讨论和相互了解从而有着非常密切的关系。可中日关系，虽然 1972年中日邦交正常化为树立两国邦交做了很多努力。但是，中国经历了经济增长和军事实力强化之后，日本视中国为竞争者并开始对中国提高警惕。考虑到历史情况，中国的增长是一件值得高兴的变化，可另外会有点担忧和害怕。相反，日本的实力相对削弱。中国是一个大国，随着国力的强大，海军实力也会变得强大。但军事实力不应该成为外交的杠杆。现在的局面日本必须要改变对中国的认识，试图和大国——中国开怀畅谈一番。

问：中国也有问题吗？

和田：中国也有问题。中国一般不太愿意和小国打交道，它采取行动只关注美国的动静。这是错误的。中国不能成为第二个日本。我们不希望中国重复日本现代社会所犯的错误。中国曾经也说过，新一代的东亚和东北亚是一个不谋求霸权，大国和小国互相协助的地区。因为日本失去了自信心，所以和中国的交流并不顺利。目前最需要交流的是中国和日本。

问：对您提议的"东北亚安保构想"我们也表示同意。对东北亚七国召开的峰会和外交、防长会议的定期化，"东北亚和平无核地带构想"的看法也是如此。然而，感觉到这些构想能实现的可能性越来越低。因为目前像美日同盟、韩美同盟，以及中国的崛起等未来东北亚地政学局势由中美两国协议而决定的可能性越来越大。在这种现状下，您认为您的构想是否能实现？

和田：日前，我与美国学者交谈，他说因为美国是海洋国家，中国是大陆国家，所以日本追随美国，韩国、朝鲜会站在中国那一边，最终，中美两国会做好协调。可我认为受中美两国共同管理的亚洲会是无趣的世界。如果指向平等关系想成为东北亚共同之家，确立日本和朝鲜半岛的合作关系来提高发言权是很重要的。在这个地区，如果不希望中美两国拥有所有事情的决定权，韩国和日本需要扩大视野并要战略性地协助中美两国。韩国、朝鲜的关系是其中的关键问题。韩国正在努力解决南北关系，日本首先也要试图解决朝日关系，才能有助于韩国、朝鲜的关系改善。

问：六方会谈的"9·19共同声明"和"2·13协议"提议了以六国为中心的安全合作。还商讨如果朝鲜的无核化有进展，就召开六国外长会议并通过会议建立东北亚安全和平机制。如果这个计划能实现的话，也可以接受您提出的包括蒙古的方式，可目前六方会谈本身就陷入僵局，面临着困难局面。日本因绑架问题而忽视六方会谈，这个局面继续下去会导致朝鲜的核导弹能力增强，多边安全合作也很难形成。在这方面，很难理解日本的处理方式。日本领导人是否认识到美日同盟不能解决问题，如果不构建多边安全体制，日本的地政学前途也无法受到保障的事实？

和田：日本的政客和包括外务省的官僚们被美日安保体系捆住。依我看来，如果改变美日关系要以变化该地区的安全保障机制为方向，这样的改变要通过六方会谈来实现。韩美安全合作也是如此。如果能实现包括中美两国的新关系，也有可能构想在未来设立一个区域警察。不过，目前日本的情况很糟糕。由于绑架问题日本的外交已完全被捆住。六方会谈也未能做出任何的贡献。日本首相野田佳彦在联合国会议上发言时戴上了象征营救绑架受害者活动的蓝丝带，之后访韩的时候总理以下的全部人员也都系上了蓝丝带。但这并不能解决问题。想要解决问题，必须要与朝鲜进行谈判。日本的举动是逃避谈判，却到国外引起关注，这样的处理方式真是让人难堪。如果他们每个人都不拿这个问题当成自己的责任是不会有结果的。如果日本想改变，并努力发挥积极的作用，会有很多机会。日本也需要那样的变化。

问：韩国—中国—日本三国峰会目前正在运行。您认为像您所说的增添参与国，建立多边磋商组织的构想能成为韩中日峰会的议题吗？

和田：俄罗斯和蒙古已经参与了环境问题。因为是在日本经历了大灾害之后，日本国民们也会积极赞成提出问题，也得到了国际社会的支持。我认为构想扩大参与国也不是没可能。

问：依我看来，政府对您提出的"东北亚共同之家"的构成意志显得软弱。所以包括非政府组织（NGO）的公民社会应该带领他们，现在日本公民社会的总体情况如何？支持您构想的势力多吗？如果不是，那该怎样扩散？

和田：虽然很多人都在努力，可在日本，对东亚共同体的议论一直没有进展。即使有新闻，也不给报道。因为他们认为这个问题很不现实。换言之，比起"东亚共同体"当前还有更现实的问题存在，所以他们认为在解决这个问题之前，不适合提有关东亚共同体的问题。

首先，存在北方领土、独岛（竹岛）、钓鱼岛等有关三国之间领土争端的问题。此外，日本和朝鲜有着绑架的问题。在这种情况下，没有对东北亚共同体或东亚共同体的研究也是很正常的。至今，最需要进展的是关于绑架问题和领土问题的议论。其中，论议最少的是关于独岛（竹岛）的问题。对这个问题日后需要更多的议论。

姜尚中教授所在的日本东京大学现代韩国研究中心也把东亚共同体视为未来的目标导向。之前提过的东亚共同体议会也从事相关的活动，在网络上还存在各大学和研究机构交换信息的"东北亚研究交流中心"，同时也导致了有关区域共同体的一些科研院所的产生。

但从市民运动层次上的关注度很低。最近形成了以在日韩国人为中心的"One‐Asia 基金"。主要在各大学开设以"亚洲共同体"（Asian Community）为主题的一系列的讲座。具体运动有"东北亚无核区构想"，以"和平仓库"组织的会长梅林宏道为中心。这里试图形成包括蒙古的无核区，在长崎大学准备新建一所研究机构。但是，如果不克服领土问题和朝核问题，也无法真正地对围绕东亚共同体和东北亚共同体做出议论。

问：姜尚中教授所指的东北亚共同体论，主张以永久中立朝鲜半岛，并以四大国保障朝鲜半岛的和平来确保东北亚的和平。您怎么看待这件事？

和田：所谓的"永久中立国化"指的是不参加军事同盟，这种表现听起来有点消极。因为想断绝与其他国家的结盟，所以最好考虑到自国的安全保障和还可以保障其他国家的安全，建立多边安全框架。

问：我同意这种看法。东北亚地政学并不是依据联盟或阵营逻辑活动的。如果没有阵营逻辑，就没有理由谈论韩国、朝鲜的中立化。我认为永久中立化是基于过去的秩序，并不是展望未来的积极的构想。

"对和解与和平的热情"应该成为地区认同意识

问：创建"东北亚共同之家"，虽然环保、经济、安全合作都很重要，可我认为最必不可少的是共同的认同意识。就像先前您也已经指出在这一点需要对历史有责任感。如果能解决这一点，日本将成为该地区的领导者，还可以构想以日本为中心的共同体。但是，日本觉得情况不顺利，反而转向以国粹主义、排他性民族主义为主。其实，"开放的区域主义"和新兴的"日本民族主义"是相互矛盾的。日本的这种国内政治和社会情况是不是违背了您的共同体构想呢？您如何评价这一点，以及该如何克服这一点？

和田：当涉及东北亚和东亚地区的认同意识时，汉字以及亚洲的儒家文化就在其中。但这只是其中的一个因素而已，这些并不能解决问题的本身。那么为什么产生东亚地区一体化的认同意识？对这一点我暂定的回答是，因为世界上没有哪个地区比这个地区经历过更加长期的战争。日本先是经历过 50 年的战争，随后时近 30 年的亚洲战争等，共持续了近 80 年，和欧洲是比不了的。经历了长久的战争，这里的人们受到很深的精神创伤，并希望能愈合。我认为这区域的人们将会分享对和解的渴望。就是说"对和解的热切渴望"就是该地区的认同意识。当然，日本是需要和解的对象，可韩国和中国台湾地区也各有需要和解的对象。中国和越南、美国和越南也是如此。在这种意义上这些区域的人们更深切地希望相互和解与和平的生活。为此，日本应该最先提出并议论问题。如果发生这种情况，日本能承担起更积极的作用。如果这场革命不发生，而面向周边国顾虑的方向去发展，那么将会消失在危机之中。

问：您指的是清算过去，是吗？

和田：是的。但这并不意味着只清算日本的过去。我的意思是该区域所有的国家都需要清算过去的问题，到时候日本可以带头提出这个问题。

问：在韩国也有试图与历史背道而驰的倾向。因为，中韩日三国内部都有与历史背道而驰的倾向，所以很难清算过去。日本社会需要更多的像您这样的有和平主义、进步思想的人，可现实似乎更像"天然纪念物"（灭绝忧虑种）一样，越来越少数化、边缘化。貌似以前有着自由主义、进步思想的人们，现在不少都变成了保守化、民族主义化。您怎么解释这种现象？

和田：日本知识分子们长期倾向于马克思主义。但是，马克思主义的权威已瓦解。由于苏联的解体导致了社会主义权威的崩溃。社会党的势力越来越小，日本共产党的中心思想也变模糊了。终究，日本面临的最大的问题是，他们失去了支撑知识分子的左派思想的传统。苏联的解体严重地打击了日本知识界。需要出现能代替这个思想的新思想，既要民主主义，还要国际主义、和平主义的思考方式或思想，可惜还没有出现。

问：是不是那种思想的空白在削弱日本的中道势力。依您看来这种趋势是否能延续下去？

和田：如我之前所说，如果没有精神上的转变，就只能延续下去。虽然是一件非常不幸的事件，可我认为"3·11"东日本大地震在引起日本民众心目中的精神上的变化上有着很大的意义。日本国民们对核电站的思考方式发生了很大的变化，足以称为革命性的变化。目前为止，反对核电站的理论家们已经被社会完全排除在外。现在，他们反而被电视和报纸报道成"先觉者"。之前视他们为周边化的国民们现在也愿意听他们的话，出版商也愿意出版他们的书。这种变化很新鲜。我希望这种变化能继续扩大，成为日本回顾并验证过去的机会，也期待这个机会能改变日本人的思考方式。在大灾害中意识到必须互相帮助，这种想法可能发展成与邻国也需要互相帮助。到时候，也有可能发展到新区域主义。

问：这是既有益又能开怀畅谈的一场对话。相信这会给韩国的读者们带来很多的帮助，再次衷心感谢您。

现在确实可能就是所谓"日本失去的20年"，但我们不能停止思考与努力，应把这些状况转换成乐观的方向。

第十三章

日本的自然灾害与国家危机管理：如何克服东日本大地震？

五百旗头真

五百旗头真（Iokibe Makoto）

1943 年出生于兵库县，1967 年毕业于京都大学法学部，1987 年取得该大学法学博士学位。后来历经广岛大学助手、讲师和助教授后，从 1981 年到 2007 年在神户大学法学部任教授。在神户大学期间，还担任过哈佛大学、伦敦大学、东京大学社会科学研究所的客座研究员及客座教授以及日本政治学会理事长。从 2006 年到 2012 年 3 月，担任防卫大学校长。现任熊本县立大学理事长、公益财团法人兵库大地震纪念 21 世纪研究机构理事长、21 世纪新日中友好委员会委员等。

主要研究成果有《美国的日本占领政策：战后日本的设计图》（1985 年）、《政治外交史》（1985 年）、《美日战争与战后日本》（1989 年）、《秩序变革期日本的选择：劝导美国、欧洲、日本三极体制》（1991 年）、《占领期：首相们的新日本》（1997 年）、《战后日本外交史》（1999 年）、《战争、占领、媾和：1941～1955 年》（2001 年）、《美日关系史》（2008 年）、《作为历史的现代日本：五百旗头真的书评集成》（2008 年获得每日书评奖）等。

引　言

五百旗头真理事长是在日本外交史研究，尤其是在战后日本关系史研究领域里的权威学者。他在防卫大学担任校长时讲过："我自认为自卫队符合于宪法，但并不支持最近的'周边威胁论'与'武装论'等，而且非常重视'国民监督军事力量，阻止一味蛮干'的文官控制"，引起了很大的反响。在小泉内阁时期，还批评当时小泉参拜靖国神社而扰乱了亚洲外交。但很耐人寻味的是在 2006 年 8 月，他接受小泉首相的邀请担任了第 8 任防卫大学校长。除此之外，五百旗头真理事长还历任小渊惠三首相时期设于首相官邸的有识之士"21 世纪日本的构想"座谈会外交分科会主席；小泉纯一郎首相时期设置的首相私人咨询机关"关于安全保障与防卫力量的座谈会"委员；福田康夫首相的私人座谈会"外交政策研究会"主席等诸多政策相关的委员职务。

2012 年 1 月 16 日，在位于东京市谷的防卫省对五百旗头理事长进行了采访。后来同年秋，通过书面形式补充了一些内容。我们向五百旗头理事长提出的关于"自然灾害与日本"为主题的采访，是因为在 2011 年 4 月他发起了"东日本大地震复兴构想会议"，担任委员长并处理了许多相关事宜，而且在 2012 年 2 月作为继承该会议的"东日本大地震复兴促进委员会"的委员长发挥了重要作用。采访中问他期间是否有难忘的事件，他回忆说："每周六进行长达 5 个小时的会议，经过了两个半月的时间，终于完成了以《悲惨中的希望》为题的报告。当时，参会人员很多，而且都因自身的使命感而进行了多次非常激烈的争论，现在看来是个很好的回忆。"

在采访中印象最深的是，他对东日本地震在文明史上意义的说明以及日本人的底气，显示出他的强烈的信任。在这里追加说明的是，如同公元 7 世纪的白村江战争（历史上唐朝和日本之间的首次战争）、19 世纪幕府末期美国佩里提督的来港、二战的战败等那样，五百旗头先生相信日本人拥有充分的能量转化危机，当然，他的这种大胆回答是立足于作为政治史研究者的富有说服力的根据之上。他说明的具体根据是，虽然这次灾难中遭到了未能预测的海啸，但日本人的防备地震态势属世界一流，而且神户大地震以后自卫队大幅改革提高了自然灾害应对能力，为受害地区复兴的构想以及预算等确保能够带动日本经济全面的再生。

对当前政治热点之一核电站废除问题，他采取了保留态度。就是需要合理判断，并充分利用自然再生能源，而且需考虑核电站的安全性。与此相关，他提到了航空自卫队为确保安全而做出的努力，并指出承认人类的失误是提高安全的前提条件，因此，时时刻刻都不懈怠，才能防止大型事故。包括核电站问题，我们是否应对危机管理体系不断进行修改，并树立相应的对策？最近很多人认为，东日本大地震是日本衰退的"证据"，但需要我们更仔细研究的是对日本危机管理体系和对灾难克服过程的深入。

受到小泉首相的邀请担任防卫大学校长

问：对您结束学者之路而选择任防卫大学校长，外界都感到很惊讶。防卫大学校长的生活过得如何？

五百旗头：任职至今已过了 55 个月。就任第一天 2006 年 8 月 1 日，也是第一次访问了防卫大学。那天发生了小小的争论，我认为，作为学者想对全校 2000 多名学生进行每月 1 个小时的演讲。可是有一位副校长却表示反对。当时防卫大学有三名副校长，其中一位是陆上自卫队陆将代表"制服组"①，也称干事。另外一人是由300多防卫大学教授选出来的文官代表。剩下的一人作为官僚代表，由防卫省任命。其中，官僚代表的副校长说，"之前从来没有这样的校长"，并提出异议。对此，我的回答是"不管之前怎么样，这是现任校长要做的事情"。在旁边参与议论的陆将干事表示支持："既然校长这么说，有必要实施。"

防卫省官僚的使命是对现场的教授和"制服组"的蛮干进行控制。我想一旦有新的行动，官僚自身要负责任，所以反对我的意见。我四十年来一直是学者，所以对自卫队和"制服组"一无所知，可是我最不熟悉的"制服组"副校长帮了我。他们都是防卫大学出身，所以喜欢与本校学生亲密的校长。

问：据说，受邀请的时候，您曾经表示过拒绝。当时的情况如何？

五百旗头：当时受到邀请的时候，一开始我犹豫了。虽然对安全问题感兴趣，可因为我是学者，而且也正进行关于国际交流的事项，还担任阪神大地震以后在兵库县成立的智库的副理事长职务。但更重要的是，为了去做特定问题，放弃现在所做的其他事情不符合我的人生规划。因此，当初我拒绝了邀请。当时防卫省干部听了我的想法以后，感到很惊讶，而且强调这次任命是由小泉首相亲自下达，所以不得不执行。防卫大学校长的任命最终在内阁会议上决定，所以首相的意志是绝对的。那位官僚看到我的反应以后，给我保证上任后也可以把之前从事的国际交流、公共产品等所有活动顺利进行，所以诚恳地邀请我担任校长。因此，我下决心就任防卫大学校长。但是，就任校长之后不允许我兼职。如果防卫大学校长要兼职，如果没有防卫大臣的特别许可，就不可能兼职。因为这件事情，就任第一天发生了一次骚

① 陆将相当于韩国的陆军中将，也相当于中国的上将。"制服组"是指现役自卫官。

动。后来，向防卫省咨询，有关负责人不能因为做出失礼的行为就得到上层的斥责。现在看来，向我提议担任校长，希望做出新的事情，而且不能对那些事情进行干扰。

问：听说，在防卫大学的时候也有过不少困难的事情。

五百旗头：处处与我作对的副校长在 8 月份被调到其他地方，之后新任的副校长非常协助我们。就任初期，我总觉得在这陌生的地方只存在"敌人"，但之后的 5 年期间周围的所有人都很照顾我。2011 年我获得了"日本文化功劳奖"，他们还特意举办了庆祝宴。据说，这是防卫省的人第一次获得此项殊荣。130 多名干部齐聚在一起向我道贺。

现在回想过去的五年，一开始连与学生的交流都遭到了反对，但是到了任期结束的时候却互相鼓励，真是不可思议。任职期间还发生过"田母神问题"①，那时候防卫大学内部分为支持我的一派和与田母神同感的人。反对我的人都到防卫大学正门或防卫省，甚至到了我家门口示威。对于我来说那时候是个危机时刻。

问：您当时是非常反对小泉首相的，即使是那样，小泉首相坚持任命您为防卫大学的校长，其原因是什么？

五百旗头：我在之前和小泉首相有过几次见面，很多次谈得都很愉快。我曾经反对过首相参拜靖国神社，而且有时候在大庭广众面前我直言建议首相，以"终止参拜靖国神社作为重要的外交筹码"。所以当我从防卫省干部那里听到，小泉首相要求必须任命我的时候，感到首相是一位很奇特的人。当然我一直高度评价他，但是作为学者，对于错误的部分要给予明确的批评，而且通常政治家是不会任命反对他的人担任要职。

当我犹豫的时候，小泉首相召见我，并说服我必须接受邀

---

① 2008 年日本空军幕僚长田母神俊雄在民间征文中，提交否定日本侵略战争的论文获得最优秀奖项，终究被罢免的事件。

请。而且我的妻子和儿女也出人意料地支持了我的就任。当时我想作为一个学者去尝试一个新的挑战，也是一个不错的选择。因此，我接受了。

问：小泉首相如此说服您应该有理由，能具体解释一下吗？

五百旗头：小泉政权是以过去截然不同的特殊的方式而诞生的。自民党政权通常在自民党内部派系和官僚制的支持下成立，但是小泉政权表明要把那些毁灭，所以得到了国民的广泛支持。我在《朝日新闻》发表了一篇文章，阐述了小泉政权面临的困难、机会以及可能性。通常来讲，新闻的文稿一般跟随固定观念，但我的文章将小泉首相的亮相描述为，虽然是一个孤独的领导者，但敢于斗争的形象。我想，那个评论可能使小泉首相认同。

当时美国布什总统把朝鲜称为"邪恶轴心"，然后访问了中日韩三国。布什总统访问日本两周前，第一次收到来自官邸的联系。当然，我认为是要讨论朝鲜问题。但是小泉首相突然说，读完我所写的《日美战争与战后日本》后的感受很深。这本书主要分析了自美国占领以来，日本如何在苦难中重新回生的过程。

日本攻击珍珠港半年后，美国国务院成立了关于对日占领政策与重建日本的研究委员会。当时日本正陶醉在一时的军事胜利，美国已经开始规划日本战败后如何重建的问题。我以美国国家档案馆（National Archives）的资料为基础进行了分析。小泉首相表示从那里受到了很深刻的感受，并说："前几天跟美国总统布什、国务卿鲍威尔、总统安全助理赖斯等进行了谈话。在那次谈话中我对他们说，'第二次世界大战时美国确实很厉害，珍珠港之后不久分析了重建日本的问题，而且那些分析内容非常优秀，所以发展到像今日一样的美日关系'。然后，我还向他们提议，现在美国在阿富汗作战，美日两国未来要一同建立关于阿富汗的重建委员会。对此，布什总统和鲍威尔国务卿都表示赞同。结果，绪方贞子为议长，召开了"为支援阿富汗复兴"的国际会议。这些都是多亏有您的那本书。"从这一点来讲，跟小泉首相的合作出发点是很好的。

问：但是为什么对小泉首相进行过批判？

五百旗头：我个人认为，阿富汗战争是要以美国为中心进行，因为那是"9·11"事件的震源地，但伊拉克战争是不一样的。伊拉克不仅没有牵涉到"9·11"事件的恐怖组织，也没有拥有大量杀伤性武器的确凿证据。萨达姆·侯赛因的暴政虽然是个事实，但是为了民主主义而干预，就不能无条件地介入其他国家的政治。如果继续采取这种方式或者逻辑，那么就对全世界非民主国家不能不进行战争，因此，批判伊拉克战争是合理的选择。

另一个是小泉首相的靖国神社参拜问题。众所周知，靖国神社里合祭着发动侵略战争的甲级战犯，参拜他们是意味着把侵略战争进行神圣化。如果靖国神社只哀悼为了国家而牺牲的人员就没有多大问题，但战犯并不是战死者，而是对发动战争负有责任，所以合祭他们就意味着战争的正当化。这些行为使战后日本的国际正统性陷入危险，而且破坏日本与亚洲国家的信赖关系。只要把甲级战犯合祭在那里，那么首相就不应该参拜靖国神社，也不应该在报纸上发表类似主张的评论。我在参加"21世纪新日中友好委员会"时，跟委员会成员们一起面谈过小泉首相。当时我向小泉首相提出过，"不要反复参拜靖国神社，把终止参拜靖国神社作为外交筹码怎么样？现在中国反对日本的'入常'问题，这并不是好事。日本参拜靖国神社也并不是好事，首相把终止参拜作为外交筹码，以应对中国反对日本'入常'，您觉得怎样？而且，为了构建建设性的中日关系，也需要转变"。

在这个过程当中，虽然我似乎成了对小泉政权的批判者，但是小泉首相很宽大。他认为，我那么主张会有合理的理由，所以他并不生气，可能认识到我的建议值得深入分析。

综合性灾害的东日本大地震和福岛核电站事故

问：最近，先生一直担任了"东日本大地震复兴构想会议"的议长。现在还担任"复兴推进委员会"的委员长。您认为这次的大地震是自然灾害还是人灾，或者两者都是？

五百旗头：是个大地震和大海啸所造成的自然灾害。

问：那么，福岛核电站事故属于什么性质的事故？是人灾吗？

五百旗头：东日本大地震是个综合性灾害。第一，发生了震度为 9 级的大地震。第二，海啸突袭。第三，原子能核电站发生了故障。大约 2 万多人死亡，而大部分死者都是因为海啸而丧命。其实，因大地震而死的人数并不太多。这表明 1995 年神户大地震后日本社会变得更加耐震化。

当时震度为 7 级的神户大地震，我家也受了影响。那一天天亮后，从二楼窗户往外看，发现对面的高档住宅居然消失了。那时候，我还没明白那些高档住宅会倒塌，而像我们这样老百姓的房子却安然无恙的原因。后来得知，盖我们家的时候采用了"2×4 施工法"①。装配式房屋和"2×4 施工法"盖成的房子即使遭到震度 7 级以上的打击，也可以完整无缺。

传统房屋一般都有柱子，而且上面架设屋顶等重物，所以如果发生陷落型地震，就会非常危险。另外，装配式房屋或"2×4 施工法"一般不用柱子，只装配较轻的板材来搭墙。一句话说明，这是由六面体组成的房屋。因为六面体不易损坏，所以自从阪神大地震以后，日本盖房屋的时候一般都以这些经验作为参考。此外，日本高楼大厦的内震标准维持着世界上最严格的建筑

---

① 不使用柱子，只用厚度 2 英寸、宽度 4 英寸的板材盖房子。

标准，所以这次地震中几乎没受到很大的影响。宫城县栗原市虽受到了大地震的影响，却一个楼房也没塌下来。

地震当时十条新干线正在运行，也没有发生一架车辆脱轨。紧急地震速报起到了很大的作用。所谓的紧急地震速报，并不是预测地震，而是震源附近的地震仪测量震动并告知远处让人们做好准备。这件消息在首次震动发起的 9 秒之前传到了仙台附近以时速 265 公里行驶的新干线上，让新干线自动刹车。在福岛县郡山市上以时速 270 公里行驶的新干线，在发生 30 秒前已经启动了刹车系统。这样，以最高速度行驶的十辆新干线都被安全停止，所以没发生伤亡。这些都表明日本社会对地震的应对力上已经有了很大的进步。

虽然日本拥有世界第一流的应对地震机制，但对其他灾害准备并不完善。在这次"复兴构想会议"上主要讨论防灾，即虽然不能完全预防灾害，但可以减灾。

日本在预防海啸方面的准备很不充分。12 万套房屋被冲走，约 30 万~40 万人活了下来，但死亡人数也达 2 万人。说来惭愧，日本社会存在着"实感主义"，所以不会把钱用在理论上觉得可能会发生的事上。直到灾害发生后，才大吼大嚷，并试图改进原来的方式。日本时常会发生地震和火山等自然灾害，所以会有多方面的准备，但最近没经历过海啸。

问：对地震和海啸是可以理解的。但是，核电站是为什么？这是不是"国家失败"的一种教训？日本扬名于"安全大国"，韩国也从日本的安全措施中学到了很多东西。但是这次日本政府应对福岛事故的过程，让我们并不满意，对此您怎么理解？

五百旗头：最没有处理好的问题就是福岛核电站事故。自卫队在神户大地震时只救出了 175 名生存者。相反，警察救出了 3800 多人，消防厅除了灭火救援活动以外，也救出了 750 多人。对生存者一般只能在当天救援。大约 80% 的生存者在当天获救。但是，自卫队当天不在现场，所以没有及时赶来。后来反省这一点，对自卫队进行了大幅改革。其中之一就是设立迅速应对特殊情况的"中央应急集团"。需要应对 NBC 武器（核生化、化学武器等）的时候，就会出动。虽然对化学武器应对能力比较充分，但核电站事故当时由一般的电力公司全面负责，"中央应急集团"没有充分应对放射污染的能力。

随着地震的震动，福岛核电站自动停止了核裂变。但是还会持续发热，所以需要进行冷却。由于海啸导致冷却系统受到影响，接着发生了原子炉芯的熔化（melt down）。虽然不知东京电力对当时的情况把握多少，但可以想到他们当时面临难以想象的事态，而可能陷入崩溃状态。东京电力当时否认了烧熔，谁也不清楚，是他们隐瞒了真相还是真的不知道，其实，政府对实情知道更少。

自卫队接到政府指示后，在困难的情况下出动，2011 年 3 月 14 日开始用直升机往核电站泼水。因为自卫队没有防护辐射型直升机，所以这是一场非常危险的行动。联系到拥有钨的公司，从关西地方把钨搬运过来铺在直升机底盘，所有的乘务员穿上了用铅做的围裙。但是上空的辐射量太高，无法靠近，因此无法展开正常工作。第二天，利用能够掐断 80% 辐射能的高压防水车，绕过建筑物成功放水，最终渡过了危急情况。

问：听说驻日美军也付出了很大的力量。

五百旗头：驻日美军利用"黑鹰"等手段在福岛核电站上空侦察以后，判断出可能发生了烧熔。但东京电力公司和日本政府否认了这一点。从美国的立场上看，认为日方隐瞒了真相，可更危险的是日方却没能认识到这一点。美国让住在离核电站 80 公里以内的美国国民全部逃避，还把军人家属都送回本国。当时，他们研究了撤退外交团和整个军队。最可怕的是日本人自身没有充分认识到事态的危险性。

我认为，改变事态发展的是自卫队通过直升机执行放水任务。美军知道日本没有防护放射型直升机，所以他们感到惊讶，并称这是日本的"自杀作战（Suicide Mission）"。次日，利用掐断 80% 放射能的防护车能够进行冷却工作，但对其余的 20% 的放射线还是未能解决，所以先头车辆注入水以后，后面车辆紧跟着注入了水，这样进行了冷却。虽然美国对日本方面有很大的不信任，但也认识到自卫队的必死决心。此后，防卫省的高见泽局长担任议长召集了美国原子能专家、日本的文部科学省和防卫省的专家，分析未加工的数据一起议论，从而才恢复了双方之间的信赖关系。

问：当时日本有危机处理程序吗？日本的危机应对政策很有名，但听说执行得并不很好。

五百旗头：责任在于东京电力公社，那是因为它是防止核电站事故、危机管理的当事者，虽然政府需要提供咨询，做出最终决定，但没有专门的原子能相关知识。

问：为什么？过去日本政府不是经常关注国有企业，协助的同时进行控制吗？

五百旗头：如果有责任的现场组织无法应对，那时候政府才会介入，但优先责任在东京电力公社。

问：但东京电力公社隐瞒了事实，这时候如何应对？

五百旗头：对于此问题菅直人首相也非常着急。他亲自访问了东京电力公社，政府和东京电力公社组织了"联合对策本部"。首相助理细野豪志担任本部长，常驻在东京电力公社之后，情况才有所改善。另外，美国国防部和日本防卫省联合组成了共同委员会，美军的"朋友作战"也开始了。驻日美军最终没有撤走，而且投入 2 万兵力，进行了特殊而紧密的支援。

"东日本大地震复兴构想会议"：构成和争议

问：对您担任"复兴构想会议"议长这一事，有过不少的批判声音。其中一个就是作为历史研究者怎么能计划复兴构想，任命为议长的具体理由是什么？

五百旗头：也许是因为我经历过神户大地震，而且做过相关工作的原因吧。我参与了神户大地震相关智库的建立并进行了永远记录神户大地震的工作。在日本如果发生不幸，有隐瞒事实的倾向，但这是错误的。需要查出事实真相，总结经验教训传给后代和世界。我为了推进此项工作，对县知事、市政府、自卫队指挥官以及消防警察等相关人员进行了采访，并记录了他们拥有何种构想，如何进行危机管理，而且错误是什么等。现在，我还兼任兵库县一家智库的副理事长及研究本部的本部长。我认为，有了这种经验，处理大地震问题就有一定的资格。

问：其实，即使具有神户大地震的经验，但只有这一条原因，难以任命为议长，或许还有其他原因吗？

五百旗头：这是我个人的理解。菅直人首相对自卫队的高度评价，可能对此产生影响。菅直人首相在面临困难而孤军奋斗的时候，需要得到援助，此时自卫队动用了直升机和消防车，开始注入了水。因此，菅首相认为，最终能够依靠的就是自卫队。桥本良一统合幕僚长穿自卫队服出现的时候，首相的脸色立即变了好多。首相认为自卫队在困难的时候能够提供一切帮助，甚至称自卫队为"哆啦A梦"。

地震后第九天是3月20日，也就是防卫大学的毕业典礼。每年防卫大学的毕业典礼首相都会出席。但是当时事态非常严峻，可能想到首相难以参加。防卫大学的毕业典礼不仅仅是个毕业仪式，而是诞生新的自卫队干部的任命仪式。因此，我想即使谁未能到场，也得照样进行。当时10万名自卫队员在灾害地区进行救助活动，他们能够安心工作，就因为新的干部会继承他们。当时北泽俊美防卫大臣表示，即使没有任何人，他自己肯定参加。

但是感到很惊讶的是，菅直人首相亲自参加了毕业典礼。我向首相询问："在这种情况下来到这里，没有问题吗？"首相回答，"自卫队干得实在是太好了，为了想表达感谢，所以才来到了现场"。那天，首相的演说很热情。毕业生代表的演讲也很感动。对前辈们的活跃表示敬意并以此为荣，他们也会前仆后继。几天后，首相直接给我打电话，邀请我担任"复兴构想会议"的议长。按此种脉络讲，我不仅仅是神户大地震的经历者，而且担任培养自卫队干部的防卫大学校长这一职位，也得到了首相的认可。

问：您对"复兴构想会议"的成果感到满意吗？"复兴构想会议"的议题有哪些？

五百旗头：首选组织成员就是一个困难。要是任命为座长的话，还以为选择成员的事情会和我商讨，但是第二天负责政务和事务的两位官方副长官来到了校长办公室，提交了预先准备的"复兴构想会议"的成员名单。但是看到内容之后更为惊讶。虽然包括受灾地区的三个县、市的知事是理所当然的，但是必须拥有各领域的专业知识，而且能够做出全方位构想的人员才行，但是没有几个人能够符合那些条件。大部分委员都是与受灾的东北地区相关的人员。

我并不喜欢这样的选人方式。我提出需要对村庄的重建或者渔业、农业、供应链等都具有专业知识的人员，且能够做出全方位构想的人员。对此，其中一位副长官说到，该"复兴构想会议"内部会设立专门研究部来引进年轻的专家，所以叫我不用担心。但是我反问到，即使研究部会的人具有专业知识，但"复兴构想会议"委员要是不能理解，就会更困难。但是，预定好的成员都是由首相官邸和民主党内的实权人士推荐，所以不能不选。只是如有希望，可以增加一些名额。于是，增加任命了东京大学教授御厨贵为议长代理，政策研究大学院大学教授饭尾润为研究部会会长，以及神户大地震以来活跃的地震专家、关西学院大学教授河田惠昭等三人。

问：除了河田教授以外其他人都是政治学家，政治学家成为"复兴构想会议"的核心成员是不是有点不妥？

五百旗头：是的，我和御厨教授、饭尾教授三人成了核心人员，都是政治学家。我觉得，政治学家看问题的视角比较宏观，并不只考虑个别问题。河田教授是地震专家，不会提出什么反对意见，其他大部分人员都是辩论家。从一开始，我们在讨论中就差点掀翻了桌子，但我认为不管议论多久，都不要回避，并要坚持下去。

虽然有几个人对这种方式提出了异议，但都认为有必要进行彻底的讨论。各自的主张都有各自的理由。最终难以判断对错，但互相尊重对方的意见，进行讨论，使全体人员认识到各自意见的意义和局限性。如果没有充分地议论而中断，那么有些委员会在媒体面前指责"复兴构想会议"。如果那样，政府本身就很不安定，加上"复兴构想会议"又开始分裂，使我们的事情注定会失败。虽然完成有意义的报告固然重要，但跟大家一起合力完成的报告就更重要。

问："复兴构想会议"中最大争论点是不是增税问题？如何处理这一问题？

五百旗头：是的，增税问题是个主要争议点之一。从一开始我就觉得很难避开增税问题，因为日本的国家财政赤字高达 GDP 的 200%，比希腊的 140% 还要多，已经达到了非常严峻的程度。负债不能留给后代。我家有八个兄弟，但孙子一共才有三人。如果将我们这一代所造成的莫大的赤字留给后代，既不符合道义，也是不负责任的行为。本次地震的赈灾预算达到了 20 兆日元。对此，即使当今时代增税，也要正常进行赈灾工作。

我觉得捐款、民间资本、国税、复兴税四种财源都需要动员起来，开展所必要的复兴工作。如果因为没有财源也不能放弃，为了推动一切复兴事业，就需要有增税的觉悟。

我在第一次"复兴构想会议"中提出了这些想法，并在议长提出文件里写进了"五项方针之一"。但是因为第一次会议上讨论福岛核电站问题和官僚组织等问题花费了五个小时，未能进行增税相关的讨论。但会议后的记者会中，被提问到了这个问题。我的回答是虽然这是我议长个人看法，增税也是一种选项之一。对此，报纸评论激烈批判了我，"复兴构想会议"委员中也表示反对。

问：有人批判"复兴构想会议"只把焦点局限于东北地区，他们认为需要能够重建日本经济的蓝图，您的看法如何？

五百旗头：第四次会议中经过激烈争论以后，才制定出"复兴构想七原则"，就具有"宪法"意义上的意义。其中，第五原则就是我对问题的答案，"如果没有受灾地区的复兴，就没有日本经济的再生，在这种认识基础上，就需要同时并行受灾地区的复兴和日本经济的再生"。

如前所述，新闻记者问到能否增税的问题，但在新闻的标题上却写了"五百旗头真议长提议增税"。从这种角度来看，为何只集中增税问题的批判，只仅仅是他们记者擅自制造出来的"批判"。如果看到"复兴构想会议"报告内容，就能够看到大蓝图，包括未来高龄化社会的应对方案、具备可再生能源的基础设施的村庄建设等，考虑很多范围问题。扶持受灾地区的复兴的过程中，恢复日本全体的活力，这就是我们的希望。

"东日本复兴构想"的课题和今后方向

问：在您看来，重建东北地方的最大问题是什么？政治领导力或者公共资金的缺乏？还是想象力和想法？到底是什么？

五百旗头：现在最大问题是受灾地区居民之间所要形成的"共识"问题，之前的问题是政府是否能正常提供资金。例如，高地带拆迁问题。明治时期三陆地震（1896年）发生的时候，有一村人认为100年后可能会有海啸，所以为了确保后代的安全，就搬迁到了高山地带。

高山地带一般都缺水，且居民大部分都从事水产加工业，所以上下班时间消耗了一个小时以上，生活相当不方便。但是现在，任何地方都能够建设新的居住区。如果修好道路，利用汽车10分钟都能够来往。关键是资金问题。面对这种灾害，国家要负责解决资金问题，防止发生海啸所带来的被害，就要建设安全的村庄。

我们提出了五种方案，其中第一种就是搬迁到高地带。虽然花费很多经费但这是很好的选择之一。2011年6月25日，作为第一次劝告方式，提交了题为《悲惨中的希望》的报告。同年7月，在霞之关（日本官僚机构集中的地方），官僚们对我们提出的方案进行了政策转变。在那个过程中，消失了"高地带搬迁"一词。虽然这是我个人的臆测，但财务省认为把500平方公里的数百个村庄进行搬迁，可能导致国家财政破产，所以可能删除那个单词。

问：其实，说服财务省官僚很不容易，如何解决这一问题？

五百旗头：至今，在危险地区建设新村庄的费用的3/4，即约75%的费用由国家负担，其余由地方财政负担。但"复兴构想会议"发现东北地区并不像神户地区那样富裕，所以连25%的费用也难以负担。因此，我们讨论加上中央政府给地方政府的交付金，中央是否能负担90%～94%的费用。但报告里不能明确百分比，所以写入加上另用的交付金，大部分经费由国家来负担。

同时，"高地带迁移"这个词被删除了。所以，我在报纸评论上写文章向政府提问，"如果再次发生海啸，致使许多人死亡，那么政府如何担负起责任？"同年10月，财务省官员表示，高地带迁移的费用国家全部负责。财务省为何下这种决定的原因，依我看来，增税问题可能会得到实现。

如果没有财政支持，复兴计划只是纸上谈兵，这就是我的主张，而且多次在"复兴构想会议"强调了这一点。充分确保财源，树立具体计划以后，真正实现受灾地区的复兴，从而恢复全日本的活力，这就是"复兴构想会议"的想法。财务省接受了我们的想法。

问：如果国家全部负担，其规模大概多少？

五百旗头：全部复兴费用大概需要 20 兆日元，而高地带迁移费用可能占其中 1/4 左右。财源解决后，现在的问题是受灾地区需要迅速达成共识。有人想移民，有人想留在原地，意见不同。在这种情况下，政府就难以实施资金支援。因此，尽早形成共识的地区将会得到更大的利益。神户大地震的时候，有的地方协商了十年，但这次最好在五年内达成共识。而且，谁也不知道下次灾害会什么时候发生。既可能发生陷落型地震，也可能在日本的东海、东南海、南海发生地震。如果那样，人们都很容易忘记东北地区的地震。因此，东北地区的地方政府争取时间形成共识，尽快获取国家的资金援助才是最紧要的问题。

东日本大地震应成为新腾飞的转折

问：2011 年 7 月 3 日的《读卖新闻》里，您把东日本大地震与佩里提督的来港（"黑船事件"）、二战的战败做比较，现在的悲剧更能够成为重新腾飞的转折点。而且，也主张日本人从这次悲剧中寻找机会。您真是这么认为吗？另外，您还提到了日本人所拥有的能量。但是，日本国内外舆论甚至认为日本国民已经丧失了动力和希望。政界分裂了，个人也消沉了。如果考虑到当前日本的心理状态和情绪，那么能否存在您所说的希望。对此，您如何评价？

五百旗头：那份报纸的文章里举了一个例子。公元 663 年白村江战争中，27000 名大和（日本）军队为了百济的复兴与新罗和唐朝联合军进行了激烈的战斗，但仅仅两天就被打败。后来，大和朝廷认为新罗和唐朝入侵日本，在全国范围内动员了士兵。当时东北地区的人也被动员到九州和对马岛等地，是一次迅速的全国性动员。但次年开始，大和朝廷就开始认真学习唐朝的文明。50年后的710年，日本模仿唐朝的长安，建设了平城京。东大寺和大佛也是在这时期建成的，创造了水平较高的文化。当时世界文明中，唐朝的文明属于世界最高水平，日本通过学习唐朝，也发展了自己的文化。

19世纪中叶，佩里来港以后，日本不断做出努力，学习了西方文明。另外，1945年战败时，日本除了京都以外其他主要城市都是废墟状态。那时候日本人也重新凝聚能量，不到半个世纪的时间就发展成为亚洲发达国家。这就是日本人的一种精神。当然，如您所指出那样，到了现在似乎丧失了那种精神，但我相信能够重新唤醒那种内在的力量。

问：如何唤醒那种力量？

五百旗头：需要机会，"危机"就是一种机会。无论是自然灾害，还是人灾，都能让人们有危机感。人们总说，日本已经进入少子化老龄化社会，所以衰退是理所当然的，但这种"宿命论"并不重要，更重要的是人们的意志。日本人通常认为，"只要下决心，就能够做到"。但我想举韩国的例子，韩国人口也正在出现老龄化现象，比日本还严重，而且韩国的人口不到日本的一半，但韩国社会仍然充满活力。韩国具有战略思考能力，并做出好榜样，正给日本提供好多启发。况且，日本拥有更多的人口，不应该消沉，关键在于没有意志。其实，陷入一种"宿命论"，只是因为没有做出实际行动而已。新加坡那样的小国也正在奋发图强。因此，日本应重新觉悟，树立强烈的意志和志气，并把此次地震作为转折点，从而要重整旗鼓日本的发展。

问：充分理解您的意思了。到了东京后，我发现东京给我留下了一种印象，即感觉东京人似乎已经忘记了东日本大地震，是我的感觉错了吗？

五百旗头：并没有忘记的，只是重建问题已经制度化，日本政府在2011年底通过了"第3次补正预算"，"增税法"和"复兴厅设置法"也得到了通过。因此，受灾地区居民只要达成共识，按照国家制度，能够自动地得到支援。

问：您在《读卖新闻》的专栏上强调，东日本大灾难和福岛核电站事故打破日本的固定模式，其冲击非常大。但与日本人交流中并未觉到其固定模式的转变，这是为什么？

五百旗头：我难以认同您的看法。虽然现在没有明确议论模式的转变，但其实已经在悄悄地进行。举个例子，很多人参加了志愿奉献活动，而且到了2011年夏天，95%的企业的供应链已经得到了恢复。同时，日本全国各地的新干线（高速铁路）和高速公路也恢复得很快。日本是比较富裕的社会，从表面上看似乎很"太平无事"，但认识到"一定要做"的时候，来自于现场的力量是不可无视的。日本人一旦意识到需要做事的时候，包括年轻人在内有一股狠劲，都可以成为强大的援军。有一位公司的老板跟我说，派年轻职员到受灾地区参加奉献活动，之前只做受到指示的事情，经过现场体验，能够自发地发挥主动性。

问：最近，有许多日本企业转移到韩国投资的趋势。过去日本企业一直安居于本土的发展，但现在把眼光转向到其他国家，这种现象意味着什么？

五百旗头：这一理由是日元强势现象太严重了，但相反，也有像丰田公司那样在东北地区扩大新的事业。"复兴构想会议"的一项计划里也有设立经济特区。如果受灾地区的地方政府引进外资，可以享受国家的免税政策，也可以得到补贴。现在，欧元和美元在贬值，但只有日元在升值。虽然对日本企业想走出去的心情可以理解，但若利用东北地区的特区待遇，那么日元强势的现象最终会得到改善。

"福岛核电站事故"是文明史上的一大冲击

问:"福岛核电站事故"确实带来了文明史上的深刻冲击,那是因为我们正利用原子能。这是一个非常深刻的问题。日本的核电站事故影响到德国,他们关闭了核电站。在韩国也发生过激烈的争论。韩国总统李明博虽然主张继续建设核电站,但韩国也像日本一样可能发生灾难,不能永远只依靠核电站,所以也有人提出反对意见。您如何看待这些问题?是赞成利用原子能,还是反对?

五百旗头:对于这个问题国际社会有三种应对方式:第一是主张立即停止发展原子能;第二是虽然立即停止有困难,但20~30年内逐步关闭核电站;第三是继续提高核电站的安全系数。就是为了防止"福岛核电站事故"那样的事故,提高安全系数,有效地利用原子能。但是如果关闭核电站,那么最重要的问题是代替手段。当然天然气也很好,但我们需要集中全力开发可再生能源和自然能源。东北地方既有地热,也可以利用太阳能和风力。新建的村庄的基础设施应该包括可再生能源,创造新社会。另外,通过技术创新,提高太阳电池的2倍、4倍的效率,从而摸索出不启动核电站的道路。今后通过这种努力,能够顺利地提供能源,那么到时候可以完全关闭核电站。尽管如此,核电站的安全度进一步得到提高,认为一部分继续使用是合理的时候,也可以继续使用一部分核电站。因此,需要全面考虑自然和可再生能源和核电站的安全性问题。

问:船桥洋一先生和日本软库集团的孙正义董事长曾提到过,日本有官僚和政治家以及财界等既得利益阶层,他们都支持使用核电站。对此如何看?我曾经跟《朝日新闻》的若宫启文前主编进行过长时间的讨论,虽然他是个强烈的"反核主义者"。

但却在核电站的关闭问题上持保留态度。在日本没有其他代替能源，即使发生了"福岛核电站事故"，但不可能完全放弃核电站。孙正义先生所主张的"代替能源路线"也似乎没有受到欢迎，您看如何？

五百旗头：正是您所讲的。到目前为止，它们作为垄断企业，动员庞大的资金投至原子能科学家，并与福岛县的政治家以及记者等，建立了密切的合作关系。为了宣传核电站的安全性，而动用了这些人作为宣传工具。这种思维方式是错误的。例如，"雫石事件"以后，航空自卫队一度被称为"社会公敌"。这是因为1971年航空自卫队的战斗机与全日空客机相撞，162名乘客全部遇难。当时，航空自卫队所引起的事故，即导致人员死亡或机体破损的大型事件每年发生10多起，其中之一就是"雫石事件"。航空自卫队面临巨大的社会压力和谴责，为了提高安全性，做了大量的工作。结果，到了20世纪90年代减少到每年5起以下，有时候一次也没有发生事故。但到了90年代末，2~3年内忽然增加到5起左右。为此，航空自卫队再次投入了精力全力以赴改善。进入21世纪以后，11年间只发生了两起人命被害事故。

我曾经在调查自卫队事故的政府委员会里，担任过制定报告草案的工作，分析了为何发生事故的原因。调查结果能够确认航空自卫队的惊人努力及其成果。为了查明改善原因，也对航空自卫队的负责人进行了采访。他在采访中回答："人是难免犯错误的。在可能发生失误的前提下，为了防止大型事故，要不断核对工作才是最重要的。"他根据这种思维方式，在验证过程中核对了7个部分，从而大大提高了安全性。因此，航空自卫队在十年间只发生了一次大型事故。换句话讲，即使承认人的失误，也要不断提高安全要求，从而防止发生重大事故。我听完他的解释以后，受到了感动，并表示把其内容写在报告里，但他婉言谢绝了。虽然几乎没有大型事故，但中小规模的事故每年仍然发生200起以上。如果得到那种方式的称赞，在精神上容易出现松懈，就又可能导致大型事故。

问：自卫队是组织化的军队，而东京电力公司是民间企业。航空自卫队的模式能否适用于民间企业，您看如何？

五百旗头：双方都是有权威的专家集团，并拥有垄断地位，但也有所不同，东京电力公社觉得核电站是很安全的，但认为社会的指责是过分的，所以进行了许多社会公关工作。但原子能是可怕的，一旦疏忽就容易发生大型事故。因此，如果重视这一点，为了防止发生可怕的事故，更加谋求可行的应对方案。即不应该继续使用 40 年前从美国进口的原子炉，需要不断进行彻底的安全检查，从而提高安全性。但东京电力公司没有充分做出那些努力，就急于花钱减少批判者。

东日本大灾难以后日本社会正在改变。虽然难以判断客观性和独立性到底如何，但会组织一个国际性、学术性的委员会评估其安全系数。另外，对一个企业垄断送电和发电的方式，将会进行分离处理。

大地震后日本的国际贡献将会持续下降

问：在这场灾难中，韩国、美国、中国等国际社会对日本的支援让人感动，而且再次能够确认国际合作的机会依然存在。您从"日本的国际威望"的角度看，这场灾难到底具有何种意义？

五百旗头：不幸的是日本是个灾难频发的国家，与其他国家相比经历了更大的考验。从地缘政治学来看，冷战时期韩国是对社会主义阵营的前哨，所以日本只用 1% GDP 的防卫费和《美日安保条约》就能够确保国家的安全。但自然灾害与此完全不同。日本位于地壳相撞的地段，所以地震经常发生。与此相比，相对来讲韩国的自然灾害较少。

虽然有命运之差，但不管怎样，日本作为应对自然灾害经验丰富的发达国家，始终注重提高应对自然灾害的方法、技术以及能力。而且，这部分应该跟国际社会共享。在防灾相关的国际合作领域里，日本应当发挥主导作用。如果把自卫队利用于军事目的而向海外派遣，那么韩国人都会反对。但是应对给人类带来痛苦的自然灾害，需要日本所拥有的技术能力的时候，与世界共享是非常重要的。

问：至今为止日本是"国际贡献国家"。20世纪90年代中期日本的政府开发援助（ODA）是世界第一。但其后日本的ODA逐步减少，特别是此次大地震和慢性财政恶化让情况更糟糕。文部科学省邀请的外国留学生也减少了。此次大地震对日本的国际地位产生何种影响？能否在ODA领域里依然引导国际社会？这些对日本的软实力有何影响？

五百旗头：目前最优先考虑的问题还是东北地区的恢复和重建。而且以此为转折，期望日本经济恢复活力。民主党政权宣布不再进行政府主导的公共土木工程，但因为东北地区的悲剧而要投入20兆日元的重建资金，并以此为基础产生了复兴需求。现在，仙台市内的饭店经常满员，难以预订房间。另外，东北地区的高铁也不好预购。这些都意味着很多人前往东北地区寻找机会。

今后，各地方政府正式启动重建事业，会产生积极的需求。那样，在日本会出现难以预测的庞大的内需。而且，以此为机会，有必要踏踏实实地回收税金。虽然担忧增税可能导致消费萎缩，但目前那样建设景气而复兴需求增大时，可以合理地提高税款。如果因此日本经济得到活力，进入到正常轨道，那么日本可能成为船桥洋一先生所主张的"世界民生大国"。

2011年秋季我访问了东南亚地区的五个国家。防卫大学有100多名外国留学生，其中最多的是泰国留学生，韩国留学生占第二位。那时候，从泰国开始，我访问了柬埔寨、越南、印度尼西亚、东帝汶等国，感谢他们的学生到日本来留学，同时也对支持日本表示了谢意。他们对我们回答说，"长期得到了日本的 ODA 支援，而且没有任何代价。因此，能够报答是理所当然的。我们才感谢你们"。

其实，日本人也没有充分认识到这一点。媒体只会报道花钱有问题，或者是破坏了自然环境这些。但是我所到的任何地方都对日本的 ODA 支援表示了感谢。这些对日本来讲都是很大的资产。日本在摆脱"失去的 20 年"过程中，不应该忘记要发挥全球领域里的作用。

问：但是最近日本的 ODA 一直在减少，而且今后似乎也不会再增加，您如何看？

五百旗头：我一直主张增加 ODA 金额。从桥本龙太郎首相时期开始削减 ODA 金额。我多次参加几位首相的咨询工作，桥本首相也听取过我的意见。我虽然对桥本首相的外交高度评价，但对他连续三年削减 10% 的 ODA 做法表示遗憾，并指出这是错误的方针。由于日本不能采取军事行动，所以不提供 ODA，任何首相也难以做出好事。当时，桥本首相告诉我，外务省处理 ODA 的时候经常发生丑闻，所以不得不削减。对此，我回答说，虽然可能发生 10% 左右的失误，但如果不推行作为国家战略的 ODA，日本还能做出何种国际贡献。结果，议论画出平行线，没有达成共识。虽然这样，我始终强调 ODA 的重要性。

问：虽然如此，但也不能忽视安全问题吧？

五百旗头：当然不能忽视。2001 年日本在中国东海上击沉"朝鲜间谍船"以后，朝鲜才接受了小泉首相的访问，而且此后也再没有派出"间谍船"。几天前，我访问舞鹤军港的时候，现场的司令官向我介绍情况，我认为能够看到宙斯盾舰或导弹方位系统，但他以宙斯盾出港为理由，带我参观了 250 吨的高速导弹舰。这艘船机动性非常好，而且速度也很快，所以站在那很稳。通过此次访问，认识到只要做好充分准备，可以应对任何情况。战后日本一次也没有先攻击对方，但只要对方先动武，日本也不会坐以待毙。这就是"专守防御"的重要原则。

问：您以前提到过，日本外交不应该成为日本人绑架问题的"人质"，这是否意味着日本应该追求更大的外交，而不要拘泥于绑架这一个问题，您还坚持这一观点吗？

五百旗头：大视野看问题，克服小问题是非常重要的。过度专注于小问题，不一定能够解决问题，但失去蓝图，则意味着也失去未来。

问：因为您那次的发言受到了很多批评，但现在也还能那么说，真佩服您的勇气。

五百旗头：任何意见都始终存在批判者。在批判小泉首相参拜靖国神社时，也有其阻碍的右翼势力。在防卫大学举行毕业典礼或者建校纪念活动时，也有很多示威者来反对。但是现在基本看不到任何示威队，何况我什么也都没有改变。

日本的未来到底会如何

问：我们通过采访日本的知识分子可以看出，除了猪口孝先生以外，其他人都对日本的未来持有忧虑和怀疑的态度。您如何展望？

五百旗头：所有的民族都有"好时期"和"坏时期"的周期。对日本来说，"坏时期"是从"应仁之乱"到战国时代的150多年，就是所谓的内战时代。今日都说政治如何坏，但那时的情况简直无法和现在相比较。那时候社会环境非常恶劣，经常以血洗血，父母和子女之间发生互相残杀的争斗。后来有识之士认识到无论如何都要改变这种情况，就造就了270多年的德川时期和平。

佛教思想也有三个阶段的历史坠落周期，有释迦的正确教诲时期虽以形态来说是佛教艺术，但失去真心的时代；另外，还有连表面也舍弃，人们自相残杀的"末法"时代。而在这种坠落的尽头出现妙法重生，得益于佛祖送来自由的菩萨，就像泥地里长出了莲花一样，世界得以重新复活，这就是"末法思想"。

当时日本人虽称为混乱的、无法接受的"末法"时代，但梦想着妙法时代的重新复苏。这种思维方式给日本的历史赋予了复原的动力。现在确实可能就是所谓"日本失去的20年"，但我们不能停止思考与努力，应把这些状况转换成乐观的方向。

问：非常感谢此次宝贵的对话，并期待日本的美好未来。

日本是被夹在美国和中国之间的"三明治"，而韩国是被夹在美国、日本与中国之间的"三明治"。其实，日韩两国的处境同样艰难，但我想强调韩国面对危机时有着更健康的心态。

第十四章

日本眼中的国际经济秩序的未来

竹中平藏

竹中平藏 (Takenka Heizo)

1951 年出生于和歌山县，毕业于一桥大学经济学部，就职于日本开发银行（现日本政策投资银行）。历任大阪大学经济学部教授、哈佛大学客座教授，从 1990 年开始担任庆应义塾大学综合政策学部教授。他曾担任小渕惠三内阁的经济战略会议议员、森喜朗内阁的 IT 战略会议委员，而且作为小泉内阁的经济负责阁僚，主导了"彻底的结构调整"。2004～2006 年还担任过参议院议员。现任庆应义塾大学全球安保研究所所长、公益社团法人日本经济研究中心研究顾问、株式会社 PASONA 集团会长、Academy Hills 的理事长。另外，作为世界经济论坛（达沃斯论坛）理事会成员在国际社会发挥引导作用。

他发表了很多关于日本经济的结构问题以及主张改革的必要性的多篇文章和著作。代表性的著作有《研究开发及设备投资的经济学》（1984 年、三得利学艺奖）、《对外不均衡的宏观分析》（1987 年、经济人奖）、《日美摩擦的经济学》（1991 年）、《日本贤国论》（1993 年）、《民富论》（1994 年）、《经世济民——经济战略会议的 180 天》（1999 年）、《软实力经济：21 世纪的鸟瞰图》（1999 年）、《邮政民营化：对"小政府"检验的试金石》

（2005 年）、《结构改革的真相：竹中平藏长官日记》（2006 年）、《政权交替的泡沫》（2009 年）、《日本经济只有这样，才能复兴》（2011 年）等。

引　言

"结构改革先生"，是竹中平藏教授的代名词。2001 年小泉内阁上台伊始他便担任经济财政大臣、金融大臣、邮政民营化大臣、总务大臣等内阁要职。是大刀阔斧推行大银行的不良债权问题、邮政民营化等结构改革的"传奇人物"。当时有不少人怀疑，他既不是政治家出身，也不是官僚出身，能否成功地实现结构改革。但基于小泉首相大力支持及信赖，他成功引导了结构改革。据悉，他与小泉的关系是从 1990 年初就开始的。

竹中教授的采访在 2011 年 11 月 12 日，在东京六本木的 Hills 学院里进行，2012 年 8～9 月通过书面形式做了一些补充。因他是推行小泉内阁结构改革的当事人，日本国内有不少人批判他是"新自由主义者"或"美国的下手"。对于这种批判，他断言："我认为我自己是基于常识的经济学家（commonsense economist）。例如，短期需求不足时，需要实行'凯恩斯主义政策'。但要稳定物价时就需要通货政策。另外，要提高长期的控制力，供应也是相当重要的，这些都是常识性问题。"

他对于改革是否成功或失败的问题认为，是"一半的成功，一半的失败"。银行改革在解决不良债权的问题上可以说是成功，邮政民营化当初计划很好，但不幸的是在途中政府改变了原先计划，所以是个未完成的改革。而行政以及地方政府改革问题只止步到提出问题的阶段，所以是失败。关于宏观经济管理的改革被认为是成功的。另外，他在小泉内阁中，尝试打破被称为"铁三角"（自民党—官僚机构—财界）的代表既得利益层的日本模式，并取得了不少的成就。同时，他还慨叹道："小泉内阁之后的麻生内阁及以后的民主党执政时期，政府支出的规模都不断扩大，但诸多改革仍执行滞后。"

对今后日本经济以及东亚经济的趋势，他表示比较乐观地展望。"自从 2001 年 BRICs（金砖国家）这个词出现之后，人口对经济发展的积极作用正备受瞩目。以此为契机，最近东盟也备受关注。东盟 10 个成员国的人口是 6 亿多，比欧盟的 5 亿人口还多。但这些国家要发展需要新的创新。在这一点上他对韩国和日本的期待比较高。换句话说，这才是日本和韩国的一条生路。"

他与小泉首相的命运般的邂逅

问：想先从个人的问题开始采访。小泉首相当时为何会提拔您？您虽在学术方面有卓越的成就，但是与政界关系并不密切，即所谓的"政治学者"（politicized scholar）。当时小泉首相委您重任时，外界其实有过不少惊讶。

竹中：我跟小泉首相相识于 1990 年左右，是在日本的泡沫经济崩溃之后。当时小泉首相设立了一个研究会，本来之前也对他有所了解，但是通过那次研究会我们之间有了更多的沟通。

问：是小泉首相组织的研究会吗？

竹中：是的。研究会是他个人的研究会，主要以财界人士为中心，是力推小泉当首相为目的的一个研究会。

问：就是说小泉首相从 1990 年开始已经准备当首相的吗？

竹中：我想应该是比那个更早。在那个研究会里我经历了不少有趣的事情。当时我给坐在我对面的小泉认真讲解了经济问题，有时怀疑他是不是在打盹或并不认真听。但他的那种认真的风格，当首相以后在首相官邸给他说明问题的时候也没有变化。

后来才发现他在听别人讲话的时候，不会细心在意零碎的部分，而注重于把握核心部分。我觉得这是所谓"领导者的风格"。

问：您从一位纯粹的经济学家变成了富有锐意创新的长官。当时的感受如何？

竹中：其实之前也有一些政治家邀请过我进入内阁，但那时我都拒绝了他们。因为我没想当政治家。我一直想当学者，而且满足于当时的学者生活。但是受到小泉首相的提议时情况有所不同。若要是普通的情况下，我想小泉是当不了首相的。但当时日本经济处于困境的状况下，需要新风格的首相，所以他才会当选首相。我相信他要是当选首相定能改变日本。所以我认为如果拒绝他的提议，可能会后悔。因为小泉是个特别人物，我才接受了这个邀请。但是我一直没想当政治家，所以小泉退任以后我就回到了大学。

问：您是一位富有争议的人物。有些人说您是"新自由主义者"，又有些人说您是强调小政府及大市场原理，模仿"里根经济学"，信奉"撒切尔主义"。从经济理论观点出发您如何评价自己？

竹中：当然会有"供应学派"（supply – sider）或"新自由主义者"等多种评价。25 年前我从哈佛大学回到日本后，曾邀请哈佛大学经济学教授劳伦斯·萨默斯访日，那是他第一次访问日本。我当时问他："您是凯恩斯主义者、新古典主义者和供应学派中的哪一派？"当时他惊讶地说："在美国从来没有人问我这些问题。"然后他说，如果硬要划分，那么自己属于"新凯恩斯主义者"。但在美国绝对不会按这种方式来进行划分。那时在想，中日韩等亚洲国家的经济学家们是否普遍对这些东西进行模型化。

我也想做出同样的回答。虽然认为市场经济很重要，但是政府的角色也非常重要。就是说坚持一般的常识。所以，我觉得自己是个"常识型经济学家"。比如，短期需求不足时就需要凯恩斯主义政策，而稳定物价时就需要通货政策。另外，要提高长期的控制能力，供应也是很重要的，这是常识问题。

问：在宏观经济中，您要处理的是国家经济，所以有可能是"凯恩斯主义者"。但是从微观经济的观点来看，您又是强烈的市场原理主义者。您觉得如何？

竹中：是的。那是因为微观经济里市场是很重要的。但宏观经济中的需求管理也很重要。我虽然缓和了一些规制，但解决不良债权时反而加强了规制。从这种观点来看我不偏向于任何一方。

有必要通过"自助"（self – help）体现福利

问：2010 年 8 月 14 日，您在《周刊东洋经济》上发表的文章中，把"自助"作为日本社会的基本哲学。这里面蕴藏着市场原理，即"天助自助者"。而且，您还强调了这种思考就是爱国的。对这一部分，能够更加具体地说明一下吗？

竹中："自助"指的是自己的事情要由自己来处理。但有一点很重要，就是这个世界上有人不能自己处理自己的事情。残疾人或孤岛的居民等都无法只靠自己的力量来生存。自助自立的人越多，就可以帮助到真正需要帮助的人。推行政策时，这一点很重要。举例说，当承载数十人的船马上就要沉没时，会游泳的人要自己游泳，这样高龄者和孩子就可以坐到救生船。如果所有人都想坐救生船，就会导致全军覆没。这是社会的大原则。

问：您在上述的刊文中提出了简单明了的主张："通过废除规制和降低法人税等创造出增长的动力，增长是第一位，只有通过增长，才能解决国家负债和雇用问题。"那么您对福利问题持有怎样的立场？

竹中：福利和构建社会安全网都是很有必要的。拿收入差距问题举例来说，我一直认为日本的收入差距问题并不是很严重的情况，但是扶贫政策是非常有必要的。收入差距是相对的，但是贫困是绝对的。因此，要严格执行解决贫困的政策。但日本现在并不执行任何扶贫政策，到目前为止都没有做过贫困调查。从2007 年安倍内阁上台后，我一直强调要实施贫困调查。同时，不贫困的人需要自主努力。

问：您是否认为日本是"福利过剩国家"（over－welfare state）？

竹中：这是一个很好的问题。我并不认为日本是"福利过剩国家"。但是存在真正的弱者和伪装成弱者的人。而且，国家的扶助不该支付给这些伪装成弱者的人。我们要帮助真正的弱者。

问：如何判定真假弱者？

竹中：这是很难判断的，所以要进行贫困调查。之所以一直没有进行这种调查，是因为日本是"平等主义社会"，经历绝对贫困的人相对少数。相对贫困的问题虽然有很多，但绝对贫困是更加重要的问题。OECD 国家采用贫困率（poverty rate）指标来衡量一个国家的贫困程度。这个指标分类中将中间值以下的人规定为贫困。中间值的数字越高，贫困率也就越高。这并不是合理的指标。

贫困的原因大概有三种。第一是想工作但不能工作。这种人需要提供生活保护。第二是想工作但没有工作。这里需要雇用政策。第三是想工作但工资低。这种情况要提高最低工资水平。根据不同的情况，解决的方法有所不同，但问题的关键在于并不清楚每一种情况的人到底有多少。

问：有些学者批评说相对福利您更偏爱增长。可在实际上，您的目标是不是两项都要实现？

竹中：当然，我想说的是应该要让真正需要福利的人得到福利。

问：当执行政策的时候，会很难分辨出需要帮助和并不需要帮助的人。甚至，还会有伪装成弱者的人可能拿到更多福利的现象，韩国也有这种现象。

竹中：例如，有个农民要求增加支援，可他们的收入是很高的。如果了解清楚他们收入来源，可以决定要不要帮他们。首先要了解收入，然后才定义贫困阶层。

成功的改革、失败的改革

问：我们再继续深入探讨一些内容吧。您提倡的改革中有成功的，也有失败的。您所推行的银行以及金融改革、邮政民营化、行政及地方政府改革等"三位一体改革"中，认为哪个是成功的，哪个是失败的？

竹中：我认为最重要而有意义的是银行改革。处理不良债权后，股市在短期内上涨。之后，银行的状况也有所改善，新闻媒体不再提到"银行危机"。在这种意义上可以说取得了不错的成果。邮政民营化计划虽然没有任何问题，但之后的政权改变了原先的改革计划。我们都尝试过继续进行下去，可惜没能按期实现。

地方政府及分权化改革只提出问题，未能充分实行。当时我做的是把宏观经济政策和财政政策绑在一起。这是我在经济财政咨询会上所做的，也得以顺利地进行，因此，比较成功地实现了宏观经济管理。可现在的政权都破坏了这些。这并不是政策本身的问题，而是政治环境的变化导致了政策的变化。

问：依我看，银行以及金融改革有两项重要因素。一是所谓对不良债权的规制，二是通过合并来扩大银行，使银行变得更有竞争力。就如您所指出的那样，最近日本的新闻媒体很少提到"银行危机"。您认为银行以及金融改革能够成功的原因是什么？

竹中：最重要的是投入了官方资金。

问：投入的规模有多大？

竹中：对银行投入的官方资金，是政府为了表示能为改革做出任何事的象征和信号。当时大约投入了 2 兆日元。2003 年 5 月 17 日，资金投入理索纳银行，现在回想起那个过程也觉得非常富有戏剧性。投入官方资金的十天前，金融厅官员们报告理索纳银行符合条件。可我通过其他途径得知，审计法人注册会计师之间因理索纳银行的问题而发生了争执。因此，我给小泉首相提交了报告，"虽然官员们的报告上写着理索纳银行是稳定的，可我得到了另一种信息"。最后还附加了我个人的一些建议，如果理索纳银行需要资金，我愿立即投入资金。对此，首相就答应了。

问：您的谈话里有一种启示，如果改革要取得成功，需要系统性的"监视"（mpnitoring）和"领导力"以及对负责改革的长官的信任等。我认为，因为当时银行危机很严重，所以动员政治上的支持应该并不是很难，您怎么看这一点？

竹中：那也是主要因素之一。因为政治上处于有利的环境，所以首相也答应了我的建议。但是，这件事必须悄悄地进行，我在这方面费了很多心思。我去首相官邸的时候，也装作去见官房长官。有时候，趁首相参加会议的时候，直接用电话做了汇报。这可能导致股市暴跌，所以必须要做好保守秘密的工作。

问：那么，邮政民营化改革为什么没有成功？

竹中：就相关法律层面来说，可以认为成功了。但政治发生了变化，由于反对邮政民营化的政党执政，所以我们也没有办法。政策本身是成功的，也进行得比较顺利，可后来政治决定改变了这一切。因此，为什么会失败，我只能回答是因为小泉首相的辞职。

问：当时舆论批判您是"美国政府的代理人"。这指的是美国的投资银行可以进入日本拿走邮政储蓄资金。您怎么看待这种批判？

竹中：当时美国所求的东西和我们在法律上所做的规定截然

不同。美国要求的是，实现完整的民营化之前不能做任何的新业务。换句话说，美国反对日本政府在拥有邮政股份期间销售新保险或进行国际业务。但与此相反，为推行完整的民营化改革，我们必须开展新的业务。日本制定了和美国要求完全相反的法律内容。有人批评我是"美国的走狗"有另一种意图，是因为邮政事业存在庞大的既得利益。既得利益势力当时纯粹为了阻止改革，并不是他们真正理解美国的要求之后所做出的批判。

问：您在 2010 年 8 月《潮》上发表的文章里，批判了日本民主党政府想把邮政事业转为国有化而破坏其民主主义原则。这里的"民主主义原则"指的是什么？

竹中：2005 年 9 月，以邮政事业民营化为争议焦点实行了选举。当时，大部分的国民都选择赞成民营化。在之后的选举中，虽然民主党取得了胜利，可在邮政事业方面没有做出任何政策公约。其意图是取得政权后想颠覆国民的选择，这便意味着未能通过民意。

问：您在地方政府改革领域里试图大胆进行富有革命性的变革。其中包括政府权限的分权化。另外，还扣除了中央政府对地方政府的辅助金。虽说把税源转交给地方政府，但那也算是扣除了对地方政府的辅助金。对此，有没有遭到中央政府官僚以及地方政府的反对？在韩国，地方政府要求更多的辅助金和新的税源。日本的情况如何？

竹中：我基本上只做了中间阶段的事情。日本的地方财政系统属于"基准财政需要"，所以地方需要多少钱，地方的税收是多少，由国家来计算。这些差额当作辅助金和地方交付税分给地方政府。终究看似扣除辅助金是因为限制需要的增加，另外是因为地方税收也得到了增加。如果解决好债权问题，经济就得到了好转，如果经济得到好转，税收也会增加。因此，税收增加后，可以减少辅助金。我做的只有这部分。我非常希望下届政府能继续推进此项政策，可他们并没有限制需求。这是他们重新承认了地方的需要。随后，交付税也增加了。改革虽然成功了，可政治被"民粹主义化"而破坏了改革政策。

既得利益和民粹主义破坏了日本的结构改革

问：您在很多文章里主张既得利益群体破坏了结构改革。那么谁是既得利益阶层，为什么是他们破坏了改革？

竹中：既得利益群体有很多。最容易举例的是邮政局长。另外，通过自民党所推行的公共建设，获取利益的地方建筑商。地方公务员也属于既得利益阶层。他们用中央政府的辅助金来维持高薪金。像东京电力公社那样，从事受国家保护的产业的人群也属于既得利益群体。

问：国会议员能不能算？

竹中：虽然国会议员人数太多，有必要减少，可算不上既得利益群体。过去用国家辅助金给国会议员提供年金，可现在取消了此项制度。所以有关国会议员的既得利益部分不算太多。

问：那我们来谈一谈以前的日本模式。日本模式以由代表国家的官僚、执政党—自民党、代表财界的"经团联（经济团体联合会）"三者构成的"铁三角"为特点。但拜读您的文章以后就感觉到这"铁三角"结构是导致日本经济停滞的根本原因。您同意这个观点吗？

竹中：那种结构仍然存在。小泉首相证明了"铁三角"可以被打破。最好是继续打破下去，可在途中被停滞是领导力不足的原因。就如您刚才所说那样，现在官僚手中掌握很多的权益，经济界的一部分也是如此。可是在经济全球化的环境中，经济界仍停留于"铁三角"内的可能性必定会减少。例如，丰田公司并不属于"铁三角"内。现任"经团联"会长米会弘昌所经营的住友化学也不属于"铁三角"。

问：能否详细说明小泉首相能否摧毁这一"铁三角"？

竹中：简单地说，就是缩小了既得利益阶层所掌握建设领域的公共事业，也减少了"建设族系"议员和"邮政族系"等"族系议员"①所涉及的事业预算。邮政业也大幅削弱了其权限。简而言之，就是采用了削弱预算权限这一招。这一政策实行之前邮政局长拥有很大的权限。例如，邮政局长所拥有的邮局建筑由国家来租赁使用，其费用比市场价高出30%。明治维新初期政府为了发展邮政行业，邀请地方的士绅们提供自己房屋用于建邮局。租金由政府来支付，这一方式延续了100多年。更有趣的是邮政局长的子女继承其房屋时，则免除了遗产税。

问：是说旧时代的大名或者地方士绅们所开始的事业吗？

竹中：就是这样，可以说是一种世袭。小泉首相想打破这种既得权益。他们开设垄断企业之后，旗下还有子公司。日本的邮费非常昂贵，相当于美国一级邮政的两倍。他们使用这些赚取的资本开设了提供邮局职员服装的公司，提供将近25万套的制服。想想一套制服能有1000日元的利润，这是一笔巨大的利益。

问：邮政业从事人员的政治影响力有多大？全日本有多少邮局？

竹中：全国大概有25000多家邮局，从业人员达到25万人左右。

问：比想象的要少一些。

竹中：但是他们在各个地方行使着巨大的影响力，当然包括选举。

问：跟日本的农业协同组合（简称"农协"）组织很相似。

竹中：可以说，其影响力比"农协"还大。特定邮政局②局

---

① 在农业、建筑、医疗等特定领域内长期担任议员职务而代言该业界利益的政客。

② 起源于1871年日本实行邮政制度的时候，为了促进邮政制度的普及，把邮政事业委托给地方的名士或大地主的三等级邮政制度。

长从封建时期就有自己的地盘，所以在当地很出名且有影响力。他们也是地区社会强有力的舆论主导阶层。

政权交替带来了改革失踪

问：您在《中央公论》2009 年 9 月号对谈中指出，世界百强企业中只有丰田和本田两个日本企业。而且 OECD 国家中日本的人均 GDP 排名第 18 位，相当于卢森堡的一半，而 GDP 对比负债指数也超过了 200%。小泉政权执政 5 年来改革获得了成功，但为什么没有达到预期的效果？

竹中：从经济学家角度讲，投资者和消费者按照期待值采取行动。小泉改革正如火如荼时，大多数人期待日本的潜在经济增长率会上升。实际上 2003～2007 年，日本的经济增长率约为 2.5%，股市增长率比美国还高。但是在 2008 年国际金融危机后日本的经济增长率跌得很悲惨。消费者和投资者的行为也只能反映对未来的期待。

问：日本政府缺乏改革理念，这会导致生产者和消费者的期待值降低吗？

竹中：确实如此，改革的加速度明显下降了。

问：能否举例？

竹中：小泉时期，日本政府支出规定了非常严格的限度，通过缓和规制促进了经济。在此影响下，基本财政收支（primary balance）① 从 28 兆日元减少到 6 兆日元。这就是说，实际上的经济重建取得了成功。但此后麻生太郎内阁废除了这种限度。而且，民主党政府试图扩大政府支出的规模。

问：后来规制缓和的情况如何？

---

① 指从综合财政支出扣除国债利息支出后的财政收支。

竹中：规制缓和也被中断了。民主党在执政初期就使用了"过度的规制缓和"。他们认为缓和规制破坏社会稳定。但现在已经不用这个词。他们也变得现实，所以认识到规制缓和的必要性。

2012 年日本经常会计预算

（1）经常会计支出总额（90.3 兆日元，100.0％）。含地方交付税、交付金等（16.6 兆日元，18.4％）；基础财政收支对象经费（68.4 兆日元，75.7％）；国债费、社会保障相关费以及地方交付税与交付金等三大经费是全部费用的70％。

（2）经常会计收入总额（90.3 兆日元，100.0％）。含公债收入（44.2 兆日元，49.0％）；特例公债（38.3 兆日元，42.4％）；建筑公债（5.9 兆日元，6.5％）；所得税（13.5 兆日元，14.9％）；法人税（8.8 兆日元，9.8％）；消费税（10.4 兆日元，11.5％）；其他（9.6 兆日元，10.7％）；其他收入（3.7 兆日元，4.1％）；租税及印花收入（42.3 兆日元，48.9％）。

问：法人税到后来怎么样了？

竹中：我们本来想调低法人税，但因严重的财政赤字而未能实行。赤字缩小到一定水平后，就可以降低法人税。但财政赤字扩大，难以降低法人税，而且很多企业因此到国外去投资。

问：您是说"产业空洞化"现象吗？

竹中：是的。其实，期待是很重要的。期待就意味着"未来会发生什么"。小泉内阁时期人们认为未来会更好。但现在已经不能奢望了。那是因为，"产业空洞化"现象会继续加剧，税率也会持续增长。而且，现实中也正在发生这种事情。

问：是因为"政治民粹主义"吗？

竹中：是的。

问：在政治上，小泉首相不是也富有明显的民粹主义倾向吗？其经济政策不是倾向民粹主义吗？

竹中：小泉首相确实有很高的人气，但那并不是民粹主义。小泉首相明确主张过，"即使改革伴随痛苦，但一定超越痛苦"。这就是领导人的姿态，而不是为了迎合国民。

问：刚才您谈到 2008 年全球金融危机，对这种全球性经济问题，我有一个疑问：日本依然是全球第三大经济体，但让人吃惊的是，全球性金融改革和经济改革、贸易以及金融等各种议题充斥着世界，但很难发现日本政府的任何改革念头，就是说没有任何一点经济主动性。在 G20 和 G8 中也听不见日本的声音。中国和美国正谈论 G2 而展开微妙的博弈，但经济大国日本却在经济和外交上毫无作为，这是为什么？

竹中：问得很好。是谁来对改革提出好的主意？他们就是外务省和财务省等官厅的官僚。

问：对日本政府持批判态度的日本银行的官僚也是同样吗？

竹中：是的。可是现在政治领导人和官僚之间的距离变得很大。以前的自民党完全依靠官僚。当时的官僚们毫不犹豫地提出新的想法。可是，现在的官僚会犹豫不决。如果政治家拥有改革的智慧就没有多大问题，但没有一个政治家有聪明的头脑，很难做到所谓"政治主导"。

问：假设小泉纯一郎再一次当选首相，您还为他做事吗？您认为，日本对世界经济能够发挥政策上的何种主导权？先请您谈一下贸易方面。

竹中：最重要的是要成为好榜样。日本本身就是一个成功案例。如果降低税率和关税，会有更好的结果。

问：目前，日本仍然是通商国家。通商国家要支持多边贸易机制。世贸组织（WTO）及"多哈发展议程"需要更进一步的发展。但是关于这方面，很难听到日本的主张。

竹中：直到最近，虽然议论过双边 FTA，但日本没有取得很大成功。如果像韩国一样，有强烈支持自由贸易政策的领导，日本也有可能掌握主导权，可现实并不如此。关于新的金融规制，日本已经经历了很多，应该在 G8、G20 等机制里提出一些新的建议。与此相反，日本却采取消极的态度。这是因为，日本政府起不了多大作用。

问：您在监督金融领域里取得了成功，所以金融监督得到了加强，而且也实行了银行之间的合并。这些难道算不上是成功的事例吗？但即使在达沃斯论坛，也没听到日方人士讲这方面的成功。这是为什么？

竹中：这也是事实。2008 年全球金融危机发生时，我向麻生首相提出过建议。美国是个超级大国，日本能为美国贡献的只是很小的部分。但是为打开那种局面，要以银行改革为目的，聚集两国专家来组建"共同委员会"。这种方式现在仍然可行。希腊或意大利目前处于严重的经济危机，不久可能会导致银行危机。在这种情况下，银行的监督系统是非常重要的。据我了解，欧洲国家没有充分建立健全的金融监督系统。日本的经验能够帮助它们，而且应该这么做。但现在的民主党政权对此毫无察觉。

问：那是个非常严重的问题。在国际论坛上日本几乎被无视。即使日本有能力提出富有改革的想法，能够引领世界经济，但很遗憾至今没能做到。您曾经主张过支持日本参加 TPP。2011年 11 月，野田佳彦首相宣布参加 TPP 谈判的决定，您表示支持吗？

竹中：太晚了。

问：为什么？

竹中：民主党政府导致了很大的失误。一直以来，他们围绕是否参加 TPP 谈判而议论。其实，应该在 2010 年参加谈判。这个决定不应该在党内协商，应该由首相和内阁决定。但是民主党却在党内做了协商，这是一个很愚蠢的做法。实际上，这个决定来得太晚了，也不成熟。想一想 TPP 的基本框架。即使日本决定表明参加谈判，在审核阶段就需要两个多月的时间。日本在协商阶段没有充分的时间来贯彻自己的立场。

问：国内还需要国会批准，所以在民主党内进行了协商，不是吗？

竹中：当然，国会的批准是需要的。但是，那也是过了一年以后再考虑的事情，并不是当务之急。在批准的过程当中，还需要进行很多的谈判和调整。而且，是否参加协商的决定是内阁的专管事项，因此，与民主党和国会无关。

对美国经济是忧虑的，对欧洲经济是悲观的

问：您怎样展望美国经济的未来？

竹中：我认为，美国经济力量依然强大，具备健康的经济基础。这里有两个原因，一是健康而富有弹性的企业支配结构，二是社会的革新。但是美国正受到调整"资产负债表"（balance sheet adjustment）的痛苦。如果要克服现在的财政局面，就会耗费大量的时间。我觉得，"资产负债表"恢复稳定之前，经济增长率也会很脆弱。

问：考虑到华盛顿局势，您觉得有希望吗？

竹中：美国的白宫和议会正围绕国债的发行而对立。但这是个政治问题。政治并不会削弱美国经济。未来还会有很多对立，但在经济变得危险之前，他们会达成共识。在美国发生的只是一个"政治博弈"，将来还会继续，但不会是致命的。真正的问题是如何纠正"资产负债表"，这需要漫长的时间。美国财政部长蒂莫西·盖特纳（Timothy Geithner）计划方向是正确的，但是否充分可说不好。日本要制定正确的政策方向，可能需要十年以上。当然美国已经拥有了自己的方向，在这种意义上我不想过多

批判美国的经济，但是对欧洲经济是非常悲观的。欧洲拥有欧元化相关的结构性和根本性的问题。欧元化是一个非常矛盾的体系。欧洲虽然已经实现单一货币，但财政政策却没有实现一体化。这是一个非常大的问题，而且想稳定局面，需要更长的时间。

问：不久前，我曾参加过欧洲会议议员和韩国国会议员各十人参加的会议。在这次会议上亲眼看见了欧盟成员之间的内部对立。德国议员批评希腊和葡萄牙，而葡萄牙议员也反驳德国在统一之后没有做好自己的财政管理。我觉得，欧洲的货币政策和宏观经济政策之间有很大的差距。其中财政管理是一个非常重要的政治问题。其实通货并不是一个很大的政治问题，财政政策只是把通货作为"人质"而已。如果美国和欧洲的情况如此，那么中国又如何呢？您曾经指出，虽然中国经济会保持全面良好的状态，但社会不稳定可能会继续深化。其实，中国也有不良债权、房地产泡沫等很多银行及金融领域的问题，您怎样评价中国经济？

竹中：未来的一段时间内，中国经济还会保持一定的高速增长。但是温斯顿·丘吉尔曾讲过，增长可以掩藏所有的矛盾。那是因为，经济的高增长率使之难以看到社会问题，但经济增长率一旦下降，社会问题就会突出。那么到什么时候经济增长率会出现下降？可能未来五年内劳动人口会减少，但掩藏在地方的失业人群会代替城市的劳动人口，因此一时的经济增长会维持下去。根据一些评论，可能到 2020 年经济增长率会下降，而且这种状况会持续到 2025 年甚至 2030 年。

问：2010 年韩国的对华贸易收支顺差近 500 亿美元，韩国利用这笔黑字填充将近 300 亿美元的对日贸易逆差。在这种密切关系中，怎么看中国经济萧条对东亚以及世界经济产生的影响？

竹中：当然，这必然会对经济增长起到消极的作用。虽然本质上是经济增长问题，但中国社会的不稳定会对地区稳定带来另一种冲击。对此，我深怀忧虑，希望不要出现这种结果。

问：例如，会发生怎样的情况？

竹中：可能会出现与领土争端相关的强硬态势。另外，对朝鲜问题的态度也会成为问题。虽然目前中国经济仍然处于比较顺利的发展状态，一旦中国经济增长出现萧条，那么很有可能出现意想不到的情况。

问：有些人将中国比喻为"没有刹车的自行车"。为了保持经济增长，只能一直向前推进。您觉得如何？

竹中：中国是大国。虽然现在中国面临很多问题，但随着经济和社会的发展，越来越跟国际社会接轨，处理方式也会变得灵活。当然，也不能完全排除出现其他可能性。这些都需要长期关注。

日本应该发挥世界经济秩序的桥梁作用

问：您对美国的"占领华尔街运动①"怎么看？像那样的运动能否改变现行资本主义体系？

竹中：这一事件反映了社会媒体的影响力。在通常情况下一旦经济恶化就会导致出现社会不满，所以会出现"民粹主义政治"，经济也得不到复苏，从而进一步加深社会的不满。这就是社会的不满和民粹主义的一种恶性循环，实际上这是在美国和欧洲正发生的现象。因此，政治领导人必须切断这种恶性循环。

---

① 为了谴责金融资本的贪婪，2011年9月17日，在美国纽约曼哈顿的主塔公园举行了一场以"占领华尔街"为口号的运动。因为该运动遭到强制解散，实际上只维持了73天，此运动被评价为"唤醒了因为1%的错误会让99%的人们遭到不幸的觉悟"。

问：您是否认为现行资本主义体系不存在任何问题？

竹中：现行资本主义体系里有很多问题，但并不存在能够建设新资本主义的魔术般的方法。

问：看到华尔街银行家的贪欲，就会很气愤，谴责金融阶层贪欲的声音越来越大，对此您有何看法？

竹中：那是另一个层面的问题。华尔街的高收入阶层在世界上也属于特殊的群体，而在日本并不存在这种问题，欧洲也有极少数人属于这种群体。

问：我认为，这并不是很特别的问题。是谁在控制世界资本的流向？正是纽约的金融家们制定规则，并通过"对冲基金"（Hedge fund）控制资本市场。其实，他们对中日韩等国家的日常生活也带来影响，难道这不是"结构性问题"吗？

竹中：那是企业支配结构问题。股东通常同意 CEO 领取相应的高额收入，而且难以阻止出现这种现象。目前状况可以说是处于企业支配结构相对弱化的状态，所以我同意制定对超高收入群体赋予高税额的制度，但是否因此需要高强度的管制尚不确信。

问：对资本主义的多样性存在很多争议。例如，把日本的资本主义称为一种与英美资本主义相区分的特殊形式的资本主义，您同意这种观点吗？还是认为资本主义是一种单一而普遍化的现象？

竹中：我认为，资本主义仅仅是资本主义而已，但日本企业的支配结构非常薄弱，而且对既得利益阶层的言论监督也很薄弱。问题就在此，但最近日本的状况有了一些变化。如前所说，相当一部分"铁三角"般的既得利益阶层已经崩溃，所以我不觉得对资本主义形态以这种方式进行区分是有意义的事情。美国与日本，或者与其他国家之间存在差异是明确的，但很多部分正在发生变化。

问：在国际金融领域里，"布雷顿森林体系"① 已经崩溃了，也不存在精致的国际金融结构。世贸组织也因"多哈回合谈判"的失败而变得名存实亡。从日本角度出发，您认为什么样的世界经济秩序最为理想？

竹中：日本的状况依然艰难，世界经济论坛经常引用"多方利益相关者"（multi‑stakeholder）一词描述今后所必要的治理（governance）方式，对此描述我也完全同意，但不清楚理想的"多方利益相关者"的治理方式是什么。首先需要 G20 那样的治理方式，同时为了维持这种治理方式，G2 和以前的 G8（美国、法国、英国、德国、日本、意大利、加拿大和俄罗斯）都会起到重要的作用。G20 与 G8、G20 与 G2 之间需要一种建设性的紧张关系。另外，国家安全领域需要达成地区内的共识，地区安全秩序与世界安全秩序之间也需要建设性的紧张关系。

问：目前，G20 几乎没有取得任何实质性成果。G20 首尔峰会就能够证明这一点。

竹中：如果想要批判 G20 的成果，很简单，但这也是没有办法的事情。G20 早晚也会设立常设事务局和像联合国秘书长那样的议长等。现在的 G20 仍然处于初步阶段，还需要很多进化。

问：日本的相关政策是什么？

竹中：现在的民主党政权并不是很重视这一问题，日本需要采取更为积极的态度，应该在东方与西方、发达国家与发展中国家之间起到架桥作用。

问：如果要那样，日本需要能够引领未来的领导力，就要选出一位能长期保持稳定的首相，您如何看待？

竹中：这句话很正确，我曾经代替财务长官参加过非正式的

---

① 1944 年 7 月，44 个联合国代表在美国新罕布什尔州的布雷顿森林里签订了规定战后国际货币秩序的协议。其核心内容是以美国美元为基轴，采用了"可调整的固定汇率制度"，并作为统管国际货币制度的机构而成立了国际货币基金组织（IMF）和世界银行。

G20 财务长官会议。当时我并不是财务长官，而是负责经济财经政策的长官，可当时财务长官无法参加会议，所以才替他参加了会议。在那次会上我被提问的第一个问题就是谁是日本的财务长官。在其他国家，财务长官的任期大概为 5 ~ 7 年，而日本却每年都会出现新的财务长官，谁都记不住日本的财务长官是谁。

当东日本大地震那样的危机发生时，需要更大的蓝图

问：您从危机管理的角度对东日本大地震提出了强烈的质疑和批判。您认为，日本的危机管理体制存在着什么问题？

竹中：到目前为止，日本一直在整顿紧急警报系统，该系统在大地震中有效地发挥了作用。随着大地震的发生，在整个区域的村庄都响起了海啸警报，而且当时运行中的 27 条新干线因及时探测到地震所引起的纵波（P - wave）自动地停止了运行。所有的新干线都在地震波到达之前及时停止了运行，这一切归功于日本保持尖端技术。当时供应给仙台市的煤气管道也通过设置在家家户户的特殊的测微计，探测到震动而自动停止了煤气输送。这些都证明了日本对危机管理还是比较成功的。

但在制定追加预算的过程中发生不少问题。对灾区的支援、救助和重建都需要增加预算。如 1995 年神户大地震的时候，在地震发生 40 天后，制定了第一次追加预算方案，而这次却是在过了 50 天之后才制定追加预算。虽然两次地震的第一次追加预算制定时间相差不大，但最主要的问题是预算的金额。神户大地震在差不多震后 4 个月的时候，完成了主要追加预算金额的统计。与之相比，这次却花费了 8 个月，这就是政治上的无能。

问：猪口孝教授指出，要与路易斯安那州新奥尔良地区因卡特里娜飓风而受到的破坏做比较，与从灾后四年内几乎没有得到

重建的情况相比，日本很好地进行了重建工作。您是否同意这些主张？

竹中：与美国相比，日本的确如此。但与日本在过去对灾害的应对相比较，还是存在很多问题，这就是核心。包括印度尼西亚等其他国家，遭到海啸破坏的地区绝对得不到重建，政府也会放弃受害地区。与此相反，日本的生活空间非常有限，所以人们都会回到原先地区。因日本的历史比较特殊，与其他国家相比较没有实际意义。

例如，1923 年发生了关东大地震，当时的东京市长兼帝都复兴院总裁后藤新平在灾后重建过程中发挥了重要的作用，当时他的最大贡献就是设计宏伟的蓝图。在经济学中有"沉没成本"（sunk cost）一词。如果想要在东北地区建设智能城市（smart city），就需要拆除原有的建筑物，这就是"沉没成本"。但地震属于非常特殊的情况，不会发生任何沉没成本。因此，日本能够建设自己所希望的城市和农场。这就是需要做出远景蓝图的主要原因。尽管当时的后藤新平受到了过分冒险的批评，但也多亏了他的长远眼光，才建设出现在东京的框架构造。当时建设的昭和街至今还存在。现在的日本并没有那样的宏图。现任"复兴构想会议"的主席、前神户大学教授五百旗头真是很优秀的学者，也是政治史研究的大学者，我非常尊敬他，但不得不批判"复兴构想会议"没有提出宏图。当然，我很认同五百旗头真教授，但"复兴构想会议"实际上受到了官僚们的控制。

问：尽管初期会需要大量的资金，但整体上来讲，其费用并不庞大，您看如何？

竹中：那也是一个存在争议的问题。例如，如果包括核辐射污染地区的重建费用，整体所需费用是非常庞大的，而且有关费用问题的讨论还没有结束。目前为止，对固定资产的直接损失是17 兆日元，这相当于日本 GDP 的 3.5%。神户大地震所造成的9.9 兆日元的损失相当于当时 GDP 的 2%。但这次与神户大地震相比，直接损失已经达到了 2 倍。如果把核污染等间接损失都包括进去，那么整个费用将会达到 2 ~ 3 倍。

对韩国经济的期待很高

问：我拜读过您写的有关对李明博总统和韩国经济政策高度评价的文章。请问，那是出于真心的评价？还是客套话？

竹中：各一半吧。韩国总统任期与日本首相不同，任期为 5 年。这能够保障其强劲的政策推动力，也是事实。但问题是能否保持一贯的依据，并以此为基础推行政策。

问：目前，韩国国内对经济的忧虑很大，经济增长率仅为 3% 左右，失业率在增加，收入水平的两极化现象也非常严重。从表面上看，韩国就像是被夹在发达国家日本与快速追赶日本的中国之间的"三明治"，所以作为"生存战略"而推动 FTA 以及其他政策。请您谈一下对韩国经济的评价和展望。

竹中：日本是被夹在美国和中国之间的"三明治"，而韩国是被夹在美国、日本与中国之间的"三明治"。其实，日韩两国的处境同样艰难，但我想强调韩国面对危机时有着更健康的心态。韩国通过 1997 年的金融危机而培养出了这种知觉，并试图积极去适应全球化。韩国与日本相比，内需市场相对有限，也因为如此，三星、现代都成了世界顶尖企业。另外，因为当时的结构调整，三星专注于电子产品生产，而现代则集中生产汽车。这两家公司通过结构调整，都取得了大规模的成长。韩国也与日本一样，对出口贸易的依存度很大，这样就会受到欧洲经济动向或汇率的影响。世界经济的增长速度暂时会变得比较缓慢，这并不乐观。但我预期韩国以 1997 年金融危机为契机，致力于人才培养，这会在中期增长中得到回报。

问：从 20 世纪 80 年代初，韩国政府开始致力于企业改革和建设更为透明的企业支配构造，但均以失败告终。随后金大中政府仅用三个月坚决实行了金融改革。从这种侧面来看，相对于日本，韩国的改革比较迅速，但对未来依然怀有不安全感。

竹中：我也同意这种观点，韩国经济弱点之一是对三星这样的大企业的依赖度过大。因三星的市场占有率太大，所以一旦三星发生什么事情，将会对韩国经济带来重大的影响。目前来讲，韩国的优点是韩国还处于发展过程中。

问：对于目前在日本国内正议论的消费税的上调问题，您有何见解？

竹中：我经常引用"鳄鱼的嘴"（mouth of alligator）这一句话，支出持续增长，而税收逐渐减少。如果将这种现象画成图，其与鳄鱼张开嘴的模样很相似。最重要的是经济增长率，上调消费税会导致经济萧条，税收的增长率取决于名义 GDP，税收与支出的差距将再次扩大，随之上调消费税也无法实现财政健全化。在小泉政权时期，通过限制政府支出、完善制度和处理不良债权等措施活跃经济，从而达到了减少支出、增加税收的效果。如果可以采取这种方法，那么没有必要上调消费税。

问：如果是发达国家的经济，大家都希望名义 GDP 增长。但在现实中，很难实现。

竹中：日本的情况比较特殊，因为日本经历了长期的经济停滞。如果能够打破这种困境，名义 GDP 的增长也有可能实现。如果实际经济增长率为 2%，物价上涨率为 2%，那么名义 GDP 增长率就达到 4%。如果这样，那么就容易调整支出与收入之间的差距。

问：目前，日本的名义 GDP 增长率是多少？

竹中：零或者负数。如果有特殊需求（special demand），那么名义 GDP 增长率会在 1% 左右。在这种情况下，上调消费税没有任何意义，只能加大支出与收入之间的差距。

问：最后请您展望一下日本经济以及东亚经济的前景。

　　竹中：在 2001 年"金砖国家"（BRICs）这一用词出现以后，人口对经济发展中起到的积极影响备受关注。而且，以此为契机，最近 ASEAN 也开始受到关注。东盟 10 国的 6 亿人口已经超过欧盟的 5 亿人口。但这些国家想要取得更大的发展则需要新的创新。对这一点，日本和韩国都有很大的期待。换句话讲，这也是日本和韩国的机会。在全球化环境下，不要对变化产生悲观，而需要采取更加积极参与的姿态。

　　问：真是一次很有意义的对话，希望日本政府能够接受您的政策建议，从而使日本经济出现好转。再次感谢您。

译后记

　　本书是从韩国人的视角，通过访谈 14 位日本知识精英来剖析其苦恼的对谈录。书中囊括了当今日本最高层战略家们所构想的国家发展及外交战略。这里不仅包括外交安全、经济发展、地区合作等复兴战略，还包括日本对美国、中国、俄罗斯、朝鲜半岛、东盟等国家和地区的外交战略。本书适合作为大学里讲授日本政治外交的本科入门教材。

　　通过本书，读者不但能够深入了解当今日本战略精英们面对中国崛起大环境下感受到的压力与徘徊，并为其所思所苦恼的各种战略主张及对策。同时，能够窥视出韩国人面对中国崛起如何理解日本及韩日关系、中日关系的复杂心态。从这种意义上讲，本书不仅是理解当今日本社会现状的入门书，还可以称其为了解中日韩三国关系的必备书。当然，本书的分析视角以及观点毫无疑问是日本学者和专家的视角和观点，其中不少显然与中国的观点迥异。但这些都使我们更深入地了解日本学者和专家的真实看法和观点，所以并不苛求与我们持完全一致的观点和看法。这里还要说明的是，由于译者能力有限，错误与欠妥之处在所难免，诚恳地期待读者的批评指正。本书的翻译是集体翻译的结晶。除两位主译者以外，还有多位硕士、博士研究生参与翻译工作。大体分工如下：本书的序言、第十章、第十一章由李春福翻译；第一章、第八章、第九章由李成日翻译；第二章、第三章由冯铮翻译；第四章、第五章由中国社会科学院研究生院硕士研究生申美翻译；第六章、第七章由张韶文翻译；第十二章、第十三章、第十四章由韩国首尔国立大学博士研究生金玲翻译。全书最后由李春福、李成日统稿。

本书在翻译出版过程中得到了诸多人士的支持和帮助。首先非常感谢社会科学文献出版社的协助，并提供引进韩文版权经费的支持。另外本书出版前在北京召开了围绕此书主题的国际学术研讨会，中日韩三国与会的代表们围绕本书内容及当前日本政治外交局势及中日关系、东北亚国际关系等展开了富有成效的讨论。本书还得到了北京大学国际关系学院李寒梅教授、中国人民大学国际关系学院黄大慧教授、中国社会科学院日本研究所杨伯江副所长、中国现代国际关系研究院日本研究所胡继平所长以及韩国前外长孔鲁明先生的宝贵推荐，在此一并致谢！本书的翻译出版得到了日本笹川和平财团的资助，由衷感谢财团的尾形武寿理事长及于展研究员。

李春福　李成日
2015 年 11 月 20 日

图书在版编目（CIP）数据

日本复兴大战略：与日本高层战略家的深层对话／
（韩）文正仁，（韩）徐承元著；李春福，李成日译. --
北京：社会科学文献出版社，2017.5
ISBN 978 - 7 - 5097 - 9564 - 4

Ⅰ.①日… Ⅱ.①文… ②徐… ③李… ④李… Ⅲ.
①政治 - 研究 - 日本 Ⅳ.①D731.30

中国版本图书馆 CIP 数据核字（2016）第 195268 号

日本复兴大战略
—— 与日本高层战略家的深层对话

著　　者／〔韩〕文正仁　〔韩〕徐承元
译　　者／李春福　李成日

出 版 人／谢寿光
项目统筹／王玉敏
责任编辑／王玉敏　张文静　梁力匀　金姝彤

出　　版／社会科学文献出版社 · 国际出版分社（010）59367243
　　　　　　地址：北京市北三环中路甲 29 号院华龙大厦　邮编：100029
　　　　　　网址：www.ssap.com.cn
发　　行／市场营销中心（010）59367081　59367018
印　　装／三河市尚艺印装有限公司

规　　格／开　本：787mm×1092mm　1/16
　　　　　　印　张：28.25　字　数：357 千字
版　　次／2017 年 5 月第 1 版　2017 年 5 月第 1 次印刷
书　　号／ISBN 978 - 7 - 5097 - 9564 - 4
著作权合同
登 记 号　／图字 01 - 2017 - 2363 号
定　　价／79.00 元

本书如有印装质量问题，请与读者服务中心（010 - 59367028）联系